反右派

鬥爭全史 上冊

1957

Anti-Rightist
Movement

朱正 著

自　序

　　「這是為什麼？」一九五七年六月八日《人民日報》社論就是這個標題。它宣佈了反右派鬥爭的開始。

　　「這是為什麼？」我從自己被劃為右派分子那一天開始，就不斷思考這個題目。我自有生以來的二十七年裡，或者說進入社會以來的七、八年裡，自問沒有做過什麼壞事，也沒有過反黨反社會主義的意圖和行為，為什麼竟落得如此下場，淪落為反黨反社會主義的右派分子？這是為什麼？我為這個題目苦苦思考了幾十年。現在你手上拿著的這本書，就是我幾十年思考的結果。

　　這本書最初是以《1957年的夏季：從百家爭鳴到兩家爭鳴》的書名於一九九八年五月在鄭州河南人民出版社出版的。出書之後，好些朋友寫信來給我鼓勵。程千帆的信說：「大作帶病讀之月餘，仍是匆匆，欲罷不能。若中國不亡，世界尚有是非，此書必當傳世。不虛美，不隱惡，是以謂之實錄。誅奸諛於既死。發潛德之幽光，古之良史。何以加焉。妙在既純是考據，又純是褒貶，佞人無如之何，正人大為之吐氣，一把刀割兩面也。」舒蕪的信說：「真佩服工夫之細，條理之清，思想家與學者之統一，史筆與文心之融會，我以為真乃信今傳後之作。」儘管朋友們以傳世相許，但它的不足之處我還是心中有數的，所謂得失寸心知是也。何況當時出的還是一個刪節本呢。我想要出一個更完整、更好的本子。於是我繼續不斷收集材料，不斷給它修訂補充。

　　到了二〇〇四年，本書以《反右派鬥爭始末》的書名在香港明報出版社出版的時候，我就將被刪節之處恢復了，並且作了多處增補。一共增加了十多萬字。其中「北大民主牆」一章是完全新寫的。那是我看了鄧九平主編的《思憶文叢・記憶中的反右派運動》裡的《原上草》那一本，其中收了當年北京大學「五一九運動」中的許多大字報，我這才有可能增寫這一章。

現在時間又過去了八年。在這八年裡，我又陸陸續續作了不少增補和修訂。只說字數，從原來的五十八萬增加到七十多萬；原來正文分為二十章，現在是二十五章，材料是更多，條理是更細密了。自以為比起以前的兩個本子來有了較大的改善。必須說明的是，這一版和以前的最大不同之處，是取材的範圍大大的擴大了。在本書的初版中，我的取材僅僅限於當年的報紙、期刊這些出版物，以及權威人士如毛澤東、陸定一、李維漢、薄一波等人的著作，都是公開的材料，無論何人只要願意都不難找到的材料。而在這一版中，在這些無論何人都不難得到的材料之外，我也用了不少許多人未必都有機會看到的材料：

第一，是近年來一些右派難友和知情者在境內和境外正式和非正式出版的相關的回憶文字。我的《1957年的夏季：從百家爭鳴到兩家爭鳴》出書之後，一些右派難友把我看做自己的朋友，把自己寫的書寄給我看，這些就成了我據以增補的一個材料來源。增加了更多的具體案例，這樣，讀者對於這一歷史事件就有比較多的感性的瞭解。

第二，我找到了一些文件。在這一方面應該特別感謝宋永毅先生主編的《中國反右運動資料庫》光碟，給了我很大的幫助。例如，原來我寫〈肅反與反右派鬥爭〉一章的時候，並沒有看到過佈置肅反運動的第一個文件〈七一指示〉全文，只能夠根據一些出版物中摘錄的片段來立論。現在我在這個光碟中找到了〈七一指示〉全文，就重新改寫了這一章的相關段落。還有，像對右派分子六個等級的處理辦法的具體條文，在我的書中當然是不能缺少的。我作為過來人，曾經在本單位宣佈處分決定的大會上親聆了這六條。可是在寫作此書的時候沒有找到文字根據，就只好根據自己當年的記憶來寫，不可能寫得很具體。舒蕪在給我的信中指出這個缺點，是十分中肯的。後來我在《周恩來年譜》中看到了一九五八年年一月二十九日國務院第六十九次會議通過的中共中央和國務院《關於在國家薪給人員和高等學校學生中的右派分子處理原則的規定》這一文件的摘要，我即據以修訂了書稿。不過總覺得《周譜》裡的摘要轉述並不準確和完整。現在我也是在《中國反右運動資料庫》光碟裡直接找到了原始的文件。這一段敘述也就沒有遺憾了。此外我還從這個《資料庫》光碟裡引用了許多新華通訊社的內部參考材料，這樣就使本書的內容比原先單純引用公開報刊要充實的多了。

　　以我目前的條件，一個八十老翁也只能夠做到這個樣子了。如果在我
有生之年還能夠看到相關檔案的解密，我或者會再作一些增補，但是估計不
會有什麼需要更正的地方。如果竟不及見檔案的解密，那麼這本書就這樣子
留給後世的讀者去批評了。

二〇一二年四月三十日　朱正於長沙

目　次（上冊）

一、反右派鬥爭的遠因之一
——毛澤東對知識份子一貫的成見和敵意

　　毛澤東發動反右派鬥爭，不是偶然的。這是中國共產黨和知識份子的矛盾積累到極點時候的一次猛烈的爆發；是中國共產黨和一同致力於推翻國民黨統治的其他政治力量，即以中國民主同盟為主要代表的民主黨派的矛盾積累到極點時候的一次猛烈的爆發。它雖然發生在一九五七年，但是其遠因可以追溯到很久以前。至少可以指出的有，第一，毛澤東對中國知識份子一貫的成見和敵意，第二，毛澤東早就有了的對中國民主同盟的敵意。

　　現在先說第一點。毛澤東從他政治生涯的開始，就對中國知識份子懷有甚深的成見和敵意了。現在《毛澤東選集》第一卷第一篇文章〈中國社會各階級的分析〉，在最初發表的文本裡，是指知識份子為反革命或半反革命的。後來編入《毛澤東選集》的時候作了大量的刪改。在日本竹內實編輯的《毛澤東全集》裡可以看到這篇文章刪改的情況。從這些被刪去文字裡，人們可以看到他當時的想法。原文裡有一段是講「反動派知識階級」的，他這樣說：

> 　　反動派知識階級——，上列四種人附屬物，如買辦性質的銀行工商業高等員司，軍閥政府之高等事務員，政客，一部分東西洋留學生，一部分大學校專門學校教授、學生，大律師等都是這一類。這一個階級與民族革命之目的完全不相容，始終站在帝國主義一邊，乃極端的反革命派。其人數大概不出一百萬，即四萬萬人中四百分之一，乃民族革命運動中之死敵。

　　在被刪去的文字裡，毛澤東還將中產階級的知識份子分為右翼和左翼。被他指為右翼的是這樣一些人：他們「以小地主子弟的資格在國內專門

學校、大學校讀書，受著那半土半洋回國留學生的薰陶」，只要國民革命的
爭鬥加緊，他們「一定會站入帝國主義一邊，一定變為完全的反革命，一定
會成為我們正面的敵人」；即使是中產階級知識份子的左翼，「即與帝國主
義完全無緣者」，毛澤東也認為他們「也包含許多危險成分，斷不能望其勇
敢地跑上革命的路」，談到中產階級「對於革命的態度」，他以為「右翼屬於
反革命，左翼有時可參加革命，然易與敵人妥協，全體看來是半反革命」。
這就是說，在毛澤東看來，不但被他命名為「反動派知識階級」的是革命的
死敵，就是中產階級的知識份子（包括其左翼），也都是革命的敵人。

　　抗日戰爭時期許多左傾的青年知識份子投奔革命，千里間關，跑到延
安。毛澤東在一九三九年十二月一日寫的〈大量吸收知識份子〉這篇黨內文
件批評了「恐懼知識份子甚至排斥知識份子的心理」，指出「沒有知識份子
的參加，革命的勝利是不可能的」。他這樣說，首先是因為在實際工作中確
實有此需要，也因為他看見了「資產階級政黨正在拚命地同我們爭奪知識份
子，日本帝國主義也在利用各種方法收買和麻醉中國知識份子的嚴重性。」
（《毛澤東選集》第二卷，第618-619頁）雖說文件上這樣寫，可是在事實上知識份
子在延安的處境也很艱難，整風運動、搶救運動的打擊對象大都是那些投奔
延安的知識份子。著名的一例是王實味，他就是因為一篇〈野百合花〉而遭
到殺身之禍的。

　　一九五六年二月二十四日中共中央政治局通過的《中共中央關於知識
份子問題的指示》中說：「黨中央在全國解放以前和以後，都十分重視知識
份子問題，規定和執行了關於團結、教育、改造知識份子的政策。」（《建
國以來重要文獻選編》第八冊，第133頁）不言而喻，這是把知識份子看成一個有待
團結、有待教育、有待改造的異己的力量。說客氣一點，也只是一個有必
要加以利用的異己的力量罷了。六個字當中，核心和重點是落在最末的「改
造」二字之上。這個一九五六年的文件對中國知識份子的估計是這樣：「在
現在的知識份子中，一般說來，只有百分之五左右的反革命分子和其他壞分
子，他們已經處於孤立的地位；此外，還有百分之十幾的缺乏政治覺悟或者
思想反動的分子。」這反革命分子和其他壞分子，加上缺乏政治覺悟或者思
想反動的分子，就要占中國知識份子總數的百分之二十左右了。由此可見對
知識份子的改造是多麼重要和必要了。

這「改造」是怎樣具體執行的呢？一九五一年十一月三十日，毛澤東簽發了《中共中央關於在學校中進行思想改造和組織清理的指示》，開始了在全國所有大中小學以至文藝界和整個知識界的思想改造運動，歷時近一年。對於這一場運動，中共中央黨史研究室編的《中共黨史大事年表》作了這樣的估計：

> 經過思想改造，知識份子在相當大的程度上克服了帝國主義、封建主義和官僚資本主義的政治思想影響，提高了愛國主義思想覺悟，同時也在一定程度上批判了資產階級思想，開始樹立了為人民服務的思想。但運動中存在著要求過急過高，方法簡單的偏向，使一部分知識份子的感情受到傷害。（人民出版社1987年版，第245頁）

這裡，在肯定成績的同時，也說到存在著偏向，態度可說客觀。只是這種高度概括的語句，對於它所說的「感情傷害」，並不能給人以較深的印象。身歷其境的過來人就說得具體一些。北京師範大學教授、教育學家董渭川說：

> 由於急切要求這些從舊社會來的高級知識份子拋棄他們的舊的立場、觀點，早日成為無產階級的知識份子，在解放初期的「思想改造運動」中要他們「排隊洗澡」，聽說那時教育部領導人的指示是，儘量用熱水燙這些人，只要燙不死就成。於是讓這些人在大會、小會上一次又一次地作檢討，一面用廣播、大字報揭露他們的「劣跡」，一面發動許多青年黨團員（助教、學生）給這些人「搓背」。在檢討會上通不過，再跟到老教師的家裡去，觀察他們的言行，只要有一言半語不合，第二天在檢討會中再加上新的罪名，甚至以莫須有的事實逼著承認。有些人幸而「過關」了，有些人一直留在「關外」。運動過後，領導者認為在高等學校裡把無產階級的紅旗掛起來了，而這些老教師認為蒙受了終生不忘的奇恥大辱。（董渭川：〈談高等學校中的黨群關係〉，據《六月雪》，經濟日報出版社1998年版，第466頁）

　　這也還是事後的概述，更具體的，可以去看看過來人的日記。史學家顧頡剛一九五二年的日記中有如下一些記載：

　　　　聖約翰中〔學〕有一教師蔡姓，今年五十八歲，為了思想改造太緊張，中風死了。（7月7日）

　　　　思想改造，一定要寫文章說過去是如何如何的不好，此於我真是一難題，以向日予自覺是一不做壞事的人也。（7月13日）

　　　　作〈六十年來我的生活的總檢討〉二千六百言。（7月15日）

　　　　繼寫檢討二千言。（7月16日）

　　　　立三反、思想改造兩簿，想到即寫。（7月17日）

　　　　予在三反中是一個不重要的角色，本想不出什麼來，自聽了兩天的報告與提意見，居然想出十一條，然皆雞毛蒜皮也。蓋貪污浪費，在舊社會中本亦視為惡德，故予兢兢不敢犯，茲所提者皆平常不視為貪污者也。（7月19日）

　　　　作三反總結，討論收穫及缺點，並各報告貪污總數。……予所開貪污單，解放前一千二百餘萬，解放後四十八萬。予戲語劍華云：「可套《金剛經》語曰：所謂貪污，即非貪污。」劍華大笑。（7月24日）

　　　　各人所認貪污數字，先說不退，今又說要退，共產黨之言不可信如此。（8月2日）

　　　　到第五教室，聽王克強檢討，聲淚俱下。（7月21日）

　　　　李琦同志因本組同人認識不夠，批評不真切，幫別人提意見亦不足，破口大罵，真有「到此方知獄吏尊」之感。（7月30日）

　　　　學委會派來幹部，每盛氣凌人，一副晚爺面目，自居於征服者而迫人為被征服者。此與思想改造有何好處，至多完成任務而已。安得毛主席化身千萬億，解除此偏差乎？（8月8日）

　　　　聽李光信交代思想，未及半，即為李琦喝住。……光信為人，拘謹之甚。生平惟做教員，亦無為害人民之事實。思想交代，在彼實無可交代者。然而不能不交代，則惟有硬帶帽子，把惟利是圖，投機取巧，損人利己等往頭上套。李琦知其非也，不俟其說畢，即令停止改

寫。此實難事，蓋彼如不套，便不得作交代矣。三反之時，不貪污不如貪污。思想改造時，則不反動不如反動，以貪污反動者有言可講，有事可舉，而不貪污不反動者人且以為不真誠也。好人難做，不意新民主主義時代亦然，可歎矣！光信已兩夜不眠，逼之過甚將成精神病，更可憐！（8月9日）

王善業第三次交代，畢，開互助小組討論，逼得他大哭。……以光信之簡單，且多悔過之言，而提意見者仍極多。渠已四五日不能睡不能食矣。（8月12日）

（顧頡剛：〈日記中的思想改造運動〉，載《萬象》第一期，
1998年11月遼寧教育出版社出版，第42-70頁）

顧頡剛感覺到的，知識份子在思想改造運動中，就好像被征服者遇到了征服者，獄囚遇到了獄吏一樣。

另一位史學家鄧之誠一九五二年的日記中也有有關思想改造運動的記載。這時他在司徒雷登當過校長的燕京大學任教，這裡更是運動的重點。

晚，四系師生在舊穆樓百零三號教室開會，翦、聶二公自行檢討。（2月5日）

翦伯贊、聶崇岐都是史學家。翦還是公認的馬克思主義史學家，進步人士。所以鄧之誠日記中說：「檢討及翦公，則所未料也。」（2月3日）

鍾翰來言，昨聶檢討，黨部認為不滿，令其再行檢討，從政治背景追求。（2月7日）

一時開會，眾共批評聶，至三時半始畢，可謂嚴重。（2月8日）

下午四系討論會，悶簡弼暴露沈、聶辱罵領袖，群情奮激。由學校常務委員會開會，將沈、聶二人先行隔離看管。童騃狂悖一至於此，蓋天奪其魄矣，不勝憤悒。（2月15日）

學校宣佈沈、聶停職隔離反省。（2月16日）

昨日會場中，新聞系一年級學生高某，因其父高青山昔年被校中
辭退，遂高呼：陸志韋跪下。（3月8日）

（鄧之誠：〈思想改造時期的燕京大學〉，載《萬象》第一卷第三期，
1999年3月遼寧教育出版社出版，第90-103頁）

　　陸志韋是一位語言學家、心理學家，擔任過燕京大學校長。北平淪陷
期間，因為支持學生愛國活動，曾經被日本軍方逮捕。這時，由於他同司徒
雷登有甚深的關係，就成了思想改造運動的重點對象。在鬥爭他的會上，也
有人趁機洩點私憤。

　　這些都是當時的記錄，雖極簡略，也可見一斑，楊絳的小說《洗澡》
就是寫這個思想改造運動的，對運動作了生動而又深刻的反映。總之，這個
運動是以徹底摧毀知識份子的自尊心和正義感為目標，使之產生一種原罪感
和負罪感。他的出身，教養，經歷，社會關係，世界觀……，無一不是有
罪的。

　　對於知識份子來說，這不過是才開始。那些震動不大的審幹、學習、
思想批判，不去說它了。一九五五年緊接著肅清胡風反革命集團的鬥爭而開
展的肅反運動，也是以知識份子為對象的。關於這一場運動，本書第五章將
要細說。

　　這一場肅反運動給知識份子造成了怎樣的傷害，前面引過的董渭川的
文章是這樣說的：

這一運動所起的副作用：一是使所有的人（不光被鬥者）俯首就範，
從此再不敢有任何異議，所以在運動過後一段相當長的時期內，就連
很熟的朋友見了面，也只是談談天氣，再也不敢提到國事、校事，惟
恐被別人記在賬上，說不定哪一天又挨整。二是在運動中群眾被發動
起來，誰不積極就是不認真肅反，狂風暴雨，深文周納，用盡一切手
段逼供，等到風息雨止，冷靜下來，尤其是領導上宣佈向被鬥錯了的
人道歉以後，大家在良心上感到不安而難以自處了。不管怎樣，客觀
事實的表現是傷害了群眾的相互團結。三是從那些年輕的黨團員看，
他們受到了些什麼教育，是值得深思的。至少說，再要他們和這些舊

知識份子團結在一道，就更困難了。可能有人說，這是有批評有鬥爭的團結，那就要問，團結的效果在哪裡？所看見的是，彼此間的牆更厚了！

中國共產黨執政七八年，執行知識份子政策的成果，就是造成了一道厚牆。在一九五七年整風運動和反右派鬥爭爆發之前，中國共產黨與知識份子之間，就是這樣一種關係。

曾經有意改善一下這種關係。一九五六年一月，中共中央召開了關於知識份子問題的會議，會上周恩來所作的主題報告中，第一次提出知識份子已經是工人階級的一部分。目前在知識份子問題上的主要傾向是宗派主義。為了最充分地動員和發揮知識份子的力量，第一，應該改善對於他們的使用和安排，使他們能夠發揮他們對於國家有益的專長。第二，應該對於所使用的知識份子有充分的瞭解，給他們以應得的信任和支持，使他們能夠積極地進行工作。當然，周恩來的這篇報告也沒有忘記提到另一種傾向，即只看到知識界的進步而不看到他們的缺點，因而不去甚至不敢去對他們進行教育和改造工作。這樣，他就把兩個方面都說到了：在改善對於知識份子的使用和安排，也就是改善知識份子處境的同時，對於知識份子的思想改造方面還是有工作要做的。

周恩來的這個報告深受知識份子的歡迎。費孝通在〈知識份子的早春天氣〉一文中說：「周總理的報告對於那些心懷寂寞的朋友們所起的鼓舞作用是難於言喻的，甚至有人用了『再度解放』來形容自己的心情。」

二、反右派鬥爭的遠因之二
──毛澤東對中國民主同盟的敵意

中國民主同盟是一些熱心政治的中國知識份子的組織。它成立的經過，一九四五年八月三日張瀾在招待外國記者時介紹說：

> 中國民主同盟是一九四一年二月在重慶正式成立的。它本是中國國民黨與中國共產黨以外的若干黨派的一種結合。（包括國家社會黨、中國青年黨、第三黨、救國會、職教派、鄉建派。）我們一些發起人當時都是第一屆國民參政會的會員。因為國民黨與共產黨發生新四軍糾紛的事件，深深感到為促進抗戰勝利，實有全國團結的必要。但要推進全國團結，各黨派不可不先自行團結。同時又感到政治不民主，全國團結，抗戰勝利，必無可能。因此經過多度商討多次籌備之後，乃有民主政團同盟的成立。
>
> 本同盟成立以來，實受了不少的壓迫。為擴大基礎，加強力量，去年九月曾經決議改組；把民主政團同盟改稱民主同盟了。從那時起，同盟中不屬任何其他黨派的盟員就更加多起來了。
>
> （《民主革命時期的民主黨派》，湖南人民出版社，
> 1986年版，第203頁至204頁。）

這些不屬任何其他黨派的盟員，大都是中上層知識份子，他們不滿於國民黨的統治，對共產黨懷有好感。他們希望民盟成為進步的政治力量。到一九四五年抗日戰爭勝利之後，民盟就不止在西南和西北有了組織，在華南和華北的各大城市中也開始有組織了。並且在一些海外華僑和留學生中也建立了組織。羅隆基談過他的設想：「我個人對民盟的前途當時就有這樣的一種企圖，把民盟變成一個單一的統一的大政黨，成為在國民黨和共產黨以外

的第三個大黨。」（《文史資料選輯》第20輯，第199頁。）

　　一九四五年十月他為民盟臨時全國代表大會（後來算是第一屆全國代表大會）起草的政治報告也說了這個意思：

> 為在各種實力對峙中，尤其是兩大黨派的峙中，樹立一個獨立的中立的集團，便為那種客觀環境所要求。於是產生了這個民主黨派聯合體的同盟。民國三十三年經過一度改組，把民主黨派的聯盟改為廣大民主人士的聯盟，即改為有黨派與無黨派的廣大民主人士的聯盟。改組後的中國民主同盟，仍不失為一個具有獨立性與中立性的民主大集團。所謂獨立性，是說它有獨立的政綱，有它獨立的政策，更有它獨立自主的行動。所謂中立性，是說它介在中國兩大政黨對峙的局面中，是兩大對峙力量組織中間的一種，要求它保持不偏不倚的謹嚴態度，不苟同亦不立異，以期達到國家的和平，統一，團結，民主。
> （《民主革命時期的民主黨派》，第233至第234頁）

　　當年在國共之間進行調處的美國特使馬歇爾也希望民盟成為這樣一個能在兩大政黨之間起作用的力量。一次，他對羅隆基說：

> 中國的自由主義分子應該聯合在一個單一的自由主義的愛國黨派之內，致力於人民的福利，而不是小黨派領袖的私利。這樣他們就能夠對政局施加影響，而這種影響將隨著這個黨派獲得職位和受到贊助而增長。這樣一個黨派可以站在兩大政黨之間，而任何一個大黨如果得不到這個自由主義黨派的支援，在正常情況下，就不可能採取有決定性的步驟。（《馬歇爾使華》，中華書局1981年版，第436頁。）

　　在羅隆基的思想上，甚至希望有在民盟影響之下的武裝力量。反右中他在民盟整風會上交代說：

> 那時候（指民盟初成立時），我還是想把民主同盟造成中國第三個大的政黨。那時候，我還有這個想法，中國的政黨非有武力不可，我就

把民主同盟的基礎放在中國的西南，四川、雲南、廣東、廣西等省。當時四川有實力的三個軍人，鄧錫侯、潘文華、劉文輝是民盟主席張瀾的學生和朋友，張主席對他們是有影響的。李任潮先生在廣西，他對兩廣的軍人有影響。我在雲南西南聯大教書，通過繆雲台的關係我對當時雲南主席龍雲是做了一番聯絡工作的。……那時候，我的想法以及西南地方軍人的想法都不是對共產黨的一面倒，而是以實力與北方共產黨的實力相呼應，迫使蔣介石不敢發動內戰，一方面中國抗日到底，另一方面，西南軍人可以保持實力。（8月13日《人民日報》）

民盟在這方面，真也做了一些工作，民盟中央委員張志和在四川、西康等地搞起了一支武裝，對於後來一九四九年西南地區的解放起到了配合作用。

到抗日戰爭勝利之時，民盟在中國知識份子中已經有一定的代表性和影響，成了國共兩黨之外中國最重要的政治力量。毛澤東向中國共產黨第七次全國代表大會（即「七大」）提交的政治報告〈論聯合政府〉裡提出的具體綱領中，有一項就是：「立即宣佈廢止國民黨一黨專政，成立一個由國民黨、共產黨、民主同盟和無黨無派分子的代表人物聯合組成的臨時的中央政府」。（《毛澤東選集》，第3卷，第1067頁）表示了對中國民主同盟政治地位的承認。

可是這〈論聯合政府〉只是一個公開發表的文件，並不曾在「七大」上宣讀。在「七大」上他另外作了口頭報告，對於民主同盟，實際上他有更深的考慮。據李銳的〈毛澤東與反右派鬥爭〉一文說，「一九四七年初在冀熱遼分局遷到林西時，我聽到分局負責人歐陽欽（楊清）做報告講過，『七大』時毛澤東在口頭報告講過這樣的話，我們戰勝蔣介石，革命成功之後主要的鬥爭對象就是民主黨派了。」（《炎黃春秋》2008年第七期）李銳所提供的這個資訊在《毛澤東文集》第三卷裡可以得到印證。文集裡〈對〈論聯合政府〉的說明〉一文中有這樣一段話：

這個報告，蔣介石看了最不高興，中間派看了又高興又不高興。中間派是有前途的。外國人在蔣介石不行了的時候會扶他們，他們的壯大現在對我們是無害的。但他們是動搖的，蔣介石讓步了他們就會擁

護。三月一日蔣介石發表講話，羅隆基就寫文章歡迎「還政於民」；二日我們廣播了新華社記者對蔣介石講話的評論，民主同盟在十日又發表談話反對國民黨包辦國民大會。所以，他們是可以聽我們的，但需要我們的堅強領導。（第274頁）

　　這裡說得很清楚「他們的壯大現在對我們是無害的」。那麼，到了「將來」，即共同的敵人蔣介石不再存在了的時候，民盟的「壯大」對「我們」就必然是是有害的了。《文集》中《在中國共產黨第七次全國代表大會上的口頭政治報告》裡毛澤東還說了這樣一段話：

自由資產階級也同我們爭領導權，不要以為自由資產階級就革命得不得了，同共產黨差不多。自由資產階級也有它獨立的意見，有它獨立的政治團體，現在就是民主同盟。民主同盟裡有一部分小資產階級，但主要的是自由資產階級，它有它的性質。最近《參考資料》發表的民主同盟主席張瀾先生的一篇聲明，同志們不知道看了沒有，那就是他們的立場，他的獨立的政見。最近左舜生在招待外國記者的會上，又發表一個聲明，也有他獨立的立場。現在，民主同盟在聯合政府的主張上與共產黨是一致的，國民黨說民主同盟是共產黨的友黨，我們要團結它，聯合它。但是它有它獨立的意見，它現在是「左右開弓」，區別於兩方面，進行兩條戰線的鬥爭。一方面是不贊成國民黨一黨專政；另一方面也不完全同意共產黨，它說是站在國民黨和共產黨中間，這個話說得很透徹，是對的，它自己規定了它的性質，屬於中間派。（第306頁）

毛澤東還這樣估計了民主同盟的政治主張：

自由資產階級現在要民主，他們要他們所想的民主，因此他們是我們的同盟軍。自由資產階級在我們堅決的影響下，是能夠中立，以至於跟我們一道走的。比如對聯合政府這個口號，他們是贊成的。（第318頁）。

　　請注意「他們要他們所想的民主」這句話，這表明毛澤東心裡十分清楚，共產黨和民主同盟雙方所要的「民主」並不是同一個概念，並不是一回事。〈在中國共產黨第七次全國代表大會上的結論〉中，毛澤東就把這兩種民主的區分講得十分明確了。他說：「民主同盟是舊民主主義我們是新民主主義，這是基本的區分。」（第386頁）不要小看了他說的這個「基本的區分」，它預示了最終會要同這一合作者的決裂。這裡簡單地說一說這個問題。

　　其實，民主主義就是民主主義，並無新舊之分。陳獨秀就認為，沒有必要強調「無產階級民主」和「資產階級民主」的區別。他在一九四一年十一月二十八日寫的《我的根本意見》的第八條就是這樣說的：

> 民主主義是自從人類發生政治組織，以至政治消滅之間，各時代（希臘、羅馬，近代以至將來）多數階級的人民，反抗少數特權之旗幟。「無產階級民主」不是一個空洞名詞，其具體內容也和資產階級民主同樣要求一切公民都有集會、結社、言論、出版、罷工之自由。特別重要的是反對黨派之自由，沒有這些，議會或蘇維埃同樣一文不值。（《陳獨秀著作選編》第五卷，上海人民出版社2009年版，第359頁。）

　　現在把「民主主義」稱為「舊民主主義」，而另外提出一種跟它頗不相同的主張，叫做「新民主主義」的，其實就並不是民主主義了。

　　附帶講一下民主主義和社會主義的關係。按說，民主主義是社會主義的根本屬性和本質內容之一，不能設想有什麼不要民主反對民主的社會主義。而提出所謂新民主主義的人卻認為，這是社會主義之前的一個發展階段，因此有所謂「從新民主主義過渡到社會主義」一說。如果這裡說的是指蘇聯模式（或曰史達林模式）的社會主義，倒是合乎事實的：給民主主義加上若干限制，就成了新民主主義，再加上更多的限制，就成了蘇聯模式的社會主義了。毛晚年所推出的社會主義，就是這種東西，過來人記憶猶新。這些也確實是從他的這種「新民主主義」一步一個腳印地發展過來的。

　　毛澤東說得完全正確，民主同盟要的是舊民主主義，對於新民主主義改造是頗為抵觸的。到了一九五七年，這區分終於採取了猛烈爆發的形式。可以這樣表述：這一場反右派鬥爭就是新民主主義同舊民主主義的鬥爭。

從一九四五年中共七大那時毛澤東的這些考慮就可以知道：共產黨和民主同盟政治上的終於分手是不可避免的了。只是現在大敵當前，必須有一個共同對付國民黨的合作。所以在一九四五年八月毛澤東赴重慶談判時向黨內發出的有關通知中還是說到，「我黨亦有條件地承認國民黨的地位，造成兩黨合作（加上民主同盟）、和平發展的新階段。」（《毛澤東選集》，第4卷，第1153頁。）

重慶談判中，共產黨提出民主同盟作為參加政治協商會議的單位之一。國共兩黨初步商定，政治協商會議由國民黨、共產黨、民主同盟、社會賢達四單位組成，每單位出席代表九人。開會前不久，民盟內部的青年黨橫生枝節，提出在民盟的九個代表名額中他們要占五個。結果是青年黨從民盟分裂出去。共產黨支持民盟堅持九個名額，不要讓步。最後根據共產黨提出的方案，重新確定了名額的分配：國民黨八人，共產黨七人，民盟九人，青年黨五人，社會賢達九人。

當時關於改組政府的討論，國民政府委員為四十名，同意國民黨占二十名，共產黨和民盟共同聯合要求十四名，即總名額三分之一強，在涉及施政綱領的議案上有否決權的保證。周恩來對張瀾說：「這十四名代表名額，怎樣分配，那是我們共產黨同民盟雙方自己內部的問題。民盟是個許多單位合組而成的集體政團，你們數目少了，不好分配，將會影響團結。在目前的政治鬥爭中，民盟的團結要緊。在這十四個席位中，民盟可以自己斟酌，你們要幾個都可以商量。你們要六席，共產黨就八席，你們要七席，我們雙方就各半；你們要八席，我們就六席。你們大膽提出來，絲毫不要客氣，我們共產黨沒有問題。總之，民盟團結要緊。」（見《文史資料選輯》第二十輯，第246頁）從這些事情可以看出當時民盟在國共兩黨對峙中所處的地位，可以看出當時民盟同共產黨的關係了。

一九四六年六月二十六日，國民黨撕毀停戰協定和政協決議，大舉圍攻中原解放區，從而開始了向各個解放區的全面進攻。新的全國內戰爆發。六月二十八日，中共中央向各中央局發出〈關於時局近況的通報〉，通報了軍事、政治、經濟、民心、士氣、輿論反應等各方面的近況，共十五項。其中第六項是：「對於談判，民主同盟主張態度要強硬，堅決不讓，要打便打。他們認為戰爭不可免，並願與我們共患難。」（《中共中央文件選集》第十

六冊，中共中央黨校出版社1992年版，第219-220頁。）

　　共產黨把民盟看作朋友，國民黨就把民盟看作敵人。據唐縱日記，一九四六年六月五日，蔣介石在情報最高指導委員會的會議上作指示：「對民盟不必姑息，羅隆基、沈鈞儒、章伯鈞，應施打擊。」（見《在蔣介石身邊八年》，群眾出版社1992年版，第622頁。）

　　一九四六年十一月，國民黨違反政協決議片面召集國民大會。共產黨當然拒絕參加。民盟態度如何，關係甚大。張瀾從重慶打電話到南京民盟總部，堅囑反對參加。後來周恩來對張瀾說，那時他正坐在民盟總部的電話機旁邊，聽到張瀾這樣說，頓時有一種如釋重負的感覺。周恩來對此事評價甚高。他說，「我們也料想到青年黨、民社黨一定要參加『國大』，只要把民盟拉住不參加，『國大』開了就很臭。這個目的達到了。」（《周恩來選集》上卷，第259頁）「他單獨召開『國大』，中共不參加，民盟不參加，立刻就使它不能起作用，人民就不擁護它。」（同上書，第275頁）

　　一九四七年民盟二中全會的政治報告中說：「民盟對國事自然應該明是非辨曲直。是非曲直之間就絕對沒有中立的餘地。民主同盟的目的是中國的民主，是中國的真民主。民主與反民主之間，真民主與假民主之間，就絕對沒有中立的餘地。」（《民革革命時期的民主黨派》，第290頁）宣告它已經由中立的立場轉到民主、真民主的立場，也就是轉向靠攏共產黨的立場了。

　　和談破裂。一九四七年二月，南京、上海、重慶的中共代表團撤回延安。撤離之前，他們把房產和財產委託民盟代管。民盟總部也就遷入南京梅園新村，即以周公館著稱的中共代表團駐地。這事顯然包含有表明政治態度的意義。

　　國民黨也隨即做出了反應。一九四七年十月七日公然槍殺了民盟西北總支部主任委員杜斌丞，二十七日宣佈民盟為非法團體。民盟即推派黃炎培和葉篤義去南京，想請邵力子轉圜。平日和顏悅色的邵力子這一天表現得非常嚴肅，他責怪民盟不該為杜斌丞被殺一事向蔣提抗議，還在報紙上聲明「要訴諸全世界」。邵力子直截了當地回答說：事情發展到這步田地，一切都無能為力了。碰了這個硬釘子，十一月六日，張瀾迫不得已簽署了民盟總部的解散公告。

　　對於此事，當時周恩來作了這樣的評論：

民盟由於抗戰特別由於政協的機緣，客觀上一時造成了他在全國的第三黨地位，使他中間許多領導人物代表著中產階級的想法，企圖在國共對立的綱領之外，尋找出第三條道路。……可是國民黨威脅一來，民盟有的領導人就表態宣佈解散，這又使民盟在人民中贏得的信任跟著喪失，從而也證明要想在國共之間建立起中間道路的第三大黨運動是失敗了。（《周恩來選集》上卷，第283至第284頁。）

民盟總部被迫解散之後，沈鈞儒、章伯鈞、周新民等到香港召開了民盟的一屆三中全會，否認在劫持與威脅下發表的解散公告，宣佈在香港設立臨時總部。全會的政治報告說：「自從本盟被南京反動獨裁政府勒令解散以來，一切所謂『中立』，『中間』的說法和幻想，實早已被徹底粉碎了。……我們要公開聲明與中國共產黨實行密切的合作。」（《民主革命時期的民主黨派》，第350頁）它已經不再可能中立於國共兩黨之間，全會提出了「徹底消滅獨裁賣國的國民黨反動集團」的口號。

民盟在香港宣佈重建領導機關，宣言與中國共產黨攜手合作。新華社當即發表了中共中央發言人就此事發表的談話，聲稱「我們歡迎民主同盟重建其領導機關，我們歡迎國民黨革命委員會的成立，我們願意在新民主主義的革命事業中，和所有一切反帝反封建的民主團體一道，為著共同目的而攜手前進。」（《中共中央文件選集》第十七冊，中共中央黨校出版社1992年版，第87頁）

有著推翻國民黨統治的共同目的，當然只得攜手前進。但是，即使是在共同奮鬥當中，也不是沒有矛盾的。這時，大敵當前，有矛盾也只好隱忍，以最溫和的態度求得解決。一九四八年一月十四日中共中央〈關於對中間派和中產階級右翼分子政策的指示〉，是毛澤東起草的，其中提出了處理這些矛盾的態度：

對民主同盟的恢復活動，對李濟深等國民黨反蔣派，對在美的馮玉祥，對一切可以爭取的中間派，不管他們言論行動中包含多少動搖性及錯誤成份，我們應採積極爭取與合作態度，對他們的錯誤缺點，採取口頭的善意的批評態度。（同上書，第12頁，又見《毛澤東文集》第五卷，第15頁。）

為了戰勝強大的敵人國民黨，像民主同盟這樣的政治力量的支持是重要的。為了團結，不得不採取一種克制的忍讓的態度，心裡其實是並不願意的。

一九四七年十月二十七日〈中共中央關於必須將革命戰爭進行到底反對劉航琛一類反動計畫的指示〉是一個關於怎樣對待自由資產階級的重要文件。其中說：

> 在政治鬥爭上，我們必須區別今天與明天的打擊方向，今天要孤立一切對美蔣尚有幻想的階級、黨派及其領袖，到明天就連反對杜魯門之美親華萊士之美、反對蔣介石之國親李濟深之國的階級、黨派及其領袖，也要將他們孤立起來。
>
> 等到蔣介石及其反動集團一經打倒，我們的基本打擊方向，即應轉到使自由資產階級首先是其中的右翼孤立起來。
>
> （《中共中央文件選輯》，第十六冊，中共中央黨校出版社1992年版，
> 第574、573頁）

在這個文件中，毛澤東加寫了這樣一段：

> 在蔣介石打倒以後，因為自由資產階級特別是其右翼的政治傾向是反對我們的，所以我們必須在政治上打擊他們，使他們從群眾中孤立起來，即是使群眾從自由資產階級的影響下解放出來。但這並不是把他們當作地主階級和大資產階級一樣立即打倒他們，那時，還將有他們的代表參加政府，以便使群眾從經驗中認識他們特別是其右翼的反動性，而一步一步地拋棄他們。（《毛澤東文集》，第四卷，第312頁。）

從發出這個指示開始，到反右派鬥爭爆發，在這十年裡，中國共產黨就是照這個指示處理同民主同盟（以及其他民主黨派）的關係的。

如果說，這個指示裡只是說「自由資產階級特別是其右翼」，並沒有說明是民主黨派，那麼，一個月之後，十一月三十日，毛澤東在致史達林的一份電報中就說得明明白白了。蘇聯解體之後，秘密檔案公開，人們也就有可能看到這份當年的密電了。電報說：「在中國革命取得徹底勝利的時期，

要像蘇聯和南斯拉夫那樣，所有政黨，除中共之外，都應離開政治舞臺，這樣做會大大鞏固中國革命。」

史達林在一九四八年四月二十日的覆電中說：「我們不同意這種看法，我們認為，中國各在野政黨代表著中國居民中的中間階層，並且它們反對國民黨集團，它們還將長期存在，中共將不得不同它們合作，反對中國的反動派和帝國主義列強，同時要保留自己的領導權，也就是領導地位。可能還需要讓這些政黨的一些代表參加中國人民民主政府，而政府本身要宣佈為聯合政府，從而擴大它在居民中的基礎和孤立帝國主義者及其國民黨代理人。要考慮到，中國人民解放軍取得勝利後的中國政府，按其政策，至少在勝利後的時期（這個時期多長現在很難確定）將是民族革命民主政府，而不是共產主義政府。這意味著，暫時不實行所有土地國有化，不廢除土地私有制，不沒收全部大小工商資產階級的財產和不沒收不僅大地主而且靠雇傭勞動生活的中小地主的財產。實行這些改革還要等一個時期。應該告訴您，在南斯拉夫，除共產黨以外，還有加入人民陣線的其他黨。」（〈毛澤東同史達林往來書信中的兩份電報〉，載《中共黨史研究》2001年第2期，第88-89頁）

從這裡可以知道，早在一九四七年的十一月，那時國民黨還有強大兵力，戰爭勝負未分的時候，毛澤東就已經有了在勝利之後拋棄民主黨派的意思了。只是因為史達林的電報，才把這事推遲了十年。這些民主黨派人士，當然不可能知道這些曲折，大約也不會想到幾年之後所提出的「長期共存」，最早淵源是來自史達林吧。

國民黨在戰爭中不斷失敗。民主同盟所企望的勝利一天天臨近。他們是怎樣考慮勝利之後同共產黨的關係的呢？吳晗在民盟中央整風座談會上揭發了這樣一件事：

> 全國即將解放的前夕，沈衡老和民盟中央其他同志（引者按：沈衡老即沈鈞儒，字衡山；「其他同志」指章伯鈞）都已從香港到解放區，我在從上海到華北解放區的時候，羅隆基要我帶一封信給已到解放區的沈衡老（以及章伯鈞。——引者），要沈老（以及章伯鈞。——引者）代表民盟向中共中央提出幾個條件，這些條件我現在還清楚地記得，主要是主張不要向蘇聯一邊倒，實行所謂協和外交政策；民盟盟員與中共黨員彼此

不要有交叉；民盟要有自己的政治綱領，要和中共訂立協議，如果中共不接受，民盟可以退出聯合政府，成為在野黨。這封信所提出的政治綱領，全是羅隆基一人起草的，當時曾經提到上海盟內同志討論，史良、許廣平、楚圖南，還有其他同志都不同意。（引者按：這封以民盟留滬中委名義寫的信，當時參加了討論未表示不同意的，有張瀾、黃炎培和葉篤義；表示不同意的，還有郭則沉。）但是羅隆基仍然要我帶到華北，要沈衡老向中共提出。我到了華北以後，才知道沈衡老和其他民盟同志是在東北解放區。羅隆基這次主張是十分荒謬的，當時我也就沒有把這封信交出來。按照羅隆基的意思，要末中共接受羅隆基的反動的資產階級綱領，使中國走資本主義道路，要末民盟就不參加政府，而以反對黨的身份和中共對抗。

這件事，葉篤義的回憶錄中也說到了，可以參看：

一九四八年十月間，中共方面的全面反攻已經開始。吳晗遭受北平國民黨當局的迫害，經過上海準備到東北解放區。這時候沈鈞儒和章伯鈞已經由香港到達了那裡。張瀾、黃炎培、羅隆基和我開了一個小會，由羅執筆，以留滬中委的名義寫了一個向中共的建議書，主要內容為：①內政上實行議會制度；②外交上採取所謂協和外交方針（即對美蘇採取同樣友好方針）；③民盟有退至合法在野黨的自由；④在盟內的共產黨員應公開身份，黨員和盟員避免交叉。在中委座談會上討論的時候，有人提出反對（我記得是史良、楚圖南和郭則沉），這個向中共的建議書終被取消。但是最後還是以中委致函沈鈞儒、章伯鈞的形式，要求沈章向黨提出這個建議。這封信是我當面交給當時住在王昆仲家裡的吳晗本人的。（葉篤義《雖九死其猶未悔》，北京十月文藝出版社，1999年版，第67頁。）

這些意見，顯然是共產黨所無法接受的。第一條，實行議會制度。後來毛澤東在〈關於正確處理人民內部矛盾的問題〉中，就批評了那種「以為在我們的人民民主制度下自由太少了，不如西方的議會民主制度自由多」

的意見。第二條，所謂協和外交政策。不久之後毛澤東就在〈論人民民主專政〉中針鋒相對地宣佈了向蘇聯「一邊倒」的根本國策。第三條，合法在野黨的問題，李維漢這樣回答說：「人民民主統一戰線是一個最廣泛的團結絕大多數人的組織。你們說要承認你們是一個『合法的在野黨』。既然是『合法的』，那就應當包括到統一戰線之內，而無所謂『合法的在野黨』了。我們要實行的是新民主主義而不是舊民主主義，不是在野黨和在朝黨互相交替，互相鬥爭，而是以無產階級為領導的各階級、各民主黨派的政治合作。」（同上書，第72頁）第四條，避免交叉問題。一九五二年六月經毛澤東修改過的〈關於民主黨派工作的決定〉的第二條就明確宣稱：「在各民主黨派內應當有一部分共產黨員和非黨的革命知識份子，他們與左翼分子結合起來，形成骨幹」。（《建國以來重要文獻選編》第三冊，中央文獻出版社1992年版，第253頁）可見這種「交叉」是必不可少的，是組成民主黨派骨幹的要件之一。

　　在剛才引過的這一篇發言中，吳晗還揭發了這樣兩件事：

　　　　一九四九年政協會議召開之前，羅隆基到了北平，毛主席和周總理都接見了他。現在有人揭發：羅隆基見毛主席之後就對他的朋友說：「毛主席這個人很厲害狡猾，比歷代統治人物都兇。」周總理和羅隆基談話時，周總理說民主黨派代表民族資產階級和小資產階級，中共代表無產階級。羅表示不同意周總理的意見，他說周是南開出身的，毛是北大出身的，我是清華出身的，為什麼他們就能代表無產階級而要我代表資產階級和小資產階級呢？他說他曾向周總理表示，我們成立人民陣線，你們代表一部分人民，我們代表另一部分人民，這樣來共同協定合作組織聯合政府。（8月11日《人民日報》）

　　羅隆基同毛澤東的這一次談話，羅本人在這會上作的交代中是這樣說的：「我到北京幾天以後，毛主席約我單獨地談過一次話，談到民盟與黨的關係時，我向毛主席表示，希望在盟內的黨員公開，卻沒有說過要黨員退出民盟。毛主席接著說：『你不要在盟內清黨。』」（8月13日《人民日報》）說的聽的都明白這話的分量，所以羅才覺得毛「比歷代統治人物都兇」吧。他也就明白了原先所祈求的合法在野黨的地位是一種多麼不切實際的幻想。

中華人民共和國成立，民盟的高層得到了安排。張瀾任中央人民政府副主席之一，沈鈞儒任最高人民法院院長，史良任司法部長，章伯鈞任交通部長，羅隆基任政務院政務委員……，一時呈現出相安無事的局面。

章伯鈞當了部長，可是覺得這同他想像的內閣閣員那樣的部長並不完全一樣。一次他對擔任部長助理的共產黨員孫大光說，「現在部的權限太小了，上面管的人太多了，有委有辦，黨組上面還有工業交通部（引者按：當時中共中央的一個部），實際上管不了什麼事；所以當部長的勁頭都不大，有勁頭的是那些副總理或兼什麼委什麼辦的負責人。我要是黨內的，我也要兼點旁的什麼事。為什麼一個病號還要掛副總理的名義？現在文教界問題很多，林楓怎麼能把文教工作辦好？」（7月9日《人民日報》）對民盟內部的人，他的話說得更難聽，據高崇民揭發，章伯鈞說，「我這個部長就是守靈牌。」（7月1日《人民日報》）他覺得無所作為，於是跑古董鋪，買舊書，在政治上顯得消沉。他對人說：「生活上有二個東西，一個是物質的，一個是精神的。僅僅叫他穿西服、住高樓、吃西餐，而不叫他獨立思考，這就好比西郊公園裡的獅子和老虎，吃的雖好，可沒有自由。」（7月4日《人民日報》）大有老驥伏櫪，髀肉復生的感慨。

當年國民黨以部長的位置拉羅隆基，經濟部或交通部任選一個。羅不幹。現在章伯鈞、史良都是部長，他不是，未免有些不快。為了給他安排一個部長的職位，一九五六年五月十二日第一屆人大常委會第四十次會議決定設立森林工業部。具體地說，是將原林業部分為兩個部，林業部只管營造林、護林等工作，而木材採伐、運輸、加工、綜合利用及林產化工等項，就是森林工業部的業務了。六月四日，羅隆基被任命為森林工業部長。可是他對於這個安排心裡並不滿意，據浦熙修在反右派鬥爭中揭發：羅總是認為當森林工業部長委屈了他的才能。解放初期他想當外交部長，後來又想當司法部長，現在是一心想當高教部長，認為這樣才能更好地抓大知識份子。（7月11日《人民日報》）另據高崇民揭發，羅說過，我可以做外交工作，但是人家叫我去管木頭。（7月1日《人民日報》）羅在森工部的秘書也揭發，羅說過，政府給我森工部，我也不懂業務，其實不如叫我搞司法部還恰當些。

章伯鈞、羅隆基都不滿足於冷官的位置。後來章在作檢討的時候說過不滿足的原因：「我有一套政治野心，就是抬高自己的政治地位，不是為作

官，是為了實現我的政治主張。我有篇文章說得很清楚，就是三月間我在政協會議上的發言。我說我愛護共產黨，也愛護民主黨派。我愛社會主義，也愛民主。王造時看了以後，認為這兩句很好。我把民主與社會主義分開，總是認為蘇聯的制度缺少一些民主。我極力反對教條主義，主要是不滿意共產黨的無產階級專政。」（7月4日《人民日報》）

羅隆基的想法也差不多，他也正是怕民盟的人只滿足於做官而忘了政治主張。他在一封信中說：「不是無條件馴服，以求在政府中占得一官半職。此點若不明白，我們全局輸了。」（9月3日《人民日報》）

如果目的只在做官，章伯鈞羅隆基當然可以照舊當他們的部長。交通部也好，森林工業部也好，反正都是部長級嘛。如果給了官做還不滿足，還要實現一種政治主張，而且是章伯鈞說的那種要比蘇聯的制度多一些民主的主張，那就只好劃為右派分子了。

三、反右派鬥爭的近因之一
——反冒進和反反冒進

反右派鬥爭的近因，一九五八年三月十九日毛澤東在〈一批按語〉中說：

> 我們沒有預料到一九五六年國際方面會發生那樣大的風浪，也沒有預
> 料到一九五六年國內方面會發生打擊群眾積極性的「反冒進」事件。
> 這兩件事，都給右派猖狂進攻以相當的影響。（《毛澤東選集》第五卷，
> 第226頁題注）

他說的這兩件事也就是發生反右派鬥爭的近因。他一九五七年一月十八日在省市自治區黨委書記會議上說：「去年這一年是多事之秋，國際上是赫魯雪夫、哥莫爾卡鬧風潮的一年，國內是社會主義改造很激烈的一年。現在還是多事之秋，……」（《毛澤東選集》第五卷，第339頁）也是說的這兩件事。所謂國際方面的大風浪，也就是赫魯雪夫、哥莫爾卡鬧風潮，是指蘇共「二十大」和波蘭匈牙利事件，這些下一章再說，現在先說反冒進和反反冒進這事。

一九五五年十二月二十七日，毛澤東為他主編的《中國農村的社會主義高潮》一書寫了第二篇〈序言〉，談到在這年的下半年，「幾個月時間，就有五千幾百萬農戶加入了合作社」。毛說，「這是一件了不起的大事」：「這件事告訴我們，中國的工業化的規模和速度、科學、文化、教育、衛生等項事業的發展的規模和速度，已經不能完全按照原來所想的那個樣子去做了，這些都應當適當地擴大和加快。」（《毛澤東選集》第五卷，第222-223頁）他就這樣吹響了各行各業全面冒進的號角。

在短短的幾個月裡，冒進的惡果大量顯現出來，劉少奇、周恩來這些比較務實的領導人感到形勢嚴峻，覺得必須提出了反冒進的問題，這就不得

不對毛澤東的權威有所冒犯了。在官方出版的《周恩來傳》裡寫了這樣一件事：

> （一九五六年）四月下旬，毛澤東在中共中央政治局會議上主張再追加二十億元的基本建設投資。與會的大多數人不贊成這樣做，周恩來更是竭力勸阻。胡喬木回憶說：
>
> 一九五六年各條戰線各省市根據毛主席一九五五年冬寫的《中國農村的社會主義高潮》序言的精神，加快速度，擴大了預定計劃的規模，增加了預算指標。四月下旬，毛主席在頤年堂政治局會議上提出追加一九五六年的基建預算，受到與會同志的反對。會上尤以周恩來同志發言最多，認為追加預算將造成物資供應緊張，增加城市人口，更會帶來一系列困難等等。毛澤東最後仍堅持自己的意見，就宣佈散會。會後，恩來同志又親自去找毛主席，說我作為總理，從良心上不能同意這個決定。這句話使毛主席非常生氣。不久，毛主席就離開了北京。
>
> （中央文獻出版社1998年版，第269頁）

五月十一日，周恩來在國務院的一次全體會議上說：「反保守、右傾，從去年八月開始，已經七八個月，不能一直反下去了！」（《周恩來年譜》1949-1976，上卷，中央文獻出版社，第575頁）

一九五六年六月二十日《人民日報》發表社論〈要反對保守主義，也要反對急躁冒進〉，據吳冷西在《憶毛主席》一書中說：

> 原來這篇社論最初是由人民日報編輯部起草的。在中宣部討論時陸定一同志認為不能用，要重新起草。他請示了少奇同志。少奇同志要他根據政治局會議的精神親自組織中央宣傳部的同志起草。初稿由王宗一同志起草，在中宣部多次討論、修改後由定一同志送少奇同志和周總理審閱。他們兩位都作了一些修改，並提出再加斟酌的一些意見。定一同志根據這些意見又作了修改，最後送少奇同志和毛主席審定。少奇同志在個別地方作了修改後送毛主席。我們在最後定稿的清樣上

看到，毛主席圈了他的名字，寫了「我不看了」這幾個字。（新華出版社，1995年版，第49頁）

這一篇社論宣稱：急躁冒進已經成了「嚴重的問題」，並且認為「下面的急躁冒進有很多就是上面逼出來的」，提出「要使我們的計畫、步驟符合於客觀實際的可能性」。雖然標題說的是「要反對保守主義，也要反對急躁冒進」，兩個方面都說到了，實際上是反冒進的。毛澤東對這篇社論十分惱怒，在這一天的報紙上批了這樣一些話：「尖銳地針對我」，「既然使幹部走到了另一個極端，不是方針錯了嗎？」（《建國以來毛澤東文稿》第七冊，中央文獻出版社，1992年版，第34頁）

一九五六年十一月，周恩來在中共八屆二中全會上作了《一九五七年度國民經濟發展計畫和財政預算的控制數字》的報告。報告的基調是反冒進。他認為，一九五六年的經濟工作有冒進性質的錯誤。他說，「一九五三年小冒了一下，今年就大冒了一下。」他提出：「過去設想的遠景規劃，發展速度是不是可以放慢一點？經過八大前後的研究，我們覺得可以放慢一點。」他以頗有點犯忌諱的鋼產量為例，「原來設想鋼產量在第三個五年計劃的最後一年要達到年產三千萬噸，肯定地說，照現在這個速度是不可能實現的。」如果硬要定到三千萬噸，「其他就都要跟上去。那就會像我們常說的，把兩腳懸空了，底下都亂了，不好佈局，農業、輕工業也會受影響，結果還得退下來。」

周恩來在報告中提出：八大關於第二個五年計劃的建議所提出的數字，也「只是個建議，有某些達不到的指標是不是可以修改？我覺得是可以的。」「建議中有些數字當時覺得是恰當的，現在發現還有矛盾需要解決，那就應該解決，我想這是許可的。」

他還談到毛心愛的農業發展綱要四十條。他說，

這也是一個建議，是一個草案。……草案現在執行快一年了，事實證明有些是需要重新研究的，這些並不是不可以修改的。比如擴大耕地面積，要求十二年內開墾一萬四千萬畝顯然是有困難的。如果每年開墾一千萬畝，就要投資五億元。這五億元的投資，明年度無論如何也

擠不出來，今後也不是每年都可以擠出來的。

他還說：

> 八大的建議和農業四十條，是規定了每年進度指標的。這兩個文件經
> 過我們研究以後覺得可以修改。上不去，就不能夠勉強，否則把別
> 的都破壞了，錢也浪費了，最後還得退下來。（《周恩來選集》下卷，第
> 234頁）

在報告中，周恩來提出了一個「究竟應該怎樣估計第一個五年計劃」
的問題。他的答案是：「經過國務院常務會議多次討論，大家認為，第一個
五年計劃基本上是正確的，成績很大，但是錯誤不少。」（《周恩來選集》下
卷，第234頁）

毛澤東不同意這種估計。這次中央全會結束的那天他講了話，反駁了
周恩來所作的只是基本上正確的估計。他說，「第一個五年計劃根本正確。
至於錯誤，確實有，這也是難免的，因為我們缺少經驗。」「總的說來，現
來看不出第一個五年計劃有什麼大錯，有什麼根本性質的錯誤。」他還提
出：「要保護幹部和人民群眾的積極性，不要在他們頭上潑冷水。」（《毛
澤東選集》第五卷，第314-315頁。）顯而易見，他認為反冒進就是打擊幹部和人
民群眾的積極性，就是在他們頭上潑冷水。為了反冒進這事，後來毛澤東還
多次批評他。例如一九五八年三月的成都會議上，毛調侃地說：「恩來在一
九五六年二中全會的報告敢說心裡話，這一點可取，雖然是錯的。」（《建
國以來毛澤東文稿》第七冊，第637頁）可見他對這些反冒進的人怨毒之深了。

在一九五七年十月的中共八屆三中全會上，那時反右派鬥爭的高潮已
過，毛澤東還把這筆舊賬拿出來算了。他說：

> 去年這一年掃掉了幾個東西。一個是掃掉了多、快、好、省。不要多
> 了，不要快了，至於好、省，也附帶掃掉了。好、省我看沒有那個人
> 反對，就是一個多、一個快，人家不喜歡，有些同志叫「冒」了。
> ……去年下半年一股風，把這個口號掃掉了，我還想恢復。……還掃

掉農業發展綱要四十條。這個「四十條」去年以來不吃香了，現在又「復辟」了。還掃掉了促進委員會。（同上書，第474頁）

毛澤東決定開展整風運動的目的，據報上刊登的中共中央《關於整風運動的指示》所宣佈的，是反對官僚主義、宗派主義、主觀主義和一些黨員的特權思想，從而改善執政黨的形象，改善黨與黨外群眾特別是知識界的關係。但是從毛在這前後發表的另外一些文章和講話中可以知道，還有一個在《整風指示》裡沒有宣佈的目標，就是要跟黨內那些「反冒進」的領導人算賬。

這可不是一件容易的事情。毛澤東知道，黨務系統在劉少奇手上，行政系統在周恩來手上，這些黨政機關的幹部都是他們的下屬，由誰出頭來向他們提意見呢？毛澤東想到了讓民主黨派來充當衝擊的力量。

毛澤東為什麼會這樣想呢？共產黨成了執政黨之後，中國的這些民主黨派就成了政治上的裝飾品。它的頭面人物雖說大都安排了頗高的職位，其並沒有什麼實權，不能做什麼實際的工作，更不要說施展自己的政治抱負了。因而顯得很是消沉。在蘇共二十大之後，特別是在毛澤東提出百花齊放、百家爭鳴、長期共存、互相監督的新方針之後，民主黨派一時頗覺興奮，他們就象經過了冬眠的蛇，想要活動活動了。一九五七年三、四月間，各民主黨派中央機關紛紛開會：致公黨（3月21－23日）、民主建國會（3月22－23日）、九三學社（3月22－28日）、中國國民黨革命委員會（3月25－30日）、民主同盟（3月22日－4月5日）、農工民主黨（4月12日）都開了會。討論在這新氣候下的工作問題。這裡只舉民主同盟的情況為例。民盟中央委員會副主席章伯鈞在民盟中央工作會議提出要大大發展組織，每個民主黨派可以發展幾十萬人，幾個民主黨派合起來可以發展一二百萬人，組織發展到縣一級。表示要更加廣泛的參與國是。他們的這種積極性卻是毛澤東所厭惡的。這也就是後來他在反右派鬥爭中說的「黨要擴大，政要平權」。（《建國以來毛澤東文稿》第六冊，中央文獻出版社，1992年版，第503頁）不過這時他想要打擊的還不是這些民主黨派，而是那些反冒進的領導人。他想，是不是可以來一個「化消極因素為積極因素」呢？民主黨派哇啦哇啦提意見，對於他來說當然是一種消極因素，只是如果把他們提意見的積極性加以引導，使其

鋒芒針對那些反冒進的領導人，那就化為他所需要的積極因素了。他懷著這樣一種願望，就來著手調動民主黨派這個力量了。

毛澤東採取的第一個行動是，在《整風指示》見報的前一天，一九五七年四月三十日，他約集各民主黨派負責人和無黨派人士在天安門城樓談話，黨中央的幾位副主席劉少奇、周恩來、朱德、陳雲和總書記鄧小平也都到場。毛講話的主旨就是請民主人士幫助黨整風，他說了這樣一些話：

> 目前各方面批評意見最多的是集中在高等教育部、教育部、衛生部等部門。有人很擔心，怕矛盾一揭發，一批評不得了。我們對人家提出的意見，不要害怕，應該歡迎，給人家以提意見的機會。矛盾沒有什麼不得了，到處唱對臺戲，把矛盾找出來，分分類。如文學、藝術、科學、衛生等方面，提出的問題最多，矛盾突出來了，應該攻一下，多攻一下。愈辯論愈好，愈討論愈發展，人民民主政權愈鞏固。幾年來不得解決的問題，可以在幾個月解決了。
>
> 整風主要是黨內整風，可是有黨外人士參加就更全面了。兩種元素可以起化學作用。但黨外人士不是自己搞，而是幫助共產黨整風。
>
> （葉篤義《雖九死其猶未悔》，第89-91頁）

儘管他對民主黨派開的這些會並不高興，但是為了調動他們的積極性，還是誇獎了幾句。他說：

> 最近各民主黨派都開了一些會議，開得不錯，提出了些問題。只要黨外人士談出來了，大家一齊搞，這就更好談了。
>
> 希望黨外人士對共產黨多提些意見，幫助共產黨進行工作。

召開這樣的座談會清楚地表明：毛澤東希望得到民主黨派民主人士的合作，希望他們在他劃定的範圍之內多提些意見，這就是對國務院所屬的高等教育部、教育部、衛生部這些職能部門，也就是總理周恩來領導下的部門的工作提意見。對共產黨多提些意見，也就對劉少奇的系統多提意見了。假如這些民主人士能夠多提意見，而且所提意見符合他的意圖，毛還許諾給予

一份回報，解決一下民主黨派民主人士有職無權的問題。他說：

> 統一戰線中的矛盾是什麼呢？恐怕就是有職無權的問題吧！過去民主
> 人士有職了，但是沒有權，所以有人講民主人士不大好當，有些惱
> 火，現在不但應該有職，而且應該有權。因此，這次整風，在黨內對
> 有職無權的問題也要整一整。（葉篤義《雖九死其猶未悔》，第93頁）

這天毛澤東還講到改變高等學校領導體制的問題，他說，大學的管理
工作如何辦？可以找些黨外人士研究一下，搞出一個辦法來。共產黨在軍
隊，企業，機關學校都有黨委制。我建議，首先撤銷學校的黨委制，不要由
共產黨包辦。這也是知識份子很歡迎的意見。不過，後來凡是引用這話的人
都被劃成了右派分子。

整風指示公佈之後的第一個重大行動，是中共中央統戰部從五月八日
開始邀集各民主黨派負責人和無黨派民主人士逐日舉行座談會，聽取他們的
意見。這件事進一步反映出了毛澤東借重民主人士進行黨內整風的意圖。統
戰部長李維漢在會上說：在這次整風運動中，要集中地批判共產黨的缺點。
因此，我們已經同各民主黨派和無黨派民主人士商量好，在一個時期以內，
不要號召民主人士整風，而著重地發動黨外人士來給共產黨提批評意見，幫
助共產黨整風。（1957年5月11日《人民日報》）

成問題的是，這些民主人士在座談會上的發言完全不符合毛澤東的意
圖。他們並不在毛所劃定的範圍之內，對教育、衛生等等工作中的缺點提意
見，批評這些工作中的保守主義，甚至有人在發言中還流露出反冒進的意
思，例如全國工商聯主任委員陳叔通，就提出了「八年來的工作中，究竟是
由於保守所造成的損失大，還是由於冒進所造成的損失大」的問題（1957年5
月18日《人民日報》）。會上的許多發言談到黨委代替行政直接發號施令、外行
領導內行、肅反運動的偏差，等等問題，實際上涉及共產黨執政的根本體制
問題和嚴重弊端。這些都是毛沒有料想到也決不願意聽到的意見。

這些民主人士對於共產黨內的情況其實頗為隔膜，不知道（或很少知
道）毛澤東和劉少奇、周恩來在反冒進問題上的意見根本對立，而把他們看
成一個統一的領導集體，他們沒有想到在提批評意見的時候要分別對待，在

批評劉少奇、周恩來工作中種種錯誤的同時要讚美毛澤東的英明正確，表示對毛澤東的尊崇擁戴。像儲安平的那篇要命的「黨天下論」，標題竟是荒謬的〈向毛主席和周總理提些意見〉（1957年6月2日《人民日報》）。陳銘樞甚至直接寫信給毛，批評他本人，說毛澤東「好大喜功，喜怒無常，偏聽偏信，鄙夷舊的」（1957年7月15日《人民日報》）。民主黨派民主人士的這種表現使毛澤東震怒。反右派鬥爭就從打擊民主黨派開始。

當年有機會經常接近毛澤東的李志綏在所著《毛澤東私人醫生回憶錄》中提出了這樣一個見解：

> 今日我的後見之明是：如果當時民主人士提的意見未涉及到毛，那麼「文化大革命」一定會提早十年，在一九五七年，而不是一九六六年發生。我們今天只記得反右派運動時對右派人士的恐怖行徑。其實毛開始時是想藉用民主黨派人士來替共產黨整風，目標是「反冒進」的那些領導。毛未料到民主黨派人士竟群起質疑「社會主義路線」和「共產政權」的合法性。毛萬萬沒有想到，民主人士提的意見越來越尖銳，攻擊的矛頭逐漸指向毛本人的統治。毛被迫暫時回頭和黨內反對他的同志聯合起來。黨內領導人人自危，大家一致槍口向外，出現了大團結的局面。（臺北時代出版公司1997年版，第195-196頁）

由此可見，毛澤東的「反反冒進」確實是反右派鬥爭的一個近因。

四、反右派鬥爭的近因之二
——蘇聯和東歐的政治地震

　　毛澤東在省市自治區黨委書記會議上說的，「去年這一年是多事之秋，國際上是赫魯雪夫、哥莫爾卡鬧風潮的一年。」所謂赫魯雪夫鬧風潮，是指一九五六年二月他主持召開蘇聯共產黨第二十次代表大會，用「反對個人崇拜」這個提法批評了史達林，第一次揭露了史達林對無辜者的大規模鎮壓。二十大路線的出現有其必然性。它是蘇聯國內外矛盾發展到那時的公開表露。赫魯雪夫作為一個現實社會主義國家的領導人，第一個揭露出蘇聯模式社會主義的弊端，表示了必須有所變革的意思。二十大路線有著明顯的民主化和自由化的傾向。這在國際共產主義運動中是一劃時代的事件，其影響巨大而且深遠。三十五年之後蘇共的消亡和蘇聯的解體的原因，都應該溯源到這一事件。

　　說起史達林，其實毛澤東對他早就有自己的看法。使他感到切膚之痛的，是史達林對待中國、對待中國共產黨和對待他本人的態度。這方面的意見他說過不只一次。例如，他說：

> 史達林對中國做了一些錯事。第二次國內革命戰爭後期的王明「左」傾冒險主義，抗日戰爭初期的王明右傾機會主義，都是從史達林那裡來的。解放戰爭時期，先是不准革命，說是如果打內戰，中華民族有毀滅的危險。仗打起來，對我們半信半疑。仗打勝了，又懷疑我們是鐵托式的勝利，一九四九、一九五〇兩年對我們的壓力很大。（《毛澤東選集》，第五卷，第286頁）

　　對於蘇聯的國內政策，毛也有看法。例如，他說：

蘇聯的辦法把農民挖得很苦。他們採取所謂義務交售制等項辦法，把
農民生產的東西拿走太多，給的代價又極低。他們這樣來積累資金，
使農民的生產積極性受到極大的損害。（同上書，第274頁）

史達林在世，有看法也不敢講。史達林死後不多久，毛澤東就開始思
考蘇聯模式的得失了。據薄一波說：「在我的記憶裡，毛主席是在一九五五
年底就提出了『以蘇為鑒』的問題。」他回憶說，「從史達林逝世以後，蘇
聯發生的事情，包括貝利亞被揭露，一批重要的冤案假案被平反，對農業的
加強，圍繞以重工業為中心的方針發生的爭論，對南斯拉夫態度的轉變，史
達林物色的接班人很快被替換等，已使我黨中央陸續覺察到史達林和蘇聯經
驗中存在的一些問題。」而且，「也陸續發現蘇聯的某些經驗並不適合我國
國情。」（薄一波《若干重大決策與事件的回顧》修訂本，上卷，人民出版社1997年版，第
488頁。）作為一個有經驗有眼力的大國領袖，毛澤東並不需要蘇共二十大的
啟發，就已經在思考蘇聯的教訓了。

世上也真有些碰巧的事。二月十四日是蘇共二十大開幕的日子，也正
是從這一天開始，毛澤東逐日聽取國務院財經方面三十四個部委的彙報，目
的是探索一條不同於蘇聯的發展道路。同時在莫斯科和北京進行的這兩個會
的關係，薄一波回憶說：「在得知蘇共二十大批判史達林消息後，我黨中央
除召開了政治局擴大會議，專門作了討論外，彙報中同史達林和蘇聯經驗相
關聯的事也多了起來，『以蘇聯為鑒戒』的思想更加明確了。」（同上書，
第488頁）

毛澤東這次聽取彙報的結果，是形成了《論十大關係》這篇報告。他說：

最近蘇聯方面暴露了他們在建設社會主義過程中的一些缺點和錯誤，
他們走過的彎路，你還想走？過去我們就是鑒於他們的經驗教訓，少
走了一些彎路，現在當然更要引以為戒。（《毛澤東選集》第五卷，第267頁）

這篇〈論十大關係〉在毛澤東去世之後才公開發表。當時對蘇共二十
大公開表明態度的，是四月五日以人民日報編輯部名義發表的〈關於無產階
級專政的歷史經驗〉一文。這篇由陳伯達執筆起草的文章，經過毛澤東詳細

修改補充。文章表示了對蘇共二十大新路線的支持：

> 二十次代表大會非常尖銳地揭露了個人崇拜的流行，這種現象曾經在一個長時間內的蘇聯生活中，造成了許多工作上的錯誤和不良的後果。蘇聯共產黨對於自己有過的錯誤所進行的這一個勇敢的自我批評，表現了黨內生活的高度原則性和馬克思列寧主義的偉大生命力。
>
> 中國共產黨慶祝蘇聯共產黨在反對個人崇拜這一個有歷史意義的鬥爭中所得到的重大成就。

毛澤東審稿時加寫了一些文字，既批評了史達林，也在能夠為之辯解的地方為他作了辯解。他說：

> 他驕傲了，不謹慎了，他的思想裡產生了主觀主義，產生了片面性，對於某些重大問題做出了錯誤的決定，造成了嚴重的不良後果。
>
> 史達林在他一生的後期，愈陷愈深地欣賞個人崇拜，違反黨的民主集中制，違反集體領導和個人負責相結合的制度，因而發生了例如以下的一些重大的錯誤：在肅反問題上擴大化；在反法西斯戰爭前夜缺乏必要的警惕；對於農業的進一步發展和農民的物質福利缺乏應有的注意；在國際共產主義運動中出了一些錯誤的主意，特別是在南斯拉夫問題上作了錯誤的決定。
>
> 有些人認為史達林完全錯了，這是嚴重的誤解。史達林是一個偉大的馬克思列寧主義者，但是也是一個犯了幾個嚴重錯誤而不自覺其為錯誤的馬克思列寧主義者。我們應當用歷史的觀點看史達林，對於他的正確的地方和錯誤的地方做出全面的和適當的分析，從而吸取有益的教訓。不論是他的正確的地方，或者錯誤的地方，都是國際共產主義運動的一種現象，帶有時代的特點。

這篇文章還把蘇聯發生的問題同中國的情況聯繫了起來。認為：

> 我們有不少的研究工作者至今仍然帶著教條主義的習氣，把自己

的思想束縛在一條繩子上面，缺乏獨立思考的能力和創造的精神，也在某些方面接受了對於史達林個人崇拜的影響。

我們也還必須從蘇聯共產黨反對個人崇拜的鬥爭中吸取教訓，繼續展開反對教條主義的鬥爭。

中國所受到的史達林的影響，這裡僅僅說到了不少研究工作者的教條主義習氣，其實是遠遠不只這些。中國共產黨是在共產國際的幫助和領導之下建立和發展起來的。毛澤東在悼念史達林的文章〈最偉大的友誼〉中說：

> 從列寧逝世以來，史達林同志一直是世界共產主義運動的中心人物。我們圍繞著他，不斷地向他請教，不斷地從他的著作中吸取思想的力量。
>
> 中國共產黨和中國人民正是遵循列寧史達林的學說，得到了偉大的蘇維埃國家和各國一切革命力量的支持，而在幾年以前獲得了歷史性的勝利。
>
> 蘇聯共產黨……在過去和現在是我們的模範，在將來也還是我們的模範。

後來據吳冷西說，毛對人說過，這文章「從感情上來說我不願意寫，但從理智上來說，又不能不寫，而且不能不那樣寫。」（吳冷西：《憶毛主席》，第20頁）從感情上來說，他確實不願意這樣讚頌史達林，可是這裡說的史達林對於中國共產黨的巨大影響，卻是事實。

一九四九年七月，劉少奇率代表團秘密訪問蘇聯，就即將建立的新國家的許多問題，從內外政策、機構設置、重要的人事安排等等事項，直接向史達林討教。幾年間，確是把蘇聯作為模範。諸如：共產黨在國家生活中的地位，計劃經濟，五年計劃，優先發展重工業，對農業手工業和資本主義工商業的社會主義改造……等等方面，一步一步把蘇聯模式移植了過來。

在指導理論方面所受到的史達林的影響，這裡可以舉一個例。一九二八年史達林在〈論工業化和糧食問題〉的演說中說：

> 隨著我們的進展，資本主義分子的反抗將加強起來，階級鬥爭將
> 更加尖銳。
>
> 向社會主義的前進不能不引起剝削分子對這種前進的反抗，而剝
> 削分子的反抗不能不引起階級鬥爭的必然的尖銳化。
>
> （《史達林全集》第十一卷中文版，第149、150頁）

一九三七年他又在〈論黨的工作缺點和消滅托洛茨基兩面派及其他兩面派的辦法〉的報告中說：

> 我們的進展愈大，勝利愈多，被擊潰了的剝削階級殘餘也會愈加兇
> 惡，他們愈要採用更尖銳的鬥爭形式，他們愈要危害蘇維埃國家，
> 他們愈要抓住最絕望的鬥爭手段來作最後的掙扎。（《史達林文集》
> （1934-1952），人民出版社1985年版，第153頁）

這是史達林有名的公式，正是這個公式導致了蘇聯肅反的嚴重擴大化。

一九五五年，對胡風文藝思想的批判轉變為肅清胡風反革命集團的鬥爭，《人民日報》就此發表社論〈必須從胡風事件吸取教訓〉，毛澤東審稿時加寫了三段文字。其中他說：

> 在為國家的社會主義工業化和建成社會主義社會的偉大運動中，階級
> 鬥爭更加尖銳，反革命分子必然要更加進行破壞活動。

由此可見，反胡風鬥爭，和以此為序幕的肅反運動的指導思想，就是史達林的這個公式。

中蘇兩國的異同，毛澤東說：「一九五六年四月的〈論十大關係〉，開始提出我們自己的建設路線，原則和蘇聯相同，但方法有所不同，有我們自己的一套內容。」（〈在成都會議上的講話〉，見《毛澤東文集》第七卷，第369-370頁。）換句話說，同的是原則，是大的方面；異的是方法，是小的方面：大同小異吧。或者說，用有所不同的方法去實現相同的原則。

還有一點很大的不同。從十月革命到二十大，蘇共執政已經三十九

年。或者換一個計算方法，從一九二七年打垮了托洛茨基，到一九五三年去世，史達林大權獨攬二十六年。在這三十九年或者二十六年的漫長歲月中，蘇聯在國內以及在對外關係方面已經積累了大量的矛盾，不少弊病已很明顯，以致第二十次代表大會不得不突出地提出這個問題，表示出改弦更張的態度。而這時，中國共產黨執政還不過七八年時間，還在向蘇聯模式轉變的過程之中，時間還不長，這種模式的弊病還不很顯著。這時的包袱還不重，還有較大的行動自由。毛澤東就決心不再亦步亦趨，〈論十大關係〉就是他探索新路的第一次重大的努力。他說，十大關係的基本觀點就是同蘇聯作比較。除了蘇聯辦法以外，是否可以找到別的辦法比蘇聯、東歐各國搞得更快更好。（轉引自薄一波同上書，第487頁）

在考慮了蘇聯、東歐的不足和失誤，考慮了中國的情況之後，毛澤東提出了他的新方針。〈論十大關係〉中談到黨和非黨的關係，主要是共產黨和民主黨派的關係，他提出的方針是長期共存，互相監督。這一點是和蘇聯不同的。蘇聯不允許其他政黨存在，在二月革命中一同推翻沙皇的其他社會主義政黨都被取締。毛澤東說：

> 在我們國內，在抗日反蔣鬥爭中形成的以民族資產階級及其知識份子為主的許多民主黨派，現在還繼續存在。在這一點上，我們和蘇聯不同。我們有意識地留下民主黨派，讓他們有發表意見的機會，對他們採取又團結又鬥爭的方針。（《毛澤東文集》第七卷，第34-35頁。）

四月二十八日，毛澤東在中共中央政治局擴大會議上說，藝術問題上的「百花齊放」，學術問題上的「百家爭鳴」，應該成為我國發展科學、繁榮文學藝術的方針。五月二日的最高國務會議上，他又把這「十大關係」、「雙百」方針這些意思向黨外的高層人士說了一遍。

在談到這些新方針的時候，還應該提到一月間中共中央召開的關於知識份子問題的會議。長時期以來實行的知識份子政策，是爭取、團結、教育、改造。一九四九年執政以後，不必再提「爭取」，其餘三項不變。不言自明，這是把知識份子看作有待爭取，有待團結，有待教育，有待改造的一種異己的力量。周恩來在會上所作的報告對知識份子重新作了估計。他說，

我們現在所進行的各項建設，正在愈來愈多地需要知識份子的參加。知識份子已經成為我們國家的各方面生活中的重要因素。他們中間的絕大部分已經是工人階級的一部分。應該改善對於他們的使用和安排，使他們能夠發揮他們對於國家有益的專長，應該給他們應得的信任和支持。周恩來的報告還指出：目前在知識份子問題上的主要傾向是宗派主義。當然，周恩來也沒有忘記提到另一種傾向，即只看到知識界的進步而不看到他們的缺點，因而不去甚至不敢去對他們進行教育和改造工作。這樣，他就把兩個方面都說到了：在改善對於知識份子的使用和安排，也就是改善其處境的同時，仍舊要進行對知識份子的改造工作。（《周恩來選集》下卷，第158-189頁）

毛澤東四月二十八日在政治局擴大會議上和五月二日在最高國務會議上提出「百花齊放、百家爭鳴」方針的兩次講話，在他生前沒有發表。對於這一方針的官方闡述，最早見於中共中央宣傳部長陸定一的〈百花齊放，百家爭鳴〉一文。這是他五月二十六日在懷仁堂向自然科學家、社會科學家、醫學家、文學家和藝術家共兩千人的一篇講話，經毛澤東審閱修改，於六月十三日發表。陸定一說：

中國共產黨對文藝工作主張百花齊放，對科學工作主張百家爭鳴，這已經由毛主席在最高國務會議上宣佈過了。

要使文學藝術和科學工作得到繁榮的發展，必須採取「百花齊放，百家爭鳴」的政策。文藝工作，如果「一花獨放」，無論那朵花怎麼好，也是不會繁榮的。

我國的歷史證明，如果沒有對獨立思考的鼓勵，沒有自由討論，那末，學術的發展就會停滯。反過來說，有了對獨立思考的鼓勵，有了自由討論，學術就能迅速發展。

我們所主張的「百花齊放，百家爭鳴」是提倡在文學藝術工作和科學研究工作中有獨立思考的自由，有辯論的自由，有創作和批評的自由，有發表自己的意見、堅持自己的意見和保留自己的意見的自由。

「百花齊放，百家爭鳴」，是人民內部的自由在文藝工作和科學工作領域中的表現。

在回答「為什麼現在才著重提出這樣的政策」這一問題時，陸定一談到國內政治狀況、知識界狀況的變化。首先是這樣一條：

> 社會主義改造在全國基本地區內已在各方面取得決定性的勝利，剝削制度將在今後幾年內在這些地區被消滅。一切原有的剝削者將被改造成為自食其力的勞動者。我國即將成為沒有剝削階級的社會主義國家。

陸定一只說了這麼多，只說了國內的原因，沒有說國外的影響。他的副手周揚在中國作家協會文學講習所的一次講話中是說到了國外的影響的。他說：

> 最近中央提出了「百花齊放，百家爭鳴」的方針，……這和蘇共第二十次代表大會提出對史達林的批評有關。……我們不否認對於史達林的批評在全世界引起了很大的混亂，但這個混亂現在看起來不是主要的，主要的是收穫。我們是在這樣一個狀況下提出「百花齊放，百家爭鳴」的。（《周揚文集》第二卷，人民文學出版社1985年版，第405頁）

陸定一的這篇講話還向不久前在對《紅樓夢研究》的批判中受到粗暴批評的俞平伯表示了歉意。他說，「俞平伯先生，他政治上是好人，只是犯了文藝工作中學術思想上的錯誤。」陸定一並且承認一些批判文章「缺乏充分的說服力量，語調也過分激烈了一些。至於有人說他把古籍壟斷起來，則是並無根據的說法。」看來，已經無意於全盤肯定幾年來給知識份子造成無端傷害的那些思想批判運動了。

羅隆基熱烈擁護百家爭鳴的方針，在一九五六年六月開的全國人大一屆三次會議上的發言中，這樣談到他對百家爭鳴方針的理解，他說：「社會主義、集體主義時代的『百家爭鳴』，如同一個偉大的管弦樂隊。樂隊中彈琴的，吹笛的，敲鑼的，打鼓的，在樂器上各有專長，在技術上各顯神通，而這些音樂家的技術專長是相輔而行相得益彰的。但樂隊的目的是為人民服務的，樂隊隊員每個人的目的亦必須是為人民服務的。這樣，樂隊在為聽眾

演奏的時候就必須有組織、有領導、有指揮，而後演奏出來才有和聲、有節奏。這是集體主義社會主義時代『百家爭鳴』同動亂時期春秋戰國時代的『百家爭鳴』不同的地方。」羅隆基苦心孤詣分辨了兩個不同時代的「百家爭鳴」，可是他以樂隊為喻來作論證，卻不能不說是比擬不倫。一個管弦樂隊，不管是五十個人還是一百個人組成的，不管是用五種樂器還是十種樂器，當他們一同登臺演奏某一樂曲的時候，只能算是一家，而不是五十家或者一百家。每個隊員只能嚴格按照樂譜演奏，不能在樂譜的規定之外顯一點神通。他的這個不倫的比喻卻可以理解為一種政治上的表態，他在共產黨領導的統一戰線中就好比在一個管弦樂隊中，他願意在這個有組織、有領導、有指揮的樂隊裡參加「爭鳴」，何嘗有一點反領導、反指揮的意思。

周恩來關於知識份子問題的報告，陸定一關於百花齊放百家爭鳴的講話，使許多知識份子好像感受到一種新的空氣，頗覺興奮。費孝通的〈知識份子的早春天氣〉一文寫出了那時許多知識份子的心情：

去年一月，周總理關於知識份子問題的報告，像春雷般起了驚蟄作用，接著百家爭鳴的和風一吹，知識份子的積極因素應時而動了起來。

周總理的報告對於那些心懷寂寞的朋友們所起的鼓舞作用是難於言喻的，甚至有人用了「再度解放」來形容自己的心情。知識份子在新社會裡的地位是肯定了，心跟著落了窠，安了。心安了，眼睛會向前看，要看出自己前途，因此，對自己也提出了新的要求。有的敢於申請入黨了，有的私下計議，有餘錢要買些大部頭書，搞點基本建設。這種長期打算的念頭正反映那些老知識份子心情的轉變。不說別人，連我自己都把二十四史搬上了書架，最近還買了一部《資治通鑒》。

百家爭鳴實實在在地打中了許多知識份子的心，太好了。知識份子的思想改造是從立場這一關改起的。劃清敵我似乎還比較容易些，一到觀點、方法，就發生唯心和唯物的問題，似乎就不簡單了。比如說，擁護黨、政府，愛國家、人民，對知識份子來說是容易搞得通的，但是要批判資產階級唯心主義思想體系，就有不少人弄不大清楚什麼是唯物的，什麼是唯心的那一套。

百家爭鳴恰好解決當前知識份子思想發展上發生出來的這些問題。據我的瞭解，百家爭鳴就是通過自由討論來明確是非，即是知識份子進一步的思想改造，在觀點、方法上更進一步的接受辯證唯物主義。現在絕大多數知識份子是有接受辯證唯物主義的要求的。他們希望具體地弄清哪些是唯物的，哪些是唯心的，唯心的為什麼不對，口服心服地在思想上進入工人階級。他們歡迎百家爭鳴，因為百家爭鳴可以保障不會冤屈任何一點正確的東西，而且給任何一點可以長成為正確的東西充分發展的條件。

（《費孝通文集》群言出版社，1999年版，第七卷，第25-32頁）

費孝通把百家爭鳴理解為知識份子進一步改造思想、接受辯證唯物主義的途徑，這真顯示出了七八年來對知識份子教育改造的巨大成績。要是百家爭鳴真達到了這個目的，也就不枉毛澤東陸定一的一番提倡了。只是對於這一方針的貫徹，費孝通並不怎樣樂觀。就知識份子方面說，「對百家爭鳴的方針不明白的人當然還有，怕是個圈套，搜集些思想情況，等又來個運動時可以好好整一整。」不久以後發生的反右派鬥爭這一事實表明，這些並不是知識份子的過慮。就具體領導知識份子工作的幹部來說，「等到鳴了起來，聞到一些唯心主義的氣味，就有人打起警鐘：『唯心主義氾濫了』，『資產階級的思想又冒頭了』。大有好容易把妖魔鎮住了，這石碣一揭開，又會衝出來，搗亂人間的樣子。對這方針抗拒的人固然不算多，但是對這方針不太熱心，等著瞧瞧再說的人似乎並不少。」後來發生的實際情況比費孝通這篇文章估計的還要嚴重一點，對這方針抗拒的人也並不少。

九月舉行的中國共產黨第八次全國代表大會的基調，依然是〈關於無產階級專政的歷史經驗〉和「百花齊放，百家爭鳴」方針。毛澤東在預備會議上講話，說「對史達林要三七開」（《毛澤東選集》第五卷，第298頁），談到學習蘇聯，他說，「當然，是要學習先進經驗，不是學習落後經驗。我們歷來提的口號是學習蘇聯先進經驗，誰要你去學習落後經驗呀？」當初提出「學習蘇聯先進經驗」這口號的時候，卻是不能作這樣的解釋的。一九五二年十一月十一日毛澤東有個批示，「凡有蘇聯顧問之單位，務必徹底解決幹部中是否全心全意向蘇聯專家學習的問題，凡不虛心學習者應受到批評。」

這意思顯然是說，凡蘇聯經驗都是先進的，學蘇聯就是學先進經驗。那時一些不這樣理解的人都是吃了苦頭的。現在毛澤東做出這種解釋，表明他對蘇聯經驗有看法，他決定探索一條同蘇聯有所區別的發展道路。

中共八大公開發表的文件，對蘇共二十大表示了明確的支持。毛澤東在開幕詞中說：

> 蘇聯共產黨在不久以前召開的第二十次代表大會上，又制定了許多正確的方針，批判了黨內存在的缺點。可以斷定，他們的工作，在今後將有極其偉大的發展。（《中國共產黨第八次全國代表大會文獻》第9頁）

劉少奇的政治報告也說，「今年二月舉行的蘇聯共產黨的第二十次代表大會是具有世界意義的重大政治事件。」並且特別提到二十大「批判了在黨內曾經造成嚴重後果的個人崇拜現象」。劉少奇的報告還提到了「雙百方針」：

> 為了繁榮我國的科學和藝術，使它們為社會主義建設服務，黨中央提出了「百花齊放，百家爭鳴」的方針。科學上的真理是愈辯愈明的，藝術上的風格是必須兼容並包的。黨對於學術性質的藝術性質的問題，不應當依靠行政命令來實現自己的領導，而要提倡自由討論和自由競賽來推動科學和藝術的發展。

對於國內形勢的估計，政治報告認為，「現在，革命的暴風雨時期已經過去了」，從而提出了加強民主和法制的問題，「目前在國家工作中的一個重要任務，是進一步擴大民主生活，開展反對官僚主義的鬥爭。」「必須使全國每一個人都明瞭並且確信，只要他沒有違反法律，他的公民權利就是有保障的，他就不會受到任何機關和任何人的侵犯」。報告中還提到「各民主黨派同共產黨一道長期存在，在各黨派之間也能夠起互相監督的作用」。（同上書，第56頁、第42頁、第53頁、第49頁、第53頁、第47頁）

鄧小平在修改黨章的報告中也說：「關於堅持集體領導原則和反對個人崇拜的重要意義，蘇聯共產黨第二十次代表大會作了有力的闡明，這些闡

明不僅對於蘇聯共產黨，而且對於全世界其他各國共產黨，都產生了巨大的影響。」（同上書，第87頁）

這些報告反映了蘇共二十大對中共八大的影響。至少在這時中共還是基本上接受了蘇共二十大的新路線的。提出並且力求貫徹一個在政治上和意識形態上都更加開放的方針，就明顯反映出這一點。

「百花齊放、百家爭鳴」方針公開提出之後，在知識界引起的反應很不一致。一些人在新方針的鼓舞之下積極從事創作活動和創造性的研究。一些人歡迎新方針，可是還有疑慮，一時不敢有什麼動作。一些人對新方針是有抵觸，甚至抗拒的。

「雙百方針」在文學方面引起的第一個回應，是二十二歲的王蒙發表小說《組織部新來的青年人》以及圍繞這篇小說的種種評論。

王蒙應該說是新方針呼喚出來的新人。多年之後他回顧往事，說：

> 一九五六年「雙百」方針剛剛提出時便立見成效。那時候很快就出現了新的各種各樣的作品和新的藝術探索。
>
> 我自己也是在「雙百」方針的鼓舞下創作了《組織部新來的年輕人》，當時這個勇氣是被「雙百」方針鼓勵起來的。因為它為文學藝術家們創造了一種輕鬆自由的氣氛，
>
> 它鼓勵了人們進行批評的勇氣。
>
> （見《新華文摘》1986年第7期第156頁）

這篇描寫青年人反對官僚主義的小說在一九五六年九月號《人民文學》一發表，立刻以它的尖銳性引起了廣泛的注意和爭論。一方面它受到熱烈的歡迎，一方面又受到嚴厲的指摘。解放軍總政治部文化部馬寒冰的文章認為，這是「一部不真實的作品」，他從「典型環境和典型性格」這一文學範疇出發，認為像小說描寫的這樣的區委會是完全不可能有的，至少在中共中央所在地的北京市不可能有這樣的區委會。如果真有，也只能寫篇新聞報導來批評，卻不宜寫小說。大約他是以為這沒有典型性吧。李希凡的文章也是以這種典型環境論來批評王蒙：「在典型環境的描寫上，由於作者過分的『偏激』，竟至漫不經心地以我們現實中某些落後現象，堆積成影響這些人

物性格的典型環境，而歪曲了社會現實的真實。」李希凡認為，這篇小說「把黨的一切組織、人員、工作，都寫成了『一片黑暗』。」也有人發表文章，表示不同意這種批評，說這是「用社會學的一般法則，代替了文學藝術的獨特規律」。

馬寒冰不只是不滿意王蒙的小說，對於提出百花齊放方針以來文藝界的局面更是憂心如焚。他和他們總政治部文化部副部長陳其通以及兩位同事陳亞丁和魯勒四人聯名，在一九五七年一月七日《人民日報》上發表〈我們對目前文藝工作的幾點意見〉一文。這可是當年的一件大事，在下面第六章裡將要詳細說到。

在這一段時間裡，也組織了民主黨派討論了長期共存、互相監督的方針。這種討論的情況，正如傅雷寫給他兒子傅聰的信中說的，「捧場恭維的遠過於批評的」（《傅雷家書》增補本，三聯書店1994年版，第147頁），儘管如此，還是出現了一些離經叛道的言論。例如章乃器在一九五六年中國民主建國會一屆二中全會上提出：資產階級已經沒有兩面性了。後來他的一些文章雖然補充了一些條件和限制，基本上還是這個意思。一九五七年五月三十一日他在民建全國工商改造輔導工作座談會上說，「經過『五反』和全行業合營高潮，工商業者交出了生產資料，如仍教條主義地強調兩面性，這對工商業者自我改造的信心有很大影響。」他還說，「哪個階級都有兩面性，工人階級也有，只不過積極、消極兩面的比重大小不同，這是一個先進和落後的問題。」關於定息的性質，章乃器以為，「不應該把定息說成剝削」。（6月2日《人民日報》）

毛澤東把蘇共「二十大」批評史達林稱作赫魯雪夫鬧風潮，同時他還提到哥莫爾卡鬧風潮，說的是波蘭政局的劇烈變化。六月，波蘭發生波茲南事件，工人上街示威遊行，軍隊開槍鎮壓，死七十四人，傷九百多人。形勢進一步惡化。在波蘭黨的八中全會上。被關了幾年的哥莫爾卡取代奧哈布，擔任第一書記。匈牙利的亂子鬧得更大，黨中央第一書記拉科西被迫下臺，最後是蘇軍出動了坦克車，才把遍及全國的騷亂鎮壓下去。這兩件事情被統稱為波匈事件。中國知識份子對波匈事件的熱烈反應，使毛澤東十分反感。從這個時候開始，在毛澤東的思慮中，可以說是有了一個「匈牙利情結」。他在考慮中國也出一場「匈牙利事件」的可能性。當然。他是力求避免中

國出現「匈牙利事件」的。採取什麼對策來避免呢？他想到的一項對策，就是開展整風運動。中共八屆二中全會就是在蘇軍坦克開進匈牙利之後幾天召開的，波匈事件是會上的熱門話題。就在這次全會上，毛澤東提出：「我們準備在明年開展整風運動。整頓三風：一整主觀主義，二整宗派主義，三整官僚主義。」這時，他所設想的整風運動是什麼意思呢？在這篇講話中，他說：「你要搞資產階級大民主，我就提出整風，就是思想改造。把學生們統統發動起來批評你，每個學校設一個關卡，你要過關，通過才算了事。所以，教授還是怕無產階級大民主的。」

波匈事件是國際共產主義運動中的一件大事。其間，中國共產黨派出了劉少奇、鄧小平率領的代表團去莫斯科同赫魯雪夫交換意見。一九五六年十一月舉行的中共八屆二中全會，一個主要的議題就是波匈事件。會上，幾天前才回國的劉少奇報告了他就波匈事件同赫魯雪夫會談的情況，他在報告中提出：我們要吸取波匈事件的教訓，不能片面強調發展重工業，要重視發展農業和輕工業，要關心人民的生活；要擴大社會主義民主，反對幹部中的官僚主義特權思想；要限制領導人的權力，加強對領導人的監督。（《劉少奇年譜》，中央文獻出版社1996年版，下卷，第379頁）

在全會上，毛澤東也談了他對波匈事件的看法。他說：

> 波蘭也好，匈牙利也好，既然有火，總是要燃燒的。燒起來好，還是不燒起來好？紙是包不住火的，現在燒起來了，燒起來就好了。匈牙利有那麼多反革命，這一下暴露出來了。匈牙利事件教育了匈牙利人民，同時教育了蘇聯的一些同志，也教育了我們中國的同志。（《毛澤東選集》第五卷，第318頁）

> 東歐一些國家的基本問題就是階級鬥爭沒有搞好，那麼多反革命沒有搞掉，沒有在階級鬥爭中訓練無產階級，分清敵我，分清是非，分清唯心論和唯物論。現在呢，自食其果，燒到自己頭上來了。（同上書，第323頁）

因波匈事件的發生，毛重新檢討了蘇共「二十大」路線。他說：

　　關於蘇共二十次代表大會，我想講一點。我看有兩把「刀子」：
一把是列寧，一把是史達林。現在，史達林這把刀子，俄國人丟了。
哥莫爾卡、匈牙利的一些人就拿起這把刀子殺蘇聯，反對所謂史達林
主義。歐洲許多國家的共產黨也批評蘇聯，這個領袖就是陶里亞蒂。
帝國主義也拿這把刀子殺人，杜勒斯就拿起來耍了一頓。這把刀子不
是借出去的，是丟出去的。我們中國沒有丟。我們第一條是保護史達
林，第二條也批評史達林的錯誤，寫了〈關於無產階級專政的歷史經
驗〉那篇文章。我們不像有些人那樣，醜化史達林，毀滅史達林，而
是按照實際情況辦事。

　　列寧這把刀子現在是不是也被蘇聯一些領導人丟掉一些呢？我看
也丟掉相當多了。十月革命還靈不靈？還可不可以作為各國的模範？
蘇共二十次代表大會赫魯雪夫的報告說，可以經過議會道路去取得政
權，這就是說，各國可以不學十月革命了。這個門一開，列寧主義就
基本上丟掉了。

（同上書，第321-322頁）

　　這就是說，在國際共產主義運動總路線的問題上，毛澤東已經開始提
出他同赫魯雪夫的分歧來了。只是這時候，他想得更多的還是國內的事。他
看到國內知識界對蘇共「二十大」和波匈事件的熱烈反應，十分反感。他反
覆在想一個問題：在中國，是不是也有發生波匈事件特別是匈牙利事件的可
能性。他以為，是有這種可能性的。波匈事件的起因，他不僅談到了階級鬥
爭沒有搞好，那麼多反革命沒有搞掉這一方面，還談到自己的工作犯了錯
誤，脫離群眾這一方面。他說：

　　比如說，像我們這樣的人，可能犯錯誤，結果鬥不贏，被別人推
下去，讓哥莫爾卡上臺，把饒漱石抬出來。（同上書，第319頁）
　　如果脫離群眾，不去解決群眾的問題，農民就要打扁擔，工人就
要上街示威，學生就要鬧事。（同上書，第324-325頁）

　　當然，必須力圖避免出現此種前景。怎樣避免呢？吸取東歐國家那麼

多反革命沒有搞掉的教訓，對策就是一個傳統的行之有效的經驗豐富的老辦法：鎮壓反革命。在全會上，他說，「對反革命一定要殺掉一批，另外還捉起來一批，管制一批。」（同上書，第318頁）另一個準備採取的對策就是開展整風運動。他在這次全會上宣佈：「我們準備在明年開展整風運動。整頓三風：一整主觀主義，二整宗派主義，三整官僚主義。」（同上書，第327頁）為什麼開展整風運動就能夠防止發生匈牙利事件呢？原來他這時所設想的整風運動是這樣的：

> 你要搞資產階級大民主，我就提出整風，就是思想改造。把學生們統統發動起來批評你，每個學校設一個關卡，你要過關，通過才算了事。所以教授還是怕無產階級大民主的。（同上書，第326頁）

「大民主」「小民主」這話原是新華通訊社國際部副主任李慎之說的。關於這事，本書後面第十五章還要詳細說到。李慎之本來不是這個意思，在全會上毛「借用這個話」（同上書，第323頁）並按自己的意思重新作了解釋。按照毛的意思，有兩種「大民主」。像匈牙利事件，以及不久之後右派分子的大鳴大放，亂鳴亂放，猖狂進攻，是資產階級的大民主；而整風運動，人人過關，發動學生來鬥爭教授，如同前幾年行之有效的思想改造運動，或者幾個月之後的反右派鬥爭，就是無產階級的大民主。「整風就是思想改造」，這句話是一篇的精髓，萬萬不可忽略。牢記了這一點，就不會對即將開展的整風運動有所誤解了，毛澤東就是寄希望於這樣的整風運動以防止發生匈牙利事件。

這一段話，是他在談到民主黨派和教授即大知識份子的時候說的。對於工人農民基本群眾和青年學生，他卻是主張作一點讓步，以緩和和他們的關係。在全會上，他說：

> 現在有這樣一些人，好像得了天下，就高枕無憂，可以橫行霸道了。這樣的人，群眾反對他，打石頭，打鋤頭，我看是該當，我最歡迎。而且有些時候，只有打才能解決問題。共產黨是要得到教訓的。學生上街，工人上街，凡是有那樣的事情。同志們要看作好事。……要允

許工人罷工允許群眾示威。遊行示威在憲法上是有根據的。以後修改憲法，我主張加一個罷工自由，要允許工人罷工。這樣，有利於解決國家、廠長同群眾的矛盾。（同上書，第325頁）

毛澤東的這些講話，都是在黨內的會議上講的，當時沒有公開發表。中國共產黨對波匈事件鄭重的公開表明態度，是十二月二十九日發表的〈再論無產階級專政的歷史經驗〉。這篇也還是署名人民日報編輯部的文章，是由胡喬木執筆起草的（順便說一句：毛澤東死後，胡已將此文編入《胡喬木文集》第一卷了），比起前一篇〈關於無產階級專政的歷史經驗〉來，對待蘇共二十大新路線的態度有了明顯的改變。

在批評史達林問題上，和前一篇相銜接，〈再論〉還是說了一些這樣的話：

蘇聯共產黨第二十次代表大會，在破除關於史達林的迷信、揭露史達林錯誤的嚴重性、消除史達林錯誤的後果方面，表現了巨大的決心和勇氣。全世界的馬克思列寧主義者和同情共產主義事業的人們，都支援蘇聯共產黨糾正錯誤的努力，希望蘇聯同志的努力得到完滿的成功。

但是全篇的主旨卻不是要說這些，而是要竭力為史達林辯解：「甚至在他犯錯誤的時候，他的悲劇也在於，他相信那是捍衛勞動者的利益不受敵人侵害所必須的。」

關於史達林的功罪，毛澤東審稿時加寫有這樣一段：

儘管在某些時候為了糾正這些錯誤而對這些錯誤加以強調是必要的，但是為了做出正確的估價，不使人們發生誤解起見，將這些錯誤放在適當的地位也是必要的。我們認為，史達林的錯誤同他的成績比較起來，只居於第二位的地位。

這也就是他不止一次說過的三七開的意思。為什麼必須這樣分析呢？

他已經感覺到，全盤肯定史達林，全面照搬史達林模式，是行不通的，必須有所更改。現在他又從波蘭匈牙利的實例看到，否定史達林，發展下去，勢必鼓勵人們起來反對史達林模式的政治經濟體制。對史達林的三七開，就是對二十大的三七開，有三成是可以接受的，七成是不能接受的。這三七開，也是容許批評的界限，批評在三之內，是建設性的。到三之外，就是破壞性的批評了，簡單的說，史達林遺產中的那些最刺眼，最噁心，最令人厭惡的部分是要消除的，消除這一切的目的，正是要把這體制更好地保存下來，他不認為這些弊端是體制本身的一部分。

　　所以，〈再論〉不但為史達林辯護，還要為產生了史達林的制度辯護。這個辯護是針對鐵托的。十一月十一日鐵托在普拉演說，指出史達林的錯誤「是一種制度的產物」，他說，「這裡不僅僅是一個個人崇拜問題，而是一種使得個人崇拜得以產生的制度問題。」〈再論〉不接受這一個意見，斷言「史達林的錯誤並不是由社會主義制度而來；為了糾正這些錯誤，當然不需要去『糾正』社會主義制度。」為什麼呢？〈再論〉並沒有費心提出自己的理由。不過這一沒有講明道理的宣告是重要的，它表明不能容忍涉及制度本身的批評。

　　不是制度問題。那麼，發生史達林錯誤的原因又是什麼呢？〈再論〉回答道：

> 在這裡，決定的因素是人們的思想狀況。史達林後期被一連串的勝利和歌頌沖昏了頭腦，他的思想方法部分地但是嚴重地離開了辯證唯物主義，而陷入了主觀主義。他開始迷信個人的智慧和權威，不肯認真地調查和研究各種複雜的實際情況。不肯認真地傾聽同志們的意見和群眾的呼聲，以致使自己所決定的一些政策和措施往往違反客觀實際情況。而且，他往往在一個長時間內固執地要推行這些錯誤的東西，而不能及時地改正自己的錯誤。

　　這種解釋其實是經不起推敲的。當時北京大學物理系四年級學生譚天榮就寫了一篇〈教條主義產生的歷史必然性〉來反駁，指出這裡的「全部論證在邏輯上不過是同語反覆，史達林之所以犯錯誤是因為史達林犯了錯誤，

個人崇拜的產生是因為個人崇拜的流行」，他說，「在我看來，史達林的錯誤，不能用史達林的個人品質來說明，正如落體運動不能用物質結構來說明一樣」。（據《原上草》，經濟日報出版社1998年版，第47-48頁。）

多年之後，執筆者胡喬木本人也承認了他的這種提法是缺乏說服力的。一九八○年他在〈〈歷史決議〉中對「文化大革命」的幾個論斷〉這篇講話中說：「每個人都有他的品格，他的品格裡面都有好的方面，不好的方面，假如強調了這個方面，就如同赫魯雪夫批評史達林一樣，蘇聯人民也認為沒有講出個道理來。幾十年的歷史，光用性格就解釋了嗎？」（見《胡喬木文集》第二卷，人民出版社1993年版，第148頁。）

不能涉及制度，當時也並不只是《再論》這樣說。就是胡喬木在這裡提出的赫魯雪夫，也是把事情歸咎於史達林的個人品質，一個字也不涉及制度問題。赫魯雪夫願意做的，是在這個制度之下，做一個比史達林仁慈一些的史達林。這也難怪。他也是在史達林制度那所學校訓練出來的政治家。

〈再論〉一文是這樣總結匈牙利事件的：

> 在過去時期的匈牙利，勞動人民的民主權利和革命積極性受到破壞，而反革命分子卻沒有受到應有的打擊，以致反革命分子在一九五六年十月間能夠很容易地利用群眾的不滿情緒，組織武裝叛亂。這就說明了過去時期的匈牙利還沒有認真地建立起無產階級專政。

同毛澤東的內部講話一樣，〈再論〉實際上也是指出了事情的兩個方面。只是像「勞動人民的民主權利和革命積極性受到破壞」這樣的表述方式，是說得過於含蓄了。

四月間的那篇〈關於無產階級專政的歷史經驗〉，說的是「必須展開反對教條主義的鬥爭」，十二月的〈再論〉說的是「我們在堅決反對教條主義的時候，必須同時堅決反對修正主義。」側重點是明顯轉移了。甚至可以認為，這篇文章預告了幾年之後的反對所謂現代修正主義的鬥爭。文章概括列舉了五條「蘇聯革命和建設的基本經驗」，到一九六三年中蘇論戰的時候，就擴充為二十五條「關於國際共產主義運動總路線的建議」了，這實際上是預示了幾年之後中蘇意識形態的論戰，只是當時未必有人想得這麼遠。

　　四月間的那一篇，多少有一點被動地表明態度的性質。表示對二十大路線的支持。十二月的〈再論〉卻從積極方面提出了自己的主張，對二十大路線表示了更多的保留。不要單純以為這是從四月的立場後退了一步，這裡反映了更深一層的思考。也不要以為〈再論〉就是表示最後拋棄二十大的自由化和民主化的傾向，這一試驗還要持續半年左右的時間。

　　為了避免匈牙利那種事態，這篇文章還第一次公開提出了兩類社會矛盾的思想：「在我們面前有兩種性質不同的矛盾：第一種是敵我之間的矛盾，……第二種是人民內部的矛盾……」。

　　這是毛澤東新近產生的一種想法。十二月四日他在覆黃炎培的信中說：

> 社會總是充滿著矛盾。即使社會主義和共產主義社會也是如此，不過矛盾的性質和階級社會有所不同罷了。既有矛盾就要求揭露和解決。有兩種揭露和解決的方法：一種是對敵（這說的是特務破壞分子）我之間的，一種是對人民內部的（包括黨派內部的，黨派與黨派之間的）。前者是用鎮壓的方法，後者是用說服的方法，即批評的方法。我們國家內部的階級矛盾已經基本上解決了（即是說還沒完全解決，表現在意識形態方面的，還將在一個長時期內存在。另外，還有少數特務分子也將在一個長時間內存在），所有人民應當團結起來。但是人民內部的問題仍將層出不窮，解決的方法，就是從團結出發，經過批評與自我批評，達到團結這樣一種方法。（《毛澤東文集》，第七卷，人民出版社，1999年版，第164頁。）

　　在不久之後舉行的最高國務會議上，毛澤東對這個如何處理人民內部矛盾的思想作了詳細的闡發，它成了即將開始的整風運動的主題。

　　十二月二十四日，毛澤東在審閱中共中央統戰部〈關於加強政協地方委員會工作的意見〉時，給中央指示加寫了這樣一段話：

> 大約在一九五七年夏季，中央將召開一次專門討論全國統一戰線工作的會議，請你們早作準備，將所屬地區的統一戰線工作（包括少數民族工作）加以認真的檢查和安排。對於有些在黨外人士面前愛擺老爺架子，宗派主義作風極為嚴重的同志，應當認真地給以批評和教育，

端正他們的態度和作風。（《建國以來重要文獻選編》第九冊，中央文獻出版
社1994年版，第541-542頁。）

可見這時他是有意改善一下幹部作風，改善一下同黨外人士的關係。

五、插說一下兩年前的肅反運動

　　一九五五年毛澤東發動了一場肅清胡風反革命集團的鬥爭，實際上是揭開了肅反運動的序幕。宣佈要開展肅反運動的第一個文件是一九五五年七月一日中共中央發出的〈關於展開鬥爭肅清暗藏的反革命分子的指示〉（即「七一指示」）。它一開頭就從「六月十日，人民日報繼以前發表的兩批材料之後，發表了〈關於胡風反革命集團的第三批材料〉和社論」說起，並且提出：「中央認為，應當利用胡風事件，在全國範圍內大張旗鼓地進行一個廣大的肅清暗藏的反革命分子的運動。」清楚地表明即將開展的這一場肅反運動就是反胡風鬥爭的繼續和擴大，就是「肅清胡風反革命集團」這一場鬥爭的毫無間隙的延伸。

　　為什麼要發動這一場肅反運動？〈七一指示〉的說法是這樣的：

隨著我國社會主義事業的進展，階級鬥爭必然日益尖銳化和複雜化；高崗、饒漱石事件，潘漢年、揚帆事件，胡風事件，就是這種階級鬥爭狀況的反映。這些事件表明，帝國主義、蔣介石匪幫和資產階級中的反動分子，正在採取各式各樣的鬥爭方式，加緊進行他們反革命的陰謀破壞活動。敵人知道，中國共產黨和人民政府在廣大人民群眾中具有無限的威信，人民民主專政十分鞏固，公開反對共產黨和人民政府是得不到人民群眾的任何擁護的，因此反革命分子就採取最陰險的、隱蔽的鬥爭方式，以兩面派手法偽裝革命，鑽進革命隊伍，甚至爬上革命工作的領導崗位，從革命隊伍內部來進行破壞。這種暗藏的反革命分子是革命的最危險的敵人。高饒反黨集團企圖篡奪黨和國家的最高權力；潘揚反革命集團主要是在公安機關這樣一個要害部門裡同我們進行鬥爭；胡風反革命集團企圖從思想戰線文藝戰線上來推翻黨的領導。暗藏的反革命分子，既然可以用兩面派的手法，在上述這些機

關裡和戰線上同我們進行鬥爭，那末，可以設想，暗藏的反革命分子必然而且已經以財政經濟、政治法律、文化教育、學術思想、統一戰線、群眾運動、建黨工作以及其他許多機關裡和戰線上鑽了進來，進行陰謀活動，破壞人民民主制度和社會主義的事業。因此，高饒集團、潘揚集團、胡風集團的揭露，僅僅是我們肅清暗藏的反革命分子的鬥爭的開始，而不是這個鬥爭的終結。正確的估計應當是：在很多部門，在很多地方，大量的暗藏的反革命分子是還沒有被揭露和肅清的。（《中國共產黨組織史資料》，中共黨史出版社，2000年版，第九卷，第292-293頁）

造成如此嚴重情況的原因，這個《指示》作了這樣的分析：

這是因為：第一，我們的黨組織、國家機關、人民團體、文化教育機關和經濟機關，在接收工作人員的時候，缺乏嚴格的審查；第二，我們是勝利者，各種人都向我們靠攏，其中魚龍混雜，我們還沒有來得及作徹底的清理；第三，暗藏的反革命分子是採取兩面派的欺騙手段來進行破壞活動的，辨別和清理暗藏的反革命分子這件事，是要依靠領導機關的正確指導和廣大群眾的高度覺悟相結合才能辦到，而過去，我們在這方面的工作是有缺點的。（同上書，第293頁）

人們可以看出：這一段話是從六月十五日毛澤東為《關於胡風反革命集團的材料》一書寫的序言中稍改幾個字搬過來的。毛澤東在這篇序言中這樣說到對幹部隊伍作一次徹底清理的必要性：

就胡風分子的許多個別的人來說，我們所以受他們欺騙，則是因為我們的黨組織，國家機關，人民團體，文化教育機關，或企業機關，當著接收他們的時候，缺乏嚴格的審查。也因為我們過去是處在革命的大風暴時期，我們是勝利者，各種人都向我們靠攏，未免泥沙俱下，魚龍混雜，我們還沒有來得及做一次徹底的清理。還因為辨別和清理壞人這件事，是要依靠領導機關的正確指導和廣大群眾的高度覺悟相結合才能辦到，而我們過去在這方面的工作是有缺點的。

　　這一段話在抄到〈七一指示〉中去的時候，刪的改的僅僅是下面用括弧標明的極少幾個字。例如：

　　　　我們的黨組織、國家機關、人民團體、文化教育機關或經濟（企業）機關，在（當著）接收工作人員（他們）的時候，缺乏嚴格的審查。

　　　　我們是勝利者，各種人都向我們靠攏，其中（未免泥沙俱下，）魚龍混雜，我們還沒有來得及作〔一次〕徹底的清理。

　　基於對敵情的嚴重估計，〈指示〉強調提出：在開展肅反運動的時候，必須「反對『寧右勿左』的思想」：

　　　　反對在黨內鬥爭、思想鬥爭、幹部工作、人事工作方面的「寧右勿左」的思想。這種思想，是與「寧左勿右」的思想同樣錯誤的。『寧左勿右』的錯誤思想，曾經使我們在過去的工作中出過偏差，這是我們應當引為教訓的，我們必須避免重複這樣的錯誤，但是決不能因此就束縛住我們自己的手足，不敢發動群眾去進行對暗藏的反革命分子的鬥爭。全國解放後，在我們的許多幹部中實際上滋長了一種「寧右勿左」的思想。這主要表現在我們隊伍中許多人喪失了對於共產黨人極為寶貴的政治警惕性，不能辨別暗藏的反革命分子，在革命隊伍內部發現了反革命分子和反革命思想也不敢堅決地去進行鬥爭，許多機關在吸收工作人員的時候往往不經嚴格的審查而完全信任私人的介紹。暗藏的反革命分子，不但會披上馬克思主義的外衣，來散佈反動的思想，會表面裝得勤勞、刻苦，來騙取信任，以便背後搞鬼，而且還會偽造歷史，假造黨的介紹信，假造文件，假造勳章，利用我們的麻痺大意，利用我們隊伍中的自由主義、個人主義等缺點錯誤，鑽到我們的機關裡和黨裡來。「寧右勿左」的思想，恰恰是幫助了他們，幫助了反革命，與「寧左勿右」的思想是幫助了反革命一樣。（同上書，第294頁）

　　運動進行的步驟，〈指示〉作了具體的佈置：

應該毫無例外地在所有機關、團體、工礦、部隊、學校中，首先在五百萬知識份子和幹部中，用報告、閱讀（《關於胡風反革命集團的材料》一書），討論（大會討論和小組座談）的方法，反覆進行肅清暗藏的反革命分子的教育。報告應由首長負責，自己動手。……（同上書，第295頁）

這一場肅反運動的審查面，毛澤東在審閱中共中央〈關於揭露胡風反革命集團給各地黨委的指示〉稿的時候，在第一條講到「我們現在的黨政軍民各種機關中，和廠礦學校中，其所有人員，包括起義人員、留用人員在內，絕大多數是好人」中的「絕大多數」後面，毛澤東加括弧寫了「百分之九十幾」；在講到「但同時，這些機關廠礦學校中，也都有暗藏的反革命分子，他們在全體人員中是絕對少數」的地方，毛澤東在「絕對少數」後面加括弧寫了「占百分之幾，大約有百分之五左右」。〈指示〉就根據毛澤東提出的這個「百分之五左右」的控制指標作出規定：

必須認識，我們現在的黨政軍民各機關、團體、廠礦、學校中，所有人員，包括起義人員、留用人員在內，絕大多數（百分之九十幾）是好人。他們之中，有一些人是有錯誤和缺點的，但他們還是屬於好人一類的。如果忘記了大多數是好人這一點，我們就會犯錯誤。但是同時，這些人員中，也有百分之幾（大約百分之五左右）是暗藏的反革命分子或其他壞分子。（同上書，第294頁）

這個〈七一指示〉發下以後，全國各地各界各大小機關單位都立即開展了肅反運動。具體領導肅反運動的，是一個新設立的叫做「五人小組」的機構。中央和各省市都設立了（中央五人小組在一九五七年七月擴大為中央十人小組）。每一個基層單位也都有「五人小組」的機構，領導本單位的肅反運動。運動開始，五人小組事先按照一定的百分比，遵照〈七一指示〉的規定，是「大約百分之五左右」，這就是說，要按照各自單位人員總數的百分之五左右，選定一批肅反對象予以打擊。

大約是認為下面的運動展開還不夠有力，八月二十五日中共中央再發出一個新的指示：〈關於徹底肅清暗藏的反革命分子的指示〉，給以鞭策。

這個由毛澤東修改定稿的〈指示〉對整個運動重新作出部署：「黨的、政府的、群眾團體（不包括工商聯）的機關，高等學校和幹部學校（包括全體教職員工和學生），中小學校（包括教職員工，不包括學生），軍隊、國營的、合作社營的、公私合營的企業（包括技術人員、職員和工人），均須無例外地進行肅清暗藏的反革命分子的運動。」（《建國以來重要文獻選編》，第七冊，第141頁）並且再一次強調提出敵情的嚴重性，再一次批判「寧右勿左」的思想：

> 敵情是嚴重的，反革命分子和其他壞分子確已鑽進了我們的各個部門和各種機構，對反革命分子麻木不仁「寧右勿左」的右傾思想是反革命分子和其他壞分子的護身符。必須堅決反對右傾思想，徹底肅清一切暗藏反革命分子和壞分子，社會主義建設和社會主義改造的事業才能有成功的保證。（同上書，第134頁）

對於這一場肅反運動的審查面，八月二十五日的〈指示〉也是重申〈七一指示〉中「大約百分之五左右」的規定，只是在前面所引〈七一指示〉那一段原話中刪去「必須認識」四個字，把「廠礦」改為「企業」而已。（《建國以來重要文獻選編》，第七冊，第138頁）

這個〈指示〉同時還對運動提出了這樣堅決的要求：「在這次運動中達到在機關、團體、軍隊、學校、企業（國營的、合作社營的和公私合營的）中徹底肅清一切暗藏的反革命分子的目的。不完成任務不要收兵。」（同上書，第135頁）這就比〈七一指示〉說得有力得多了。

對於前一段運動中出現的一些情況，這個〈指示〉作出了反應。八月十二日陸定一將中央十人小組辦公室的一份情況簡報送呈毛澤東，其中說：在肅反運動中，國務院城市建設總局城市設計院經過群眾檢舉和查歷史，發現有不少是混進來的冒牌工程師，其中隱藏了反革命分子和壞分子。這些人技術低劣，政治歷史情況複雜。他們通過偽造歷史、學歷、誇張吹噓個人本領等手段，混入技術部門。而我們有些單位由於基本建設任務繁重，急需技術人員，到處搜羅，更不管真假，一概收錄，聽說是大學、專科畢業，便給個工程師職位，這就給這些冒牌工程師的混入開了方便之門。毛澤東批轉了

這個報告。在八月二十五日的〈指示〉中，就有了這樣的規定：

> 對高級技術人員，執行下列政策：（一）假冒的堅決開除，送去勞
> 動教養，犯罪的並需判刑；（二）確有技術，但又確有反革命現行
> 活動的，查明證據確實，判刑後控制使用；……（《建國以來重要文獻選
> 編》，第七冊，第147頁）

一九五五年七月二十日中共陝西省委關於批准逮捕人犯工作中應注意
的幾個問題給所屬並報中央的報告中說：

> 從最近反映的批捕人犯工作情況看，各地在原計劃第一批逮捕的人數
> 中，不少擬捕的對象罪證是失實的。其中有些是根本不該捕的；有些
> 雖有一些過失，但也不屬於捕辦對象；有些是可疑分子，但在關鍵問
> 題上缺乏材料和證據，尚需查對。存在這些問題是由於過去工作中存
> 在輕敵麻痹思想和工作不深入，對可否逮捕的政策界限不清，因而在
> 將要進入大批逮捕時，唯恐難以按原計劃完成，產生了急於湊數的思
> 想。根據這種情況，各級黨委必須注意：一、嚴格掌握中央公安會議
> 規定的應捕和不應捕的政策界限，切實糾正為了完成任務馬虎湊數和
> 對該捕的猶豫動搖的錯誤偏向。二、各地已組織起來的聯合辦公機
> 構，應切實加強工作，特別是加強審查批捕人犯名單的工作。三、大
> 捕以前除了加強審查工作外，還需做好一系列組織工作。四、鑑於各
> 地準備工作還不夠充分，部分地區逮捕工作的時間應有所推遲。

毛澤東將這個報告批給公安部部長、中央十人小組副組長羅瑞卿：
「此件所說問題帶一般性，請加注意。此件請你們商量一下，可否用中央名
義轉發各省市黨委注意仿辦。」於是，在八月二十五日的〈指示〉中就有了
有關逮捕人犯工作規定的一段：

> 逮捕的批准權，屬於省市委。是否逮捕，要看情況決定：少數極重要
> 的反革命分子，應及早逮捕；但有些反革命分子，應暫時放在機關裡

作為鬥爭對象，使群眾在同他們進行鬥爭的過程中提高覺悟，這樣的分子就以緩捕為有利；反革命分子起義的不要逮捕，坦白的看情節輕重和是否徹底坦白來決定是否逮捕，我們有材料但堅不坦白的必須堅決逮捕。（同上書，第145頁）

在其中「我們有材料但堅不坦白的必須堅決逮捕」一句下面，毛澤東加括弧寫了「我們無材料則不要輕易逮捕」一句。

在已經進行了近兩個月的肅反運動中，各地都發生了肅反對象自殺的事。於是在這個〈指示〉中就有一段談這個問題：「反革命分子畏罪自殺，這對我們除了喪失一部分材料以外，並無其他損失，我們決不要被這種情況所嚇倒。」不過當時就已經知道，有不少自殺的肅反對象是怎麼也無法把他定案為反革命分子的，就拿肅反運動的政策標準來說，也只能說是好人自殺了。於是這個〈指示〉說了這樣一段話：

另有一種自殺，是有嚴重的或比較嚴重的缺點錯誤的好人的自殺。這種事件為數不多，但應引起嚴重的注意。發生這種情況的地方，常常是運動並沒有起來，領導機關沒有積極負責，政策沒有交代清楚的地方，或者是壞分子占了局部領導地位的地方。防止的辦法，是實行嚴格的組織控制：凡是依照計畫還輪不到展開運動的地方，不許擅自展開運動；五人小組、組長等名單必須經過嚴格審查批准；反革命分子陷害好人，必須徹底查究。（同上書，第140頁）

在談到「反革命分子畏罪自殺」的地方，毛澤東加括弧寫了「但是為了保存有用材料的目的，也要盡可能地防止反革命分子的自殺」一句。

其實這是很難避免的。在當時一再批判「寧右勿左」思想的空氣之下，哪一個肅反幹部願意犯右傾的錯誤呢。上面批判「寧右勿左」的思想，下面的肅反幹部就只能「寧左勿右」了。這就是使得那些肅反對象自殺的根本原因。〈指示〉中列舉的那些原因，不過是這個根本原因之下的具體細節。

為了各個單位同時進行肅反和日常業務工作，毛澤東在這個〈指示〉中加寫了一段話：

除了分批進行這一部署以外，在一個工作單位中，凡是同完成五年計劃中的年度月度計畫有關的單位，必須將領導人員分為兩部分，一部分人主持日常工作，在大問題上兼顧肅反，另一部分人專門主持肅反工作。群眾則須在工餘課餘進行肅反，在必要的時候也可以佔用一部分工課時間，但以不誤工課為原則。（同上書，第142頁）

毛澤東在給劉少奇、鄧小平的信中說明了加寫的理由：「不加這一段則沒有完全解決誤工誤課問題。」

這個〈指示〉還對清查出來的反革命分子的處理做出了規定：

對這次運動清查出來的反革命分子和其他壞分子，除判處死刑的和因為罪狀較輕、坦白徹底或因為立功而應繼續留用的以外，分兩種辦法處理。一種辦法，是判刑後勞動改造。另一種辦法，是不能判刑而政治上又不適於繼續留用，放到社會上去又會增加失業的，則進行勞動教養，就是雖不判刑，雖不完全失去自由，但亦應集中起來，替國家做工，由國家給與一定的工資。各省市應即自行籌備，分別建立這種勞動教養的場所。全國性的勞動教養的場所，由內務部、公安部立即籌備設立。（同上書，第146頁）

這裡提出了勞動改造和勞動教養兩種處理辦法。為什麼要在已有的勞動改造之外再弄出一個勞動教養來呢？決策者顯然是基於這樣一種考慮：《中華人民共和國憲法》第八十九條規定：「中華人民共和國公民的人身自由不受侵犯。任何公民，非經人民法院決定或者人民檢察院批准，不受逮捕。」要是把一個公民弄去勞動改造，就得經過一定的法律程序。而勞動教養就什麼法律程序都不需要了。這樣就創造出了一種在法律程序之外剝奪公民人身自由的手段。這個辦法在一九五五年的肅反運動中還沒有廣泛使用，到了一九五七年制定出來的一個〈關於勞動教養問題的決定〉，就成了懲罰右派分子的主要手段。這是後話，下面第二十四章再細說。

「肅反運動」是「肅清暗藏的反革命分子的運動」的簡稱。這裡要作一點名詞解釋。什麼叫做「暗藏的反革命分子」？如果這是指潛伏的特務，

外國的間諜，秘密的殺手之類，那是無論哪個國家都要力求肅清的。不過這種人在任何時候也不會有一個很大的數目，這種人注意的目標，通常是軍事首腦機關，兵器工廠，外交機關，反間諜機關等等，決不可能遍及全國一切機關、團體、學校、企業的。那麼這個運動所要肅清的暗藏的反革命分子又是些什麼人呢？他們絕大多數是一種被叫做歷史反革命分子的人。就是說，他們在一九四九年中國共產黨執政以前，在當時的政權機關（包括北洋政府、國民黨政府、汪精衛政府、偽滿洲國等等）擔任過一定級別以上的官職，例如科長鄉長之類，以及軍隊中（包括北洋軍隊、國民黨軍隊、汪精衛軍隊等等）擔任過一定級別以上的軍官，例如連長排長之類，如此等等，都是歷史反革命分子。這些人還有個共同的特點，就是他們只是在履歷表上有這種那種反革命經歷，卻都並沒有現行破壞活動。如果兼有現行活動的，那就不叫歷史反革命分子，而要算作罪責更為嚴重的現行反革命分子了。只是現行反革命分子不會有許多，據七月十八日《人民日報》社論說，「在一九五五年──一九五六年清查出來的反革命分子中，現行犯有三千八百餘名之多。」這就是興師動眾的肅反運動的實際戰果。立案審查一百四十餘萬人，查出了現行犯三千八百餘名，還不足百分之〇點三。要搞一個這樣大規模的肅反運動，就只能以歷史反革命分子為主要對象，查出一些歷史上有各種問題的人，然後加以懲處。這篇社論以後還要詳細談到。我們知道，現代法學思想中有一重要原則，就是法律不溯既往，除了根據案發以前所制定及公佈的一切法律之外，法庭絕對不得判定任何人的犯法行為。而肅反運動是徹底破壞了這個「法律不溯既往」的原則，甚至創造出了一個「歷史反革命分子」的專用名詞，把在中華人民共和國成立之前在舊政權擔任官職都算作一種犯罪。這也就說明肅反運動就是以追溯既往為主要手段的運動，完全是一個無法無天的運動。

人們回憶一下，當可以記得，人民解放軍橫渡長江之後幾天，曾經用佈告向全國人民「宣佈約法八章」，要求「全體人民一律安居樂業，切勿輕信謠言，自相驚擾」。由於各地強大的地下組織的努力，這個佈告常常在人民解放軍到達之前就廣泛傳佈了。「約法八章」中的第五章宣佈：

除怙惡不悛的戰爭罪犯和罪大惡極的反革命分子外，凡屬國民黨中

央、省、市、縣各級政府的大小官員，「國大」代表，立法、監察委
員，參議員，警察人員，區鎮鄉保甲人員，凡不持槍抵抗、不陰謀
破壞者，人民解放軍和人民政府一律不加俘虜，不加逮捕，不加侮
辱。責成上述人員各安職守，服從人民解放軍和人民政府的命令，負
責保護各機關資財、檔案等，聽候接收處理。這些人員中，凡有一技
之長而無嚴重的反動行為或嚴重的劣跡者，人民政府准予分別錄用。
（《毛澤東選集》第四卷，第1458頁。）

　　那些自認為是怙惡不悛的戰爭罪犯和罪大惡極的反革命分子的，看到
這個佈告都知道自己不見容於新制度，都逃跑了。一些輕信了謠言妄自驚擾
的人，也逃跑了。只有那些輕信了這個佈告的人才留了下來。到了一九五○
年十月，在派兵入朝鮮參戰的同時開展的第一次鎮壓反革命運動中，這些人
受到了第一次的衝擊。雖然這一次要打擊的是土匪、惡霸、特務、反動黨團
骨幹分子和反動會道門頭子，和這些留用人員的牽涉應該說並不很多，但是
正如當時主持其事的公安部長羅瑞卿說的，「一九五一年鎮壓反革命運動高
潮的後期，由於領導控制不嚴和某些地方基層組織不純，因而在若干地方發
生過程度不同的粗糙草率的『左』的錯誤，捕了一些可捕可不捕的人，也殺
了極少數可殺可不殺的反革命分子，甚至錯捕了個別好人。」（《中國共產黨
第八次全國代表大會文獻》，第283頁）不過留用人員和知識份子在鎮反運動中被捕
被殺的並不是很多的。可是，到了一九五五年的肅反運動中，這些留下來的
國民黨中央、省、市、縣各級政府的大小官員、「國大」代表、立法、監察
委員、參議員、警察人員、區鎮鄉保甲人員等等，很少例外地成了運動要清
查打擊的對象。
　　整風和鳴放期間，人們議論紛紛的，主要是一九五五年的肅反運動。
在一九五一年至一九五二年的三反運動中，把運動中打作貪污犯的人員叫
做「老虎」，各單位都要編制「打虎預算」，事先規定打出「老虎」的數
目再去物色對象。一九五五年的肅反運動也沿用了「老虎」這個稱呼，也
把運動的對象叫做「老虎」。運動開始，每個單位都遵照統一部署成立一個
叫做「五人小組」的機構，領導本單位的肅反運動。五人小組事先按照一定
的百分比，據中共中央〈關於徹底肅清暗藏的反革命分子的指示〉的規定，

是「大約百分之五左右」（《建國以來重要文獻選編》，第七冊，第138頁），這就是說，要按照各自單位人員總數的百分之五，選定一批老虎。這通常是一些歷史比較複雜的人。如果這個單位沒有那麼多歷史複雜的人，也可以找一些歷史並不複雜的人湊數，這當然以本單位領導人認為可惡的人為限，例如對他提過意見的人之類。老虎選定之後，即宣佈限制其人身自由，吃飯拉屎都有專人看管，也不許與家屬見面通信。實際上等於把監獄或者看守所分散到每個單位去辦。以前三反運動中的老虎也是這樣辦的。後來「文化大革命」中群眾專政的「牛棚」也差不多。如果這一位或者兩位負責看管的專人為人還好，他在執行看管任務的時候並不給老虎以額外的折磨。如果運氣不好，碰上的看管人員是個不怎麼正派不怎麼厚道的人，或者碰上一個需要做出一些進步表現的人，這老虎就得多吃許多別出心裁的苦頭。每只老虎的遭遇並不一樣，有幸有不幸。這裡面倒也真有一點「百花齊放」。

　　老虎們的日常功課是寫檢查，寫交代。交代歷史，交代社會關係。另一方面，五人小組派出的外調專幹全國滿天飛，收集材料。（在羅瑞卿〈我國肅反鬥爭的成就和今後的任務〉報告中提供了這樣幾個數字：「全國有專職肅反幹部七十五萬多人，還有上百萬個肅反積極分子。全國參加外出調查研究的達三百二十八萬多人次。」（《學習》1958年第一期）由此可知這一場運動的規模了。）還要開若干次批鬥會，這一方面可以給老虎施加壓力，一方面可以在單位內部造成緊張的運動空氣。為了造成較大的聲勢，有時候還可以選出幾隻條件適宜的老虎，宣佈逮捕法辦，從所在單位捉去，關到看守所，等運動結束時再放回來。希望通過這種辦法起到殺雞嚇猴的作用，給多數並不捕去的老虎以威懾，還可以聳動遠近視聽。即使只是這樣在一部分單位有選擇有限制的抓幾個，也都使看守所一時有人滿之患，可見決不可能將全部老虎統通關押，而只能將看守所分解，由各單位自辦了。

　　對於抓幾個以造聲勢這種妙用，當時並不是很容易看明白的。中國致公黨主席陳其尤在中共中央統戰部召開的座談會上就談過這樣一件事：中國致公黨有個黨員在中國科學院工作，肅反運動開始，他被捕了。致公黨不知道他犯了什麼事，正要開除他的黨籍，誰知他關了幾個月，又放了回來，而且恢復了工作。一捉一放，致公黨方面都不知道這是怎麼回事。（5月10日《人民日報》）陳其尤不懂得，這其實只不過是他的黨和這個黨員為造成運動

聲勢而作的一點小小貢獻，或者說小小犧牲。

公安部長羅瑞卿在中共第八次全國代表大會上發言承認，一九五五年的肅反運動也是有缺點和錯誤的。他說：

> 在一九五五年下半年開始的肅反運動中，也發生了一些缺點和錯誤。在社會上捕了一些本來可以爭取投案自首的反革命分子，甚至錯捕了個別的好人。在機關內部，某些單位也有鬥爭面過寬的缺點，鬥了少數不該鬥的人。（《中國共產黨第八次全國代表大會文獻》，第284頁。）

「過寬」，有多寬？「少數」，是多少？羅瑞卿沒有提供具體材料。一九五七年七月十八日《人民日報》發表的胡喬木撰寫的社論〈在肅反問題上駁斥右派〉卻提出了可供推算的數字。

這篇社論列舉了「一九五五年肅反運動的成績，有以下四個主要的方面」，第四項成績是群眾警惕性和識別力的提高，無法計量。前面三項成績都是可以計量的，這裡就來看看社論提出的數字。

> 第一，清查出來的反革命分子，就現在已經定案的來說，有八萬一千多名（普通的歷史反革命分子，由於國家採取了更加寬大處理的政策，不以反革命分子論處，沒有計算在內）。

這裡有八萬一千多人，是經過清查以後定案為反革命分子的。經過清查，也就是曾經列為肅反對象。清查以後定案為反革命分子，這就是說，按照當時的政策，查他們是查對了，肅對了的。

另外還有未宣佈具體數字的一些人也清查了，清查的結果，他們只是普通的歷史反革命分子。這些人也應該認為是查對了的，肅對了的。並不是他沒有問題，僅僅是因為實行了更加寬大的政策才不以反革命分子論處的。

以上兩者合計，列入肅反審查對象，而又可以認為沒有肅錯的，是八萬一千多人再加上另外這一些的若干人。

> 第二，由於肅反運動，反革命分子內部日益趨向於分化和瓦解。一年

多來，全國有十九萬餘名反革命分子投案自首。

這裡說的投案自首，我們姑且設想他們全都是在立案審查之前主動跑來的。既然是不勞清查，不勞外調，不勞批鬥，這十九萬餘人可以認為並未列入肅反審查對象，可以不計入鬥爭面。

第三，在肅反運動中，還有一百三十多萬人弄清楚了各種各樣的政治問題。

這句話是什麼意思呢？這就是說，給一百三十多萬人寫出了並非反革命分子的定案材料。在給這一百三十多萬人做出並非反革命分子的結論之前，必定都曾經立案審查，也就是說都劃入了肅反對象的，要不然，他就無案可定了。這些人在經過坦白交代、清算鬥爭、內查外調等等這一系列必經的程序之後，他還是夠不上定案為一名反革命分子。所以，肅反運動對於這一百三十多萬肅反對象來說，是肅錯了。

前面已經說過，投案自首的十九萬餘人不計入鬥爭面，只說第一、第三兩項成績，肅對了的八萬一千多人，加上肅錯了的一百三十多萬人，再加上這兩個數字被省略掉的尾數，再加上並非肅錯但由於政策更加寬大而不以反革命分子論處的若干人，列入鬥爭面的當在一百四十萬人以上。這裡只取整數一百四十萬做分母，一九五五年肅反運動中錯案約占百分之九十四強，不錯的約占百分之六弱。

這裡所說肅對了的，是以當時政策為標準說的。其中有一些到後來又說是錯案了。就說〈七一指示〉特別提到的潘揚集團和胡風集團吧，潘漢年一案，已於一九八二年八月經過法律程序並由中共中央發出通知平反昭雪；胡風一案也已於一九八○年九月經過法律程序並由中共中央發出通知，為胡風本人和胡風反革命集團平反。這都屬於最大的錯案之列。一些名氣沒有潘漢年、胡風這樣大的人，也有不少平反的，只因為不是名人，不為人所知罷了。如此說來，當年肅對了的就還不足百分之六了。當年肅反運動所定的案，後來沒有翻過來的，想來是有也不多了。

這是後話，可以不提，因為按照當時的標準，肅他們總是肅對了的。

就在胡喬木寫的〈在肅反問題上駁斥右派〉這篇社論裡，列舉了表明肅反運動成績的十個案例。其中第一個案例是：「曾經是內務部戶政司司長的周維斌，原來是叛變投敵，做過日偽警察分局長而且負有血債的反革命分子。」而在《百年潮》月刊二〇〇七年第二期上朱元石寫的〈《胡喬木文集》中應為周維斌加個注〉一文中指出：「這是一件冤案。周維斌不是一個叛變投敵的反革命分子，而是一個為革命做了大量秘密地下工作，特別是為中共接收哈爾濱地區作出了重大貢獻的人。」這篇文章詳細介紹了他的經歷：周維斌（1907-1993）遼寧遼陽人，一九三一年加入中國共產黨，一九三二年加入蘇聯極東情報組織，一九三六年赴蘇聯學習，一九三七年被派遣回國擔任蘇聯遠東軍青年突擊隊小隊長。一九三九年春被日軍捕獲，以反滿抗日罪判處無期徒刑。日本投降後出獄，被推為中共北滿臨時省委書記，不久被任命為哈爾濱市公安局局長。一九四六年四月二十八日蘇軍撤出哈爾濱，中共先頭部隊在周維斌等地方幹部的配合下及時進駐哈爾濱市區。一九四八年他改任哈爾濱市社會局局長。一九五五年八月，他在中央人民政府內務部戶政司司長的職位上被捕。一九五八年四月十五日由北京市高級人民法院判處無期徒刑。後減為有期徒刑十八年，刑滿後在遼寧凌源農場就業。一九八五年平反。胡喬木寫的社論是將這一案例作為典型，來證明開展肅反運動的必要性的。朱元石的這篇文章表明，這確實可以作為一個典型案例，由此可見這一場肅反運動是如何顛倒是非，顛倒功罪，污衊無辜的。

至於那一百三十多萬肅反對象，即使按照當時的標準，即使按照並不更加寬大處理的政策，清查之後也是終於沒有能夠定案為反革命分子的。弄出了這樣數以百萬計的錯案，為什麼《人民日報》社論反而要將它算作肅反運動的一項巨大成績呢？社論的邏輯是：對於這些肅反對象來說，「對他們弄清了疑點，做出了結論，使他們去掉了精神負擔，便於積極工作。」能夠這樣凡事退一步想，當然好極了，至少可以使自己多少得到一點心理上的平衡，精神上的勝利。不過事實上這樣想的人並不很多。否則，鳴放整風期間就不會有那麼多肅反對象出來訴說冤苦了。這是鳴放整風中或者說右派猖狂進攻中的一個大題目。以致《人民日報》不得不專門發表社論〈在肅反問題上駁斥右派〉，中共八屆三中全會通過的〈劃分右派分子的標準〉中不得不專門規定了一項：「攻擊肅清反革命分子的鬥爭」的，應劃為

右派分子。

　　這篇駁斥右派的社論主旨是宣揚肅反運動的成績，但它還是以可尊敬的坦率承認肅反運動也有錯誤。這些段落同時還相當準確地描述了承受這錯誤的一百三十多萬人的心態。社論說：

> 不少單位錯鬥了一些好人。這些單位曾經根據一些不確實的材料，沒有經過認真的調查和仔細的分析，把本來沒有政治問題的好人錯認為壞人。還有一些人平日工作上出過容易引起懷疑的差錯，肅反運動一來，這些單位的領導方面沒有冷靜地加以分析，混淆了工作上的差錯和反革命破壞，以致把這些人當作反革命分子鬥爭了。……錯鬥了一些好人，傷了他們的感情，損害了他們的名譽，使其中一些人暫時地同黨和政府疏遠了，使社會主義建設事業的某些環節暫時地受到了一定的損失，對於這些錯誤必須坦白承認，並且徹底糾正。

　　這篇社論還承認，「在一九五五年肅反運動初期小組鬥爭的高潮當中」，「在一個短的時間內，有些地方，在鬥爭方式上犯了錯誤，例如打人罵人等等」。這打人罵人，當然更加是傷感情，損名譽的事。

　　在當時，一百三十多萬這數字是個什麼意思呢？那時全國各個層次的知識份子總數大約是五百萬人，一百三十多萬人占百分之二十六，化為近似的簡單整數比，是四分之一，即每四個知識份子中有一個肅反對象。還可以採取另一種計算方法，當時全國有行政工作人員約一百七十萬人，教育系統約二百萬人，此外商業系統和事業系統一共作三百萬人估計，全國各種機關團體學校企業這些單位的脫離生產的人員共計約六百七十萬人，在這些人員中，每五個人就有一個肅反對象。鬥爭面就是這樣：四分之一或五分之一。而每一百個肅反對象中，又只有六個在運動結束時被定案為反革命分子。換句話說，當運動結束時，每一個定案為反革命分子的，平均有十六個不能定案為反革命分子的鬥爭對象作陪。儘管情況是這樣，在運動結束時，對於一些沒有能夠定案為反革命分子的鬥爭對象，還是給了記過、降級、撤職之類的行政處分，以表示並沒有肅錯。難怪在鳴放整風中有那麼多人訴說肅反運動的偏差，他們幾乎每人都能說出一篇肅反運動的故事。這裡，只說其中的

一個故事。並不是這一案例特別重大特別有趣特別典型，而只是因為這一位事主孫大雨鬧得很有些與眾不同。

孫大雨，著名的翻譯家和詩人，復旦大學教授，曾經把莎士比亞的詩劇《李爾王》、《哈姆雷特》等譯成中文，把許多唐詩譯成英文。一九四六年由羅隆基介紹加入民盟。一九四七年國共兩黨在戰場上互爭勝負的時候，他參加了受共產黨地下組織領導的上海市大學教授聯誼會，被推為幹事會主席。解放後擔任復旦大學黨委書記的李正文當時也是幹事之一。這件事反映了他當時在教授們中的聲望，反映了他當時的政治傾向，也反映了當時中共地下組織對他的態度。

一九五四年九月，孫大雨在中共中央華東局統戰部召開的會議上批評了復旦大學前黨委書記李正文，說他在思想改造運動中打擊報復。一九五五年二月，他又寫信給上海市長陳毅，對一些人提出批評。陳毅收到信，約他談話，批評了他。在場的一些人也批評他，柯慶施說他鑽牛角尖，市高教局長陳其五說他反黨、反政府。最後，陳毅對他說，我們是朋友，我今天代表黨來批評你，是很溫暖的。將來絕不會有任何人對你打擊報復。

可是到了八月，孫大雨就成了肅反運動的鬥爭對象。拿來鬥爭他的材料，比如說孫大雨講中國共產黨認為統一戰線不要了；又比如說孫大雨曾經說自己的馬列主義水平很高，共產黨內只有周恩來總理有資格與他講講話。還有一條是說他打擊蘇聯專家。這一條材料的根據是這樣的，一九五四年他視察污水處理問題，污水處理廠旁邊有個無線電臺。孫提出：那裡造廠是不適當的。人家說這是蘇聯專家講的。孫問：蘇聯專家知道這裡有無線電臺嗎？回答說：他不知道。孫說：那是你們的錯。這一次對話，到了肅反運動中，就變成他講蘇聯專家造的發電廠發不出電。到肅反運動結束時，根據這樣一些材料不夠定案為反革命分子，只好算是那一百三十多萬弄清了各種問題中間的一人，沒有事了，依舊當他的教授。到了一九五六年，毛澤東四月在〈論十大關係〉中談到以蘇聯為鑒戒，不要「人家的短處也去學」（《毛澤東文集》第七卷，第41頁），十一月在中共八屆二中全會上又批評了那種「認為蘇聯的東西都好，一切照搬，不應當搬的也搬來了不少」（《毛澤東選集》第五卷，第320-321頁）的態度之後，這年年底，上海市委書記魏文伯對孫說，肅反裡搞你反對學習蘇聯，你基本上對的，他們錯了。百花齊放百家爭鳴開

始，孫大雨多次在各種座談會上發言，訴說自己在肅反運動中遭到的冤屈，什麼「從早上八點幫助到晚上八點」呀，鬥爭會上揭發他的一些話他並沒有講過呀，等等等等。其實他這樣的費力聲辯是並不必要的。就算那些材料並非歪曲捏造，全部屬實，難道他就應該算是一個反革命分子麼。許多肅反對象也同他一樣，在整風鳴放中，不惜舌敝唇焦去辯白肅反運動中那些橫加的惡名。並不是說這些申辯真有什麼必要，只是反映了一種不願蒙受不白之冤的心情，一種要求公道的心情。可悲憫的人的可悲憫的心情呵！

　　孫大雨的與眾不同之處，就是他不僅要人家承認他不是反革命分子（這一點在他肅反運動的定案材料中已經承認了），還要反過來說那些打擊他的人是反革命分子。一九五六年十二月他在上海市政協會議上發言，把陳其五、李正文、復旦大學現任黨委書記楊西光、市高教局主任曹未風、復旦大學教授章靳以、漆琪生等人說成是一個反革命集團，把這些人在肅反運動中和運動前後對他的打擊都說成是反革命活動。他還幾次向毛澤東周恩來寫信，檢舉這些他所說的反革命分子。他幾次提出的反革命分子名單，最後累計數達到六十多人，其中包括史良和上海市副市長金仲華。（8月22日《新華社新聞稿》）他這樣鬧到天翻地覆慨而慷，弄得毛澤東都來過問了。七月九日，毛在上海幹部會議上講話，點了他的名，把他同章伯鈞、羅隆基、章乃器、陳仁炳、彭文應、陸詒並列（《毛澤東選集》第五卷，第450頁）。因此，他夠得算上一名欽定的右派分子。

　　其實，孫大雨這樣不需要多少根據就把自己所不滿的人宣佈為反革命分子，只不過是模仿了五人小組在肅反運動中的做法。既然你們可以這樣隨心所欲血口噴人誣人為反革命，我為什麼不可以也這麼來胡鬧一下子呢。只是五人小組有權給人定案並決定懲處，孫大雨並無此項權力。他只能在會上這麼說一說，聊以快意，算是一吐胸中的積憤。孫大雨的這些「檢舉揭發」，可以看作是對肅反運動的漫畫化。

　　孫大雨當然得為他這樣的胡鬧付出代價。陳其五、楊西光、李正文等十六人聯名向上海市人民檢察院遞交投訴狀，告他的誹謗罪了。經過例行的法律程序，孫大雨被判處有期徒刑六年，坐牢去了。

　　關於肅反運動的偏差，最高人民法院院長、黨組書記董必武在第一屆全國人民代表大會第三次會議上的發言（1956年6月22日）中提供了幾個可供參

考的數字。這篇題為〈關於肅反鬥爭中的審判工作問題〉的發言中說：

> 在這次肅清反革命分子的鬥爭中，各級人民法院大大加強了對審判工
> 作的監督活動……全國各地區高級和中級人民法院今年第一季度審理
> 的上訴、抗議（疑是「抗訴」之誤）的反革命案件中，發回更審的不
> 下於百分之四十，改判減刑的在百分之二十以上，改判無罪的占百分
> 之三左右。（董必武：《論社會主義民主和法制》，人民出版社，1979年6月版，
> 第123頁）

他作這發言的時候，肅反運動還沒有結束，從他說的這些改判的數
字，也可見肅反運動的偏差之大了。

肅反運動有多大的偏差，肅反對象有多大的怨氣，知識份子對這事有
怎樣的議論，毛澤東還是相當明白的。他也想把這問題解決一下。二月二十
七日他在最高國務會議上講話，講十二個問題，其中第二個就是肅反問題。
他在談到史達林的錯誤的時候說，這兩類矛盾本來是容易混淆的，容易混起
來，我們也有時不免混起來，我們在肅反工作中，也曾經並且常常把好人當
作壞人去整，把本來不是反革命，懷疑他是反革命去鬥，有沒有？有的，從
前有，現在還有。毛澤東提出了一項糾正這種錯誤的重大措施，他說，我們
提議今年明年來一次大的檢查，全面來檢查一次，總結經驗。中央由人大常
委跟政協常委主持，地方由省市人民委員會同政協主持。毛提出了這次檢查
的原則，一不要潑冷水，二有錯必糾，一定要改正那個錯誤，這個包括公安
部、監察部的工作，勞改部門。勞改部門有許多毛病。由人大常委，政協常
委主持，並且我們希望這些常委，人民代表，政協委員還可以參加，具體來
得及的都可以參加檢查，全面的檢查一次，這對於我們的法制工作會有幫助
的。地方有地方人民代表跟政協委員去參加。

毛澤東的這個對於肅反工作做一次全面檢查的提議，受到了人們的歡迎。
羅隆基在中共中央統戰部邀集的民主黨派負責人座談會上發言，把毛的這個
提議加以具體化，他主張「由人民代表大會和政治協商委員會成立一個委員
會，這個委員會不但要檢查過去三反、五反、肅反運動中的偏差，它還將公
開聲明，鼓勵大家有什麼冤屈都來申訴。這個委員會包括領導黨，也包括民

主黨派和各方面的人士。」羅隆基提出，「平反」的機構一定要同「三反」、「五反」、「肅反」的原領導機構分開。而且他還主張地方人代會和政協也應該成立這樣性質的委員會，使它成為一個系統。（5月23日《人民日報》）

反右派鬥爭中，羅隆基的這個主張被標上「平反委員會」這個題目，成了他本人的最大罪狀。吳晗批判說，這個意見牽涉到兩個問題：一個是他對黨領導的「三反」、「五反」、「肅反」等機構是不信任的。一個是他把全國人民代表大會這樣一個最高權力的立法機關，全國政治協商委員會這樣一個協商機關，下降或者改變為司法行政機關，這和這兩個機關的性質是不符合的。（6月11日《人民日報》）

吳晗的第一條意見是說，這是羅隆基不信任共產黨。其實羅分明說了「包括領導黨」，可見他並沒有背著共產黨另搞一套的意思。至於說「平反」的機構一定要同「三反」、「五反」、「肅反」的原領導機構分開，只不過是法學中回避原則所提出的要求。一九八〇年一月一日起實施的《中華人民共和國刑事訴訟法》第二十三條規定：「審判人員、檢察人員、偵查人員有下列情形之一的，應當自行迴避，當事人及其法定代理人也有權要求他們回避：（一）是本案的當事人或者是當事人的近親屬的；……（三）擔任過本案的證人、鑒定、辯護人或者附帶民事訴訟當事人的代理人的；（四）與本案當事人有其他關係，可能影響公正處理案件的。」（一九九六年三月十七日全國人大八屆四次會議修改通過的《刑事訴訟法》，這條已改為第二十八條。）一九八三年十月一日起試行的《中華人民共和國民事訴訟法（試行）》第四十條也就回避問題作出了規定。在肅反運動中，從選定鬥爭對象，到內查外調，到定案處理，都有勞足下了，現在複查，依照法理請足下迴避一下，難道不是很自然的要求嗎？

吳晗的第二條意見，以為羅隆基不應該主張由全國人民代表大會和政治協商委員會來主持其事，以為這樣是把最高權力機關和協商機關降低為司法行政機關。他卻沒有想一想，最先捍出這個主張的，並不是羅隆基，而是毛澤東。就是在後來正式發表的〈關於正確處理人民內部矛盾的問題〉裡，人們還可以看到：毛澤東說：「我提議今年或者明年對於肅反工作全面檢查一次，總結經驗，發揮正氣，打擊歪風。中央由人大常委會和政協常委會主持，地方由省市人民委員會和政協委員會主持。」（《毛澤東選集》第五卷，第378頁）

　　有意思的是，羅德里克・麥克法夸爾，這一位細心地研究中國的英國學者，以為吳晗批評的矛頭實際是指向毛澤東。（羅德里克・麥克法夸爾《文化大革命的起源》，第一卷中文版，求實出版社1989年版，第315-316頁）這裡顯出他研究中用心太過以及外國人的隔膜，吳晗終其一生也沒有想到過要批評毛澤東的。後來說他寫的劇本《海瑞罷官》誹謗了毛，不過是毛自己的多心。至於說吳晗所批判的羅隆基的主張是來源於毛澤東的主張，這一點麥克法夸爾並沒有看錯。

　　當時把毛澤東的這個提議加以具體化的，還不只羅隆基一人。民革中央常委、組織部長朱蘊山五月三十日在中共中央統戰部邀集的座談會上也說了這方面的意見，他說：

　　　　肅反運動是有成績的，過去通過群眾路線來肅反，也是正確的，要根據有反必肅有錯必糾的方針，那是更無可疑義的。問題是在執行工作方面部分的發生偏差，把肅反面擴大化了。我建議在本年人大代表會議後，人大常委會和政協常委會應即召開聯席會議根據毛主席在最高國務會議的指示，迅即組織一個臨時檢查機構，會同有關機關方面分往各地認真檢查，所謂肅反遺留問題，依我看來不外四種情況，要根據四種情況分別處理：

　　1、根本搞錯了的，應徹底平反，並賠禮道歉。曾經在什麼樣規模的群眾會上宣佈有罪，現在也應該在同樣規模的會上宣佈無罪，使被錯鬥了的人，在精神上得到安慰。

　　2、沒有搞錯，但處理不適當，應根據肅反政策糾正。

　　3、僅有嫌疑而無確鑿證據，或僅因歷史不清而發生懷疑者，均應早作結論不拖尾巴。

　　4、沒有搞錯而予以寬大處理的，應該向他說明不能跟著嚷「平反」，不許翻案。在糾正錯誤過程中，肅反幹部，包括共產黨員在內，有人說是不是需要檢查呢？我想，也不應對領導肅反的幹部潑冷水。

（5月31日《人民日報》）

朱蘊山也同羅隆基一樣，歡迎毛澤東關於檢查肅反工作的提議，並且同樣將毛的這個提議加以具體化。只是二人側重的方面有些不一樣，羅側重機構設置的原則，朱側重檢查工作進行的要點，並且注意到了毛的不給肅反幹部潑冷水的要求。結果朱沒有事，羅卻闖下了滔天大禍。這裡更根本的原因還不是二人在說法上有一點不同，而是因為朱蘊山不屬於需要加以打擊的人物，而羅隆基即使沒有說這些意見，民盟的那些活動也足夠他成為一個需要加以打擊的右派分子了。現在有了這一條，並且把它作為羅的頭一條罪狀來批判，還一種顯然的利益，就是再也沒有人膽敢提起毛澤東說過的檢查肅反工作的事了。

在肅反運動中這一百三十多萬被肅錯的人看來，他們是蒙受了冤屈，希望對於肅反運動能夠有一次公正的檢查，糾正其偏差。而領導肅反運動的幹部卻往往持另一種觀點，認為發生這些錯案是難以避免的。要用這種「難免」論來說服那些肅錯了的人。〈在肅反問題上駁斥右派〉這篇社論就說：

> 有些人不大喜歡「難免」論。……像肅反這樣的鬥爭，你或者根本不進行，那只能把反革命分子保留下來；或者認真地進行，那就確實有一部分錯誤是難以避免的。
>
> 在最英明的統帥所指揮的完全正義的戰爭中，也無法保證被炮火擊中的都是該受攻擊的。不但普通居民，有時甚至自己方面的戰士，也會受到誤傷。但是我們能不能根據這些無心的過失，去否定一場革命戰爭或者衛國戰爭的必要性和正義性呢？我們能不能因此而把犯了這些過失的將士看作冤仇呢？

這就是說，肅反運動不是沒有錯誤，而是不應計較這些錯誤，因為這是難免的。

社論中的這一段話，是具體有所指的。它是反駁一九五六年十月二十九日《人民日報》上的雜文〈說「難免」〉。這篇雜文引用了《文匯報》上的一段文章：

在大運動中，（例如在肅反運動中），有時發生一點過火的鬥爭，傷了自己人的感情，甚至錯誤地搜了自己人的腰包，這也是難免的。但是有些領導幹部，把「難免」二字作為免戰牌，陶醉於「運動是健康的，成績是主要的」，於是把「亡羊補牢」的善後工作草草了之──這同樣也是缺乏人道主義的表現。

這篇雜文贊同這些意見，並且補充說：

　　說是「難免」的事，未必都是真正難免的事。至於「把『難免』二字作為免戰牌」掛起來的地方，我看那下面簡直就不是什麼難免的事。

　　某些開口就是「難免」的領導幹部，他們雖不是「常求其死」，常求其有罪，至少也不是力求「能免」而竟「難免」，卻是早就預期著「難免」，結果當然就有人「不免」。他們其實是粗枝大葉，浮光掠影，安閒得很，又有什麼「難」在哪裡！所以他們說起「難免」時，也就那麼就飄飄然了。（《舒蕪集》第七卷，河北人民出版社2001年版，第126-127頁）

這篇雜文被毛澤東看到了。他在省市自治區黨委書記會議上說：

對於一些有害的言論，要及時給予有力的反駁，比如人民日報登載的〈說「難免」〉那篇文章，說我們工作中的錯誤並不是難免的，我們是用「難免」這句話來寬恕我們工作中的錯誤。這就是一種有害的言論。這篇文章，似乎可以不登。既然要登，就應當準備及時反駁，唱一個對臺戲。我們搞革命和建設，總難免要犯一些錯誤，這是歷史經驗證明了的。〈再論無產階級專政的歷史經驗〉那篇文章，就是個大難免論。（《毛澤東文集》第七卷，第196頁）

雜文作者署名尉遲葵，是方管的筆名，他的另一個更常用的、更為公眾熟知的筆名是舒蕪。後來他被劃為右派分子，算是給了他最有力的反駁。

　　為了在肅反問題上駁斥右派，不只是由《人民日報》發表社論，還有更大的聲勢。當時為肅反對象鳴冤叫屈最起勁的有黃紹竑，現在要駁斥黃紹竑，那些想要通過他呼冤的人就得付出代價了。

　　例如，北京師範大學俄文系有個學生謝昕，肅反運動開始後不久被捕，關了一年多之後，北京市人民檢察院決定免予起訴，釋放回校。這就是說已經結案了。壞事的就是她幾年前在跳舞晚會上認識了黃紹竑，釋放之後托黃紹竑為她轉交一份申訴材料到人大常委人民接待室。為了駁斥黃紹竑，北京師範大學就在七月三日專門舉行了師生員工大會，揭發批鬥這個已經結案釋放了的人。會上，師生員工代表的發言，遞到主席臺上的一百多張紙條，都要求對這個屢教不改的反革命分子嚴加懲處，要求學校開除其學籍，要求檢察機關重新處理她的案件。

　　還有一個是河北省龍關縣幹部業餘學校的教員韓國屏，在肅反運動中被捕，被龍關縣人民法院判刑八年，關了一年半之後釋放。釋放的原因，據人民日報記者集體採訪的〈黃紹竑保護的什麼人？翻的什麼案？〉一文說，是「河北省高級人民法院認為龍關縣法院判處稍重，撤銷了龍關縣人民法院的原判」（7月19日《人民日報》）。二月此人獲釋，三月，黃紹竑在政協會上提及此事，說要不是河北省高級人民法院認真監督，此人就會冤沉海底了。現在為了駁斥黃紹竑，最高人民檢察院提出抗訴，最高人民法院撤銷了河北省法院教育釋放的判決，維持縣法院原判。九月七日又將這個已經結案釋放數月的人重新收監執行。（9月14日《人民日報》）

　　這篇〈黃紹竑保護的什麼人？翻的什麼案？〉除了提到這兩個案例之外，還寫了另外一些案例。

　　有一個是上海市第一醫學院的學生，一九四九年上中學時參加了聖母軍，一九五五年被捕，關了幾個月，判決免予刑事處分，教育釋放，回原校繼續求學。

　　有一個是廣州海關的工作人員。這篇文章在介紹了此人案情之後說，「當然，據此而判處三年徒刑，是比較重了一些，是可以加以糾正的。可是黃紹竑卻別有企圖地為反動分子叫屈，攻擊人民司法機關沒有法制，究竟是站在什麼立場說話呢？」在人民日報駁斥黃紹竑的記者們看來，此案也是判重了的。只是《人民日報》這樣說則可，右派分子這樣說則不可。

　　還有一個是名人，即做過滬江大學校長的凌憲揚，一九五一年四月被捕，一九五七年初釋放，宣佈不追究刑事責任。幾乎關了六年。黃紹竑對此案的攻擊，有一條是「長期不審不判」。這樣說當然表現出他的隔膜。一九五一年四月那時，正是第一次大規模的鎮壓反革命運動的高潮之中，處決了多少罪大惡極國人皆曰可殺的反革命分子。如果把凌憲揚算在罪大惡極國人皆曰可殺之列，也就可以處決了。「長期不審不判」正是他的造化。

　　為了駁斥，這篇文章把黃紹竑說過的這些案例都在報紙上概述一番，以表明這些人確是有罪的。像凌憲揚，他奉當時政府派遣同德國進行貿易的公務行為，被說成「他在抗日期間和法西斯德國勾結」，成了應由個人承擔責任的罪行。

　　還有一個譚惕吾，也是熱心為別人呼冤的。到了反右派鬥爭中，譚本人成了右派分子，那些她想給予幫助的人也都沒有好下場。

　　一九五五年肅反運動中那些被錯鬥的人，所以被列為肅反對象，大都是因為他所在單位的領導人覺得他可惡。用魯迅的話來說，是犯了「可惡罪」。他們為什麼被認為可惡，為什麼僅僅因為可惡就遭此無妄之災呢？這就可以用宗派主義、官僚主義、主觀主義來解釋了。可以說，一九五五年肅反運動中的種種做法，種種偏差，正好是宗派主義、官僚主義、主觀主義的一次集中的反映。現在整風運動號召反對這三個主義，這些被錯鬥的人是有話可說有冤要伸的。控訴肅反運動的偏差，是整風期間最叫各單位領導人頭痛的問題。這是右派分子猖狂進攻最重要的突破口之一。

　　這個最大的突破口後來變成了最大的陷坑。那些因肅錯而大訴冤屈的人，就都給加上了攻擊肅反運動這罪名，紛紛掉下這陷坑，成為右派分子。

　　這些人是因為被本單位領導人認為可惡才列入肅反對象的，只是因為要定案為反革命分子有一些硬性的界限，如果他沒有當過營長連長，沒有當過鄉長保長，沒有入國民黨三青團，不信一貫道，沒有跟胡風通過信，等等等等都算不上，到了最後定案的時候，也無法把他定入那八萬一千餘人之中去，而只能把他定入那一百三十多萬人之中去，算是給他弄清楚了問題。現在好了，現在是反右派鬥爭，所有原來那些界限都是不需要的了。根據劃分右派分子的標準，只要有「攻擊肅清反革命分子的鬥爭」這一條就足夠了。你呼了冤，叫了屈，你就是攻擊了肅反運動，就應該劃為右派分子了。在肅

反運動中費了那麼大力氣沒有做到的事情，在反右派鬥爭中不費吹灰之力就可以做到了。在這個意義上說，反右派鬥爭是肅反運動的最後完成。

這裡有一個可供參考的數字有力地表明了反右派鬥爭與肅反運動的關係。李哲人寫的〈在反右派鬥爭中站穩立場〉一文中說：

> 在對外貿易部揭發出來的九十四名右派分子中，有反革命分子和歷史上有反革命行為根據寬大政策不以反革命論處的二十三人，因有問題在鎮反、三反、五反、肅反等運動中被鬥爭或被管制的二十七人，出身於剝削階級、曾長期為帝國主義和國民黨反動派服務，或其家屬親友在運動中被鬥爭或被鎮壓、一貫堅持反動立場，對黨和政府不滿的分子三十二人。（9月8日《人民日報》）

由此一例，可以想見在當年所劃的右派分子裡，本人或家屬親友曾經是肅反對象的佔有一個怎樣的百分比。

在當年因攻擊肅反運動而被劃為右派分子的，不僅有肅反對象，也有領導幹部因為提出要如實總結肅反運動而被劃右派了，像上海市工商行政管理局局長兼黨組書記楊延修就是這樣的一個。報紙上公佈他的罪行說，「他還到處聲明肅反運動不是他領導的，『所以問題不少』。」「他抓住我們工作中個別缺點，否定肅反運動基本成績，散佈了『肅反副作用很大，肅反運動是消極因素的根源，是工商局的主要矛盾』等一系列反動言論。」報紙說他「和黨外右派裡應外合，瘋狂地攻擊肅反運動」。（1958年1月8日《解放日報》）

反右派鬥爭不僅是肅反運動的最後完成，而且是肅反運動的進一步擴大。不但有不少的人因為攻擊肅反運動而成了右派分子，還有一些人因為反右派鬥爭而成了反革命分子，一些原來沒有定性為反革命的事件，到了反右派鬥爭中，忽然變成了反革命案件。本書在以後幾章裡將要舉張志和、葛佩琦兩個案件為例，他們都是因為先有了右派言行，才變成反革命的。

一九五七年十一月，這時反右派鬥爭高潮已經過去，中央十人小組發下了一個〈關於處理反革命分子和其他壞分子以及某些肅反清查對象的若干政策規定〉，提出了肅反運動怎樣在反右派鬥爭中繼續進行的問題。這個文件說：「整風運動以來，在我們內部留用的反革命分子和其他壞分子以及某

些肅反清查對象的政治面貌，又有了一次很大的暴露。由於他們中有很大一部分人在鳴放中又犯了反黨反社會主義的罪行或者表現不好，根據黨的政策，必須重新加以嚴肅的處理。同時，我們在處理反革命分子和其他壞分子的工作中，也發生了一些右的和「左」的偏差，需要加以糾正。為此特作下列規定」。文件的第二項是「關於留用反革命分子和其他壞分子的處理問題」。有以下幾條：

> 第一、凡是已經被劃為右派分子的，應當在政治上鬥臭、思想上鬥透以後，新老賬合併一起算，以反革命分子者其他壞分子從重論處。第二、凡是有現行破壞活動的，應當一律依法捕處。第三、凡是罪證確鑿，而不低頭認罪，不老老實實接受改造，乘機翻案的，應當重新論處，一般應當給以行政上的開除處分，送去勞動教養，情節惡劣的應當依法逮捕判刑。第四、在鳴放中散佈反動言論，表現不好，但沒有被劃為右派分子的，一般也應當給以行政上的開除處分，送去勞動教養。第五、凡是沒有顯著的悔改發現、工作不積極的，應當結合精簡機構，有計劃地安置他們參加勞動生產，在勞動中監督改造。但這種處理應當同幹部下放、勞動鍛煉嚴格區別，不要混同起來。有專門技術特長、有真才實學，為工作所必需的；或者悔改表現較好，工作積極、有突出表現的；或者是在肅反運動中立過顯著功勞，現在表現尚好的，可以繼續留用，在工作中監督改造。第六、黨的工作部門，政法，外交部門，機要部門，人事部門，人民解放軍、黨報、廣播電臺以及機關企業單位的要害部門，不應當留用反革命分子和其他壞分子。已經留用的，應當堅決地清洗出去，重新安置，以確保這些部門的純潔。第七、對於留用的反革命分子和其他壞分子，應當按照新分配的工作職務，經濟上實行同工同酬，但在政治上，一定時期內（例如五年左右）不應當擔任任何領導職務，不應當提職和提級，不應當選他當人民代表、勞動模範，先進工作者等等。已經提職、提級的要降下來，在領導崗位的應當堅決調離。沒有開除黨、團籍的，應當開除。在一定時期內（例如三年左右）不要摘掉他們的反革命或壞分子的帽子。已經摘掉帽子的，如果表現不好，可以重新戴上。只有那些

在勞動生產中、工作中立有特殊功勞，確實證明政治上得到改造的，才可以提前摘掉反革命或壞分子的帽子，並且相應地給以政治上、工作上的信任。

文件的第二項是「關於下降的肅反清查對象在整風中又劃為右派分子的處理問題」。有以下幾條：

第一、凡是在肅反中被清查過，經過查明確無反革命性質問題，但在整風中被劃為右派分子的，應當按照對待右派分子的政策處理。第二、凡是在肅反中被清查過，但在運動前作過交代或因政策界限放寬不以反革命論處的普通反革命分子和其他反動分子，以及起義人員中不咎既往的反革命分子，在整風中被劃為右派分子的，應當按反革命分子或其他壞分子論處，雖然不夠劃為右派分子，但是表現不好的，可以安置勞動生產，在勞動中監督改造。第三、凡是在肅反中被清查過結論不是反革命，但在整風中又發現有新的反革命活動，罪證確切的，應當重新定案處理。

這個文件正好證明了反右派鬥爭不僅是肅反運動的最後完成，而且是肅反運動的進一步擴大。

六、不平常的春天

一九五七年中國的春天，是一個不平常的春天。

開年第一件值得一提的事，是人民解放軍總政治部文化部副部長陳其通，和他的三位同事陳亞丁、馬寒冰、魯勒，四人聯名發表〈我們對目前文藝工作的幾點意見〉一文。他們對於提出百花齊放方針以來文藝界的局面憂心如焚。這篇發表在一月七日《人民日報》上的文章，在有禮貌地稱頌新方針「給社會主義的文學藝術事業帶來了新的繁榮和無限的創造性」之後，筆鋒一轉，就大談他們認為的新方針所帶來的消極現象了。文章說：

> 在過去的一年中，為工農兵服務的文藝方向和社會主義現實主義的創作方法，越來越很少有人提倡了。
>
> 真正反映當前重大政治鬥爭的主題有些作家不敢寫了，也很少有人再提倡了，大量的家務事、兒女情、驚險故事等等，代替了描寫翻天覆地的社會變革、驚天動地的解放鬥爭、令人尊敬和效法的英雄人物的足以教育人民和鼓舞人心的小說、戲劇、詩歌，因此，使文學藝術的戰鬥性減弱了，時代的面貌模糊了，時代的聲音低沉了，社會主義建設的光輝在文學藝術這面鏡子裡光彩暗淡了。甚至使有些小品文失去了方向，在有些刊物上反映社會主義建設的光輝燦爛的這個主要方向的作品逐漸少起來了，充滿著不滿和失望的諷刺文章多起來了。

四位作者有一句話沒有明白說出來，那就是「百花齊放、百家爭鳴」的方針害多利少。

毛澤東看了，當天就批示將此文印發給政治局、書記處以及就要來北京出席各省市自治區黨委書記會議的各人。據當時在中共中央宣傳部工作的李曙光（筆名黎之）回憶說：

　　就在這次召開的書記會議上，毛澤東又系統地講了「雙百」方針的意義。在談到陳其通等人的文章時他說：陳其通等四同志對文藝工作的意見不好，只能放香花，不能放毒草。我們的意見是只有反革命的花不能讓它放，要用革命的面貌放，就得讓它放。（周揚有一次提到，文化部提出「力爭香花，避免毒草」，毛說：這話本身就是毒草，毒草怎麼避免得了呢。）也許這四位同志是好心，忠心耿耿，為黨為國，但意見是不對的。

　　奇怪的是這次書記會議以後，不少省市傳達時說：毛主席是肯定四人文章，說他們為黨為國。許多省市報刊轉載了陳其通等四人文章，有的加按語肯定，並配發擁護文字。有的地方還開座談會擁護四人文章並檢討本地區一九五六年文藝工作中的「問題」。這可能是未聽懂毛澤東的講話，同時也反映了當時許多人同四人文章有共鳴。（黎之《文壇風雲錄》，河南人民出版社1999年版，第71頁。）

　　黎之說的這次省市自治區黨委書記會議是一月十八日至二十七日開的。毛澤東在會上的講話表現出了他的「匈牙利情結」。可以想見兩三個月以來他一直在想著這事：這是怎樣發生的？中國有不有可能發生？怎樣避免在中國發生？對於匈牙利事件的原因，他作出了意識形態的解釋：

　　第二次世界大戰以後，蘇聯共產黨，東歐一些國家的黨，不講馬克思主義的基本原則。階級鬥爭，無產階級專政，黨的領導，民主集中制，黨與群眾的聯繫，這些他們都不講了，空氣不濃厚了。結果出了個匈牙利事件。（《毛澤東選集》第五卷，第357頁。）

　　毛澤東遠比拉科西輩高明的地方，是在作出這種意識形態解釋的同時，還看到了事情的另一方面，更本質、更合乎實際的方面：

　　脫離群眾，官僚主義，勢必要挨打。匈牙利的領導人，沒有調查研究，不瞭解群眾情況，等到大亂子出來了，還不曉得原因在什麼地方。（同上書，第358頁）

　　不要什麼事情總是捂著。人家一發怪議論，一罷工，一請願，你就把他一棍子打回去，總覺得這是世界上不應有之事。不應有之事為什麼又有了呢？可見得是應有之事。你不許罷工，不許請願，不許講壞話，橫直是壓，壓到一個時候就要變拉科西。（同上書，第354頁）

在講話中，毛澤東對蘇共「二十大」表示了明顯的不滿：

　　對蘇共「二十大」，我們黨內絕大多數幹部是不滿意的，認為整史達林整得太過了。這是一種正常的情緒，正常的反映。

　　蘇共「二十大」一來，有些從前擁護史達林非常積極的人，這時候也反得很積極。我看這些人不講馬克思列寧主義，對問題不作分析，也缺乏革命道德。馬克思列寧主義也包括無產階級的革命道德。你從前那麼擁護，現在總要講一點理由，才能轉過這個彎來吧！理由一點不講，忽然轉這麼一百八十度，好像老子從來就是不擁護史達林的，其實從前是很擁護的。（同上書，第334頁）

　　這些話是批評赫魯雪夫的，他從前確實是很擁護史達林的。史達林的罪行中也有他的一分責任。現在轉而批評史達林，也確實「理由一點不講」。就說他的那個第一次提出史達林問題來的秘密報告，雖然引發了強烈而持續的政治「地震」，可是並沒有對事件作出理論的分析，沒有講「理由」。對此事作出理論分析的，只有毛澤東和鐵托，只是他們兩位的分析頗不相同。

　　更使毛澤東反感的，是中國國內特別是中國共產黨黨內對蘇共「二十大」和波匈事件的反應。他說：

　　蘇共「二十大」的颱風一颳，中國也有那麼一些螞蟻出洞。這是黨內的動搖分子，一有機會他們就要動搖。他們聽了把史達林一棍子打死，舒服得很，就搖過去，喊萬歲，說赫魯雪夫一切都對，老子從前就是這個主張。……黨內黨外那些捧波、匈事件的人捧得好呀！開口波茲南，閉口匈牙利。這一下就露出頭來了，螞蟻出洞了，烏龜王八

都出來了。他們隨著哥莫爾卡的棍子轉，哥莫爾卡說大民主，他們也說大民主。（同上書，第334頁）

中國是不是也有發生「匈牙利事件」的危險呢？除了黨內的動搖分子這個因素之外，國內的敵對階級也是發生「匈牙利事件」的社會基礎。他說：

還有資產階級，還有地主、富農，還有惡霸和反革命。他們是被剝奪的階級，現在我們壓迫他們，他們心懷仇恨，很多人一有機會就要發作。在匈牙利事件發生的時候，他們希望把匈牙利搞亂，也希望最好把中國搞亂。（同上書，第351頁）

毛澤東說，事情「要放在最壞的基礎上來設想」，最壞，「無非是出全國性的大亂子，出『匈牙利事件』，有幾百萬人起來反對我們，佔領幾百個縣，而且打到北京來。我們無非再到延安去」。（同上書，第352頁）這當然不過是一種最極端的估計。對局勢，他其實是頗有信心的，他說：「我們的農村政策是正確的，我們的城市政策也是正確的。所以，像匈牙利事件那樣的全國性大亂子鬧不起來。」（同上書，第337頁）

在講話中，毛澤東談到了他對知識份子和民主黨派的一些思考。在知識份子政策方面，一年以前，周恩來在〈關於知識份子問題的報告〉中，談到了對知識份子的安排和改造這兩個方面，而側重點是在改善安排。經過一年的實踐，在毛澤東看來，這是做得有點過分了。他說：

在知識份子問題上，現在有一種偏向，就是重安排不重改造，安排很多，改造很少。百花齊放、百家爭鳴一來，不敢去改造知識份子了。我們敢於改造資本家，為什麼對知識份子和民主人士不敢改造呢？（同上書，第338頁）

對於民主黨派的性質，毛澤東講了他的這樣一個看法：

帝國主義國家和我們之間，是你中有我，我中有你。我們支持他們那

裡的人民革命，他們在我們這裡搞顛覆活動。他們裡頭有我們的人，就是那裡的共產黨，革命的工人、農民、知識份子，進步人士。我們裡頭有他們的人，拿中國來說，就是資產階級中間和民主黨派中間的許多人，還有地主階級。（《毛澤東文集》第七卷，第188-189頁）

毛澤東在〈論十大關係〉中提出「長期共存、互相監督」這一方針的時候，宣稱「所有民主黨派和無黨派民主人士雖然都表示接受中國共產黨的領導，但是他們中的許多人，實際上就是程度不同的反對派。」（同上書，第35頁）這樣說還不打緊，因為國會內合法的反對派正是民主政治不可缺少的要素。而現在這個說法卻不能不叫人害怕了。他是把「民主黨派中間的許多人」同敵對階級地主一樣看做是「他們」的人，是帝國主義的人，而且是帝國主義「在我們這裡搞顛覆活動」的人，也就是說，是敵人了。

既然是敵人，那麼，為什麼「他們在波蘭、匈牙利鬧風潮的時候還沒有鬧亂子」呢？毛澤東說，「對於他們的這個守規矩，應當有分析。因為他們沒有本錢了，工人階級、貧下中農不聽他們的，他們腳底下是空的。如果天下有變，一個原子彈把北京、上海打得稀爛，這些人不起變化呀？那就難說了。」（《毛澤東選集》第五卷，第333頁）基於這樣一種估計，重要的是決不可以讓他們變得「有本錢」。於是，他就提出了一個剝奪民主黨派和知識份子政治資本的任務，辦法是這樣的：

> ……我們把資本家包了下來，還給他們七年的定息。……出這麼一點錢，就買了這樣一個階級。……資本家加上跟他們有聯繫的民主人士和知識份子，文化技術知識一般比較高。我們把這個階級買過來，剝奪他們的政治資本，使他們無話可講。剝的辦法，一個是出錢買，一個是安排，給他們事做。這樣，政治資本就不在他們手裡，而在我們手裡。我們要把他們政治資本剝奪乾淨，沒有剝奪乾淨的還要剝。
> （同上書，第337頁）

所謂「出錢買」，是對資本家說的，就是給定息的意思。所謂「給他們事做」，是對民主黨派和知識份子說的，指安排人大代表政協委員之類

的榮譽職務或者政府機關的副職，目的也在於剝奪他們的政治資本。這兩種剝奪的辦法都是很溫和的，甚至可以說是讓人感到舒服和陶醉的。魯迅說過，「中國的人們，遇見帶有會使自己不安的朕兆的人物，向來就用兩樣法：將他壓下去，或者將他捧起來。……壓不下時，則於是乎捧，以為抬之使高，墜之使足，便可以於己稍稍無害，得以安心。」（魯迅《華蓋集·這個與那個》。）這時，毛澤東還在想用捧的辦法而不是壓的辦法。並不是壓不下，半年之後的反右派鬥爭，就是改用壓的辦法徹底剝奪民主黨派和知識份子的政治資本，在他，似乎更加得心應手。不過，至少在一九五七年一月這個時候，他還沒有說出第三個辦法，即壓的辦法：給戴上右派分子帽子。

不過，毛在這次省市自治區黨委書記會議上的講話中，已經提出了後來反右派鬥爭中一些辯論的題目，一些政策和策略。例如：

> 有些民主人士和教授放的那些怪議論，跟我們也是對立的。他們講唯心論，我們講唯物論。他們說，共產黨不能管科學，社會主義沒有優越性，合作化壞得很；我們說，共產黨能夠管科學，社會主義有優越性，合作化好得很。（同上書，第351頁）
>
> 要足夠地估計成績。……在民主人士裡頭有一種議論：「你們總是講成績是基本的，這不解決問題。誰不知道成績是基本的，還有缺點錯誤呀！」但是確實成績是基本的。（同上書，第339頁）
>
> 一定要肯定肅反的成績。肅反的成績是偉大的。錯誤也有，當然要嚴肅對待。要給做肅反工作的幹部撐腰，不能因為一些民主人士一罵就軟下來。（同上書，第359頁）
>
> 統購統銷是實行社會主義的一個重要步驟。（同上書，第335頁）

這些，都是半年之後同右派分子「大辯論」的重要題目。鬥爭的政策和策略，這篇講話中也說了一些：

> 對民主人士，我們要讓他們唱對臺戲，放手讓他們批評。……至於梁漱溟、彭一湖、章乃器那一類人，他們有屁就讓他們放，放出來有

利，讓大家聞一聞，是香的還是臭的，經過討論，爭取多數，使他們孤立起來。他們要鬧，就讓他們鬧夠。多行不義必自斃。他們講的話越錯越好，犯的錯誤越大越好，這樣他們就越孤立，就越能從反面教育人民。我們對待民主人士，要又團結又鬥爭，分別情況，有一些要主動採取措施，有一些要讓他暴露，後發制人，不要先發制人。（同上書，第355頁）

以上，是根據《毛澤東選集》第五卷所載的文本作的介紹。估計在編入《毛選》時經過刪節整理，例如黎之回憶錄中說的對於陳其通等四人文章的批評，即未見編入。即從現在發表的來看，似乎可以把這次會議看作反右派鬥爭的預備會議，儘管毛本人這時並沒有自覺地意識到這一點。當然，這是一次黨內高層的會議，未作報導，公眾都不知道。

二月二十七日，毛澤東採取了一個公開的重大步驟，以動員知識份子投入「百花齊放、百家爭鳴」的運動。回顧一下，陸定一在懷仁堂作報告，動員百花齊放，百家爭鳴，可以看作是「鳴放」運動的開始。大半年過去了，黨外知識界反應並不熱烈。他們的觀望態度其實是六七年來歷次政治運動特別是思想改造運動的成果。經歷了對電影《武訓傳》的批判，對梁漱溟的批判，對胡適思想的批判，對《紅樓夢研究》的批判。不久以前又狂飆驟起，經歷了肅清「胡風反革命集團」的鬥爭和肅反運動，他們中的好些人本人，至少親友，成了這個運動或者那個運動的對象，多少有點像《水滸傳》上描寫的吃過殺威棒的軍犯一樣，他們還能夠對求言詔表現出多大的熱情來呢？現在號召百花齊放，百家爭鳴，是擴大民主權利，可是回應者寥寥，這就反映出了「黨和非黨群眾特別是非黨的知識界的某種緊張關係」（1957年4月23日《人民日報》社論中語。）《人民日報》發表的陳其通等四人的文章，也更使一些人覺得還是沈默的好。

毛澤東決心打破這種可怕的沈默，他要親自出馬來給鳴放以有力的推動。一九五七年二月二十七日他召開最高國務會議第十一次（擴大）會議，以「如何處理人民內部的矛盾」為題，向各方面人士，包括來京出席和列席政協第二屆全國委員會第三次會議的人員，共一千八百多人講話，從下午三點講到七點，講了四個鐘頭。

開宗明義，講話一開始，毛就指出存在兩類問題：敵我之間的矛盾，人民內部相互之間的矛盾。這兩類問題性質不同，解決的方法也不同。人民內部的問題是是非問題，不是敵我問題。

毛澤東說，思想問題，人民內部問題，不能夠採用粗暴的方法來解決。用粗暴的方法來解決思想問題，來解決精神世界的問題，解決人民內部的問題，這樣一些想法是錯誤的。企圖以行政命令的方法，壓制的方法來解決思想問題，這樣的方法是沒有效力的，是有害的。你比如宗教，不能以行政命令來消滅宗教，不能強制人家不信教。唯心主義，不能強制別人不相信。凡屬思想方面的問題，應該用討論的辦法，辯論的辦法，批評的辦法，教育的辦法，說服的辦法，使人家相信你。

馬克思發現了剩餘價值，毛澤東發現了兩類不同性質的矛盾。毛正是從馬克思主義思想史或者說國際共產主義運動史的高度來論證他的這一發現的意義。他說，人民內部矛盾，如何處理這個問題是一個新問題。歷史上馬克思，恩格斯對於這個問題談得很少。列寧談到了，簡單地談到了，說是社會主義社會對抗消滅了，矛盾存在著。那是說的所謂對抗消滅了，資產階級打倒了，但是人民之中還有矛盾，列寧已經說人民之間還有矛盾存在。列寧來不及全面分析這個問題。關於對抗，人民內部的矛盾有沒有可能由非對抗性的矛盾轉變為對抗性的矛盾？應該說是有可能的，但是列寧那個時候還沒有，可能未詳細觀察這個問題，只有那麼短的時間。十月革命以後嘛，在史達林負責這個時期，他是在很長時間內把這兩類矛盾混合起來了。本來是人民內部的問題，比如說，講政府的壞話，說政府，不滿意政府，不滿意共產黨，批評政府，批評共產黨。但是批評有兩種，有敵人批評我們，有敵人不滿意共產黨；有人民批評我們，有人民批評共產黨，這應該分別。史達林在很長時期內，他是不加分別的，差不多是不加分別的。有一些在蘇聯作過很長時期工作的人給我說，那是不加區別的，只能講好話，不能講壞話，只能歌功頌德，不能批評，誰如果批評了，那麼就懷疑你是敵人，就有坐監獄的危險，就有殺頭的危險。這兩類矛盾本來是容易混合的，我們也有時不免混起來，我們在肅反工作中，也曾經並且常常把好人當作壞人去整，把本來不是反革命，懷疑他是反革命去鬥，從前有，現在還有。問題是，我們就是有一條：分清敵我，懷疑就鬥，有些鬥錯了，就平反。

　　毛在這天的講話中，把這個意思還說了一次。休息之後在講百花齊放百家爭鳴長期共存互相監督這問題的時候，他又說：這個人民內部矛盾，列寧不是說過嗎？人民內部是有矛盾的，社會主義社會對抗消滅了，矛盾存在著。我說列寧那個時候，他不可能全面來考察這個問題，缺乏經驗，他就死了。史達林在一個長時期就是不承認社會主義社會有矛盾。

　　在國際共產主義運動史上，這問題是馬克思恩格斯談得很少，列寧來不及全面分析，而史達林在這個問題上是犯了錯誤的。提出這個問題的任務就歷史地落在毛澤東的雙肩之上了。躊躇滿志之態溢於言表。他是有理由自負的。他能提出兩類不同性質的矛盾這思想，的確是他比史達林高明許多的又一證據。也許應該說，他是思考了蘇共二十大對史達林的批評，吸取了史達林的教訓，才提出兩類矛盾這思想的。

　　在談到匈牙利事件的時候，毛澤東也流露了躊躇滿志的情緒。他說，匈牙利事件以後，中國有沒有什麼風波呢？有那麼一點小風波。「風乍起，吹皺一池春水」。那春水是吹皺了，但是七級颱風引起那樣大的波浪是沒有。這是個總的估計，具體事例他講了這樣一件：在地球上有個中國，中國就有個北京，北京就有個航空學院，航空學院裡就有個共產黨支部，共產黨支部就有個支部副書記，此人叫做什麼名字？這個人應該給他揚一揚名吧（台下有人說：馬雲鳳），馬雲鳳就寫標語一個。叫什麼「反對蘇聯出兵匈牙利」。這大約就是一池春水面上的漣漪吧。毛說，這個人只是開除了黨籍，但是還留在那裡讀書。

　　談到資本主義改造問題，毛澤東針鋒相對地反駁了章乃器。他說，有人說是資本家就不用改造了，與工人差不多了，甚至說資本家比工人還高明一點。有些人這麼說，當然可能是少數人，有這麼一種思想，「如果要改造，為什麼工人階級不改造？」誰說工人階級不要改造？工人階級是要改造。階級鬥爭中間改造整個社會，也改造了工人自己，這是恩格斯說的。

　　為了說明工人階級也需要改造，毛澤東甚至以自己為例。他說，比如我們在座的這些人，我們每年都有進步，這也是一種改造。我這個人從前也是個知識份子，各種思想都有。我朝過南嶽山，為我母親還願。我信過無政府主義，又信過康德的唯心論，你看我這個人多複雜。馬克思主義後來才鑽進去，把我腦筋改了一下，名之曰改造，主要是在階級鬥爭中改造的。這幾

年來，資本家就那麼高明，一點不要改造了？我看不然，我都要改造，你不要改造了嗎？聽他這樣一說，會場上都笑了起來。

毛說，你沒有兩面性了？只有一面性了？這是形而上學的觀點。只有一面性對事物不能分析，總有優點缺點，兩點論唄。而且資產階級根子還沒有脫離，資產階級還沒有摘掉帽子，摘掉帽子還有一個時期思想改造，取消論這種觀點如果勝利，那麼資產階級的學習任務就沒有了。現在我們大家都學習嘛，政府工作人員都要學習嘛。

毛的這些意見，章乃器表示能夠接受。他在聽了毛的這篇講話之後說，以前說工商業者的兩面性，是指有利於國計民生的積極的一面，與不利於國計民生的消極「五毒」的一面，這是從「五反」鬥爭學習得到的，印象無比深刻，一提起就驚心動魄。「另一種兩面性的概念是毛主席在第十一次擴大的最高國務會議所說的。毛主席是結合了一系列的客觀事物的辯證性質來說民族資產階級的兩面性的；而且說明任何階級、任何人都需要進行自我改造。顯而易見，這是思想、作風上的兩面性，而不是政治上、經濟上的兩面性，工商業家是完全可以接受的。」（章乃器〈關於工商改造輔導工作的幾個問題〉，見1957年6月9日《大公報》。）

章乃器表示能夠接受毛的這些講話，毛卻不能接受章的這些解釋。顯然，章乃器是按照自己的願望來理解毛的講話的。而毛在講話時那種設身處地推己及人通情達理的態度，本來也使人樂於接受。

毛的這篇講話中最重要的，當然是談百花齊放百家爭鳴長期共存互相監督新方針的那一部分。毛澤東對右的和左的兩種傾向都提出了批評。他提到了鍾惦棐的《電影的鑼鼓》，說鍾把過去說了個一塌糊塗，否定一切。但是毛更著重批評了陳其通等四人的文章，說他們實際上是懷疑百花齊放、百家爭鳴這個方針。毛說，所謂自從這個方針提出來，就沒有大作品了，這個結論做得過早了一點，因為陸定一同志那篇文章是六月寫的，發表是去年七月了，八月、九月、十月、十一月、十二月，等到這四位同志寫文章是一月七日，只有五個月，幾萬字的文章怎麼寫得完？就只說是百花齊放、百家爭鳴提出來就沒有大作品了，不搞馬克思主義的作品了，不搞社會主義現實主義了，盡搞些壞的了。

說到這裡，毛澤東對《人民日報》提出了批評，批評他們發表陳其通

四人文章之後長時間不表示態度。毛說，到現在這麼久了，我們的《人民日報》是什麼態度我也不清楚。在一月下旬開的省市委書記會上，我把他們四個人的聲明文章印出來給大家看了。當時有人民日報的同志在座，他表示了什麼？沒有表示什麼態度。現在又過了差不多一個月了，究竟怎麼辦？你們發表這個東西是贊成還是反對？今天在座的有沒有人民日報的？你總是要處理一下嘛！或者是商量一下，自己沒主意，你們找中央領導同志研究一下嘛！看如何處理。我現在表示我的態度，我不贊成那篇文章，那文章是錯誤的。

毛澤東接著說，世界上的東西各有不同，各人喜歡各人的。鍾惦棐的文章臺灣就喜歡。陳其通、馬寒冰的文章社會主義國家很喜歡，《真理報》登出來了，《真理報》就不登陸定一那篇《百花齊放，百家爭鳴》，就喜歡陳其通、馬寒冰四位同志的。此外捷克登了，羅馬尼亞登了，很有市場。這時台下有人說：是《文學報》登了，不是《真理報》。毛說，是《文學報》？不是《真理報》？那還好一點。毛這一說，又引起了笑聲。毛接著說，「物以類聚，人以群分」，各個喜歡各個的東西，氣味相投。教條主義就喜歡教條主義，機會主義就喜歡機會主義。恐怕現在要批評一下子吧。

毛澤東還說，我們許多幹部中間，實際不贊成中央的方針——百花齊放，百家爭鳴，長期共存，互相監督的方針。是不是我的話講過頭了？我說高級幹部中十個有九個不贊成或半贊成，或者不甚通。真正通的，真正認為這個方針是正確的是少數，所以很需要做工作，做說服工作。

他還又一次提到對王蒙小說的批評。他說，有一青年作家叫王蒙，寫了一篇題目叫《組織部新來的青年人》，也發生事情來了。有贊成的，有反對的，講得他一點好處也沒有。其中有馬寒冰的批評。還有人批評說，北京是中央所在地，北京有一個共產黨區委有官僚主義，因此說他的典型環境放得不好，大概放在上海最妥當。我們這個地方就不行，因為是中央所在地。不曉得這個道理是從哪裡學來的。中央還出官僚主義，所在地為什麼不能出？中央出過陳獨秀，出過張國燾，出過高崗饒漱石，還出過李立三王明，那麼多哩！這麼一條道理，也是批評得不對。

毛澤東還說，中國是個小資產階級的王國，小資產階級有五億幾千萬人口，這是一個客觀存在。你要這些人意見都不發表，統統口上打封條，只有吃飯時開一下，吃了飯就封起來，那怎麼行？我說口有兩個作用，一為吃

飯，二為說話，把它堵住那是難辦到的。資產階級，小資產階級，他們的意識形態是一定要反映的，而且也要自己表現自己，用各種辦法，頑強地、千方百計地要表現自己。我們不能用壓制的辦法不讓它表現，只能在他們表現的時候跟他們辯論，寫文章批評。這些文章不是教條主義的文章，不能用形而上學的方法，而是要用辯證的方法。要有說服力，要有充分的說服力。他認為，教條主義的批評不能解決問題，而是助長這些不好的東西。

毛澤東提出了一個老幹部能不能批評的問題。他說，從馬克思以來，沒有一次說只能批評新幹部，不能批評老幹部。我們憲法上規定，人民在法律面前平等，那麼共產黨員非共產黨員在犯錯誤這個問題上，錯誤思想上，也應該是平等的。有一批人，比如是共產黨的老幹部，或者是民主黨派的老幹部，因為他老，他就享受一種不受批評的權力，可不可以？我看不行的。你活著不受批評，你死了人家還要批評你，我們就批評過死人，批評過孔子，打倒孔家店嘛！史達林也是死後批評的嘛。

在談到如何處理罷工、罷課、遊行示威、請願這些問題的時候，毛澤東提到青年團中央提供的一個材料，去年二十八個城市裡頭，大學，中學，聽說二十九個學校有七千多學生鬧事。毛認為這個材料分析相當好，它指出產生鬧事的原因無非是官僚主義跟學生幼稚。青年工人和學生不知天高地厚，不知道艱苦奮鬥。同時，學校當局，辦事人，用各種手段欺騙他們，不跟他們同甘共苦。關於工人鬧事，毛澤東引用了總工會的報告，部分的統計，有五十幾起罷工，其中有幾個人的，有幾十個人的，最大的一次是一千多人罷工。他說，人民內部經常不斷地發生矛盾，罷工，罷課，農民打扁擔，去年有，今年還會有，以前幾年就有。不能都歸咎於匈牙利，說匈牙利事件一來，中國的事情就不好辦了。

怎樣對付群眾鬧事問題？毛澤東提出了四條對策：

第一條，努力克服官僚主義，恰當地處理矛盾，那麼人家就不鬧事了。

第二條，官僚主義沒有克服，他要鬧怎麼辦？讓鬧不讓鬧？我說還是讓鬧。這些鬧事者不能說主要是反革命，主要是我們工作中的缺點，我們不會教育，我們不會領導。

第三條，鬧起來就讓他鬧夠，不要草率收兵。鬧夠了就不鬧了。應該把罷工，罷課，農民打扁擔，看作是我們改善工作，教育工

人學生的過程。

第四條，鬧事的頭子，領導人物，一般的不應開除。開除是國民黨的辦法，我們要一反國民黨之道而行之。鬧事的領袖人物，正確的應該留下，錯誤的也應留下，錯誤的留下幹什麼呢？留下當「教員」，這是難得請到的。

毛澤東還預言：我看將來問題還多，人心不齊，幾億人口，中間許多人會跟我們想法不同的。

對蘇共二十大，毛澤東說，批評史達林是有兩方面的性質，一方面實在有好處，一方面是不好。揭破對史達林的迷信，揭掉蓋子，這是一個解放運動；但是他揭的方法不對，沒有做好分析，一棒子打死，這麼一方面引起全世界去年下半年的幾次大風潮，後來又引起匈牙利、波蘭事件。毛提到〈再論無產階級專政的歷史經驗〉一文，說它雖然沒有指出二十次代表大會，但實際上講了。他說，我們與蘇聯同志當面講了些什麼呢？講他們對史達林問題處理不當，講他們的大國沙文主義。

在這篇講話中，毛澤東談到鋼產量問題，他說，經過三個五年計劃，或者再多一些時間，我國的鋼產量可能由解放前最高年產量，即一九四三年的九十多萬噸，發展到二千萬噸，或者更多一點。這表明鋼產量已經進入毛的思慮之中。當時聽的人也許沒有怎麼注意，一年半之後，人們就會知道這是什麼意思。

真是緊鑼密鼓。最高國務會議開過沒有幾天，三月六日，中國共產黨全國宣傳工作會議又開幕了。在與會的八百多人中，黨外的有關專業人員有一百六十餘人。會議開始，先讓大家聽了毛澤東二月二十七日在最高國務會議講話的錄音。接著，毛分別邀集到會的教育界、文藝界、新聞出版界的部分代表開座談會。

第一天開的是九個省市黨委宣傳部長文教部長座談會。會上有人提出：對於陳其通等四人的文章，這一回聽毛講話的錄音，同聽前次省市委書記會議傳達的精神不同，那一次有的省裡傳達說，毛認為那篇文章是對的。

毛澤東說，上次開會，我沒有專談陳其通等四人文章的問題，只是插話時談過，說這幾個同志忠心耿耿，為黨為國，但文章則不敢領教。傳達的時候，下面這一句沒有了。

康生插話：這可能反映到會同志的一些思想，上一截容易接受，後一句容易忽略。

毛接著說，他們的文章反映出對敵對思想的仇恨情緒，沒有這也不得了，這也要保護。問題是他們是教條主義，方法是錯誤的。百花齊放，百家爭鳴，現在不是放多了，是少了，應該再放，當然在放之中任何錯誤的東西應該批評。現在放夠了嗎？鳴夠了嗎？不夠的。人家還在猜我們的意圖。認為我們是「誘敵深入」，因此必須再放。現在開宣傳會議，大家同意這方針，要很好講究方法。第一，黨員不忙於寫文章，讓黨外先寫，當然要領導。第二，黨員也應當寫，但必須是要有說服力的，有研究的，有分析的，而不是形而上學、教條主義的方法，有分析就有說服力，我們應採取幫助人家改正錯誤的態度，而不是一棍子打死的態度。毛澤東還說，陳其通四人文章，老幹部十之八九是同情的，但黨外不贊成，黨就孤立了。

毛說：馬寒冰文章是教條的，鍾惦棐則是右的，兩派我們都要批評。《電影的鑼鼓》基本方向不對。

周揚插話：鍾惦棐文章所提的一些缺點，的確是有的。中央電影製片廠一些同志情緒不對頭。部裡是不同意這篇文章的。

四川的幹部談到流沙河的詩〈草木篇〉，說曾經打算封閉刊登這篇作品的詩刊《星星》。毛澤東說，〈草木篇〉是應該批評的，如不批評真是讓毒草長起來了。但是他不贊成封閉《星星》。他說，這次會議一開，資產階級與小資產階級思想又會冒出來，不要急，我們不忙於理它，它又有勁頭了。你們不是反映有些教授說，「百花齊放、百家爭鳴」是誘敵深入嗎？我們對資產階級與小資產階級思想有兩條：一，必須批評；二，必須批評得好。因此必須要有準備，要有說服力。毒草在中國長了幾千年，再長七八年也不要緊。而且我們還是要做事情的。他們一肚子氣，可以讓他們講，毒草不可怕，如用壓下來的辦法，還是要翻的。

有人插話：《星星》所謂七君子中二個有殺父之仇的。

毛接著說，這樣，《星星》出現那些東西是有歷史原因的。我們如何對付不正確思想？要有方法，不要急躁，不要簡單，應該研究方法。中國有幾千萬地主、富農、資產階級與知識份子，高等學校百分之八十學生是他們子弟，那些有殺父之仇的，能不恨，不罵我們？但應估計到，剝削階級出身

的知識份子大多數是可以爭取的。匈牙利高等學校百分之六十學生是工農子弟，照樣鬧事，反蘇反共，我們百分之八十是那樣子弟還沒有鬧事。

關於學生鬧事，有人說到，蘭州原要開除幾十個鬧事的學生，現在不開除了，又有點草率收兵。毛說，開除幾十個學生是國民黨辦法，事情結束如不解決問題，將來還是要鬧事的。如講到蘭州林業學校、護士學校招生騙人家，學生鬧事，我是站在學生這方面的。你欺騙人家麼！像這樣學校，你說是什麼問題？這兩校都是官僚主義，欺騙，又有官僚主義。不罷課怎能整掉官僚主義？

毛澤東還說，過去搞階級鬥爭，我們是有辦法的。現在是思想鬥爭，不能再用老辦法了。思想鬥爭是動口不動手，而且動口要恰當，不是採取專政的辦法。不要將敵人誇大而小估自己，沒有什麼可怕的。去年一些專業學校採取欺騙辦法，有十七個學校七千人罷課。全國有五百萬中學生，中學校長與黨委書記要好好研究如何辦好學校，五百萬學生鬧起事來，也不好辦啊。

毛澤東對這幾個省市黨委的宣傳部長文教部長說，第一書記要抓思想，回去告訴他們，希望第一書記把思想工作抓起來。管業務管得很好，不管思想工作，結果來了大民主，就會把你搞掉。各部門、各黨組一定要管思想工作。

這次座談會還涉及了共產黨能不能領導科學的問題。毛澤東說，我們是從政治上來領導科學，搞十二年規劃，向科學進軍，這個我還領導不得？有些知識份子說黨不能領導，實際上我們領導了，列寧懂得了半導體？但還是領導了。自然科學部門那麼多，科學家自己也是懂得這個不懂得那個的。梅蘭芳能夠領導京戲，還能領導話劇？他是旦角，難道能領導丑角，他領導得了程硯秋？結果還是外行領導內行，政治就是領導。他們事實上是說這麼一個問題：共產黨還沒有科學家。蘇聯情況和我們不同，他們已有大批黨員科學家。

第二天開的是七個省市教育廳局長座談會。毛澤東說，「要加強學校政治思想教育。每省要有一位宣傳部長，一位教育廳長親自抓這項工作。」（《毛澤東文集》第七卷，第247頁）毛談到，去年辦了很多學校，有的鬧事，無非是生活不好，學習不好。要召集所有教育局長講：要學生守紀律，艱苦奮鬥，跟學生一起辦學，進行創造性的工作。先生和學生同甘共苦，不許欺騙學生。招生不許瞎吹，不要不講困難，只講好的，要先潑冷水。

　　毛澤東提出，初中高中要增加政治課，要編政治課本。教材要減輕，課程要減少。古典文學要減少，「『關關雎鳩』這幾句詩一點詩味也沒有」。（同上書，第248頁）

　　他為什麼忽然要表示對《詩經》的不滿呢？這裡應該交代一下背景。中學有一門課程，一九五一年以前叫「國文」，這以後採納了語文教育專家葉聖陶的意見改稱為「語文」。一九五二年九月，在教育部的一次會議上副部長錢俊瑞提出「一切學習蘇聯之方針」。在語文教學方面，蘇聯學校是將「俄語」和「文學」分設兩科的，中國也應該這樣做。中央教育部責成人民教育出版社分別編印「漢語」和「文學」這兩門課程的教科書，一九五六年開始使用。這年七月一日，還讓擔任教育部副部長的葉聖陶向幾百中學語文教師作了個〈改進語文教學，提高教學質量〉的報告，解釋分科的理由，說語言學是科學，而文學是藝術云云。其實葉聖陶並不贊成這個做法。由他署名的這篇〈改進語文教學，提高教學質量〉的報告也是別人起草經胡喬木審閱的。後來他不同意將這篇東西收入自己的文集。新編的高中《文學》課本是依中國文學史的系統編輯，第一課就是選自《詩經》的〈關雎〉。毛澤東在這裡說《詩經》沒有詩味，就是批評這套新編的課本，批評漢語跟文學分科這措施，批評什麼事都去學習蘇聯的態度。他尖銳地說：你們管教育，你們教育部是中國教育部還是蘇聯教育部？如果是蘇聯的，就要取消你們的教育部。毛澤東的批評使陸定一感到了壓力，他為了推卸責任，在全國人大常委會上批評人民教育出版社「一意孤行」。事後葉聖陶聽到這話很覺憤慨。這件事本書以後還要談到。因為毛澤東批評了，漢語和文學也就不再分科了。

　　毛澤東還說：「蘇聯的教材，應當學的就要學，不應當學的就不要學。你們要來一個改革，不要照抄外國的，一定要符合中國的情況，並且還要有地方的特點。農業課本要由省裡編，地理可以編地方地理，文學也要有鄉土文學，歷史可以有各省自己的史料。課程要減少，分量要減輕，減少門類，為的是全面發展。」（同上書，第247-248頁）

　　第三天毛澤東邀集文藝界部分代表座談。座談中他幾次涉及陳其通四人的文章，說他們「無非是來阻止百花齊放、百家爭鳴」。（同上書，第249頁）毛說，「放了一點，有些不好的東西出來，就慌了手腳。」（同上書，第

250頁）陳其通四人好像聲明：「不得了，國家要亡了！」連電話也不搖一個問問宣傳部。「百花齊放」不是陸定一要放的。文章還要一字不許改，這些人不做皇帝還行呀！

有人提出，有很多地方把毛在省市委書記會上的話傳錯了。

毛說，我的報告（當是指二月二十七日在最高國務會議上的講話）就要印出來了。在省市委書記會議上我的發言只是幾段插話，沒有專談陳其通四個人的文章問題，總的是談百花齊放是要放了。有很多高級幹部、地委書記、專員以上幹部約一萬多人，其中是否有一千人是贊成「百花齊放，百家爭鳴」的都很難說，其餘十分之九都還是不贊成，這些都是高級幹部呢。

他還說，把我對陳其通四人文章的看法傳錯了，我也有些責任，當時沒有講清楚，但我是說要放的。說我說陳其通四個人的文章是好的，真奇怪，我說是要放的麼。

康生插話：這是他們對「百花齊放，百家爭鳴」政策有懷疑，陳其通等人的文章正適合他們的胃口。

毛接著康生的話說，所以我在會上嗅出這股味道。

茅盾提出：有人說，為工農兵的方向也不要了。

毛回答說：為工農兵服務是不錯的吧？陳其通他們四人的文章有這一句為工農兵服務的話是對的，你不為工農兵服務還為誰？資產階級也要改造成工人階級，知識份子也要是工人階級，你說不要為他們服務，中國就沒有人了。

毛澤東又提到了王蒙。他說，「我看到文藝批評方面圍剿王蒙，所以我要開這個宣傳工作會議。從批評王蒙這件事情看來，寫文章的人也不去調查研究王蒙這個人有多高多大。他就住在北京，要寫批評文章，也不跟他商量一下，你批評他，還是為著幫助他嘛！」（同上書，第255頁）

毛還說，有些批評粗暴得很，對待這類批評，魯迅有個辦法，就是不理。

茅盾提出：現在有些人對寫真實有片面的理解，有些青年作家說，看到什麼就寫什麼，現實有的就可以寫，這就是說思想不能指導創作，和胡風的理論有相同的地方。否認作家觀察生活需要思想指導。

毛說，這種看法跟對社會主義現實主義的不正確看法有關，要求所有的作家接受馬克思主義世界觀恐怕是不可能，恐怕要幾十年，大多數人才有

可能。在那些還沒有接受馬克思主義世界觀的，只要不學胡風搞秘密小團體，你寫你的，各有各的真實。

周揚說，秦兆陽用何直的名字寫了一篇〈現實主義——廣闊的道路〉，有人批評他反對社會主義現實主義，他很緊張。

毛說，「社會主義現實主義這個問題，這次會議一時不能搞清楚，不能做結論，也用不著緊張，可以研究討論。」（同上書，第257頁）

毛澤東說，蘇聯十月革命後，一九一七到一九二七年比我們現在更亂，教條主義也屬害得很，像文學團體「拉普」就強迫別人怎樣寫作。聽說那個時期還有一些言論自由，還有「同路人」，「同路人」還有刊物，說是宣傳真理的。我們就不讓人家辦，我們可不可以讓人家辦個唱反調的刊物？可以跟他講好，來個協定，只要不像臺灣一樣就行。

有人插話：要他公開唱反調，他就不辦了。

毛說，不妨公開唱。蘇聯那時有人公開承認自己是「同路人」。可見這一點同我們今天是不同的。他在簡單回顧蘇聯四十年來經濟和政治的發展之後，說：「開頭幾年還可以唱反調，有些言論自由，以後只許講黨和政府的好話，不許講壞話不能批評，搞個人崇拜。史達林常常把兩種矛盾混淆起來了。我們的文化教育政策不採取他們的辦法，我們採取有領導的百花齊放，百家爭鳴。現在還沒有造成放的環境，還是放得不夠，是百花想放而不敢放，是百家想鳴而不敢鳴。陳其通他們四人的文章，我就讀了兩遍，他們無非是『憂心如焚』，唯恐天下大亂。」（同上書，第253頁）

來自上海的巴金提出：我們大家這次討論「如何表現人民內部矛盾」，比方如何描寫官僚主義，大家覺得不好辦，很難，誰都不高興。還有雜文，上海有人說要全面，又有人說雜文不能全面，魯迅的雜文只講一件事。

毛澤東接著說的，並沒有直接回答巴金的問題，這問題他是到十二日的大會上才談的。在座談中，他談到魯迅，他說：

> 魯迅不是共產黨員，他是瞭解馬克思主義世界觀的。他用了一番功夫研究，又經過自己的實踐，相信馬克思主義是真理。特別是他後期的雜文，很有力量。他的雜文有力量，就在於有了馬克思主義世界觀。我看魯迅在世還會寫雜文，小說恐怕寫不動了，大概是文聯主席，

開會的時候講一講，這三十三個題目（引者注：指中共中央宣傳部辦公室一九五七年三月六日印發的《有關思想工作的一些問題的彙集》，是供參加全國宣傳工作會議的人員參考的，共彙集了三十三個問題），他一講或者寫出雜文來，就解決問題。他一定有話講，他一定會講的，而且很勇敢的。（同上書，第253-254頁）

說到勇敢，毛澤東又說了他不止一次說過的不要怕挨整，坐監獄，殺頭等等，真正的馬克思主義者是不怕什麼的。

老舍提出：外面有種空氣，說作家生活好，其實真正夠得上好的沒有幾個，職業化了，作家協會有些貸金，大家還是不願意借，願意自食其力。

巴金補充說：作家職業化，出版的紙張比較缺，有些書受紙張限制，印得很慢，或印不出來，影響作家生活。紙張缺乏是總的情況，分配也有些不合理的情況。

毛說，「教授、科學家的著作一時不能印出來，他們還有大學和科學院發的薪金可以維持生活。作家則不同，他們是靠版稅稿費生活，若是書籍雜誌沒有紙張印不出來，他們沒有稿費收入，就無法生活。」（同上書，第256頁）毛於是問文化部副部長錢俊瑞：紙張這樣緊張，你們怎麼辦呢？

錢俊瑞彙報了紙張分配情況，談到分配給社會用紙不少。

康生解釋說：社會用紙包括辦公用紙和工業包裝用紙等等。

毛說，紙張這樣緊張，就少給些社會用紙，免得他們多打假報告。這話又引得大家笑了。錢俊瑞接著又彙報了一些書籍的印刷、發行的情況。

毛說，作家協會能不能自己搞個紙廠？撥一些機器給你們，搞些原料。作家協會辦印刷廠，當然不是要老舍、巴金先生去辦，而是周揚、沈雁冰他們籌畫去辦。

毛澤東又向趙丹、蔡楚生問了電影界的情況，還問到去年生產故事片最多的是哪一個國家。他說，我們一年攝製三十多部故事片太少了，你們最好出它三百多部，日本八千多萬人口，出品三百多部，中國六億人口，出品才三十多部。

毛向趙丹問起因拍攝電影《武訓傳》受到批評的孫瑜，問他安排好沒有。

趙丹說，孫瑜血壓高，休養了很久。他又寫了一個電影劇本，現在導

演片子，有助手幫助他。

毛說，那就很好。你們兩個受了批評，那沒有什麼。一個作品寫得不好，就再寫嘛，總該寫好他。

毛向周信芳問京劇方面的情況，周信芳說，過去劇目沒有開放，能演劇目少，因此影響劇團收入，所以劇團藝人生活困難。劇目開放了，劇目多了，營業也好轉，收入多了，所以生活也好了。但是如何改進劇目，許多藝人自覺性還不夠。

毛說，放一下不要緊，許多青年都不懂得什麼是牛鬼蛇神，讓他們看看也不要緊。

周信芳說，有些劇目，我也不主張演。

毛說，你是不贊成牛鬼蛇神？《四郎探母》還演不演？《四郎探母》中番邦蕭太后是不是契丹族？那是滿族吧？大概對漢族有些不好看？哈哈，四郎是漢奸吧？……

在周信芳又談了一些他的意見之後，毛說，拿個更好的東西來代替它當然很好，但拿不出來，還是讓他演吧！你又拿不出來，你又不登臺演戲，那還不是讓他演。

在這一次座談中，毛還講了為什麼要把知識份子都定性為資產階級知識份子。他說，

> 資產階級知識份子，不光看出身，我指的是他們接受的是資產階級學校教育，而資產階級是按照它的利益來教育人的。有的人後來又接受了馬克思主義。資產階級思想和小資產階級思想，如何區分法，我看很難。

不過他也說，「資產階級出身的知識份子，接受了馬克思主義，也蠻革命，我也是算在這個範疇之內的。」（同上書，第252頁）

毛對當時五百萬知識份子的態度作了這樣一種估計，一頭，相信馬克思主義，並且相當懂得，用來指導行動；一頭，不僅是不相信馬克思主義世界觀，還對社會主義抱敵對情緒。他認為，恐怕兩頭都沒有百分之十，現在兩頭去掉，剩下中間的還有百分之八十左右，還是大多數，他們中間，大多數人是擁護社會主義制度的，但不一定相信馬克思主義。馬克思主義者的任

務就是怎樣去影響那百分之八十。

三月十日，毛澤東和新聞出版界的部分代表座談，他對剛復刊不久的《文匯報》表示了讚賞，握著徐鑄成的手說，你們的《文匯報》辦得好，琴棋書畫，梅蘭竹菊，花鳥蟲魚，應有盡有，真是辦得好。我下午起身，必先找你們的報看，然後看《人民日報》，有工夫再看其他報紙。

徐鑄成提問：關於在報紙中宣傳「雙百方針」，我覺得心中無數，難以掌握。怕抓緊了犯教條主義錯誤，抓松了犯修正主義錯誤，請主席指示，該怎麼掌握。

徐鑄成關心的是，請示的是，怎樣才能宣傳好雙百方針，怎樣宣傳才合毛澤東的心意。可見他是既不願意犯教條主義錯誤，也不願意犯修正主義錯誤，即資產階級方向錯誤的。

毛沒有正面回答徐的提問，只是笑著說：我們當年打仗的時候，一點打仗的經驗也沒有，就在戰爭中學習戰爭。你們各位是有了二十多年辦報經驗，應該好辦得多了。如何掌握，這叫做從打仗中學習打仗嘛。

宣傳的尺度得自己掌握，不言而喻，宣傳的責任也得自己承擔了。

座談會上徐鑄成還談到了不久以前《文匯報》上關於電影問題的討論。一九五六年底到一九五七年初，《文匯報》組織了「為什麼好的國產片這樣少」的討論，收到來信很多，發表了鍾惦棐（署名朱煮竹）的《為了前進》、轉載了《文藝報》的評論《電影的鑼鼓》（也是鍾惦棐執筆），還有一些別人的文章，例如老舍的《救救電影》，尖銳地提出了電影業中存在的一些問題。剛發表了幾篇文章，就受到猛烈的圍攻，於是報紙只好發表一些肯定電影工作幾年來的成績的文章。徐鑄成說，請問主席，我們該怎麼應付？毛澤東回答說：

這次對電影的批評很有益，但是電影局開門不夠，他們的文章有肯定一切的傾向，人家一批評，又把門關得死死的。我看大多數批評文章提出的問題，對於改革我們的電影是很有益的。現在的電影，我就不喜歡看，當然也有好的，不要否定一切。批評凡是合乎事實的，電影局必須接受，否則電影工作不能改進。你們報上發表的文章，第一個時期批評的多，第二個時期肯定的多，現在可以組織文章把它們統一

起來，好的肯定，不好的批評。電影局不理是不對的。這次爭論暴露
了問題，對電影局和寫文章的人都有益處。（《毛澤東文集》第七卷，第
261頁。）

　　據徐鑄成說，毛還談到了宣傳的片面性問題。他說，不要怕片面性，
片面性總是難免的嘛。我看任何人都難免有片面性，年輕人也有。李希凡
有片面性，王蒙也有片面性。在青年作家中我看姚文元的片面性比較少。
（以上據徐鑄成〈「陽謀」親歷記〉，見《徐鑄成回憶錄》，三聯書店2010年版，第347-348
頁。）這是一個不祥的預兆：上海灘上的小文人姚文元已經在毛澤東的眷顧
之中了。

　　會上有人問，魯迅現在活著會怎麼樣？毛澤東回答說：

> 我看魯迅活著，他敢寫也不敢寫。在不正常的空氣下面，他也不會寫
> 的，但更多的可能是會寫。俗話說得好：「捨得一身剮，敢把皇帝拉
> 下馬。」魯迅是真正的馬克思主義者，是徹底的唯物論者。真正的馬
> 克思主義者，徹底的唯物論者，是無所畏懼的，所以他會寫。現在有
> 些作家不敢寫，有兩種情況：一種情況，是我們沒有為他們創造敢寫
> 的環境，他們怕挨整；還有一種情況，就是他們本身唯物論沒有學
> 通。是徹底的唯物論者就敢寫。魯迅的時代，挨整就是坐監獄和殺
> 頭，但是魯迅也不怕。現在的雜文怎樣寫，還沒有經驗，我看把魯迅
> 搬出來，大家向他學習，好好研究一下。（《毛澤東文集》第七卷，第263
> 頁。）

　　座談中已經接觸到了劃分學術問題和政策問題這一點。毛澤東說：

> 關於百家爭鳴問題，完全學術性的，在報上爭來爭去不會有影響。至
> 於政策性的，恐怕就要分別一下情況。但是劃範圍也有困難，因為政
> 策那麼多。比如，你們說的節育和晚婚的宣傳，報上文章一多了，有
> 人就以為要修改婚姻法，趕快去結婚。這樣，報紙也難辦。（同上書，
> 第265頁）

　　這裡，他分了一下層次。學術性的問題，魏晉清談似的，爭來爭去也不打緊。工作中具體政策上的爭論，就要分別一下情況。至於政治性的問題，這裡他沒有說，以後是說了的，十月十三日的最高國務會議上，他說他提出的百花齊放百家爭鳴，是限於文學藝術上的百花齊放，學術問題上的百家爭鳴。後來右派要涉及政治，就是什麼問題都要鳴放。（《毛澤東選集》第五卷，第485頁）這就是說，讓鳴放涉及政治領域的，是右派。

　　座談會上，毛說，說到辦報，共產黨不如黨外人士。由這一點又談到外行領導的問題。他說，說共產黨不能領導科學，這話有一半真理。現在我們是外行領導內行，搞的是行政領導，政治領導。至於具體的科學技術，共產黨是不懂的。他以為這在當時是不得已的，他說，這種行政領導的狀況，在現在的過渡時期，只好這樣，將來是要改變的。（《毛澤東文集》，第七卷，第264頁。）他無意於為外行領導辯護，以便長期保存這種狀況。到了反右派鬥爭中，這卻成了一條分界線，他在八屆三中全會上說：右派說我們不能領導，「外行不能領導內行」。我們駁右派說，我們能領導。我們能者是政治上能。（《毛澤東選集》第五卷，第427頁。）這就是說，批評外行領導的，是右派。

　　在座談會上，毛甚至說他想辭掉主席這個職務去給報紙寫文章，闢專欄，當專欄作家的奇想。（《毛澤東文集》，第七卷，第265頁。）這當然是他能夠作出的對於新聞工作的最高的評價。座談會上的老報人聽了，那種興奮和愉快的心情是可想而知的。

　　毛澤東又一次批評了陳其通和鍾惦棐。他說，目前思想偏向有兩種，一種是陳其通、馬寒冰他們幾個那一類的教條主義，一種是鍾惦棐那一類的右傾機會主義。右傾機會主義的特點是否定一切，鍾惦棐的文章就是否定一切的。教條主義則把凡有懷疑的都一棒子打回去，肯定一切。聽說陳其通這人還好，馬寒冰就很霸道。他拿了文章跑到《人民日報》，一聲「聖旨到」，鄧拓就雙膝跪下了。鄧拓插話：當時他拿了文章來，一進門，就說他們有意見，想要爭鳴一下，希望文章不要改動。毛接著說，馬寒冰的文章，十分教條主義，我就看不下去，簡直強迫受訓。鍾惦棐這個名字很古怪，他的文章倒能看下去。他又說，馬寒冰他們幾個人的文章，方針不對，方法也不對。他們的方針是反對中央的方針，他們用的是壓的方法，不能說服人。

　　在座談臨近結束的時候，毛澤東扼要地概述了他的新方針。他說，我在最高國務會議上所談的問題，本來在心裡積累了很久，去年已經講了幾次，後來又看了些事情，看了陳其通、馬寒冰他們的文章，想到會有人以為他們的文章是代表中央的意見，因此覺得有好好談談的必要。因為〈再論無產階級專政的歷史經驗〉只解決了國際問題，現在我們國內階級鬥爭基本結束，人民內部矛盾突出，於是就有一股風，說批評多了，說人民鬧事，惶惶不可終日；另外有些人又覺得還不過癮。有些人要收，有些人要放。中央的方針到底怎樣，大家都要來摸底。其實中央也沒有什麼另外的底，方針就是那麼一個，不過有了新問題。罷工罷課都是人民內部的問題，罷課是因為去年招生太多，一招多，有些人恐怕招不夠，於是就騙人。騙人，學生自然不滿意。問題湊起來，就顯得嚴重。這樣的事情，今後還有。人民內部，絕大部分是小資產階級，一部分是民族資產階級，有許多民主黨派，還有無黨無派民主人士。現在是社會大變動，思想混亂就是反映了大變動，不反映出來倒是不可理解的。官僚主義是鬧事的直接原因，因為官僚主義又不肯改，群眾就會鬧事。中國人民是最守紀律的人民，上海副食品供應那麼緊張，我們把情況擺出來，把道理說清楚，叫大家想辦法，結果今年的春節不是過得很好嗎？現在過渡時期還沒有結束，每天都會發生大大小小的問題。

　　開過按專業劃分的座談會之後，三月十二日，毛澤東在全國宣傳工作會議上發表了講話。一開始他就說，現在是處在一個社會大變動的時期。這樣的大變化就要反映到我們的思想上來，反映到我們的意識上來，存在決定意識。全國各個階級的相互關係都發生變化。

　　毛澤東分析了中國五百萬知識份子左中右的情況，他認為，希望社會主義總有一天要恢復到資本主義的這種人是很少數的，有人說有百分之十，恐怕沒有那麼多，有百分之一、二或者更少一點。百分之九十都是愛國主義者，擁護社會主義。拿馬克思主義來說，大概有百分之十左右的知識份子（包括共產黨員同黨外人士）比較熟悉馬克思主義，贊成這個東西，擁護這個東西。對五百萬左右知識份子來說，他們是少數。在座的恐怕也有贊成社會主義不贊成馬克思主義世界觀的人。我們應該允許這些人不贊成。我們有一個宣傳馬克思主義的任務，只能說服人家接受。

　　毛談到了知識份子的改造問題。他說，知識份子是舊社會給我們遺下

的遺產，這幾百萬知識份子先要受教育。認為社會主義改造就是改造別人，不要改造知識份子，這樣想恐怕不恰當。他說，這個改造時期可能要幾個五年計劃。他還提出，不能單從書本上學，還要跟工人農民學。

毛澤東宣佈：共產黨準備整風。今年先試驗試驗，明年比較普遍的推行。黨外人士自願參加，不願意，就不參加。他提到幾天以前陸定一發表的〈紀念整風運動十五周年〉一文，引述了其中說這是一次馬克思主義思想運動的話，說可以發展馬克思主義。毛說，違背基本原則就是修正主義，停止不前就變成教條主義。

談到知識份子的社會屬性，毛說，按其出身來說，知識份子是從剝削階層出來的，即使是小資產階級出身，但是進過資產階級的學校，這種知識份子也是資產階級的知識份子。比如我就是這麼一個人，就是放在資產階級知識份子這個隊伍裡頭的，馬克思主義是後頭學來的，開頭學的是資產階級知識，資產階級的世界觀。

在這篇講話中，毛澤東還提出了一個百家爭鳴實質上即兩家爭鳴的論點。他說，一百家，馬克思主義只占一家，其他還有九十九家，還有那麼多。其實只有兩家，無產階級一家，資產階級一家。現在有西方世界，他們是一家，我們是一家。還有民族主義一家，他是站在中間地位。什麼叫百家？新聞就是一家，教育又是一家。新聞裡面，有這樣辦報紙的，有那樣辦報紙的，又是兩家。辦學校的，小學算一家，中學算一家。大學裡面可不得了，那個家就多了。科學院，工程技術人員，每一門學問可以有幾家。其實不是什麼百家，大概有幾百家，幾千家，或者是一萬多家。說一百家，無非言其多也。有人講成馬克思主義一家，其他還有九十九家，你看我們勢力那麼大？其實現在世界上基本的只有兩家，就是無產階級一家同資產階級一家。

這個百家爭鳴實質上即兩家爭鳴的頗為新穎的論點，並不是毛澤東一時興之所至隨口說出的妙語，而是他的一種很執著的觀念。宣傳會議結束之後，他到一些城市巡行，在天津、濟南等地的黨員幹部會上又把這意思說了一遍。這篇講話在一九六四年正式發表時，刪去了不少內容，這一個論點卻沒有刪去，（《毛澤東文集》第七卷第273頁）可見他到後來依然持這種看法。

把學術上的各家各派都依其世界觀歸口到無產階級和資產階級兩家中

去，是什麼意思呢？用他後來修改這兩篇時加寫的字句來表達，這兩家爭鳴也就是「無產階級和資產階級之間在意識形態方面的階級鬥爭」。（同上書，第230頁）這種「爭鳴」的結局是預先就確定了的：只能是無產階級的意識形態克服資產階級的意識形態，一個吃掉一個，結果就只能是一家獨鳴了。這也就是不承認馬克思主義在百家爭鳴中也是平等的一家。這同原來對於百家爭鳴的解釋，例如他自己說的科學上不同學派的自由爭論，（同上書，第229頁）或者陸定一說的，在文學藝術工作和科學研究工作中有獨立思考的自由，有辯論的自由，有創作和批評的自由，有發表自己的意見、堅持自己的意見和保留自己的意見的自由，已經不是一回事了。從這裡可以看出毛澤東對這個問題的思考是很複雜的，是有反覆、有矛盾的。而這「兩家爭鳴」論，就是連結「百家爭鳴」和反右派鬥爭的過門。人們不應該把從整風到反右的這個轉變單純看成是他受到外界的刺激才作出的決策。

三十年之後，陸定一發表〈「百花齊放，百家爭鳴」的歷史回顧〉一文，反思了這個提法，他說：

> 毛澤東同志提出，百家爭鳴實質上是兩家，資產階級一家，無產階級一家。這句話對科學和藝術部門來說是不對的。照此去辦，科學和藝術部門只能是一言堂，而且會使「政治帽子」流行起來。對科學和藝術中的學派、流派，亂貼政治標籤，用簡單化的辦法來區分何者為資產階級的，何者為無產階級的，是不科學的，也就無復「百家爭鳴」可言。（《陸定一文集》，人民出版社，1992年出版，第844-845頁）

這種兩家爭鳴的思想，在反右派鬥爭中還沒有顯示出它的全部威力。人們很容易聯想到一九六六年宣告「文化大革命」開始的《五•一六通知》，它批判「在真理面前人人平等」的口號，提出了與之對立的「無產階級在上層建築其中包括在各個文化領域的專政」的口號，難道不正是「兩家爭鳴」思想更帶理論色彩的表述嗎？有「兩家爭鳴」這個思想，就會有反右派鬥爭，也就會有「文化大革命」，這相關聯的脈絡是夠分明的了。

毛澤東在全國宣傳工作會議上的這篇講話中，又說到了王蒙。毛澤東說，最近就在北京發生了一個世界大戰，有個人叫王蒙，大家想剿滅他。現

在圍剿王蒙，也是解放軍圍的，就是開幾團，把他包圍起來。現在我們替王蒙解圍，要把這個人救出來，此人雖有缺點，但是他講中了一個問題，就是批評官僚主義。

他又提到鍾惦棐，說他做了一件好事，引起許多人發表文章，揭露電影事業中間的錯誤和缺點，這些我們管電影事業的人必須要注意，他們所揭露的那些壞事統統應該加以改正。當然他沒有忘記提到鍾惦棐的片面性。

他還再一次提到陳其通等四人的文章，說那個東西是不好的，並且傳錯了，說是我很贊成。我就不那麼贊成，今天又當著你們大家再說一遍，很不贊成。我講過，這幾個同志是出於什麼呢？說他們忠心耿耿，為黨為國，這對不對呢？我看也是對的，他們是要保護黨，保護工人階級的利益。他們有那麼一種情緒，就是怕毒草的情緒，其實王蒙這些東西不是毒草。百花齊放，放了這麼幾個月，百家爭鳴也只幾個月，據他們估計是成績甚少，壞處甚多，牛鬼蛇神都出來了，大勢不好，大有不可終日之勢。這個形勢的估計是錯誤的。因此，他就那麼急。方針，似乎他們也贊成，其實看來就是懷疑這個方針，他們在方針上有問題，他們的方法就是短促突擊，沒有分析的，沒有說服力的，人家看了文章不服的，批評王蒙的文章我看了就不服。這個人我也不認識，我跟他也不是兒女親家，我就不服。他這幾句小玩笑話引起了會場上的笑聲。

對於共產黨能不能領導科學這問題，毛澤東解釋說，在現在這個時期，我看是能領導又不能領導，你不懂，他懂，所以，你在自然科學這門科學那門科學的具體內容上你沒有法子領導。我說有一半對，就在這裡，但是有一半不對。共產黨能領導階級鬥爭，也就能領導向自然界作鬥爭。如果有這樣一個黨，叫共產黨，它就只會作社會鬥爭，要率領整個社會向自然做鬥爭它就不行了，一講到科學問題它就不行了，那麼，這樣一個黨就應該滅亡。他說，共產黨過去忙於階級鬥爭，一直到現在，階級鬥爭還沒有完結，許多政治問題要它來處理。有一批知識份子進了共產黨，可能有幾十萬，有人說有一百萬，這些人還分不過身來研究自然科學，這種情況，要有幾十年工夫，至少有三、四個五年計劃，就可以改變了。

談到現在是人民內部的鬥爭為主，還是階級鬥爭為主，毛說，在好些同志的意思，講階級鬥爭為主恐怕好一點，舒服一點；講人民內部的鬥爭為

主似乎就不太妙。而我恰好換了這個位置。我在最高國務會議上講的，就是如何處理人民內部的鬥爭。他說，人民內部鬥爭現在很突出，共產黨八大做了結論的，大規模的階級鬥爭已經完結了，現在突出的問題是人民內部的鬥爭。小資產階級的思想，這是人民內部的問題；中國的資產階級我們當做人民內部的問題處理。在現在這個時期，我覺得資產階級、小資產階級在有些時候是可以放在一起講，要分別哪一篇錯誤文章是屬於資產階級思想，另一篇是屬於小資產階級的，也很難。今天突出的問題是人民內部的問題，應該作具體分析，不要不適當的扣大帽子，加他一個資產階級。

毛澤東還談到雜文怎麼寫的問題。雜文是不是一定會帶片面性？他認為也可以有不帶片面性的雜文。他以列寧和魯迅的作品為例，是魯迅像列寧，還是列寧像魯迅，就不去講了。他說，列寧有一部分文章是雜文性質的，很尖銳的，很諷刺的。你說那個東西是片面性的嗎？不能那樣講。魯迅的雜文是對敵人的，列寧的雜文很多是對付同志的，批評黨的缺點，也有對付敵人的。魯迅對付敵人的鋒芒可不可以來對付我們自己內部呢？據我看也可以，假使魯迅還在，他就要轉過來對付我們的缺點、錯誤。

講到「放」還是「收」，毛澤東說，現在是有人想收了，中共中央的意見就是不贊成收，而是要放。會不會亂？有些人就怕亂。我說亂就有辦法，亂就治，一治一亂。會不會變成匈牙利？變不了。中國這個國家變不了匈牙利。變了匈牙利也不怕。匈牙利變好了，不是變壞了。如果我們有匈牙利那樣的錯誤，有那麼多反革命，帝國主義直接在那裡指揮，工作又搞得那麼壞，那麼該變。該變才變，怕有什麼用處。

談到群眾鬧事。毛澤東說，如果官僚主義十足，大民主不許可，小民主也沒有，甚至是小小民主都沒有，橫直是不解決問題，那就要逼上梁山。我看在那種情況下，罷工、罷課是一種解決問題的手段，是調解社會生活的一種方法。又說，百花齊放，百家爭鳴，這樣的方針有利於我們國家的鞏固，人民對於嚴重的官僚主義者不堪忍受的情況下舉行群眾鬥爭，這對於我們的社會生活是一種調解。

毛澤東還提到流沙河的〈草木篇〉。他說，有那麼一篇詩，叫〈草木篇〉，印了沒有？趕快印一下，在座的是不是都看呀？好文章，很值得見識見識。你們四川同志不要以為我這一講就說我是贊成這個〈草木篇〉的，我

不是根本反對你們去批評的，而是講你們可以等一會，徵求讀者的意見，可以放它一下。還是「放」，還是「收」？可以「放」一下，現在還「放」得不夠，不是「放」得有餘。不要怕「放」，不要怕批評，不要怕亂，也不要怕牛鬼蛇神，也不要怕毒草。我們百花齊放，百家爭鳴這樣的方針，只會發展真理，發展藝術，使我們少犯錯誤。他說，我們企圖用這種方法團結幾百萬知識份子，團結幾億人民，改變現在這種面目。

毛澤東的這些講話使得他的聽眾如醉如癡。傅雷應邀從上海來參加全國宣傳工作會議，會後他寫信給在波蘭留學的兒子傅聰，在這封完全不準備發表的家書中，他說：

> 毛主席的講話，那種口吻，音調，特別親切平易，極富於幽默感；而且沒有教訓口氣，速度恰當，間以適當的Pause（停頓），筆記無法傳達。他的馬克思主義是到了化境的，隨手拈來，都成妙諦，出之以極自然的態度，無形中滲透聽眾的心。講話的邏輯都是隱而不露，真是藝術高手。滬上文藝界半年來有些苦悶，地方領導（按：指當時中共上海市委第一書記柯慶施）抓得緊，彷彿一批評機關缺點，便會煽動群眾；報紙上越來越強調「肯定」，老談一套「成績上是主要的，缺點是次要的」等等。（這話並不錯，可是老掛在嘴上，就成了八股。）毛主席大概早已嗅到這股味兒，所以從一月十八至二十七日就在全國省市委書記大會上提到百家爭鳴問題，二月底的最高國務會議更明確的提出，這次三月十二日對我們的講話，更為具體，可見他的思考也在逐漸往深處發展。他再三說人民內部矛盾如何處理對黨也是一個新問題，需要與黨外人士共同研究；黨內黨外合在一起談，有好處；今後三五年內，每年要舉行一次。他又囑咐各省市委也要召集黨外人士共同商量黨內的事。他的胸襟寬大，思想自由，和我們舊知識份子沒有分別，加上極靈活的運用辯證法，當然國家大事掌握得好了。毛主席是真正把古今中外的哲理融會貫通了的人。（《傅雷家書》增補本，第158頁）

傅雷並不以研究馬克思主義著稱，他在這方面的讚揚並不足為榮，但他的景仰之情卻是十分真誠的。幾個月之前，波蘭政局劇變，這時還在動盪

之中。傅聰在這樣一個環境中留學，情緒也頗受影響。傅雷在信中對他說：

> 你近來情緒不大好，你看了上面這些話，或許會好一些。千萬別忘了
> 我們處在大變動時代，我國如此，別國也如此。毛主席只有一個，別
> 國沒有，彎路不免多走一些，知識份子不免多一些苦悶，這是勢所必
> 然，不足為怪的。（同上書，第160頁）

　　傅雷不是一個輕易佩服別人的人。從他的家書中，可以看出毛的這些
講話是如何深深贏得了孤傲的知識份子的心。

　　二月二十七日毛澤東在最高國務會議上批評了陳其通四人的文章，明
確表示他不贊成，同時還對《人民日報》發表該文之後長時間不表示態度
提出了嚴厲的批評。鄧拓聽了頗覺緊張，於是急急忙忙從來稿中找出陳遼
的一篇批評文章登在了三月一日的報紙上。陳遼並沒有從對於新方針是擁
護還是抵制這樣的高度來立論，還「認為其中有不少有價值的意見，對目前
的文藝工作是有好處的。」他認為，這篇文章的毛病，「是在於他們把『百
花齊放，百家爭鳴』的方針提出以後的文藝工作中的個別的、不是根本性的
缺點，當作全面的、根本性的缺點，於是也就認為目前的文藝工作簡直是
『糟得很』了，是很堪憂慮的了。」陳遼認為，「我們目前文藝工作的主流
是『好得很』的，至少不是『糟得很』。」陳遼以他自己對文藝界狀況的估
計，逐條反駁陳其通等人的估計。這基本上是一篇就事論事被動應戰的文
章，與毛澤東的批評所提到的高度差距很大。只是《人民日報》一時間拿不
出更加符合要求的批評稿件，匆忙間只好先發表這一篇再說。

　　接著，《人民日報》又約請茅盾寫來了批評文章（三月十八日見
報）。茅盾已經聽過毛澤東的講話，因此他能夠站在新方針的高度來批評陳
其通他們了。茅盾說：

> 　　他們的文章是缺乏說服力的，批評方法是教條主義的，其結果不
> 但不能對小資產階級思想作有效的鬥爭，而且給讀者以「百花齊放、
> 百家爭鳴」原來是弊多利少的印象，給廣大的、在「百花齊放、百家
> 爭鳴」方針下鼓舞活躍的知識份子一瓢冷水。

陳其通等四位同志反對小資產階級藝術思想。我極端擁護他們這一個主張，而且我以為這應當是我們在文藝思想戰線上的一個重要的課題。但我們進行這一思想鬥爭時，要小心提防回到教條主義的老調，要同時大力反對教條主義；簡單地採取禁止「放」和「鳴」的方法，不能解決問題。小資產階級思想的肅清，是長期的、複雜而細緻的工作，我們的批評態度應當是從團結的願望出發、通過批評和鬥爭，在新的基礎上達到新的團結；我們的工作方法應當是讓大家來「放」，來「鳴」，開展自由討論，從討論中加強馬列主義的思想教育。

顯然，茅盾是把他從毛澤東的講話中聽來的一些意思寫到文章裡了。

在三月全國宣傳工作會議上毛澤東再次批評之後，四月四日的《人民日報》集中發表了批評陳其通等的一組讀者來信。接著，周揚在答《文匯報》記者問中也批評了他們（4月9日《文匯報》，11日《人民日報》轉載），周揚說：

當現在正在要求排除「百花齊放、百家爭鳴」的障礙、鼓勵大家來「放」和「鳴」的時候，這篇文章實際起了一種障礙「放」和「鳴」的作用。因為照這篇文章所舉的例證看來，「百花齊放，百家爭鳴」的方針提出來還不過半年多的時間，就產生了如此之多的消極現象，以致反映在文藝上，「時代的面貌模糊了，時代的聲音低沉了」，那末，必然達到的邏輯的結論，就是只有將這個方針收起來。放呢，還是收？在這個迫切的問題面前，我們的作者根據錯誤的判斷作出了錯誤的回答。造成這個主要錯誤的原因就在作者對當前文藝狀況的考察是片面的，他們是用教條主義的眼光，帶著宗派的情緒去觀察事物的。（《周揚文集》，第二卷，第489頁。）

周揚雖然指出了這篇起了障礙「放」和「鳴」的作用，還是筆下留情：教條主義嗎？只不過帶著這種眼光，宗派主義嗎？更談不上主義，不過一點宗派情緒。批評鍾惦棐，卻不說他有右傾機會主義的情緒，而是說他「採取了抹煞一切的態度，把解放幾年來電影事業的成就全部否定了。」

在這幾個月裡，毛澤東多次把陳其通等人作為教條主義的代表、把鍾惦棐作為右傾機會主義的代表同時拿出來批評，可是他只是催促《人民日報》批評陳其通等人，並不催促批評鍾惦棐。從這裡可以看出他當時的意圖還是排除障礙動員鳴放，再說，他也明白，對於右的觀點從來就不會缺少批判的積極分子，並不必他去催促。

馬寒冰不久之後服毒自殺，未免令人歎息。忍死須臾，情況就會有所改變。不要多久百家爭鳴就會轉為反右派鬥爭，作為另一種傾向的代表多次跟他們一同受到批評的鍾惦棐，將成為最早一批的右派分子，而陳其通陳亞丁卻可以在《人民日報》（1957年8月21日）上發表〈克服教條主義，投入反右派鬥爭〉的文章。

關於王蒙的小說《組織部新來的青年人》，《人民日報》於三月十二日刊出林默涵的文章〈一篇引起爭論的小說〉。文章明顯反映出了毛澤東的意見。林默涵的文章表示，不能同意對這篇小說的「粗暴的、武斷的批評」，他指出，「說北京不會產生這種人物，不但不符合事實，也表現有些人對於藝術上的『典型環境』這個概念是沒有弄清楚的。」林默涵對小說及其作者作出了在他看來是很高了的評價：「小說的作者對於複雜的生活是進行了比較深刻的觀察和思索的，因此，他能夠在別人所習以為常的事物中看出某種值得注意的東西。可寶貴的，不但是作者的這種能夠捉住生活中某些值得注意的事物的能力，還有他的敢於向缺點進攻的勇氣。」「應該說，這篇小說在揭發生活中的消極事物，在描繪各種樣子的官僚主義者和政治衰退分子方面是比較成功的，是具有一定的深度的。」小說的問題，林默涵認為，是主人公林震的那種「脫離實際、脫離群眾的孤芳自賞的情緒」，以及作者「抱著同情和欣賞的態度，把那些缺點也當作優點來加以愛撫和讚揚」，「作者痛恨生活中的消極事物，可是他卻沒有找到能夠戰勝這種消極事物的真正的積極力量。」這些意見同毛澤東關於知識份子思想改造的一貫論斷也是相符的。

也就是在這時候，全國政協第二屆第三次全體會議開會了。這是一次明顯體現「百花齊放、百家爭鳴、長期共存、互相監督」新方針的會議。第一件引人注目的事是新增補了六十六名特邀委員，都是知識界和民主黨派中知名度甚高而過去沒有安排好的人士，例如王枕心、鄧介松、朱光潛、

劉斐、吳文藻、沈尹默、陳銘德、林虎、羅翼群、張志和、覃異之、董竹君、賈亦斌、熊十力、熊秉坤、蕭作霖等人。像社會學家陳達、也在社會學家團體補缺為委員了。第二件事是列席的人特別多，出席的委員是六百二十二人，列席的有二百八十一人，超過到會總人數的百分之三十。那些有一定知名度，而又沒有能夠增補為特邀委員的，許多人都被請來列席了。第三件事是會期很長。二月二十七日，所有出席列席這次會議的人員都應邀參加最高國務會議第十一次擴大會議，聆聽毛澤東關於正確處理人民內部矛盾問題的講話，次日分組討論，可以認為會議實際上已經開始。三月五日舉行開幕式，二十日舉行閉幕式，這會接近開了一個月。民主黨派負責人在會上的發言，都表示擁護新方針。還有一些委員和列席人員就各自的專業說了一些建議性意見。

民盟中央常務委員鄧初民顯然贊同從馬克思主義思想史的高度來評價人民內部矛盾的思想，他在大會發言中還為此說補充了文獻上的根據。他在引用了馬克思《哲學的貧困》中的話，引用了列寧的兩段話之後，接著說，「我國的黨和毛主席在新的條件下豐富和發展了馬克思列寧主義關於內部矛盾的理論。」

民進中央主席馬敘倫談到長期共存互相監督，他說，「在社會主義改造完成後，民主黨派最基本的一項工作就是要幫助它的成員和所聯繫群眾逐步地改造自己，消除資產階級思想殘餘」。

民盟中央副主席、中國農工民主黨中央主席章伯鈞的發言，在談「百花齊放，百家爭鳴」方針的時候，大抵是復述毛澤東講話中的一些意見，沒有發表什麼他自己的不同見解。在談「長期共存、互相監督」的時候，態度也很合作，他說，「我們不是為長存而長存，我們是要為實現社會主義而長存，為國家和人民謀福利而長存。為要做好工作，保證長期共存，依我看，就不要為發展而發展，而要繼續堅持發展與鞏固相結合的方針。在不穩固的基礎上遍地擺大攤子，大開放主義，是很危險的。」對於幾年來的肅反工作，章伯鈞表示了讚揚，以為這「對於人民對於國家建設是一件極有益的不可少的事情」，他認為民主黨派機關幹部和一些高級幹部都應該參加肅反運動。

民盟中央另一位副主席羅隆基的發言，題目是〈加強黨與非黨知識份子的團結〉。他認為「一年來在學術思想方面，『百花齊放』，放者不多，

『百家爭鳴』，鳴者太少。基本原因還在一般高級知識份子顧慮太多，猜疑太重，以致花不敢放，家不敢鳴。」他以為，這是因為「某些黨員幹部和黨外少數進步人士，對思想學術的『放』者『鳴』者，不惜口誅筆伐，『包抄』『圍剿』，以求正人心，息邪說，衛道統。這就使一般舊知識份子無所適從，逡巡不進，瞻前顧後，栗栗危懼」。羅隆基提出了一個「『落後』與『外行』之間的隔膜」這樣的提法。意思大約是在一些幹部眼中，知識份子是「落後」，在知識份子眼中，一些幹部是「外行」吧。他還談到中國知識份子的傳統，「願做脫穎而出的毛遂者少，願做隆中待訪的諸葛亮者多。若得三顧茅廬，必肯鞠躬盡瘁。」他沒有忘記聲明：「我不是說在今天的新社會裡，還必須用『禮賢下士』、『三顧茅廬』的舊方式來團結高級知識份子，這絕不是的。我必須指出，今天批評、鬥爭和改造的團結方式同『士』所期望的『禮』之『下』之是有矛盾的。」

在這篇發言中，他還談到民主黨派內部的情況。他說：「民主黨派中有些人的工作是『錦上添花，火上加油』，只是觀風色，看氣候，扣帽子，打冷拳。」反映了他對自己這幾年在民盟內部受到批判的積怨之深。

羅隆基在這篇發言中，還提出了一個「應該把個人和黨的界線分別清楚」的問題。他說：

> 領導幹部執行政策是可能發生偏差的，個人是可能犯錯誤的。一方面，不可以把個人的偏差看成政策的偏差，更不可以把個人的錯誤看成黨的錯誤。另一方面，接受黨的領導，不完全同於接受黨員個人的領導，黨員個人的威望不等於黨的威望。批評個別黨員，不管批評是否妥當，不等於反黨，更不等於反革命。

羅隆基說的這些落後與外行的隔膜，批評個別黨員不等於反黨等等，在不久之後的反右派鬥爭中，都是最觸忌諱的右派言論。

政協會閉幕之後不幾天，《光明日報》編輯部改組。四月一日，儲安平就任總編輯，取代原任總編輯的共產黨員常芝青。不過，據《光明日報》右派分子殷毅所著的《回首殘陽已含山》一書說，「儲安平到職後，常芝青並未調走，只是不參加業務領導，黨的工作照管不誤。」（北京十月文藝出版

社，2003年版，第3頁）

《光明日報》一九四九年六月十六日創刊的時候，是中國民主同盟主辦的。一九五三年又改為由中國各民主黨派、全國工商聯聯合主辦。不過這時候它實際上就是共產黨在辦了。為了把這張報紙還給民主黨派，增加黨外人士發言之地，這一改組早在一九五六年陸定一在懷仁堂作報告之後不久就開始醞釀了。曾經有過請徐鑄成主持該報的考慮。徐不肯脫離班底隻身到一個陌生的場地上去，敬謝不敏。現在鳴放正在推向高潮，這事不好再拖，胡喬木登門敦請，請出了儲安平。這件事，《徐鑄成回憶錄》裡有記載：

> 大約在六月初（一九五六年），當時任中宣部副部長的姚溱兄曾來《教師報》訪問。他對我說：「你對目前的工作，情緒怎麼樣？」我說：「情緒很好，我已經安心把辦好《教師報》作為我下半輩子的工作。」他笑著說：「這話，我不完全相信。一向搞慣日報的人，每週兩期的專業報，怎麼會使你過癮？」接著他又認真地說：「現在，黨中央已決定把《光明日報》還給民盟去辦，黨員總編輯決定撤出，由章伯鈞先生任社長。黨的意見，想請你去擔任總編輯。讓我先來徵求你的意見。」我說：「假使讓我自己挑選，我還是願意繼續留在《教師報》，辦報好比組一個戲班，我不能唱獨腳戲。我現在的班底都在《教師報》呀。」他點頭微笑地走了。後來，才知道《光明日報》已找了儲安平兄去當總編輯了。（三聯書店2010年版，第224頁）

儲安平（1909-1966），江蘇宜興人。可說是個天生的報人。他為《中央日報》寫過社論，編過副刊。在英國倫敦大學從事過研究工作，當過復旦大學新聞系的教授。他成為全國知名的人物，是因為在一九四六年創辦了《觀察》這個政論性的週刊。費孝通說，這「是日本投降後到解放前這一段內戰時期知識份子的論壇」，在創刊號封面上列名的撰稿人七十多位，其中包括卞之琳、王芸生、吳恩裕、李廣田、宗白華、季羨林、胡適、柳無忌、馬寅初、許君遠、曹禺、梁實秋、張東蓀、笪移今、馮至、馮友蘭、曾昭掄、傅雷、傅斯年、費孝通、楊剛、楊絳、葉公超、雷海宗、趙超構、潘光旦、樓邦彥、錢端升、錢鍾書、蕭乾等等。也可見是一個怎樣的陣容了。刊

物在知識份子中有眾多的讀者和很大的影響。儲安平本人，更以他筆鋒犀利的政論，直斥國民黨的統治。例如，第一卷第三期（1946年9月14日）刊出的〈失敗的統治〉，一開頭就說：

> 國民黨一黨專政，前後垂二十年。……反弄成今日這樣一個局面：不僅黨的聲譽、地位、前途日漸衰落，就是國家社會，也給弄得千瘡百孔，不可收拾。

那時正在聚精會神指揮同國民黨打仗的毛澤東也注意閱讀這本刊物。一九四八年一月十五日他在楊家溝西北野戰軍前委擴大會議上的講話中，講了這樣一段：

> 現在有許多人把希望寄託在共產黨身上，寄託在人民解放軍身上。最近看到外面的報刊如《觀察》雜誌上有文章這樣說：「假如二十年來的統治，不是如此腐敗無能，何致使許多人覺得前途茫茫，中心彷徨，轉而寄託其希望於共產黨？」（《毛澤東文集》第五卷，第22頁）

這裡所引的話見於《觀察》第三卷第九期（1947年10月20日）刊出儲安平寫的〈評蒲立特的偏私的、不健康的訪華報告〉一文。

毛澤東這一篇〈在西北野戰軍前委擴大會議上的講話〉中還說了這樣一些話：

> 去年春天有個人寫文章，說：現在全國人民對現政權可謂人人離心，個個厭惡。秋天這個人又寫文章，說蔣介石和中國現政府業已失去民心，如在太陽底下的影子，（《毛澤東文集》第五卷，第22頁）

這裡他說的兩篇其實也都是儲安平發表在《觀察》上的文章。「去年春天」的文章，指《觀察》第二卷第二期（1947年3月8日）刊出的〈中國的政局〉一文。「秋天」的這一篇指《觀察》第三卷第九期（1947年10月20日）刊出的〈評蒲立特的偏私的、不健康的訪華報告〉一文。毛澤東的這篇

講話中還說：

> 有人說共產黨是蔣介石逼出來的，「消滅了一個共產黨，同時製造了
> 十個共產黨；消滅了十個共產黨，同時製造了一百個共產黨。」（第
> 22-23頁）

這話也是引自儲安平的〈評蒲立特的偏私的、不健康的訪華報告〉一文：

> 我個人很率直的說，我認為國民黨的腐敗的統治是「共產黨之母」，
> 它製造共產黨，它培養共產黨。製造共產黨培養共產黨的因素不先消
> 滅，那裡能消滅共產黨？照現在的樣子，消滅了一個共產黨，同時製
> 造了十個共產黨；消滅了十個共產黨，同時製造了一百個共產黨。

可見這時毛澤東認為儲安平和他的《觀察》是反映了公眾情緒。

一九四八年國民黨政府發行金圓券，規定物價凍結在八月十九日發行
新幣的這一天。這個限價政策在堅持了七十多天之後終於失敗，於十一月一
日宣佈取消限價政策，一時物價飛漲，到處社會騷動。儲安平評論這事的文
章，題目就是〈一場爛污〉。文章的開頭說：

> 在全國空前騷動，朝野爭議多日之後，政府終於放棄了他那「只許成
> 功不許失敗」的限價政策！這是二十年來這一個政府第一次在人民面
> 前低頭的一個紀錄！在這二十年中，這一個政府，憑藉他的武力，憑
> 藉他的組織，憑藉他的宣傳，統治著中國的人民，搞到現在，弄得民
> 窮財盡，烽火遍地。這次，在全國人民不可抗拒的普遍的唾棄下，他
> 終於屈服了一次！

文章的結尾說：

> 七十天是一場小爛污，二十年是一場大爛污！爛污爛污，二十年來拆
> 足了爛污！（《觀察》雜誌第五卷第十一期，1948年11月6日。）

　　國民黨的軍隊在前線吃敗仗，蔣介石心情沮喪。當他看到《觀察》雜誌一篇接著一篇署名「觀察特約記者」的對戰場形勢的精闢分析，大為震怒了。一九四八年十二月二十四日，上海警備司令部、上海市社會局和警察局派員查封了《觀察》雜誌，兩天之後，更將全社工作人員捕去。幸好那時儲安平已經離開上海，才避開了這次災禍。

　　全國解放以後，《觀察》在北京復刊，由週刊改為半月刊了。出了半年即告結束。改為《新觀察》，即與儲安平沒有什麼關係了。

　　一九四九年九月，文匯報總編輯徐鑄成在北京出席全國政協第一屆全體會議。他在九月二十九日的日記中記下了同儲安平的一次談話：

> 今天與安平兄談話，他說《觀察》即將復刊，領導上大力支持，但恐群眾思想難捉摸，如何辦好，毫無把握。他又說，近月曾至東北旅行，寫了旅行記二十五萬字，材料甚新，特別注重人事制度及工作效率。胡喬木看了極讚賞，力促早日付梓。他又說，他出發前及回來後，都與領導同志商談，反復請教云云。

　　可見這時，儲安平與新政權是採取一種非常合作的態度。而這種態度，甚至使頗有點傲骨的徐鑄成反感。他的日記接著寫道：

> 甚矣，做事之難。《文匯報》之被歧視，殆即由予之不善應付歟？予如遇事諾諾唯唯聽命，《文匯報》亦不會有今日。以本性難移，要我俯首就範，盲目聽從指揮，寧死亦不甘也。（《徐鑄成回憶錄》，三聯書店2010年版，第177頁。）

　　當然，形勢比人強，數年之後他也願意俯首就範聽從指揮了。

　　這時，儲安平被選中主持光明日報，大約也同他的這種合作態度有關。中共中央統戰部部長李維漢表示了支持他的工作。據費孝通一九五七年六月三日的日記，四月十六日，儲安平決定去《光明日報》之後，對費孝通說了這樣一件事：

　　儲安平說：「統戰部開過會，李部長說光明日報完全由民主黨派負責辦，統戰部推薦我做總編輯。以後光明日報黨組撤銷，要和人民日報唱對臺戲，這就是方針，要使光明日報成為高級知識份子的論壇。」我說很多人有顧慮不願寫，儲說可以採取座談會方式。儲又問：〈知識份子的早春天氣〉一文為什麼不給他，以後要我多給光明日報寫稿，最好像《觀察》那時一樣，專闢一欄。那時儲談得很起勁，是把光明日報看成是他辦的企業。（《右派分子儲安平的言行》，中華全國新聞工作者協會研究部、中國人民大學新聞系合編，1957年9月光明日報社印。）

　　可見這時儲安平是把光明日報當做自己的事業來辦的。他上任的第一天，由社長章伯鈞陪同到報社。他對前來歡迎的各部主任說，我到這裡來工作，李維漢部長支援我，黨是我的後臺。他馬上以全部精力投入新的工作，發出了一百多封徵稿的信件，派出好些記者到上海、南京、武漢、廣州、西安、蘭州、瀋陽、長春、青島這些城市去開座談會，動員鳴放。

　　毛澤東本人也要到一些城市去，向地方上黨的幹部宣講他的新方針。全國宣傳工作會議一結束，經過三天的準備，三月十六日他就啟程了。十七日在天津，十八日在濟南，十九日在南京，二十日在上海，都在當地黨員幹部會議上講話。四月初中共中央上海局在杭州開會，毛也到了杭州，聽了到會各省市的彙報，同他們講了話。

　　同他在最高國務會議和全國宣傳工作會議上的講話比起來，這幾次的講話因為聽眾情況的不同，他講的側重點也不同。在北京的那兩次會議上的講話，是黨內黨外人士一起聽的，而且黨內的也多是一些高級知識份子。毛向他們講新方針，是為了解除他們的顧慮，動員他們積極鳴放。在外地的這幾次講話，聽的都是黨內的幹部，對自己的一些想法就講得更加坦率，目的是消除黨的幹部的疑慮，教他們不要害怕新方針，不要怕人家鳴放。

　　毛在各地的講話，看來是按照同一份提綱講的，大同小異。有些話，在天津說過了到濟南又說，在南京說過了到上海又說，有不少重複。

　　人們對待新方針的態度，毛澤東在南京說，「百花齊放，百家爭鳴」，還是要「放」，還是要「收」？現在黨外人士就說我們「放」的不夠，他們就深怕我們「收」。而我們同志呢，看那個樣子，似乎不對，就有一點不想

「放」，有一點想收兵。他在濟南的講話甚至還作了定量分析：「百花齊放，百家爭鳴」，還有「長期共存，互相監督」這樣的方針，在我們黨裡頭有相當多的同志不甚瞭解，有一些同志就不大贊成這樣的方針，比如在北京，許多高級的同志，部長，我說十個人裡頭可能有一個人贊成，一個人想通了，其他幾個人有些相當贊成，但是不那麼十分贊成，各種程度不同。

這麼多人為什麼不贊成或者不那麼十分贊成呢？毛澤東描寫了他們的心態。他在天津說，「百花齊放」，那麼多花，恐怕有不好的東西出來了，怎麼得了啊！「百家爭鳴」，咱們共產黨只算一「家」，九十九家包圍我們，怎麼得了啊！他在濟南又說，「百家爭鳴」，那個是危險的很，咱們共產黨就是一家，其他九十九家把我們包圍怎麼得了，要請解放軍幫忙，殺開一條出路，殺出一條血路，才跑得出去哩。「長期共存」也是不贊成，那個民主黨派大概有什麼七、八年也就差不多了嘛！讓他們挖一個坑埋下去嘛！究竟誰監督誰，還要請他們監督共產黨呀！你有什麼資格監督共產黨呀？這些意思，他在上海又說：有些同志覺得這個方針太危險了。「百花齊放」，放出些鬼來怎麼辦？關於「長期共存，互相監督」，有人說：「民主黨派有什麼資格跟我們長期共存？還是短期共存吧！」「我監督你，我還用你監督呀？你民主黨派哪年打的天下？」所有這些意見都是反對「放」，主張「收」。

毛澤東是怎樣說服黨內這些反對「放」主張「收」的意思的呢？他並不認為這些意見沒有道理，錯了，而只認為這中間有誤會，這些幹部誤解了他的方針。於是，他就來消除他們的誤會。

首先他要他們放心的是「百家爭鳴」並不是一家和九十九家去爭，而是只有兩家來爭。他在天津說：百家爭鳴說是共產黨只有一家，其他有九十九家把我包圍了。當然不是這樣的意思。在社會科學，在世界觀這方面的問題上，不是什麼百家爭鳴，是兩家爭鳴。無產階級一家，資產階級一家。在濟南他又說，去年上半年階級鬥爭基本結束，所謂基本結束，就是說還有階級鬥爭，特別表現在意識形態這一方面，只是基本結束，不是全部結束。這個尾巴也拖得挺長的。特別是意識形態這一方面的階級鬥爭，我說不是「百家爭鳴」，而是兩家爭鳴，這百家裡頭有兩家，一家是無產階級，一家是資產階級。這個爭鳴是要爭幾十年的。毛澤東在這裡用「意識形態這一方面的

階級鬥爭」來說明「百家爭鳴」即兩家爭鳴，是很準確的，有了這種解釋，當然也就足以消除這些人要請解放軍幫忙突破九十九家包圍的顧慮了，他們有了必勝的信心。

毛在濟南的這篇講話中還說到，意識形態裡面的階級鬥爭，我們是把它當作內部矛盾來處理，對於民族資產階級我們把他當作內部矛盾來處理。這就是說，這些矛盾的性質並不是由其本身的狀況規定的，而是「我們把它當作」，這裡就能容納一點主觀隨意性了。

關於「長期共存，互相監督」，毛澤東也以為反對者並不是沒有道理的，他在濟南說，這些同志，你說他有沒有道理，我看也是相當有道理。民主黨派有什麼資格監督共產黨？究竟江山是誰打下來的呀？還是工人階級、農民階級打來的，共產黨領導他們，還是你們民主黨派打來的？所以聽他們的話是有不少道理的。毛表示贊同的這個道理是明白不過了：江山是誰打下的就是誰的。

那些反對「長期共存、互相監督」的幹部既有如此充足的理由，毛澤東又怎樣去說服他們接受這方針呢？毛說，正因為這些更需要長期共存互相監督。他在這篇講話中說，我們黨就是因為功勞太大，社會上的威望也很大，就發生一種危險，容易包辦代替，以簡單的行政命令。所以我們特為請那麼幾位來監督我們，並且長期共存。我們有一天，他們也有一天。談到民主人士的使用問題，山東有些人講他們沒有多少用處，甚至講是廢物。在向毛彙報的時候提到當時擔任山東省副省長的民主人士苗海南，他是英國曼徹斯特大學畢業，創辦濟南成通紗廠，自任經理兼總工程師。中國民主建國會中央委員。毛說，廢物也可以利用嘛！廢物為什麼不可以利用呢？我今天不能講具體，講苗海南是廢物，苗海南大概是很有用處的一個人。就是有些用處不多的人，也可以利用。

這個廢物利用的思想，毛澤東在南京又說了一次。他說，我們要使用民主黨派、民主人士。剛才講知識份子，民主黨派就是些知識份子。我們要用他們。人們說，用是好，可是他們沒有用處，是老廢物。廢物也要利用，廢物也有好處。應該用他們，應該開會。這回北京開政協會議，我也跟他們講了一會，每年不要開會就是應付一下，應付一下過了就算了；而是要利用開會，每個省一年開一回兩回，利用這些機會，給他們做工作，說服他們，使

他們替我們去做工作。因為他們聯繫一些人，經過他們去說服那些人。這樣的態度，就是一種積極態度，而不是一種消極使用他們的態度。就是「利用、限制、改造」嘛！我們同志喜歡後面兩條，一條叫「限制」，一條叫「改造」；就是不喜歡頭一條那個「利用」。我就「改造」你，我就「限制」你。當然那是對資本家講的，現在對民主人士不好這麼講，對民主人士不好講「利用、限制、改造」，可是我們同志事實上就是一個限制，就是不去改造，不去利用他們。他們可以做一些我們所不能做的工作。在講穿這個「利用、限制、改造」政策不好對他們講之後，毛緊接著說，要同他們講真心話，有很多事情不要用兩套，不要黨內一套，黨外一套。像我跟同志們講的話，我都可以跟他們講。不過他沒有忘記指出：我們也有一部分事情不跟他們講。剛才說的這「利用、限制、改造」政策，大約就屬於不跟他們講的吧。

毛澤東在這幾個城市說了他的「百花齊放，百家爭鳴，長期共存，互相監督」方針的真諦，那些幹部聆聽之後，心中有了底，也就樂於接受，不再疑慮了。不過，人們看到的是，並不是說服他們接受了一種新的方針，而是告訴他們，雖然採用了新的論述方法，其實這方針和他們所熟悉的那一套相去並不甚遠。原來如此，那還要怕什麼鳴放呢？

毛的這次出巡，除了向黨內幹部交底，使他們不再懼怕鳴放之外，另一個重要任務，就是佈置黨在知識份子中的工作。他在南京說，中國這個國家，知識份子太少，但是也有一批，大概有五百萬左右，其中不到一百萬進了共產黨，還有四百萬在黨外。對於這些人，毛把他們一概定性為資產階級知識份子。他在濟南、在南京，都說了這意思。他說，人們說要分別一下，究竟是小資產階級知識份子，還是資產階級知識份子？意思就是說，戴一頂小資產階級知識份子的帽子，比較資產階級的要舒服些。可是我說不然。我就是個資產階級知識份子，進的資產階級學校，那裡的社會空氣，是資產階級的空氣，搞的那一套，就是唯心論的什麼東西，康德的唯心論我就信過，你說那是小資產階級的？讀的是資產階級，信的是資產階級，你還能說是個小資產階級？你說，小資產階級世界觀是什麼東西啊？是半唯物主義嗎？我這個人馬克思主義是後來鑽進去的，是後頭學的。

在天津，毛澤東講到，現在有些人說，共產黨搞科學不行，共產黨大學裡頭教書不行，醫院裡頭當醫生不行，工廠裡頭搞工程，當工程師，當技

術人員不行。毛澤東認為這個話講得合乎事實，就是我們沒有科學家，工程技術人員，醫生，大學教授。中學裡頭當教員的也少。文學藝術方面有點兒，也是三七開，我們有三分會，七分不會，優勢還是共產黨之外。大學教授幾乎全是共產黨以外的，醫生幾乎全是共產黨以外的。是不是？教育界有二百萬人，大、中、小學，所謂公教人員的「教」，有二百萬人之多，共產黨幹什麼事情呢？共產黨就是在學校裡名為領導，實際上就是不能領導，因為你不懂嘛。

在濟南，他說到這方面的意思。談到大學裡的情況，毛說：我們的黨員就是學生、助教多，講師裡面有一點也少，教授裡頭很少。那麼究竟是學生領導先生，還是先生領導學生呢？是助教領導教授，還是教授領導助教呢？出現這種現象的原因，毛說，就是我們過去忙了，我們幹了幾十年的階級鬥爭，忙於搞階級鬥爭，沒有機會搞這個。

為了解決這個問題，毛澤東提出了一個共產黨員、共青團員學科學的任務。他在天津說，大概需要有三個五年計劃，至少還要有十五年時間，我看是一定能學到的，沒什麼巧的。自然科學，開刀之類，你沒學就不會開，但是只要學就可以學到。現在的大學生，現在的共產黨員、共青團員就在學，過十五年，他們就是大學教授，就是工程師。此外，他還提出了一個更為直接的辦法，他說，現有的科學家，工程師，大學教授，中學教員中有一部分人，他們願意加入共產黨，條件適合的也可以接受他們加入共產黨。

這件事情其實早在一年多以前，一九五六年二月二十四日中共中央政治局通過的〈中共中央關於知識份子問題的指示〉中就已經作了佈置：「關於在知識份子特別是高級知識份子中吸收黨員的工作，過去有嚴重的關門主義傾向，今後必須加以徹底的糾正。中央組織部應該按照黨章的規定訂出在知識份子中發展黨員的計畫，經中央批准後下達。其中高級知識份子的黨員，到1962年應該占高級知識份子總數的三分之一左右。」（《建國以來重要文獻選編》第八冊，第146頁）

這個在知識份子中發展黨員的想法，毛澤東到上海就說得更具體些。他說，全國五百萬知識份子，其中大約有十分之一多一點加入了共產黨。他提出，要在比如三個五年計劃之內（還有十一年），使整個知識界在學習馬克思主義方面，在跟工人農民結合方面前進一步，其中大概要有三分之一的

知識份子或者進了黨，或者成為黨外積極分子。根據毛的這個設想來計算，即十一年之後，知識份子中的共產黨員人數，要比現在增加一百一十餘萬人，平均每年發展十萬人。

　　到了四月初的中共中央上海局的杭州會議上，毛澤東更把他的這個設想變成了工作部署。當有人彙報大學教授加入民主黨派的多的時候，毛說，大學教授加入了民主黨派的，也可以吸收入黨，做跨黨分子，只是其主要骨幹要求入黨的不要歡迎他。我進黨就不是熟悉馬克思主義才入黨的。你們回去具體考慮在六年之內吸收四分之一，三個五年計劃之內吸收三分之一入黨，今年爭取百分之十五到黨內來。這對爭取知識份子是一個很大政策問題，今年如果不爭取一批知識份子入黨，對社會主義不利。毛又說，這些人進了黨還要做半黨外人士，教育要經過他們本人的經驗。他還說，百花齊放，百家爭鳴是爭取知識份子的方針，如果只在政治上開門，可是在組織上關門，那就不相稱的。我們黨沒有大作家，大詩人，大教授，要招兵。過去辦不到，現在要努力。根據毛的這個意思，六月二十八日（這時已經是反右派鬥爭高潮中了），中共中央發出〈關於在一兩個月後吸收一批高級知識份子入黨的通知〉，提出「有必要在一兩個月之後，首先接收一批在這次運動中表現好的左派高級知識份子入黨」，包括「已經參加了其他民主黨派的高級知識份子」在內，並且規定，「他們入黨之後，不要退出原來的民主黨派」（《建國以來重要文獻選編》第十冊，第358-359頁）。

　　就是遵照這個通知，一九五七年吸收了一批知名度很高的知識份子入黨。例如著名京劇演員程硯秋就是這時由周恩來介紹入黨的。按照毛的設想，到第三個五年計劃完成時，知識份子有三分之一的入了黨，那就相當於軍隊中黨員的比例了（《毛澤東選集》第一卷第83頁注[19]：「事實上紅軍中的黨員人數占全軍三分之一左右即好，後來在紅軍和人民解放軍中大體上都是如此。」）所以他沒有提出更高的要求。

　　在人規模的群眾性的階級鬥爭基本結束，全黨要求搞這個建設的時候，毛澤東感覺到了黨內專業人才不足這個問題。在這種情況下，是不是可以考慮發揮黨外專業人才的作用呢？毛澤東想到的解決問題的辦法，第一，讓一些黨員團員去學習科學技術，以三個五年計劃為期，要求他們十五年之後成為黨內的專業人才；第二，讓一些條件適合的專業人才在取得黨籍之後發揮

作用。從這裡也可以看到毛澤東心目中反對宗派主義的邊界在什麼地方。

在杭州的會議上，浙江省反映：文教幹部文化水平低，工作有困難。地、市、縣宣傳部現在幹部文化水平，高中的十九人，初中的一百一十五人，小學的十四人。有人插話：還有不識字的縣長。毛說：過去在戰場打仗，動刀動槍，不識字的可以參加。現在是打思想仗，要有文化的參加，要把將校尉配齊，要選一批文教幹部，你們有四百一十所中學，下命令調。文教科長文化低不行，縣長不識字那倒可以。

這次會議還談到辦報的事。上海市提問：黨報與非黨報有什麼不同？黨委如何領導報紙？可否辦同人報？報上怎樣開展爭鳴？他們提出如何辦報有五條：有領導，有準備，有選擇，有說服力，有利。毛說，搞這麼多條，我去辦也難辦。五條裡只有說服力這一條有具體內容，其他的都很難說。有領導也會出毛病。《人民日報》的文章誰說都對，陳其通等人的文章就不對。我看每個省辦兩個報紙比較好，一個黨外辦，唱對臺戲。

這次會上，浙江省還提出了中央美術學院華東分院的問題。這所設在杭州的美術學院，原院長江豐（已於一九五一年調北京）、以及擔任副院長的著名油畫家莫樸都輕視中國畫，說國畫「不科學」，「不能反映現代生活」、「又不能為政治服務」，對老國畫家也很不尊重，讓他們去練習素描。說他們學院的老國畫家有當過漢奸的。一些人被降級降職。毛澤東聽了，說，為什麼不要國畫？國民黨還要國畫，他比國民黨還要次一等，他不是國民黨，又不像共產黨，是什麼黨，是第三黨嗎？他是搞醜術，不是搞美術。江豐、莫樸要搞回來交代，莫樸是宗派主義者，要審查黨籍。

經毛這麼一說，江豐、莫樸二人的黨籍果然在不久以後都被開除了，他們都被劃為右派分子。不過按問題的性質來說，同陳其通等人的文章一樣，是左了而不是右了。只是他們沒有陳其通、陳亞丁幸運，沒有得到「忠心耿耿，為黨為國」那樣的考語，而被定性為反黨反社會主義。

毛澤東的這一次出巡是很重要的，他教黨內十分之九（他的估計數字）的幹部消除了對「雙百方針」的誤會，而且給後世的研究者提供了一種有說服力的資料。人們從這裡可以看到，在蘇共二十大特別是匈牙利事件之後，他認識到已經不能再用過去的方法對待新問題，必須有所更張。可是這多少有點突然，他對實行一個新方針的思想準備並不是很充足的。他說的兩

家爭鳴，廢物利用等等意見，足以反映出他當時的思想傾向。人們不禁要想一想，他本人是不是也是他說的十分之九中間的一人。後來整風運動轉變為反右派鬥爭，不能單純認為外界刺激的結果，而是有深厚的思想基礎的。他喜愛的一個哲學命題：「外因是變化的條件，內因是變化的根據，外因通過內因而起作用。」（《毛澤東選集》第一卷，第302頁。）正好用來說明他的這一次決策的轉變。

四月間，劉少奇、周恩來也都離開北京，分赴各地宣傳新方針。劉少奇的這次活動以後再說。四月二十九日周恩來在上海向知識界講話，使聽講的人感到很大鼓舞。《文匯報》派記者訪問了一部分聽講的人，請他們談感想。四月三十日該報刊登了一篇訪問記，包括電影導演石揮、作家王西彥、話劇演員喬奇、上海體育學院院長吳蘊瑞、工程師徐開坤、第五十一中學校長李楚材、優秀教師袁容這七個人的談話。石揮談到不久以前《文匯報》上關於電影問題的討論，他說，「教條主義、宗派主義占著上風，使電影問題的討論遇到了阻礙；而右傾機會主義的文章，實質上是抹殺一切成績，理解極端片面，但看上去卻好像是替許多人在說話，它與教條主義針鋒相對地展開了『論爭』。這就更使問題複雜化了。我們許多人夾在這中間而無所適從，混亂起來。聽了周總理的報告，給予我的鼓舞是極大的，也鼓舞了我們許多同志更大膽的發言。我相信：存在於電影界的問題自會在這個基礎上繼續進行同志式的討論，同時也將促使今後電影創作的繁榮；推倒一切清規戒律，使『百花齊放、百家爭鳴』的方針，具體而生動地體現在電影事業上來！」石揮上個月到北京參加了中國共產黨全國宣傳工作會議，聆聽了毛澤東的講話，他在這裡，完全是按照毛澤東的意思說的，可以說是十分合作的態度。想不到的是，反右派鬥爭開始，他即被劃為右派分子遭到批鬥，隨即失蹤，不知所終。

四月十日，《人民日報》發表以〈繼續放手，貫徹「百花齊放、百家爭鳴」的方針〉為題的社論，首次在報紙上正面闡發毛澤東二月二十七日在最高國務會議上的講話。社論說，「百花齊放、百家爭鳴」並不是什麼一時的、權宜的手段，而是為發展文化和科學所必要的長時期的方針。它說，我國知識份子的大多數屬於資產階級知識份子的範圍，他們的思想必然在學術文化領域內有所表現，這問題只能用說服的方法解決，如果採取壓服和禁止

的辦法，那麼，對於黨和馬克思主義者說來，這並不是實現自己的任務，只是取消自己的任務，而且這樣作的結果只能是壓而不服，禁而不止。社論還認為「雙百方針」只能幫助而不會妨礙馬克思主義的發展。

這篇社論對陳其通等四人的文章表明了自己的態度。認為他們「對於目前文藝界狀況畫了一幅嚇人的暗淡的圖畫」。社論說：

> 何以會有這種極端歪曲的估計呢？這是由於，到現在為止，黨內還有不少同志對於「百花齊放、百家爭鳴」的方針實際上是不同意的，因此他們片面地收集了一些消極的現象，加以渲染和誇大，企圖由此來證明這一方針的「危害」，由此來「勸告」黨趕快改變自己的方針。但是，黨不能接受他們的這種「勸告」，因為他們的方針並不是馬克思主義，而是反馬克思主義的教條主義和宗派主義。

社論結尾處，《人民日報》還作了自我批評：

> 本報在發表了他們的文章以後，長期間沒有加以評論，是造成這種混亂的重要原因之一。

社論表示：

> 不但應該批判資產階級小資產階級的思想，而且應該批判對於馬克思主義的教條主義的歪曲（這是指陳其通四人文章），批判對於教條主義的自由主義態度（這是報社的自我批評）。

這時毛澤東剛從南方回來不久，看了這篇社論頗為賞識。當天中午，他把鄧拓，《人民日報》的幾個副總編輯胡績偉、王揖、黃操良，文藝部主任林淡秋、袁水拍找去，特別指名要這篇社論的執筆者王若水也去，在他的臥室裡談了一個下午。談話的情況，在《胡績偉自述》裡有一篇〈偉大領袖毛澤東對人民日報領導人的一次嚴厲批評〉，裡面有詳細的記述，這是幾個在場的人共同回憶整理出來的。全文如下：

　　一九五七年四月十日，《人民日報》發表了社論〈繼續放手，貫徹「百花齊放、百家爭鳴」的方針〉（由王若水同志起草，鄧拓同志修改定稿）。當天鄧拓同志的秘書王唯一通知我們幾位副總編輯和袁水拍、王若水同志到鄧拓辦公室集合，說毛主席看了今天的社論，要接見我們，叫我們馬上到主席那裡去。我們都默不做聲，心中有點緊張，暗中猜測，不知今天毛主席見我們要「訓斥」什麼？一會兒，胡喬木同志也來了。我們分乘兩輛小汽車，直奔中南海。汽車進了新華門，繞過寫著五個金色大字的「為人民服務」的影壁，沿著南海向東北方向行駛，到了毛主席住的豐澤園停了下來。我們下車，進了大門，穿過幾個小院，來到主席的住所。喬木先進去通報，然後把我們領進屋，穿過一個大廳，才進入主席的臥室。

　　一進去，我禁不住地暗暗吃驚。我是第一次進入他老人家的臥室。其實是一間堆滿書籍的書房。他靠在床頭，身穿用棉絨布做的已經穿舊了的睡衣，下身蓋著毛巾被，斜躺在床上，嘴裡叼著香煙。床是雙人床，不是新式的席夢思軟床，而是老式的硬硬的木板床，靠窗的半邊堆放著各種線裝古書，有許多都開卷捲著，看來是讀了放在一邊，準備再讀。床前一個小桌，上面放一本列寧的《哲學筆記》，好像是新出版的，另外還放有幾份文件。

　　來了這麼多客人，毛主席仍然躺在床上，只把煙頭放下來，向我們打了一個招呼。看來，他如此接見下級，不拘小節，已經成了習慣。鄧拓把我們引到床前，向他一一介紹。介紹到我時，他說了兩個字「認得」。介紹到王若水時說：「啊，哲學家，哲學家，很年輕哪！你寫了好文章。」

　　臥室裡只有兩個小沙發，服務人員從外邊搬進來幾把椅子，我們圍坐在他的床前。這時，陳伯達、周揚和袁水拍也趕來了。大家衣冠楚楚，正襟危坐，洗耳恭聽。毛主席則嬉笑怒罵，隨心所欲，毫無約束。我以為這次談話，可以說是一次「床前訓話」。

　　他斜靠在床頭，在整個談話中不停地抽煙，一支接一支，煙頭把煙灰缸塞得滿滿的。主席待大家坐定，他就開說了。

　　毛主席說：睡不著，找你們來談談。報紙雖然發表了幾篇社論

（指有關教育的社論），但沒有聯繫到最高國務會議，好像沒有這回事。看了今天的社論，雖然發的晚了一些，但是好的。對陳其通四人的文章，也表了態。最高國務會議和宣傳工作會議，已經開了一個多月了，共產黨的報紙沒有聲音。陳其通四人的文章發表後，人民日報長期以來也沒有批評，直到今天，才有一篇社論，總算對陳其通四人的文章表了一個態。最高國務會議和宣傳工作會議開過一個多月了，共產黨的報紙沒有聲音，你們按兵不動，反而讓非黨的報紙（指《光明日報》和《文匯報》）拿去我們的旗幟整我們。你們不是黨報，是派報。過去我說你們是書生辦報，不是政治家辦報，不對，應當說是死人辦報。你們到底是有動於衷，還是無動於衷？我看是無動於衷！你們多半是對中央的方針唱反調，是抵觸、反對中央的方針，不贊成中央方針的。

鄧拓趕快作檢討，但他的話多次被毛澤東的措詞尖銳而嚴厲的批評所打斷。鄧拓解釋說：過去中央曾有規定，黨的會議不發消息，主席講話未公佈前，也不引用。

毛主席說：什麼時候有這個規定？最高國務會議發了消息，為什麼不發社論？消息也只有兩行，為什麼把黨的政策秘密起來？宣傳會議不發消息是錯誤的。這次會議是黨內外人士參加的，不只是黨的會議，為什麼也不發消息？黨的報紙對黨的政策要及時宣傳。最高國務會議以後，《人民日報》沒有聲音，非黨的報紙在起領導作用。黨報被動，黨的領導也被動。黨報在非黨報紙面前丟臉。這裡有鬼。鬼在什麼地方？我在最高國務會議上的講話，目前還不能發表，但可以根據講話的意思寫文章。鄧拓檢討說：我對這件事，沒有抓緊。毛主席說：對黨最近的政策的宣傳，人民日報不是沒有抓緊，而是沒有抓！

氣氛很緊張，我們如坐針氈。毛主席很惱怒。他說，一月的省委書記會上，我印發了陳其通四人的文章。我說，你們是忠心耿耿，為黨為民，但是教條主義的，我是不同意他們的意見的。但你（指鄧拓）和一些省委書記回去傳達，卻說我表揚了他們。為什麼會聽錯？據說傳達錯了的人很多，但總有理解對的，康生同志就是一個，這叫做「各取所需」，地委書記以上一萬個黨員中，十分之九對「雙百」

方針是抵觸的。他們過去不怕帝國主義，現在卻怕知識份子。你們登了一篇駁陳其通等人的文摘，（四月四日《人民日報》）是客觀主義的，也沒有報紙編輯部的意見。

毛主席肯定了當天報的那篇社論，詢問寫作過程。鄧拓說：「是王若水同志寫的。」毛說：「我要請你吃飯。」（以後並沒有請王若水吃飯，這話只是一種鼓勵。）若水很客氣地說：「喬木同志對這篇社論做了不少修改。」毛說：「修改也總有個基礎吧！」

主席批評說，你們多半是對中央的方針唱反調，是抵觸、反對中央的方針，不贊成中央方針的。

我憋不住了，說：主席派喬木同志來領導《人民日報》，像這樣重大的宣傳，我們都要聽喬木同志的指揮，我們做了宣傳計畫，壓在喬木同志那裡，他沒有批。

胡喬木才解釋說，《人民日報》曾經搞了個計畫，組織過幾篇文章，我因為沒有把握，壓下來了。這事不能全怪報社，我也有責任。

毛主席聽了以後沒說什麼，繼續批評鄧拓說：寫文章要聯繫當前政治，這篇社論和那篇〈教育者必須受教育的〉社論，都沒有提到最高國務會議和宣傳工作會議，好像在世界上沒有發生這回事。連馮友蘭都要利用一切機會在他的文章中提到參加了「另一次會議」，而你們卻不提。中央開的很多會議你們都參加了，參加了會的人回去不寫文章，這是白坐板凳，唯一的作用就是增加板凳的折舊費。以後誰寫文章讓誰來開會。

主席在批評鄧拓的同時，又嚴厲批評了報社其他領導成員說：是不是鄧拓會團結人，你們的意見都那麼一致？幾個副總編輯像鐵板一塊，不敢批評他，不敢起來革鄧拓的命，有意見可以爭論嘛，為什麼不和鄧拓爭論？要民主集中，但內部可以爭吵，拍桌子。要敢於給鄧拓提意見，頂多開除黨籍、撤職、離婚、殺頭。為什麼一點風都不透？沒一個人向中央寫信報告情況，你們只要不到馬路上去鬧，什麼意見都可以講。大概鄧拓有德，你們不忍心反他。鄧拓要好好當劉備，劉備會用人。歷史上不是還提什麼「文景之治」嗎？實際上文帝、景帝只是守成，是維持會，庸碌無能從元帝開始每況愈下，元帝

「牽制文義，優柔寡斷」，他說他父親宣帝「持刑太深」，主張起用儒生。宣帝生氣地說：「漢家自有制度，本以霸王道雜之，奈何純用德教，用周政乎？」並說：「亂我家者，太子也！」到了哀、平，更是腐敗，你就是哀平之治，你當了皇帝非亡國不可！李後主也是多才多藝，但不抓政治，終於亡國。

王若水聽了這話十分吃驚：毛主席怎麼會突然冒出這些關於帝王的話，怎麼會從鄧拓扯到皇帝身上去呢？這時若水特別注意看了看在毛身邊堆的書，絕大多數是線裝的古書，原來他對歷代帝王的興衰是很關注的。顯然，鄧拓也感到這些話的分量，感到這是他再次提出辭職的時候了。他說：我不知道自己是不是漢元帝，不過，我實在感到能力不夠，難以勝任，幾次誠心誠意地提出過這個請求，希望主席考慮撤掉我的職務。

毛主席生氣地說：我就不相信你那個誠心誠意！你只知道汽車出、汽車進，養尊處優。你不能占著茅坑不拉屎。

接著，毛主席作了長時間的談話，談到「雙百」方針對知識份子的政策。他說得很快，我們只記得大意是：現在對知識份子的政策究竟是什麼？所謂百家，實為兩家：資產階級，無產階級各一家。主席繼續說，知識份子百分之七八十是處在中間狀態的。爭鳴，即兩家爭取這中間狀態的知識份子。有人說，資產階級沒有了，哪裡還會有知識份子？「皮之不存，毛將焉附」，不，它可以附在無產階級的皮上。要跟非黨知識份子交朋友。我就有些右派朋友，到上海就找周谷城，在北京就找章士釗等人談心。左派我就不找，你已經是左派了，我還找你幹什麼？目前，有些知識份子找黨員，覺得沒有什麼可談的，要接近黨外知識份子，瞭解他們。現在的知識份子是身在曹營心在漢。他們的靈魂依附在資產階級那方面。《三國演義》說曹操是奸雄；不要相信那些演義。其實當時曹操是代表進步一方的，漢是沒落的。對知識份子和對資本家一樣，也是贖買政策，不過對資本家可以公開這樣說，對知識份子不能公開這樣說。

爭取知識份子，用什麼辦法？一種辦法是壓，這不會使人心服。一九五三年統購統銷時，黨和農民的關係很緊張。現在，黨和知識份

子的關係相當緊張，知識份子魂魄不安。黨內也緊張。還要繼續緊嗎？我主張鬆，這樣他們就靠攏我們了，有利於改造。不能緊，越緊他們和我們的距離越遠。知識份子大多數是愛國的。反革命有，不多。要允許他們自由發表意見。我們的政策是放，不能收。很多同志不瞭解這一點。

主席說：對馬克思主義的基本原理可不可以批評？可以。我考慮過，如果對馬克思主義的個別原理和個別結論可以批評，而對馬克思主義的基本原理不可以批評，這樣說也不好，所以我主張在我們報告中，只是籠統地談到馬克思主義也可以批評。

主席還說：《光明日報》接連發表幾篇文章，都是討論當前重要政治情況的（如〈為放而爭〉等）。這些人民日報編輯部也應該討論。編委會應該讀讀費孝通的文章，這些文章提供了高級知識份子的思想動態。這些思想情況你們沒有注意。

主席說：發表了有錯誤內容的文章不要緊，問題在於要心中有數，要有反駁的文章，使毒草變成肥料。我看〈武訓傳〉也可以拿出來放給要看的人看看。〈電影的鑼鼓〉那篇文章，是階級異己思想，是右傾機會主義的代表，臺灣轉載了。陳其通四人的文章，是教條主義的代表，《真理報》轉載了。這叫做各有所好。對〈電影的鑼鼓〉反駁得較好，對陳其通四人的文章，他們的意圖你（指鄧拓）應當看得出來。我看《人民日報》發表的時候，就沒有準備去反駁，我看你是給陳其通他們辦報。

主席談到報紙編輯工作和文章寫作時說：《新民晚報》趙超構曾問我，過去提過「短些，短些，再短些」，可不可以再加一個「軟些，軟些，再軟些」。他是代表資產階級知識份子的。我說，有兩個軟些就夠了嘛！當時是怕他們搞黃色的東西。這次出去看了看《新民晚報》，覺得這個報紙還是嚴肅的，沒有什麼黃色的東西，有些東西還硬了些，不敢放開講。《光明日報》有幾個副刊也還好，《文匯報》、《中國青年報》、《新民晚報》或《大公報》、《光明日報》比較活潑，最後是《人民日報》和各地黨報。這樣一個名次。《人民日報》標題就不吸引人，有些文章開頭一段就不吸引人。《人民日

報》社論〈教育者必須先受教育〉（四月六日）講了知識份子問題，比較好。文章一開頭就引用恩格斯的一段話（若水說，是引用馬克思的一句話「教育者必須先受教育」。）從引文講起，總是先講死人，外國人，這不好，應當從當前形勢講起。馬克思的文章較深，不好懂。恩格斯和列寧的文章好懂一些。史達林的文章通俗，但史達林的文章有教訓人的味道，不平等，動輒是「由此可見」、「這就是說」，論述不夠，說服力不強。從馬克思到列寧越來越通俗，今後寫文章要通俗，使工農都能夠接受。

　　說到這裡，主席轉過頭來對周揚說：我覺得你的文章也有教條主義呢！

　　這時有人說，《人民日報》刊登的公報和送往迎來的消息太多了，不容易生動。也有人說，程潛等人的詩沒有詩的味道，但非要登不可。

　　主席說：公報、名單、送往迎來，肯定要登。程潛的詩，你們為什麼不登？不登，他就有意見。黃炎培的詩，也不能用詩的眼光去看。我是寫舊體詩的，他寫新體詩，不管怎樣，他是歌頌黨和社會主義的，要當做政治，要登。毛主席還說到魯迅的舊體詩，說他好像受龔定庵的影響但不知道為什麼魯迅沒有提到龔定庵。

　　當時，哲學界正在討論哲學史、形式邏輯等問題，胡繩在《人民日報》發表了一篇關於哲學史的文章。周揚說，北大有人對這篇文章有不同意見。主席說：胡繩關於哲學史的文章，還講了一些道理嘛！談到形式邏輯問題時，主席表示周谷城的觀點比較對，並說，我曾告訴周谷城：人大有個王方名，他的觀點和你相同。

　　在談話過程中，主席還對周揚講過：我看電影《武訓傳》，現在還可以上演。

　　主席還談到人民日報為什麼出八個版，有了那麼多版面，還不宣傳中央的政策。

　　這時，胡喬木支支吾吾地說，出八個版，是中央同意過的。主席問：中央是誰呀？喬木說：這事曾經請示過主席，主席生氣地說，如果是那樣，那是我說了昏話，我的很多話你們都聽不進去，這件事就聽進去了。

　　有人提到現在雜文難寫，主席說，雜文要有，整個報紙文風要改進。雜文也可以寫得全面一些。魯迅的雜文就寫得很全面。我辭去國家主席的職務以後，可以給你們寫一些文章。

　　接著主席解釋了不想當國家主席的理由，還問王若水：你贊不贊成？鄧拓說，主席想寫雜文，《人民日報》可以闢一個專欄。主席說，用我的名字不方便，用筆名人家也看得出來，不好辦。

　　到這時，接見已經快四個小時了，主席問我們還有什麼話要說。

　　我鼓著勇氣說：我認為人民日報的一個關鍵，是要有一個敢於獨立思考、獨立決定問題的中央委員來主持報紙工作。我說：人民日報的工作十分重要，要學真理報，派一個中央委員，最好派一個政治局委員來人民日報坐鎮。

　　主席說：編輯工作困難是有的，但在現有條件下，還可以改進。人民日報樹大招風嘛！是需要有一個政治局委員主持工作，內外都能頂得住。但現在還沒有適當人選。胡喬木，我看你也是又管又不管。

　　最後，主席歸納了當天的談話，對辦好《人民日報》作了下列指示：

一、報紙的宣傳，要聯繫當前政治，寫按語、寫社論都要這樣，如最高國務會議、宣傳工作會議。

二、中央每一重要措施，報紙宣傳都得有具體佈置，看要寫那些評論、新聞和討論文章。

三、要在現有的條件下努力，改進工作，包括領導工作，編委會可以擴大一點。要改進編排和文風，文章要寫得短些，通順些，標題要醒目些，使讀者愛看。

四、要吸收社外的人參加編輯工作，團結好報社以外的專家、學者、作者，七、八版（理論、文藝版）請了一些顧問，這個辦法很好。這兩個版要有專門的編委會，請報社外的人參加，半獨立性質。主席問到了請了哪些顧問？（胡喬木回答說：有蕭乾、鄭昕等人）。主席說：人民日報的顧問，還是要黨員好。

五、將來可以考慮，中央調一個政治局委員到人民日報工作，從根本上解決領導問題。

六、公報等肯定要登。已經出了八個版，也不要輕易減少，這牽涉很
大。大家還是要多寫東西。

（《胡續偉自述》第二卷，第72-81頁。香港卓越出版社2006年版）

從這一次「床前訓話」就可以知道毛澤東對鄧拓辦報是不滿意到什麼
程度了。六月十三日，他決定調新華社社長吳冷西去人民日報任總編輯，同
時還兼新華社的工作。鄧拓雖然還保留著人民日報社社長的名義，當然他明
白自己已經不被信任了。

毛澤東在這篇講話裡說了：「我在最高國務會議上的講話，目前還不
能發表，但可以根據講話的意思寫文章。」鄧拓不敢怠慢，於是《人民日
報》立刻接二連三發表社論，通過這些社論把毛的講話內容透露出去。《人
民日報》在一九五七年四月裡連續發表的一組社論是：

〈怎樣對待人民內部的矛盾〉（13日）

〈從團結的願望出發〉（17日）

〈工商業者要繼續改造，積極工作〉（22日）

〈全黨必須認真學習正確處理人民內部的矛盾〉（23日）

〈從各民主黨派的會議談「長期共存，互相監督」〉（26日）

如果把這幾篇社論和先後收在《毛澤東選集》第五卷和《毛澤東文集》
第七卷中的〈關於正確處理人民內部矛盾的問題〉和〈在中國共產黨全國宣
傳工作會議上的講話〉這兩篇的最後定稿對照來看，就會發現兩者有些段落
甚至字句都基本相同，有些字句不盡相同的地方也表達了相同的意思。可以
設想，這些社論是根據兩篇講話的原始記錄稿（至多是早期整理稿）撰寫的。
有些句子和段落甚至是直接從記錄稿抄下的。那時還在五月十五日毛決心發
動反右派鬥爭之前，還沒有感覺到必須對這兩篇講話作後來那樣根本性的修
改，因此可以認為，這些社論相當確切地反映了毛兩篇講話原來的精神。

這時，在高等學校這些知識份子成堆的地方，也在組織座談會，討論
毛澤東的這篇怎樣正確處理人民內部矛盾的講話。座談中出現了很尖銳的意
見。像北京大學化學系教授傅鷹的發言，就語驚四座。他的這兩次發言的記
錄，登在中央中央宣傳部「只供領導同志參考」的黨內刊物《宣教動態》一
九五七年第五十一期（5月12日）上，是這一期的頭條，文如下：

傅鷹對黨和知識份子的關係提出尖銳的批評

北京大學教授傅鷹在北大化學系討論正確處理人民的內部矛盾問題的座談會上作了幾次發言。

第一次（4月27日）座談會上的發言如下：

年輕黨員如同國民黨特務

黨和黨外人士關係不好，首先是由於三反時的偏差。三反後，教授們談話，只要來了個黨員，便都相視而笑，說些專門給黨員聽的話，其實教授們並非在罵毛主席，也許是在談梅蘭芳的《貴妃醉酒》。但欲加之罪，何患無辭。鬥爭時，黨員會說，某次我聽見傅鷹在議論梅蘭芳，為什麼不尊重藝術家？這是什麼思想？什麼根源？所以我對於年輕黨員的看法，就同在重慶時對國民黨特務的看法一樣。特別是對正在爭取入黨爭取轉正的人有戒心。他們越多打你的幾棍子，入黨轉正的機會就越大。

沒有把握不再來「三反」

現在說話雖然已無殺頭的危險，甚至也無失業的危險，但沒有把握不再來個三反。運動來了，給你提意見的不是毛澤東、周恩來（要是毛澤東、周恩來提意見，保證願意接受），而是那些年輕的黨員、團員。他們在大會上大罵你一通，罵你三分混蛋，你承認五分混蛋，這才鼓掌通過。事後說是搞錯了，他只到你一個人面前道歉。為什麼科學家都想到北京來？因為運動中偏差的大小與離北京的距離成正比。我相信黨，但不相信個別黨員不會作難。不怕官，只怕管。好漢不吃眼前虧。你可以批評人家沒骨氣，為什麼不扛起來？這種批評不對。求生是動物的本性，吊打是「不可逆」反應。

當然不是說所有黨員都壞，黨員和非黨員有一個共同之點：良莠不齊。

我最討厭思想改造

我最討厭「思想改造」，改造兩字，和勞動改造聯在一起。有了

錯才要改，我自信一生無大錯，愛國不下於任何黨員，有什麼要改？現在所謂「改造」，就是要人在什麼場合，慷慨激昂說一通時髦話、引經據典，馬、恩、列、斯。何必要用任何人都聽不懂的話去說人人都懂的事？化學系只我一個人沒上夜大學，受不了。夜大學教員把人都當作全無文化。毛主席說一句話，本來清清楚楚，偏要左體會右體會。煤是黑的——就完了。非要說什麼「煤之黑也，其不同於墨之黑也，它和皮鞋油又如何如何」，全是廢話。

把不好的思想說成資產階級影響是不公平的

人們有什麼不好的思想行為，總說是資產階級思想影響，這是不公平的。資產階級思想的老祖宗無非是孔夫子，孔夫子幾曾教人貪污，損人利己，唯利是圖？我從小就念孔夫子那一套，不覺得有什麼錯。張子善、劉青山、高崗也不代表無產階級。

一個化學家怎麼可能是唯心的

我不懂一個化學家怎麼可能是唯心的。自然科學家自然而然就是唯物辯證的。我看過很多哲學書，很欣賞貝克萊，但他終於搬出上帝來，我就不信他了。

前年我在《化學通報》上寫了一篇文章（記者按：題為〈高等學校的化學研究——一個三部曲〉，載《化學通報》1955年9月號），范長江在北大演講，說我反對黨的領導，至少是對老幹部沒有同情心。那時我剛從石油學院來，石油學院的老幹部有一條公式：我是老黨員，你是群眾，所以，你是錯的。這還有什麼可說。石油學院的年輕黨員，指指點點，我應該如何如何做研究。受不了。他們要跟我談學問，還得先學五六年，還要下苦功學呢。在石油學院我跟兩個小孩子一起教普通化學，我根據多年經驗，建議把某個教學次序轉一下，那兩個小孩不聽，非要照格林卡（按：是蘇聯教本）的講。你不聽有自由。但反過來卻在校刊上批評我學習蘇聯不積極。其實，我一個人看的蘇聯文獻比全石油學院的教授看的還多，他們只看過一本格林卡。

×××「集教條主義之大成」應作公開檢討

　　學蘇聯要一板一眼的學，這是×××的主張，他集教條主義之大成。如果這樣何必還要師資，開答錄機就行了。據聞，×××在黨內檢討過種種錯誤，檢討了什麼我們全不知道，不滿意。（邢其毅教授後來點明說，傅鷹的意思就是要×××到北大或別的地方作公開檢討。邢說，×在一次報告中說知識份子「三月不見歐美文獻，如喪考妣」，這簡直是罵知識份子的祖宗；×在另一次報告中公然號召「學蘇聯就是要教條的學」。邢說，雖然×是中央候補委員，我對他還是有意見。他如果作個公開檢討，很有好處。）

　　我和黨是同奔一個門，事實證明，他認路比我認得好，我自然跟著他走，並沒有被領導的不愉快感。

黨對知識份子的脾氣還沒摸對

　　黨到現在對知識份子的脾氣還沒有摸對。知識份子的要求就是把我們當自己人，如此而已，並不需要優待。加了薪便感激涕零，那麼蔣介石給更多的錢，怎麼辦？豈不危險？看電影時，特別留著好位子，坐在這種特殊座位裡，心裡就想：還是把我當客人。用現在比過去的方法教育知識份子，根本不對頭。現在比過去好，因此應該擁護現在的政府，這個邏輯用於知識份子就很危險。過去我剛回國時，住了十三間房，五個澡盆，每月六百元薪水。按這個邏輯推下去，我豈不要反對政府？

知識份子就是愛國

　　知識份子就是愛國。我父親從前在外交部做事，從小我就聽他說，從康熙尼布楚條約到辛丑條約，每條都是中國吃虧。宣統三年我到上海，公園牌子上寫著「中國人與狗不許入內」。後來到美國，過國境到加拿大看瀑布，日本人可以自由來往，中國人就不行；我到物料科領藥品，那裡人說，「你們中國人學科學幹什麼？」我一生的希望就是有一天中國翻身，現在這個希望實現了，所以我擁護這個政府。共產主義我不瞭解，從書本上看來說，意識形態方面我不見得全同意，但共產黨把國家弄成現在的氣派，我擁護它。

　　但我心裡還是有不快，黨還是把我當外人。我十分力氣只使出六分、並不是不願意使出全力，是沒有機會，還沒有和黨做到知己。

　　第二次（4月29日）座談會上的發言如下：

學校裡的衙門習氣比解放前還重

　　學校裡至今沒有建立起學術風氣，衙門習氣比解放前還濃厚。在教學、做研究方面，教授的把握最大，教授應對學校的一切有發言權，應尊重他們的意見。解放以來，教授沒有地位。留哪個畢業生做助教是由人事處決定的，全憑政治水平，入選的機會，黨員比團員大，團員比群眾大。什麼叫政治水平？我以為，愛國，百分之百擁護政府，政治就夠條件。人事處全是一幫孩子，不知大學該如何辦，不懂哪能不主觀？化學系一個復員軍人學生，黨員，去年因為侮辱女生，開除出黨了，校方處分是留校察看，今年他又在實驗本子上大罵教師，我們教研室教師全都認為這回該開除了，人事處不同意。不知人事處憑什麼資格不同意。最好廢除人事處。如果廢不了，至少要他們瞭解自己的地位，不能掌生殺之大權。教授評級，最後也是由人事處決定的。人事處的毛孩子，有沒有「術」不知道，「不學」是定了的。不學的人在學校作主，何堪設想？馮新德教授太太神經有病，要求換個清靜房。唐有祺教授家人多，要求換個大房。總務科就是不理，我家旁邊有一幢大房子，空了一年，也不肯給他們住，現在給新上任的科學研究處副處長（指×××，新入黨）住了。現在是長字輩的吃得開，後果何堪設想？當長，什麼人都可以，擺一塊木頭在那裡，它也能當長。但木頭不能講課。當長等於穿一件衣，穿了脫了都無所謂的，長與學問並不成正比，常是成反比的，做學問的人就不是當長的料。

真進步是把意見貢獻出來

　　也不能完全怪學校領導，教授本身也要負責。不順眼為什麼不說？憲法規定了言論自由。毛主席提出了百家爭鳴以後很久並不熱鬧，現在才熱鬧起來。以前沒有人敢說，偶爾有幾個不識時務的人說

了，好傢伙，我幾乎和胡風弄到一起去了，馬列主義教研室的人就是這樣說我的（按：指傅在《化學通報》上那篇文章的事），不敢說，是沒肩膀。很大一部分「進步分子」是光揀領導愛聽的話說，昨天還是國民黨，今天又申請入共產黨，這樣的人不只一個，算進步我不信。真進步是把意見貢獻出來，把國家辦好，中國知識份子有氣節傳統，不會阿諛諂媚。現在「氣節」兩字不時新了，說是封建的，三反時，凡是一九四九年以前的全都要不得。自己半輩子努力培養了多少學生，也全給批判掉了，說是為蔣介石服務。

並非主張教授治校，但應與教授商量

我並非主張教授治校，雖然有人這樣提了。工作應該與教授商量。這次北大校委會討論評獎問題，尊重教授意見，決定取消了，這才是民主；但早尊重教授意見，也不必花這麼多時間來討論。校長請教授去喝咖啡等等倒不必。把教授當作自己人，遇事徵求意見，教授意見錯了可以和他爭，如果敷衍敷衍，錯了也不駁，我就感到是把我當外人。

黨和知識份子關係緊張，是黨員瞎彙報的

邢其毅教授問為什麼人民日報社論說黨和知識份子的關係最緊張，我說，這又不知是底下的黨員如何向上瞎彙報的，我就不信和知識份子的關係比和農民和資本家的關係還緊張。黨員瞎彙報的例子很多。周總理有一次說我國有機化學達到國際水平，我說沒有那回事，大概又是彙報得不對。（科學處）（轉引自龔育之〈毛澤東與傅鷹〉，載《龔育之文存》上卷，上海人民出版社2000年版，第301至307頁）

傅鷹的這些話，給毛澤東留下了很深的印象。

四月，中共中央統戰部召開了第七次全國統戰工作會議，在統一戰線工作方面貫徹「雙百方針」。認為在大規模的群眾性的階級鬥爭基本上已經過去的時候，處理統一戰線內部各種矛盾要貫徹「放」的方針，「鼓勵黨外人士唱對臺戲」。「對臺戲」這提法也是從毛澤東那裡來的。一月他在省市

自治區黨委書記會議上說，「對民主人士，我們要讓他們唱對臺戲，放手讓他們批評。」（《毛澤東選集》第五卷，第355頁）對此，李維漢在會上作了這樣的解釋：

> 對臺戲是人民內部和階級間公開合法的鬥爭，對處於執政地位和領導地位的我們黨來說，特別需要健全和發揚人民民主，需要廣大人民群眾包括民主黨派、民主人士的監督。在某種意義上說，這也是一種對臺戲。這種對臺戲，是我們同黨外人士一道解決問題和改進工作的最有效的方式，也是最生動地進行政治思想教育、促進思想改造的最好的方法。（李維漢《回憶與研究》（下）第830頁。）

這次會議還對去年以來階級鬥爭形勢和左中右的政治分野作了具體分析，認為一九五六年下半年「一股反社會主義制度的風，又一股反思想改造的風，逐漸地颳起來了。這股風主要是從右派那裡吹來的」，顯然他是把章乃器這樣的人劃入右派了。有意思的是，他說：「這些現象是人民內部矛盾的反映，要用處理人民內部矛盾辦法來對待這股風。右派也是人民的一部分，只能這樣對待。」（李維漢《回憶與研究》（下）第829頁。）從這裡也就可以知道，後來那樣的反右派鬥爭，〈一九五七年夏季的形勢〉所說的，「右派和人民的矛盾是敵我矛盾，是對抗性的不可調和的你死我活的矛盾」，「右派是反動派、反革命派」（《毛澤東選集》第五卷，第456頁。），都在中央統戰部長意料之外。

一九五七年的春天，就在這樣的一個接一個的重要會議，從一九四九年以來沒有過先例的會議中度過了。人們看到的，是一派祥和之氣。

啊，多麼令人懷念的不平常的春天！

前人有詩歎曰：

> 此情可待成追憶，只是當時已惘然……

七、整風半月

　　一九五七年四月二十七日，中共中央作出了關於整風運動的指示，於五月一日在全國各報同時發表。《指示》見報的前一天，四月三十日，毛澤東約集各民主黨派負責人和無黨派人士在天安門城樓談話，為即將開始的整風運動作了最後一次動員。這次談話也被稱為一次最高國務會議。

　　毛的這篇講話，章伯鈞曾在民盟傳達。其內容刊登在五月十日出版的民盟《中央工作簡報》第十五期上，全文如下：

中央常務委員會舉行擴大座談會

傳達毛主席四月三十日在最高國務會議上的講話

　　一九五七年五月五日中央常務委員會在民盟中央舉行擴大座談會，邀請在京中委、候補中委參加。章、羅、史、高四位副主席均出席了會議。會上由章伯鈞副主席傳達了四月三十日毛主席在最高國務會議上的講話，羅、史兩位副主席還作了補充。根據幾位副主席的傳達內容，綜合如下：

　　毛主席這次講話，是圍繞中共中央發表的整風指示內容而談的。參加這次最高國務會議的除政府各部的一部分負責人外有各民主黨派的主席、副主席和幾個規模較大的大學校長。毛主席和劉少奇、周恩來、朱德、陳雲、鄧小平等負責同志都出席了會議。

　　毛主席首先談到，中共中央現在發表這個整風指示是一個好的機會。他說，凡是做一件事情必須要有機會、有條件。現在條件成熟了。「長期共存、互相監督」、「百花齊放、百家爭鳴」方針提出以後，各方面都已動起來，空氣生動了些，不是冷冰冰的，報紙上也都談起來了，所以現在提出整風是有條件了，機會成熟了。

　　毛主席說，我們講了好多時候要整風。整風是很重要的。黨在

一九四二年開始的第一次整風，取得了很大的勝利。現在我們又要整風。這次整風的主題是處理人民內部的矛盾問題，就是用互相批評的方法來調整人民內部的矛盾。提起矛盾，可以說處處有矛盾，矛盾是永遠有的，我們就是生活在矛盾之中，如在座的沈雁冰部長筆名就叫「茅盾」。上一次我在最高國務會議上，提出人民內部矛盾問題以後，報上一談，就覺得矛盾更多了。各方面都揭發了許多矛盾問題。目前各方面批評意見最多的是集中在高等教育部、教育部、衛生部等部門。有人很擔心，怕矛盾一揭發，一批評不得了。毛主席說，我們對人家提出的意見，不要害怕，應該歡迎，給人家以提意見的機會。矛盾沒有什麼不得了，到處唱對臺戲，把矛盾找出來，分分類。如文學、藝術、科學、衛生等方面，提出的問題最多，矛盾突出來了，應該攻一下，多攻一下。越辯論越好，越討論越發展，人民民主政權越鞏固。幾年來不得解決的問題，可以在幾個月解決了。

我們要承認矛盾，分析矛盾，解決矛盾，腳就站得住了。不要採取一棍子打死的辦法，要與人為善，治病救人。整風是改善關係，並不是要打破誰的飯碗。

矛盾是公開化了，黨內黨外都搞起來了，只有一齊搞才搞得好。整風主要是黨內整風，可是有黨外人士參加就更全面了。兩種元素可以起化學作用。但黨外人士不是自己搞，而是幫助共產黨整風。各省、市都要有黨外人士參加，幫助共產黨整風，打破沉悶空氣。最近各民主黨派都開了一些會議，開得不錯，提出了些問題，只要黨外人士談出來了，大家一齊搞，這就更好談了。

自從「長期共存、互相監督」、「百花齊放、百家爭鳴」的方針提出以後，民主黨派、無黨派民主人士一致歡迎，只是黨內有些人不十分歡迎，這就需要做工作，共產黨第一書記要抓住這個問題進行工作。「百花齊放、百家爭鳴」的方針，在中國做得很好，但越南勞動黨也搞了一下，就搞出一些偏差來，現在已逐步得到糾正。（毛主席說這個話的意思，是說明我們的條件成熟了，但是每個國家的情況不同，不是都可能這樣辦的。）

毛主席說，在整風期間，各單位的理論學習工作，可以暫時停止

一下。當然，學習馬克思列寧主義是重要的，但這是長期的事情，不要與整風同時進行。這樣會沖淡了運動。

毛主席說，從今年二月以來，學習人民內部矛盾問題，事實上已經就是進行整風工作了。整風是歡迎黨外人士參加的。整風指示中提到，以共產黨為主，民主黨派可以自由參加，也可以自由退出。希望黨外人士對共產黨多提些意見，幫助共產黨進行工作。

（章副主席在這裡補充說，隨後五月一日那天，李維漢部長又找各民主黨派負責人談話，特別指出，各民主黨派中央對整風工作不要單獨自己搞，不要發指示、發號召，不然就會影響工作，把事情搞亂了。還是自願參加，主要是幫助共產黨搞好整風工作。《光明日報》最好也不要發表社論。）

毛主席繼續談到這次整風指示中的第四部分即關於幹部參加體力勞動的問題，毛主席說明了勞動的重要性，並說明國家機關的黨員領導幹部，要親自動手，參加體力勞動。毛主席說，我們要加強黨與廣大群眾的聯繫，要徹底改變許多領導幹部脫離群眾的現象。應當在全黨內提倡各級黨、政、軍、有勞動力的主要領導幹部，以一部分時間來同工人、農民一起參加體力勞動，並要使這個辦法逐步成為永久的不變的制度。毛主席說，我也可以做些體力勞動，我們這班人掃掃街道總可以吧！過去在延安時候有些人是參加體力勞動搞生產的，只是後來很多共產黨員不直接參加勞動生產了，現在勞動一下很好。陳雲副總理以前在延安時，就自己紡棉花，自己有紡車，紡得很好。我們這些人不直接參加勞動，與工人、農民的思想感情是不容易打成一片的。有些幹部到合作社去工作，不參加勞動，群眾很有意見。我們黨在歷史上一直是長期的與工、農、兵同甘共苦的，正因為如此，革命才取得勝利。

毛主席說，現在人大代表、政協委員到下面去視察時，如果不與工人、農民共同生活，要想瞭解真實情況，是不容易的。他們不認識你，為什麼要向你講真實話呢？平素不聯繫，一見面就要他們講真話，我相信勞動人民是不會說真話的，至少不能完全說真話。只有與他們共甘苦，同勞動，才能得到真實的情況。不管到南京去，到北京

去，都要和人民群眾一道參加勞動，跟他們熟悉了，他們才會和你講真話。如在南方的人可以打打秧耙，除除草也是可以的。多少參加一些勞動，尤其是我們知識份子，同他們格格不入，參加一點勞動是有好處的。高級知識份子參加勞動，對於進行思想改造，改變一下階級意識也有好處。年高體弱的人，做些零星的體力勞動，也是好的。

我們國家有一個特點，就是有六億人口，十六億畝土地，有這樣多的人，可是土地不夠多，這是先天的困難，我們應當克勤克儉地來建設我們的國家。講起整風來，大家不知道怎麼整，實際上我們已整了兩個多月了。我們在討論人民內部矛盾，揭發缺點，這就是整風的開始。我們要讓大家講，敞開地講。統一戰線中的矛盾是什麼呢？恐怕就是有職無權的問題吧！過去民主人士有職了，但是沒有權，所以有人講民主人士不太好當，有些惱火。現在不但應該有職，而且應該有權。因此，這次整風，在黨內對有職無權的問題也要整一整。

毛主席問馬寅初校長、許德珩部長和陳垣校長，你們是否有職有權？毛主席說，我看沒有好多權，現在民主人士還是「早春天氣」，還有些寒氣，以後應做到有職有權，逐步解決這個問題。

毛主席說，大學的管理工作如何辦？可以找些黨外人士研究一下，搞出一個辦法來。共產黨在軍隊、企業、機關、學校都有黨委制。我建議，首先撤銷學校的黨委制，不要由共產黨包辦。請鄧小平同志召集民盟、九三等方面的負責人談談如何治校的問題。

毛主席說，我們的社會主義，大家都在講，但我不相信一下子大家都能接受社會主義，特別是大家都能接受唯物辯證法。中國的知識份子很多，舊知識份子有五百萬，這些人都有進步，但是否真正完全改變了世界現，還很難講。不是一下子就可以接受這個東西的。希望在五年、十年或十五年以後，五百萬知識份子當中，能夠有三分之一左右真正接受了馬列主義的世界現，那就算是好的了。也許可能改變得還會多一些，但也可能少一些，也許還有一些人是很難改變的。思想改造頗不容易，長期的習慣是不容易改變的，這是一個艱苦的工作。五百萬知識份子，過去是為舊社會服務的，現在為新社會服務，大多數人好像相信「猴子變人」，但要宗教家相信就辦不到。有些教

授在講課時完全是馬列主義，講得頭頭是道，可是一下課，對自己又不是馬列主義了。

　　毛主席說，在上海碰到一個教歷史的左翼教授。問他高級知識份子的「爭鳴」情況怎樣。這位教授說，解放後教書感到「魂魄不安」。舊知識份子中這樣的人還有，有話不肯講，怕講了會影響吃飯。今天工人、農民都知道有前途。只有知識份子「魂魄不安」，不知道過渡到什麼地方去？這究竟是什麼道理，是什麼問題呢？這是一個經濟基礎問題。毛主席談到，我們經過了土改等運動和三大改造的運動，社會是處在大變動時期，許多知識份子生活也處在大變動中而感覺不到。經濟基礎已經改變了，資本主義的經濟基礎被消滅，工商業實行公私合營，農業、手工業都合作化了，但是上層建築是不易改變的，資產階級的思想還存在，與基礎脫節吊在半空中，成了「樑上君子」，過去知識份子依靠的東西沒有了。所謂「皮之不存，毛將焉附」。「皮」就是經濟基礎，舊的皮不存在了，新的皮就是工、農階級，知識份子今後就要附在工、農身上，今後是吃國家所有制和集體所有制的飯了。中國的產業工人，解放前有五百萬，現在發展到一千二百萬。加上國家軍隊、行政幹部、教職員、經濟工作人員總共是二千六百萬。我們這一千四百萬人是依靠那一千二百萬工人養活。這就是新的皮。我們的毛就要安定在新的皮上。社會前進不前進，不在於農民有多少，而在於工人多不多。全國的合作社要改為國營農業，還不知道要哪一年。我們要依靠工人，五百萬知識份子就是附在一千二百萬工人身上的。有些人不腳踏實地，不瞭解我們要依靠工人、農民才能生活，還是以過去的思想看問題，沒有瞭解到我們的牆腳早已被挖空了，若不瞭解要依靠工農，就成「樑上君子」了。必須瞭解，從舊社會到新社會，改變舊的世界觀到馬列主義的世界現，是要經過一個痛苦的調程。毛主席作了一個比喻說，改變為馬列主義的世界觀和我們從不吃狗肉、蛇肉、螞蚱到吃狗肉、蛇肉、螞蚱的道理是一樣的。大多數人是不吃這些東西的，最初不喜歡吃，最後變為喜歡吃，而且吃出鮮味來，是要經過很大鬥爭的。狗在中國是深入人心的，以為它是忠心於我們的，大家都認為吃狗肉不人道，不願吃。孔孟之道，不吃

狗肉，我就不相信。養成吃狗肉要經過一番鬥爭，我們要學習馬列主義，也要經過一個艱苦、長期的鬥爭過程，要逐步地形成習慣。

要知識份子的世界觀改變過來，不要勉強，這是長期性的。有些知識份子，掛個小資產階級思想就比較舒服。掛個資產階級思想就不舒服。其實並無大、小之分。兩者實際上是一個東西，小資產階級思想就是資產階級思想。沒有什麼資產階級思想與小資產階級思想之分，而只有資產階級思想和無產階級思想之分。

毛主席又說，社會主義是好東西，但大家是否都相信，是個很難說的問題。相信社會主義不是一件容易的事。現在知識份子中，究竟有多少人相信社會主義？依我看，工人階級發展很快，成分很複雜，其中有一部分是不相信社會主義的。農民是否完全相信？依我看，也有一部分不相信的。知識份子也有一部分是不相信的。共產黨員也有一部分不相信。勢必有一部分知識份子，永遠不會改變世界觀。不要相信每一個人都相信共產主義。有一批人包括一些共產黨員，他們只相信民主主義，不相信社會主義。例如河北省的一個副省長，是共產黨員，反對統購統銷，這就是不相信社會主義的。我想，明年糧食和油，應由合作社自己去辦。有些事還是由他們自己去管好一些。我們要少管一些，地方要多管一些。共產黨員就有一部分是不相信共產主義的，你們民主黨派是否都相信共產主義？我不敢講，恐怕也有一部分是不相信的。這些人都相信民主主義，這是真的。要求民主、自由，這是事實，到了搞社會主義，對他不利，就不完全相信了。社會主義這個東西，不是容易搞的，各方面都有一部分人不相信，工人、農民中有一部分人對社會主義搞得成搞不成有懷疑。另有一些人要看看，但他們不敢說。這好比上了「賊船」，非跟著「強盜」走不可了。

毛主席說，過去我們搞的是階級鬥爭，是和剝削階級作鬥爭，是和壓迫我們的統治階級作鬥爭，是和資產階級作鬥爭，是人與人開戰。我們花了幾十年的精力，才把他們推倒，才取得了勝利。要是從鴉片戰爭算起，就有一百多年的歷史了，從北伐戰爭到現在也有三十多年了。

毛主席繼續談到共產黨能否領導科學的問題。有人說，共產黨善

於打仗，能領導階級鬥爭，共產黨不能領導科學。這話也有一部分對，我們過去搞階級鬥爭也翻過筋斗。現在要向自然界開戰，就是要向科學進軍。對科學就是不大懂，一九四九年我寫的一篇文章說過，不懂就是不懂，不要裝懂，但也有人認為知識份子是有學無術，共產黨是有術無學。黨領導階級鬥爭三十多年，這是一個大學問，這也是科學。黨懂得馬列主義，懂得階級鬥爭，也就是懂得科學，所以不能說共產黨無學。你說我們階級鬥爭無學，我不承認，我們的外交都是階級鬥爭。現在國內階級鬥爭基本結束了，新的鬥爭開始，今後主要是與自然界作鬥爭，新時代有新的任務，要學會新的鬥爭，但要一個過渡時期，我們沒有經驗，現在不能做總結，總結還要幾十年時間才行。要在不斷的學習和進行中積累一些經驗。過去的學和術都是階級鬥爭的學和術，現在這一套不懂就不懂，可能還要照階級鬥爭那樣來學。

九三、民盟都有一些專家，向自然界開戰是懂得的，我們要在不斷學習中取得經驗，也許有蘇聯的榜樣，我們可以搞得快一點和好一點，我想我們一定能夠搞得好一點。現在向自然界作鬥爭，要從頭學起，肯定可以學。共產黨不懂就不懂，長時期的學，要學懂科學。過去我們沒有經驗，現在開始學，一直學到懂為止。

毛主席說，有人批評共產黨辦事「朝令夕改」，有一部分是這樣。我們常常開會，就是要改，因為我們做工作時沒有經驗，常常有不合適的地方，發現了就要改，特別是工作計畫，訂了要改，五年計劃搞出後，去年我找了幾十個部長談話，才知道搞大了些。就提出十大關係，中央與地方、輕工業與重工業、沿海與內地、國防工業等方面的比重都有所改變。今年已將國防工業減少了一些，開了一個月會，才把思想打通。過去大家都很重視軍需工業，怕搞少了，其實搞好了國民經濟，國防也就自然加強了。所以計劃經濟要積累經驗，要總結國家的建設經驗。我們準備在今年，總結一下國家建設經驗，做做看，暫不下結論。合作社的經驗，也可以總結。總結的結果，可能比蘇聯搞得快些、好些，也許搞得差一些或者差不多，但要等二三十年後才能下結論。

毛主席還談到關於幹部問題。他說，我們這些國家的負責幹部都喜歡住在北京。我認為北京有兩個特點：一個是「全」（全面），一個是「空」（空虛）。共產黨有一個決定，黨的幹部以後每年要輪流下去搞四個月。天天都在北京城不出去，看看《參考消息》，要看死人的。北京城也還有一個好處，城牆厚，攻官僚主義不大容易，可是看不到真實的東西。我想出去跑一跑，天天在家裡照相，照相，要悶死人的。我們大家總要能夠多到地方去看看。

（轉引自葉篤義《雖九死其猶未悔》，第88-99頁。）

民盟中央整理的這篇記錄看來似乎很詳細。只是不知道出於什麼考慮，有一項重要內容在記錄稿中看不到了，那就是毛澤東在講話的最後說，下一屆選舉國家主席，不要提名他為候選人，並且要在座的人把這個意思透露出去。可以推斷，這是中共方面甚至就是毛澤東本人在審閱記錄稿時刪去的。這一刪改表明：可以認為中共方面甚至毛澤東本人審閱了並且認可了這份記錄稿。

陳叔通和黃炎培兩人聽了毛澤東在講話中說下一屆選舉國家主席不要提名他為候選人，以為萬萬不可。第二天就聯名寫信給劉少奇和周恩來，說了下一屆國家主席必須還是毛澤東的種種理由。毛澤東看了陳叔通和黃炎培的聯名信，在信上寫了批語，說：「此事去年在北戴河已在幾十人的會上談過，大家認為可行。並且談到黨的主席，也認為將來適當時機可行，只是暫時還不可行。」他並且批示，要將這一封聯名信印發全體中央委員、候補委員，黨的全體八屆全國代表，各省市自治區黨委及全國人大代表所有代表及政協委員。

這時候民革中央常委陳銘樞卻來自投羅網了。他於五月十八日寫了一封信給毛澤東，表示擁護毛說的他不做下一屆國家主席的意見。陳在這封信裡面說：

昨在民革中央聽到傳達您四月三十日講話中有將於明年大選時辭去主席職務一節，初覺突然，旋思此乃至美至善之事。非目光鑠射俯察寰區，照見未來者，決不足以有此。目前黨中央領導核心空前團

結，政權在握，內外翕和，黨內濟濟多士，全國亦不乏上駟之才，革命大業，來日方長。您乘時引退，率天下以謙讓，矯末俗之競奔，開賢路以待後起，留有餘以補不足。此天下之至公，大智、大勇、大仁之所為也。華盛頓以開國元首，當國八年即行引退，卒奠定了美國的資本主義世界，今歷史學家猶樂道之。您所建造的偉績，以及此項出乎此類，拔乎其萃的智舉，所含意義之深且廣，華盛頓瞠乎其後矣。

自大革命失敗以還，您首創農村根據地，中經十年內戰，八年抗日，三年解放戰爭，卒以旋乾轉坤，翻開歷史新頁。以往數十年，您無一事不首當其衝，無一日不躬上鬥爭前線，亦無一日不與民休戚，險阻艱難，備嘗之矣。民之情亦盡知之矣！解放後，國家草創之初，萬端待理，您殫精竭慮，有加無已。其後國家規模日具，體制日備，您以黨的最高領袖，而兼國家元首，禮儀接待之際，不免受形式的約束。且一日萬機，縱使巧手安排，亦難有從容寬裕的暇日。正由於此，自不免於個人修養上的熱而不淡，疾而不舒，躁而難寧，察而難周之失，也難免影響到察人聽言，決策定計的睿斷，以及在政策措施上的畸輕畸重，失緩失急。事理乃爾，雖固無損君子之大德，而施濟的宏效，與瞻矚的境界，蓋尚有足以提高者在。苟於此時，暫息仔肩，以國事付劉、周諸領導人物，以在野之身督察國家大事，深入工農群眾，體察民間疾苦，並與知識份子促膝談心，且利用這暇豫心緒，增加深潛寬博的修養，更加強健身心，這不只有益於默察時宜，洞悉民隱，從旁補漏救弊，且為再度重任國家衝要的準備。由於寧靜致遠，眼界開拓，對國際局勢的演變亦能若網在綱，有條不紊，使社會主義陣營與人類和平事業愈加鞏固發展，此固非常之功，非常之舉也。

陳銘樞在這封信裡面還說到了這件事對於社會風氣的益處：「您此一舉，不僅打破個人崇拜，樹立世界高潔宏大的風範，對於千百萬黨與非黨幹部，亦能使之發揚踔厲，知所警惕。特別對非黨人士之享高位，尤斤斤於名位得失者，知有所懍，風行草偃，拭目可待。」

這裡的許多話已經夠刺激了，更加要命的是在這封信裡面還寫了一大段話「規諫」毛澤東：

> 由於您負國家的重任，日理萬機，要求面晤，一罄所懷，確非易事。故趁此向您略盡規諫如下：
>
> （一）您在最近講話中，皆述及自己有好大喜功之處，我也有同感，希望能更加深入體察，以求究竟。
>
> （二）我感到您有時尚不免為喜怒所乘，在一個浪潮之下，輕易挫傷高級幹部的自尊心和他們的固有地位。同樣，有時被狡點者乘您喜怒之際，伺隙淆亂黑白，投其所好。
>
> （三）您有時尚不免輕信幹部的虛偽彙報與教條主義的分析方法，未經鄭重細緻的研究，即作過激的決定。
>
> （四）由於您對於新的事物具有「至心皈命」的虔誠，這是共產黨人最高品質，我是無限景佩的，而由此而產生的另一面極端——過分鄙夷舊的，但也值得商榷。如您致臧克家論詩的函件中有「因為是舊體詩，怕謬種流傳，貽誤青年」之句。此雖是指您自己的詩詞而言，但治舊體詩者總以為是一種「刺隱」之筆，弦外之音，大傷他們的自尊心。這是一個不慎。就您的舊體詩而論。何嘗不具有中國古典詩歌的特長呢？如開朗的胸襟，絕逸的旨趣，高亢的聲調，簡練的辭彙，恢闊的風懷……等等，怎能因為是舊體而遽目為是謬種呢？說明了您對古典文學尚有不夠尊重之處……

毛澤東在看了陳銘樞這封信之後是不是也寫了批語，我就不知道了。毛澤東對陳銘樞的這封信的反應，要到反右派鬥爭中人們才知道。

五月一日，全國各家報紙刊出了中共中央關於整風運動的指示。

這個文件這樣說明了開展這一次整風運動的背景：我國正處在一個新的劇烈的偉大的變革中，黨在實現自己目標的鬥爭中必需同時改造自己；而執政黨的地位使許多黨員容易採取單純的行政命令的辦法去處理問題，一部分人還沾染了特權思想。因此決定進行一次以正確處理人民內部矛盾的問題

為主題，以反對官僚主義、宗派主義、主觀主義為內容的整風運動。《指示》提出了「和風細雨」的整風方法，反映了毛澤東對存在問題大小的估計。他對形勢還是很有信心的，認為問題不大，不必大動干戈，來一點毛毛雨下個不停就夠了。具體的辦法，《指示》說，就是只開人數不多的小會，或者個別談心，不開批評大會或者鬥爭大會，避免片面的過火的批評。對於整風中檢查出來犯了錯誤的人，只要不是嚴重違法亂紀，一概不給以組織上的處分。還有一條規定，也是毛在宣傳會議上宣佈過了的，就是「非黨員願意參加整風運動，應該歡迎。但是必須完全出於自願，不得強迫，並且允許隨時自由退出」。

五月四日，中共中央發出了毛澤東起草的〈關於請黨外人士幫助整風的指示〉，告知省部一級的黨組織說：「現在整風開始，中央已同各民主黨派及無黨派領導人士商量好，他們暫時（至少幾個月內）不要表示態度，不要在各民主黨派內和社會上號召整風，而要繼續展開對我黨缺點錯誤的批判，以利於我黨整風，否則對於我黨整風是不利的（沒有社會壓力，整風不易收效）。」〈指示〉明確地說：「黨外人士參加我黨整風座談會和整風小組，是請他們向我們提意見，作批評，而不是要他們批評他們自己」。

為了貫徹執行這兩個指示，各地各系統都舉行了許多座談會。

五月五日中共湖北省委書記處在東湖客舍召開高級知識份子座談會。湖北省委第一書記王任重在座談會開始的時候，對到會的二十多個高級知識份子說：「爭鳴就必然有爭論，有批評。批評應該從團結的願望出發，應該抱著實事求是與人為善的態度，而不是用扣帽子和打棍子的方法。」

武漢大學中文系教授程千帆說：「我們搞古典文學的，喜歡尊師重道，正因為如此，在運動中叫學生罵老師，我們受不了，非常抵觸。」又說：「我校留助教，選留學生，差不多是黨團員包乾，群眾連百分之五也沒有。是不是說群眾政治水平都很低，低到連當留學生、助教也不行呢？其實過去所選的留學生和助教水平並不是最高的，往往倒是很差的。」他還談到自己在思想改造中受到的粗暴對待，談到機械學習蘇聯的情況。

湖北醫學院院長朱裕璧說：「知識份子對祖國是熱愛的，黨對知識份子的愛國思想應估計得更高一些。『以馬上得天下，並不能以馬上治天下』，用簡單粗暴的方式來治國家，未免把這個工作看得太簡單了。」談到

學習蘇聯的問題，他說：「我是一個搞外科的，我認為蘇聯的外科水平落後於資本主義國家的水平。」（1957年5月10日《湖北日報》）

程千帆和朱裕璧不久都被劃為右派分子。

五月八日上海解放日報邀請了二十二位中、小學教師座談工作中所碰到的各種問題，報紙以一整版刊出了他們的發言摘要。

上海第一師範學校王浩川說：我們的校長（也是黨支部書記）站在雲端上，只顧作經驗介紹，而不抓學校內部的教學工作。在「評優」工作中也缺少民主氣氛。群眾認為一位蒙領導百般偏愛，事事出風頭在先、吃苦頭在後的教師，不應該享受優秀教師的榮譽，校長不但不考慮這些意見，還批評大家「文人相輕」，還在這裡介紹本校「評優」經驗，說得頭頭是道哩。很多教師對工資改革預先定好級別，討論時草草收場不滿意。在評級中，全校黨員除一人以外，都是評的最高級，而工作質量與教齡都超過他們的非黨員教師，卻大都偏低。在生活福利方面，不公平的事情也很多。如房屋分配，真正有困難的人得不到照顧，而暴跳如雷的人，或者是人事幹部，卻可以搬進新屋。校長搬進了新屋不算，還花了公家一百多元的裝修費，據說這是有關組織同意的。

上海建築工程學校林炳彰說：大家對領導偏聽偏信，造成了「牆」，很有意見。教師們說領導只愛聽幾個人的彙報，不愛聽群眾意見，以致校內歪風上升，影響教師工作情緒。一個教師說，我有話不願在小組上講，情願在大會上講，怕彙報的人走了樣。一位教師說：一個黨員的假話勝過十個群眾的真話。

鳳陽路第一小學吳蘊玉說：在小學教師提升中學教師時，許多團員都提升，但有教學經驗的大學畢業的中老年教師卻升不上。群眾提了意見，一個領導同志說：「黨團員是要培養的。」

第三師範學校過唯一說：我們這裡有這樣一個共產黨員，一開口就是「我是吃過苦的」。他對待同志的態度是怎樣呢？有一次他和教研室同志吵起來，那個同志哭了，我就跑進去和那同志談了幾句。當晚這位黨員就找我去談話說：「你在外面講我壞話。」接著就兩手插腰，眼睛一瞪。他生病了，有位教師說：「還是他生病的好，可以不發生什麼事情，我情願替他代課。」他和群眾關係的壞，可見一斑。

上海市商業職工學校蔡大慶說：我們學校機構龐大，人事臃腫。全校有近千個教職員工，教員只有七十多個，科以上幹部倒有一百多個。編制既不像軍隊，又不像機關，更不像學校。因人設事，官多兵少。因為校長是局長級幹部，校長下面設處，處長下面又設科。

成都第二中學石昭泰說：去年教育局杭局長忽然到我們學校來了。原來是司機把車子開錯了，把成都二中當做了成都中學，局長才發現我們這個學校。於是把這兒當重點搞了兩個月紀律教育。可是局長下基層沒有下到底，從來沒有找一個教師談過話，只是聽兩位視導的彙報。而視導又是包辦代替，他們搞了兩個月發現兩大問題：成績是基本的，缺點是次要的。大家都不同意這種看法，因為紀律問題根本沒有解決。二十六個班只有一個班紀律有好轉，怎麼能說成績是基本的呢？總結修改了兩三次完全要按領導的指示。教導主任說，「我一點自由都沒有，這不是我們的總結，是教育局在做總結。」最近還要把我們的經驗在五四中學推廣，大家聽了都哭笑不得！有些教師說，大概是局長下來不搞點成績不好交代。最近有些教師看了《教育的詩篇》電影，都在說：「我們的杭局長和視導員是和電影裡的教育局視察一樣的官僚作風！」

黎明中學楊澤民說：有一次我累得在課堂上痔瘡血流滿地，學生都勸我休息，我堅持上完了課，趕到醫院，醫生說，「你們的黨和行政太不關心人，人不是機器。」過了三天，黨支書和一個黨員來看我，聽說我身體太弱，要休養一些時候才能開刀，黨員馬上說：「要兩個星期呀！」同病房的病人聽了都不滿意。

延安東路小學劉霞英說：教育科對代課教師的態度可以說是「呼之即來揮之即去」。一九五五年我就要分娩了，教育科來通知我去代課，結果在下雪天滑了一跤而早產。產後未滿一個月，又通知我四川南路小學需要代課，我回答身體還未復原，他們說這是「缺額」代課，即代了一學期後可轉正，我想了想就去了。搞了一學期工作後去教育科彙報，人事幹事說現在奉局命令一概不吸收新人員。我說：「那麼我不能轉正了嗎？」誰知這位幹事馬上臉孔一板，罵我：「原來你是找職業來的，你要明白我們這裡是教育科，你要找職業到勞動局去找！」我寫信給教育科說這位同志態度太欺人，教育科卻說我思想有問題。她還說，許多老年教師都埋怨自己為什麼早出世

三、四十年，不然現在也能爭取入團入黨，取得領導上的信任。

控江二中趙寶禮說：我是畢業班班主任。初三有十二門功課，有些教材又重又深。每門課又抓得很緊，差不多每天有測驗。這學期還要考全年的課程。學生的擔子已經很重了，跟隨畢業來的是升學、自學、勞動等問題，於是又得進行思想教育等工作。這些工作教育局要管，青年團要管，管得學生更忙了，一聽大報告就是半天，大會之後又是小組討論。有些團員和幹部還要先開幹部會，弄得學生功課學不好，缺了課又無時間補，身體也累垮了。我們班上就有兩個學生有嚴重的神經衰弱症。醫生要他們休息，有一個還死不肯休息。做班主任的對此感到很沉痛，我要叫：救救孩子吧。他還說：我們學校的黨群關係也很不好。黨員的權威思想還很重，獨斷獨行，不管下面行得通行不通，一個個命令往下發。比如工資改革，校委會和工會都不同意領導的做法，領導就是堅決不改。評選優秀教師也是這樣。領導提出一個剛從小學教師升做初中教師的人為優秀教師，群眾認為他是個四平八穩的人，業務也並不好，大家很有意見，可是領導置之不理。他還提到了校舍問題。他說，我們楡林區有些小學的校舍條件實在太差了，白天開電燈上課，六十個人擠在一間陰暗的小教室裡，鼻子都碰得著黑板。應該照顧孩子們的健康。（5月10日《解放日報》）

毛澤東很重視這些意見。他要求劉少奇、周恩來、陳雲、鄧小平、彭真都來看。他在這張報紙上批示：這一整版值得過細一看，不整風黨就會毀了。請你們注意看上海解放日報、南京新華日報、上海文匯報、北京日報、光明日報，集中看人民內部矛盾和我黨整風消息，這是天下第一大事。這個批示明顯表示出他對這些意見是持歡迎態度的。

五月八日，北京日報邀請十多位中學教師和行政幹部座談中學教育中的問題，會上五中語文教師、民進支部組織、宣傳委員李慕白發言甚多，他說：「現在文學課成了『雜八湊』和『萬金油』了。比如要對學生進行勞動教育，就在文學課裡加上有關這方面的教材；今天加勞動教育，明天加衛生運動，這樣七湊八加，到底文學課起什麼作用呢？」他還說：「五級分制並不是蘇聯的先進經驗，早在帝俄時代，就採用五級分制。」（5月14日《北京日報》）後來，這李慕白被劃為右派分子。（9月7日《人民日報》）

五月十三、十四日，全國人民代表大會常務委員會委員鄧初民在太原

工學院視察，召集了百餘名教師和職員進行座談。會上，張俊仁說，工學院
「肅反」偏差是比較嚴重的。但領導上在善後工作中，態度不誠懇，不是實
事求是，只是說成績是主要的，缺點是不可避免的。他說，在「肅反」中，
我是由行政宣佈開除團籍的，就當時說也明明是錯誤的，可領導上不願意承
認錯誤，給我說「當時開除團籍是對的，現在恢復團籍也是對的」，這是什
麼邏輯？劉培德也批評「肅反」運動中有違法行為。他說，我不是反革命分
子，像「肅反」中那樣對待我是違法的。在「肅反」中被「整」的人，領導
上要以物質賠償來賠償他們精神上受了的損失。李梅說，民主黨派在學校裡
是點綴品，黨沒有把民主黨派作為開展工作的力量。黨對民主黨派應該是互
相尊重，互相信任，有職有權。張俊仁還談到宗派主義問題，他說，工學院
有一個學生幾門課程不及格，學校早應開除了，但後來退了學，不知道怎樣
卻當上了學生科科長，讓他來領導學生工作，他還在院刊上發表什麼如何學
習、怎樣學習這一類的文章。這簡直是笑話！自己學習不好，還要教別人怎
樣學習。我有一個學生，人是好人，但功課糟糕，補考也及不了格，結果沒
畢業，倒又成了教材研究科的科長，他反而來領導我了，為什麼會發生這些
奇怪的事呢？因為他們是黨員。（5月18日《山西日報》）後來，這張俊仁、劉
德培、李梅等人都被劃為右派分子。

　　當時更重要的，是中共中央統戰部邀各民主黨派負責人和無黨派民主
人士舉行的座談會。《人民日報》逐日作了報導，下面，摘錄一部分《人民
日報》刊載的座談會上的發言。

五月八日

　　民盟中央副主席、農工民主黨中央主席章伯鈞談到了黨與非黨關係問
題。幾天前毛澤東在天安門城樓談到民主人士有職無權的問題，現在章伯鈞
就用一些具體事例來證實這一點。他說到，選拔留學生，學校留助教，都是
首先考察政治條件，有些有能力、有專長的人，常被認為歷史複雜而不能入
選，非黨人士出國學習的機會不多。非黨幹部要得到提拔很困難，黨員提升
得快，好像只有黨員才有能力，有辦法。章伯鈞大約是根據他在交通部任職
的體會，分析說，在非黨人士擔任領導的地方，實際上是黨組決定一切，都
要黨組負責。既然要黨組負責，就不能不要權，這是形成非黨人士有職無權

的根本原因。

九三學社主席許德珩談到「長期共存」問題時說：有人說民主黨派害了「帶病延年」症，我們九三學社帶病是帶病了，是否能夠延年，還是個問題。去年以來，九三學社有二百多人參加了中國共產黨，這是進步。但是他們入黨後，有些人就要退出原來在社中擔任的工作，南京和杭州兩位九三學社的主任委員入黨後都退出去了。長期共存究竟怎樣共存法？

民革中央常委陳銘樞談到了高等學校的黨委制問題，這也是幾天之前毛澤東在天安門城樓上談到的題目，當時他是表示了有意在某種程度上改變學校黨委制的想法的，提出應當集中在校務委員會或教授會。陳銘樞回應了毛的這個提法，他說，機關中的黨組同學校中的黨委制有很大區別，機關中的黨組今後仍然應該存在。學校中的工作他以為應該更多地依靠教師和學生。

民主建國會副主任委員章乃器提出，要解決有職有權問題，必須克服宗派主義思想，這樣就首先要明辨是非，現在有一部分黨員，黨內一個是非，黨外一個是非，把「黨黨相護」當作黨性。有人批評了黨員，明明提的意見是對的，黨員也不承認。有人提的意見儘管是符合黨的政策的，但是只要黨員負責同志一搖頭，非黨員要堅持意見也是很困難的。章乃器談到他自己，說，不過，我是有職有權的。在糧食部裡，黨組和我的關係是正常的，黨組管思想政治領導，我管行政領導，黨組和我有了分歧意見，要能說服我，我才同意。但是我這個有職有權，是鬥爭得來的。經過鬥爭達到了團結的目的。

章乃器認為，四月二十二日《人民日報》社論〈工商業者要繼續改造，積極工作〉中教條主義不少。社論中說，「從一個資本家變為一個自食其力的勞動者，這不像孫悟空要變就變那樣輕而易舉，而是一個脫胎換骨的過程。」章乃器認為，脫胎換骨這說法不只是教條主義，而且是宗教上的信仰主義和神秘主義。照道教的說法，脫胎是脫凡胎，換骨是換仙骨。現在工商界已經過了五關（戰爭關，土地改革關，抗美援朝關，五反關，社會主義關），脫胎換骨的改造也改造過了，還要脫胎換骨，只能使工商界增加無窮的憂慮。

五月九日

民主建國會副主任委員胡子昂說，工商界有人懷疑，「放」、「鳴」與「整」是三部曲，「放」、「鳴」以後有被「整」的危險。他說，黨與非黨的關係中間，好像有一堵牆，一道門檻，有些黨員一副嚴肅的「政治面孔」，使人敬而遠之。

致公黨主席陳其尤談到不久以前的那一場肅反運動，二月毛澤東在最高國務會議上也談到了肅反中的問題，他並且提議要進行一次檢查。陳其尤說，機關肅反時民主黨派成員有被捕的，但是民主黨派根本不知道，或者知道了也不清楚到底因為什麼而被捕。致公黨有一成員，在科學院工作，被捕了。他被捕後幾個月，致公黨一直不知道，等到知道了，就決定開除他的黨籍，但是，不久他又出來了，而且恢復了工作，至於到底為什麼被捕？又為什麼釋放？致公黨根本不知道。究竟為什麼不給民主黨派知道呢？是不信任？還是以為民主黨派與他的成員不相關？

農工民主黨副主席黃琪翔在發言中高度評價了中國共產黨的統一戰線工作部對民主黨派的幫助。他說，過去參加民主黨派的一些共產黨員，一般地都起了團結和密切兩黨關係的作用，給過他們黨一些幫助。因此，近來共產黨要把參加了民主黨派的共產黨員都抽回去，只能使人感到失望。現在，各民主黨派同共產黨的政治目標越來越接近了，共產黨應該切實地把民主黨派當作兄弟黨來對待。

五月十日

民革中央常委邵力子談到黨政關係問題。他說，黨在政府部門的領導，最好是通過黨組。一切重大問題，黨組決定後，交由黨員去運用，使能貫徹執行。如果直接由黨發號施令，就會差一些。特別是縣以下的領導機關，黨政關係問題較大，這主要是以黨代政。縣長，一般是不被看重的，而縣委權力極大。縣人民委員會各部門的工作同樣不被看重。一切工作由縣委決定。黨中央、省委，因為工作繁重，下設許多工作部門，是有必要的，但縣級是否有此必要？當然，縣委的機構還是要存在的，但權力應該放在縣人民委員會，縣委主要是推動工作，而不是發佈政令。在過去，黨中央有時同國務院聯合發佈指示，當然起作用很大。但今後可否考慮分別發佈指示，國

務院向各政府部門，黨中央向黨的系統。

民盟副主席羅隆基說，民主黨派和共產黨長期共存，首先要解決民主黨派長期存在的問題。現在有些知識份子不願意參加民主黨派，怕別人說他「落後」，而願意爭取加入共產黨。有人問：加入民主黨派是否影響加入共產黨，如果有影響，就不參加。黨如果吸收了這樣的人入黨，不但影響黨的威信，而且勢必使民主黨派發展的人都是挑剩下的。共產黨在工農群眾中發展，而民主黨派就不能在工農群眾中發展，主要在舊知識份子中發展，而他們多是三、四十歲以上的人。這個矛盾應該儘快解決，否則就很難共存下去。

談到互相監督，羅隆基說。現在各民主黨派都參加了政權，但是過去有很多重大的政策問題，往往都是在領導黨內講過以後才拿出來協商。他希望今後這些問題要在黨內討論的同時，也交民主黨派去討論，並由有關方面事前提供情況和資料。又說，現在黨決定的很多事情。都不通過行政，而從黨的系統向下佈置，只能使擔任行政工作的民主黨派成員感到有職無權。羅隆基說完，民盟的另一位副主席史良立刻表示，她要和羅隆基爭鳴一番。她說，民主黨派能不能與共產黨長期共存，並不在於民主黨派成員人數的多少，而在於民主黨派是否能在社會上發揮作用。不能說共產黨發展快，民主黨派就不能「長存」，也不能說所有的知識份子都只能是民盟的盟員，不能加入共產黨才叫「長存」，這兩種看法都是不對的。史良還用她自己的體驗來說明不參加共產黨黨也是信任的，並不發生所謂對黨外人士就不信任的問題，也沒有感到在黨的領導下不能發揮作用。最後史良表示，她認為各民主黨派也應該參加這次整風，通過整風可以使民主黨派更加團結。

對於史良的這個提議，主持座談會的統戰部長李維漢立即作了說明。他說，現在共產黨內的整風運動剛開始，在這次整風運動中，要集中地批判共產黨的缺點。因此，我們已經同各民主黨派和無黨派民主人士商量好，在一個時期以內，不要號召民主人士整風，而著重地發動黨外人士來給共產黨提批評意見，幫助共產黨整風。

民盟中央常委楚圖南接著發言，他談到各學校黨政領導上對民主黨派能夠發揮的作用估計不足，民主黨派不能在高等學校充分地發揮作用，不但是民主黨派的損失，而且是國家的損失。

　　民盟另一位中央常委曾昭掄的發言中，在談到互相監督問題時，他提出的要求沒有羅隆基的那麼高，他說，領導黨對國家重大問題先討論，是沒人反對的；不過，民主黨派是不是也可以比較早一些參加討論，早瞭解情況？

五月十一日

　　農工民主黨中央執行局委員王一帆說，毛主席說黨內有百分之九十的人對「長期共存、互相監督」的方針思想不通。以共產黨員的思想水平，尚且如此，民主黨派的成員和群眾就會有更多的人思想不通。他希望中共黨員和民主黨派黨員有更多的交叉關係，共產黨員不但不應該從民主黨派中逐步撤退，而且更要在民主黨派成員中多多培養發展黨的對象，以改變大家的看法。

　　民主建國會中央委員千家駒談到有職有權問題，說，共產黨是領導黨，黨員要在工作中多負些責任，黨組要保證機關工作任務的完成，這是應該肯定的，沒有人反對。但事實上現在黨委或黨組代替行政，黨組的決定有時不通過行政而下達，有些決定，擔任科員、秘書工作的黨員都知道了，而非黨的領導幹部還不知道。黨的系統應該是一條粗線，但是行政系統不應當是虛線。

　　談到知識份子，千家駒希望能夠深入地瞭解高級知識份子的思想情況，而不要專聽黨員的片面彙報。他說，中國高級知識份子有高度自尊心，服從真理而不懾於權威，「士可殺不可辱」，這是優良傳統，不應該打擊。解放後唯唯諾諾靠攏黨，這是不好的。千家駒還認為在「三反」「思想改造」或「肅反」中鬥錯了的人，應向他解釋清楚，這不是算老賬。中國高級知識份子是有自尊心的，傷了他的自尊心，積極性長期內不能恢復。

　　致公黨中央常委黃鼎臣也談黨政關係問題，他說，過去黨組常常直接代替行政佈置工作，使非黨領導人員感到有職無權。現在民主黨派成員也可以參加某些黨組會議，但是討論以後仍由黨組直接向下佈置。我以為今後行政方面的工作，還是由行政上下達命令較好。

五月十三日

農工民主黨中央執行局委員嚴信民談長期共存問題時說，總的說來，共產黨是強大進步的，民主黨派是弱小落後的，在這種情況下談平等是很困難的。當然，並不要求一切和共產黨平等，也不應該這樣要求。但現在「長期共存、互相監督」方針提出來了，民主黨派要擔負一部分政治任務，總得像個樣子。否則不但任務完不成，而且共存也共存不下去。

農工民主黨另一位中央執行局委員李伯球提出有些共產黨員的特權思想問題，這也正是中共中央關於整風運動的指示提出來了的問題。李伯球說，許多黨員忘記了黨這種教育，機械的用階級鬥爭的原則，來掩護他的特權思想；靠著黨和黨中央、毛主席在人民群眾中的崇高的威信來行使自己的特權。

在談到黨與非黨關係的時候，李伯球舉了這樣一個例子：天津有一個醫院副院長是共產黨員，院長是非黨員。副院長常常不經大家討論自己決定問題，非黨院長批評他，他還說：有什麼事，我負責任好了。非黨院長說，這樣要我幹什麼。

談到人們對民主黨派的看法，李伯球講了自己一段這樣的經歷，他說，我在一九五四年往四川勞軍，有人介紹了我是民主黨派，當地的人差一點不把我當慰問團的團員看待，我只得請以後介紹我時不要介紹我是民主黨派，介紹我的政府職務好了。

擔任教育部長的無黨派民主人士張奚若談到，有不少黨員知識水平太低，不夠他現在所擔負的工作所需要的水平。談到宗派主義，張奚若說，有些黨員認為「天下是咱家打的」，於是老子天下第一，以革命功臣自居。他們認為「給你一碗飯吃，給你官做就夠了，一切不過是為了團結，並不是你真有什麼本事。」因此，他有事情就照他的辦法辦，正是「一朝權在手，便把令來行。」

在這裡，張奚若批評了有些黨員認為「天下是咱家打的」這種思想，顯然他是不知道三月十八日毛澤東在濟南黨員幹部會議上講的一段話。毛說：這些同志，你說他有沒有道理，我看也是相當有道理。民主黨派有什麼資格監督共產黨？究竟江山是誰打下來的呀！所以聽他們的話是有不少道理的。如果張奚若早知道毛澤東認為這種論調有不少道理，大約他不會針鋒相

對地提出這一點吧。

　　在這次整風宣佈要反對的三個主義之外，張奚若還提出了一個教條主義，他說，有些人知識水平低，經驗不足，為了解決問題，想不出辦法，就搬教條，搬蘇聯經驗，依靠教條解決問題。對某些黨員來說，教條成了他辦事的唯一藍本。教育部許多工作沒有做好，教條主義之害實在是「大矣哉，大矣哉」。

五月十五日

　　擔任北京大學校長的無黨派民主人士馬寅初在發言中說，目前有些批評不夠實事求是，有否定一切的現象。從團結的願望出發，不能光講壞處，好處一點不說，如現在對北京大學的批評，壞的地方說得很詳細，好的地方一點也不說，這是無法令人心服的，也不好共事。

　　馬寅初不贊成取消學校黨委制。他說，學校黨委制有他的好處，以北京大學為例，北大有八千個正規生，這八千個正規生的思想、家庭情況，黨委都知道。如果黨委退出去，我是無法瞭解的，叫我做校長，我也管不了，而且我管得多了，俄文也不能念了，研究工作也不能做了，山也不能爬了，身體也不能鍛煉了。他說，單純批評黨委制不好是不對的，黨委制好的地方也要表揚。「牆」必須從共產黨和民主黨派、無黨派人士兩方面拆，單靠一方面拆是不成的。他的結論是：學校中的黨委制無論如何不能退出學校。不過他認為現在的情況也要改變，只要黨與行政合作，開誠佈公，互通聲氣，相信一定可以辦得好。他說，照我想，北京大學的教授是靠近共產黨的，因為他們都親眼看到共產黨的好處，只要共產黨接近他們，他們一定願與黨合作。

　　民革中央常委陳銘樞在這座談會的第一天就發表了贊成取消學校黨委制的意見，他在聽了馬寅初發言之後，又把自己的意見再說了一遍。他說，我是同意實行校務委員會，取消學校中的黨委制。他認為，機關中的黨組與學校中的黨委會性質不同，他不贊成取消機關中的黨組。

　　擔任文化部長的無黨派民主人士沈雁冰說，宗派主義的表現方式是多種多樣的，比方說，一個非黨專家，在業務上提了個建議，可是主管的領導黨員卻不置可否，於是非黨專家覺得這位黨員領導者有宗派主義。可是

在我看來，這是冤枉了那位黨員了。事實上，這位黨員不精於業務，對於那位非黨專家的建議不辨好歹，而又不肯老實承認自己不懂（因為若自認不懂，便有傷威信），只好不置可否，這裡確實並無宗派主義。可是，隔了一個時期，上級黨員也提出同樣的主張來了，這時候，曾經不置可否的黨員，就雙手高舉，大力宣揚，稱頌上級黨員英明領導，但是壓根兒不提某非黨專家曾經提過基本上相同的建議，是不是他忘記了呢？我看不是，仍然是因為若要保住威信，不提為妙。在這裡，就有了宗派主義，如果那位非黨專家不識相，自己來說明他也有過那樣的建議，但未被重視，於是乎百分之九十很可能，那位黨員會強詞奪理，說那位專家的建議基本上和這次上級的指示不同，或者甚至給他一個帽子：誹謗領導，誹謗黨。這裡，宗派主義就發展到極嚴重的地步。從這樣的例子，是不是可以說：不懂裝懂，念念不忘於什麼威信，於是促成了像上面所說的宗派主義，但是通常可以把這種情況稱之為官僚主義，可見兩者有點親戚關係。

沈雁冰在這裡說得很具體，很生動，很帶一點感情。大家都知道，當時他正是以非黨專家的身份出長文化部的。這裡說的非黨專家的遭遇，是不是包含了他本人工作中的經歷呢？如果他真是在說自己，骨鯁在喉，不吐不快，那麼，他是一位部長，能夠管得著部長的主管的領導黨員是什麼人，那一位上級的上級又是誰，誰才夠得上英明領導這樣的讚頌，所有這些他都沒有說，人們也就不必去猜測吧。

沈雁冰還談到官僚主義。他說，據我所見，中央幾個部的官僚主義是屬於辛辛苦苦的官僚主義，這個官僚主義產生的根源是主觀主義、教條主義的思想方法，而滋長這種官僚主義的土壤卻是對於業務的生疏乃至於外行。拿文學藝術來說，究竟是專門學問，沒有這門學問的基礎，專靠幾本「幹部必讀」不能解決業務上的具體問題，不能解決，可又等著你作主張，怎麼辦呢？捷徑是：教條主義、行政命令。有一個時期，沒有學問而靠教條主義辦事的領導者，用各種帽子來壓服提意見的人，使得本來沾染教條主義比較少的人也加緊學習教條主義，而結果反被稱為「進步」。這個時期是不是一去不復返了，還不敢這樣說。

沈雁冰在這裡提到的「幹部必讀」，需要作點說明。這是一九四九年二三月間經毛澤東審批的一套書目，共十二種，即《社會發展簡史》，列昂

節夫《政治經濟學》，馬克思恩格斯《共產黨宣言》，恩格斯《社會主義從空想到科學的發展》，列寧三本，即《帝國主義論》、《國家與革命》、《左派幼稚病》，史達林《列寧主義基礎》，《聯共（布）黨史簡明教程》，《列寧史達林論社會主義建設》，《列寧史達林論中國》，《馬恩列斯思想方法論》。五十年代曾大量印行，並且發行了售價低廉的普及本。沈雁冰說的，就是這一套書。其實當時也並沒有多少幹部當真遍讀了這十二部書，沈雁冰把這些人還稍微估計高了一點。

沈雁冰最後說，宗派主義、教條主義也同知識水平低、業務不通有關係。而官僚主義，如就辛辛苦苦的官僚主義而言，則主要是或大部是業務不通之故。光瞭解情況還不夠，你沒有這門學問，拿不出自己的主張，於是舉棋不定，今天聽甲的話，明天聽乙的話，主觀上要把事辦好，客觀上卻是官僚主義。

民盟中央常委兼婦委主任劉清揚表示贊同馬寅初的意見，她以為馬寅初提出的不能光講共產黨的缺點，不講優點，學校中的黨委制不能取消，這個意見各民主黨派應該很好考慮。她認為應設法讓在各方面擔任工作的民主黨派成員不光是揭露矛盾，也要提出解決矛盾的建設性意見。她覺得不能使黨員消極，不能使黨員受委屈，因為揭露矛盾是為了解決矛盾，是為了更加團結。

張奚若再次發言，講四種偏差。這四種偏差是：第一，好大喜功；第二，急功近利；第三，鄙視既往；第四，迷信將來。

他說，好大喜功分兩方面。第一是大：一種是形體之大，另一種是組織之大。形體之大最突出，很多人認為，近代的東西必須是大的，大了才合乎近代的標準。拿北京的一些新的建築物來說，北京飯店新樓禮堂，景山後街的軍委宿舍大樓，西郊的「四部一會」辦公大樓，王府井百貨大樓，這些從外表看來，似乎是很堂皇，而實際上並不太合用。很多人對「偉大」的概念不大清楚。偉大是一個道德的概念，是一個質量的概念，不是一個數量概念。體積上尺寸上的大，並不等於精神上的偉大。大是大，偉大是偉大，這兩個東西並不相等。可是，他們把形體之大誤會為質量之大，把尺寸之大誤會為偉大。另一種是組織之大，就是龐大。很多人把龐大叫做偉大。在他們看來，社會主義等於集體主義，集體主義等於集中，集中等於大，大等於不要小的。由於有這個基本思想，所以工商業組織要大，文化藝術組織要

大，生活娛樂組織形式也要大。不管人民的生活和消費者的需要如何，只要組織規模大才過癮。本來這些工商業和社會組織都是為人民服務的，但現在這個辦法不管人民的實際需要，好像人民為他們服務。

為什麼這些人喜大呢？除剛才說的把尺寸上的大和精神上的大未分開而外，還有一種是幼稚的表現，也是思想籠統、腦筋簡單的表現。

第二，急功近利。這個態度與好大喜功似乎是不一致的，實際上一面是好大喜功，另一面又是急功近利。急功近利的一種表現就是強調速成。在某種情況下速成是需要的，但要把長遠的事情用速成的辦法去作，結果是不會好的，事情應該分長遠與一時的，百年大計與十年小計自有不同。急功近利，不但對有形的東西如此，對無形的東西，尤其對高深的學問，也是如此。現在高等學校培養人才的辦法，似乎沒有充分認識到這一點，以為大學畢業，作了副博士、博士就差不多了，其實除個別人以外，一般的還差得很遠。舊學問如此，新學問也如此。

第三，鄙視既往。歷史是有繼承性的，人類智慧是長期積累起來的。但許多人卻忽視了歷史因素，一切都搬用洋教條。他們把歷史遺留下來的許多東西看作封建，都要打倒。他們認為，新的來了，舊的不能不打倒。其實，我們的歷史給我們留下了豐富的文化遺產，而他們對中國歷史和新社會都很少瞭解。

第四，迷信將來。當然，將來要比現在好。但不能說將來任何事情都是發展的。將來有的發展，有的停滯，有的後退，有的消滅。而發展也有不平衡的，不是機械地等速的發展。總之，將來的事情，不是不分青紅皂白，事無巨細都是發展的。因此，否定過去，迷信將來，都是不對的。

張奚若說的這些，其實意思和五月十八日陳銘樞寫給毛澤東的信中說的「好大喜功，喜怒無常，偏聽偏信，鄙夷舊的」差不多。只不過他是就他所見的一些事例所作的概括，並不是專門說毛澤東的。而陳銘樞信中說的那些意見，卻是針對毛澤東了。七月十四日民革中央小組開會批判陳銘，主要內容就是揭發批判他寫給毛澤東的那封信了。顯然，收信人已經把那封信提供給批判者。會上，吳茂蓀揭發說，陳銘樞信中用了這樣四句話批評毛澤東，就是「好大喜功，喜怒無常，偏聽偏信，鄙夷舊的」，還「把毛澤東說成是『個人修養上的熱而不淡，疾而不舒，躁而難寧，察而難周之失，也難

免影響到察人聽言，決策定計的睿斷，以及在政策措施上的畸輕畸重，失緩失急。」吳茂蓀還揭發，「陳銘樞污衊毛主席『好大喜功』，並要毛主席『更加深入體察，以求究竟』。他說毛主席有時『為喜怒所乘，在一個浪潮之下，輕於挫傷高級幹部的自尊心和他們的固有地位』。他說毛主席『輕信幹部的虛假彙報與教條主義的分析方法，未經鄭重細緻的研究，即作過激的決定』。他認為毛主席『過分鄙夷舊的』，『對古典文學尚有不尊重之處』」。（7月15日《人民日報》）

　　張奚若和陳銘樞的這些話很使毛澤東反感。在一九五八年一月二十八日第十四次最高國務會議上，毛說，有一個朋友說我們「好大喜功，急功近利，輕視過去，迷信將來」，這幾句話恰說到好處，「好大喜功」，看是好什麼大，喜什麼功？是反動派的好大喜功，還是革命派的好大喜功？革命派裡只有兩種：是主觀主義的好大喜功，還是合乎實際的好大喜功？我們是好六萬萬人之大，喜社會主義之功。「急功近利」，看是否搞個人突出，是否搞主觀主義，還是合乎實際，可以達到平均先進定額。過去不輕視不行，大家每天都想禹湯文武周公孔子是不行的。對過去不能過於重視，但不是根本不要。外國的好東西要學，應該保存的古董也要保存。南京、濟南、長沙的城牆拆了很好，北京、開封的舊房子最好全部變成新房子。「迷信將來」，人人都是如此，希望總是寄託在將來。這四句話提得很好。還有一個右派說我「好大喜功，偏聽偏信，喜怒無常，輕視古董」。「好大喜功」前面已說過。「偏聽偏信」，不可不偏，我們不能偏聽右派的話，要偏聽社會主義之言。君子群而不黨，沒有此事，孔夫子殺少正卯，就是有黨。「喜怒無常」，是的，我們只能喜好人，當你當了右派時，我們就是喜不起來了，就要怒了。「輕視古董」，有些古董如小腳、太監、臭蟲等，不要輕視嗎？

　　一九五九年廬山會議期間，毛在一次講話中重提張奚若陳銘樞的這幾句話，他說，偏聽偏信，就是要偏。資產階級、小資產階級、無產階級，左中右，總有所偏，只能偏聽偏信無產階級的。同右派作鬥爭，總得偏在一邊。（李銳《廬山會議實錄》，香港天地圖書有限公司，1993年版，第64頁。）可見他對這些話一直耿耿於懷了。

五月十六日

民革中央常委黃紹竑談到黨政關係問題，他說，我所以提黨政關係問題，絕不涉及黨的領導權問題，而是領導方法問題。我覺得過去某些地方某些工作上，沒有通過人民，通過政府，而直接向人民和政府發號施令，各地方或機關黨委五人小組在肅反運動中直接處理案件，如黨和政府共同發佈決定而沒有把黨對各級黨委的指示和政府對於人民的指示分開來，這樣就可能導致人們或某些黨員認為黨的領導方法就是直接向人民發號施令，這樣對於動員和團結全國人民完成國家過渡時期總任務是有妨礙的，這樣會造成很多官僚主義、宗派主義、主觀主義問題。

談到法制問題，黃紹竑認為，我們的立法是落後於客觀形勢的需要的，刑法、民法、違警法、公務員懲戒法都尚未制定公佈，經濟方面的法規更不完備，五年計劃快完成了，但是度量衡條例還沒有制定。他說，公務員懲戒法和各機關的組織條例辦事規則是與整風最有密切關係的法規，必須早日制定。

關於以往成績的宣傳，黃紹竑認為：「成績是主要的，偏差錯誤是個別的」已經成為工作報告中的一種公式，任何工作報告都套上這個公式，我認為這樣會意味著強調成績掩蓋錯誤，造成更多錯誤的危險。個別錯誤即僅僅是百分之二、三，也不能用百分之九十七、八的成績來掩護它、忽視它。就司法方面來說，百分之二、三的錯誤案件，在全國範圍內不知要造成多少人家家破人亡、流離失所。就國家經濟建設來說，百分之二、三的錯誤不知要造成多少億元國家的財政損失，而人民間接的損失也是可觀的。我覺得宣揚成績、誇耀成績、掩護錯誤、忽視錯誤都是官僚主義的作風，也是鋪張浪費的來源。成績說得保守一些，錯誤偏差放在成績的前面，並不等於掩沒了成績，而是成績更加可靠，更加鞏固，是有後備力量的成績。人民對於政府的成績是心中有數的，不強調的說，他們也會知道；說得有一點漏洞，一點不確實，他們也會知道的。強調的說，並不增加他們的信仰；稍微有一兩點不確實，就會減少他們好幾分的信仰。

最後黃紹竑談了兩個具體問題，一個是受勞動教養的據說有兩萬人，大多數是機關幹部，知識份子，他們既夠不上刑事犯罪，已經勞動教養了一年多，應該定出一個整個的解決辦法，不宜拖下去。一個是解放戰爭時期有

些國民黨人傾向革命，為奔走和平或參加工作，多少出了一些力；但因歷史的關係被懷疑，判了重罪，希望徹底檢查，無辜的平反，歷史上有罪的也應酌情處理。

全國工商聯主任委員、無黨派人士陳叔通談到黨與群眾之間的牆與溝，他說，有些黨員總以為天下是自己打下來的，非黨人士在革命勝利以後，吃現成飯，享現成福，而且高高在上，當然氣不過。黨員還認為非黨人士不懂政治，即使有其他長處，不懂政治，也沒有用處，並且在這些長處之中，都含有毒素。因此，看不起非黨人士。有些黨員認為工人階級同工商界、小資產階級是階級問題，搞在一起，就會受侵蝕，他們怕受傳染，因此惹不得，還是同他們生疏好些。這樣不知不覺地就在黨群之間有了牆和溝。為了推翻牆，填平溝，要請黨員先伸出手來。

陳叔通希望黨在整風中能檢查兩個問題。一個是檢查一下，八年來的工作中，究竟是由於保守所造成的損失大，還是由於冒進所造成的損失大。這裡陳叔通看來似乎對這兩個方面無所輕重，但他心裡的傾向還是很明確的，他說了，一般說來，非黨員多是比較保守，黨員多是比較激進。他提出這個問題，顯然是受到一九五六年反冒進的影響，對於毛澤東來說，這是個很犯忌諱的題目。陳叔通提出的另一個是檢查一下全面和個別兩個方面的問題，是不是有忽視個別問題的情況。他認為，非黨員往往擴大個別問題，抹煞全面，而黨員卻容易忽視個別問題，強調全面看問題。陳叔通說，對於個別問題，如果還有類似的個別問題，就不是個別的了；並且有的個別問題，可能發展成全面的問題。就是以個別問題而論，要是性質嚴重的，也不應忽視。何況這些個別的問題，落在一個人、一個村、一個鄉上，就受不了。誠然，非黨員不應該擴大個別問題抹煞全面，另一方面黨員也不應該忽視個別問題。

陳叔通認為非黨員要多瞭解些新東西，黨員也要多瞭解些舊東西，就可以曉得舊的歷史時期的事物和社會情況。現在的黨員對舊社會太生疏了，不能理解那時確實存在的一些事實。

陳叔通又說，有些格言成了金科玉律，我看值得懷疑。比如「矯枉必須過正」，在解放初期這樣提是正確的，因為土地改革、「三反」、「五反」等大運動，不如此是搞不起來的。但是是不是永遠都是金科玉律，有

沒有毛病？領導上能不能加以考慮？還有「克服困難」，當然應該克服困難，但是不能任何問題都抬出這四個字，都叫人克服困難。三個人的飯五個人吃，這個困難可以克服；如果三個人的飯要十個人吃，這個困難就很難克服了。講大道理不能當飯吃，吃了飯講大道理可以，但餓著肚子講大道理就不行。不能把「克服困難」當成口頭禪，什麼問題都叫人「你去克服困難吧」！

陳叔通最後談到中共中央和國務院聯合發佈指示的事，他說，我不懂為什麼要這樣作。當然，國家是由黨領導的，黨可以抉擇方針政策問題，但國務院是最高行政機關，我以為有關行政方面的問題應由國務院發指示。因為聯合發指示容易在人民中造成一種印象：黨和政府一道發的指示就是重要的，國務院單獨發就不重要，這樣就無異削弱了國務院的權力。

致公黨中央副秘書長嚴希純說，合作共事關係搞得好不好，黨與非黨兩方面都有責任，今天本著「春秋責備賢者」的精神，黨員應該負主要責任。許多黨員不瞭解解放前在白區工作的艱苦，不瞭解當時共產黨和民主人士一同鬥爭的血肉關係，僅僅把今天對民主人士工作的安排當做照顧，當做點綴；至於工作，則於這些人無關。談到機關中如何體現黨的領導問題，他說，黨的領導並不等於不管黨員稱職不稱職，就把他放在什麼「長」的位置上，就體現了黨的領導。嚴希純舉出了這樣一件事例：一個圖書館內有一個圖書館專家，做了十幾年工作，但領導上卻派一個文化不高的黨員作他的科長。嚴希純說，有的在科學機關作領導工作的黨員，自己不懂科學，又不虛心學習，尤其不好的是不懂還要裝懂。有些黨員還把領導科學技術機關看成帶軍隊一樣，把科學家、教授、工程師，一律當成自己的下級，不尊重他們的意見，也不給以應有的禮貌。他還說，科學技術工作在研究過程中是允許失敗的，但現在則一遇失敗就要追查科技人員的責任，甚至懷疑有政治問題，加以逮捕。這樣專家們如何敢於負責呢？

嚴希純還談到當時推廣先進經驗中的一些問題，例如混凝土用竹筋代替鋼筋。他說，聽說有些地方已經用竹筋造了三四層樓的房子，我很擔心，幸而最近國務院否定了這種所謂先進經驗。又例如北京築了很多質量不好的馬路，今年全部翻漿，據說原來認為以少數的錢造很多的路是先進經驗，其實這是常識都通不過的事，根本不應認為是先進經驗。

　　最後談到人事工作，他說，黨外領導人對人事工作是無權過問的。人事部門往往只重政治，選派一個留學生，就挑了一個考試成績最壞的學生，就因為他是黨員。這是很大的浪費。有一黨外幹部出國路經蘇聯，回來說紅場沒有天安門廣場大，竟叫他當眾檢討。嚴希純還希望早日解決那些在國民黨時期因失掉革命的關係自己去創造條件進行革命工作，今天因肅反、審幹中的偏差而抬不起頭的共產黨員和民主人士的問題。

　　民盟中央副秘書長葉篤義談到長期共存的方針，他說，民主黨派的組織不是要學習共產黨，把組織搞得更加嚴密，由於民主黨派成員的成分不同，組織鬆懈一些，反而有利於黨派的長存。而目前民盟、民進、農工民主黨和九三學社，都是團結不同方面的知識份子的黨派，工作對象互相交叉，因而發生「爭人」的現象。從團結五百萬知識份子著眼，他建議把四個黨派解散，另組一個知識份子的政黨。其實這不能算是葉篤義的創意，幾年之前中共中央有過這樣的考慮。宋雲彬一九四九年五月二十七日的日記中記有：「晚，周恩來、李維漢等在北京飯店邀請救國會同人晚餐。周表示，新政協開會後，各黨派除國民黨革命委員會、民主同盟、民主建國會外，其餘均可解散。」（宋雲彬：《北行日記》，見《新文學史料》2000年第4期）可知當時的思路是只保留三個黨派，分別以原國民黨人員、知識份子和資本家為工作對象。新政協開過之後，十一月，政協的參加單位三民主義同志聯合會和中國國民黨民主促進會即宣佈結束，併入中國國民黨革命委員會。十二月，救國會宣佈結束。因為它本是民盟的發起單位，結束之後其成員多成了盟員。不久之後毛澤東有了新的考慮，其餘的幾個黨派就不再解散，保留至今。幾年間，顯出了工作對象交叉、相互「爭人」等等現象。葉篤義看到了這些，因而舊話重提吧。葉篤義的這個主張在民盟基層得到了回應，在民盟旅大市委的會議上有人揭露，民盟旅大市委主任委員喬傳玨在中共旅大市委統一戰線工作部的座談會上，表示贊同葉這意見，以為組織知識份子聯盟，對開展工作有很大好處這樣會增加力量，增強團結。（6月29日《旅大日報》）

　　民進中央常委金芝軒談黨與非黨的關係問題。他以為適當安排職位是次要的問題，首先是要信任黨外人士。黨外人士都知道黨員是代表黨來領導的，要是以用人不疑的態度，而且誠懇地幫助他們，知識份子就認為是知己

者，問題就可以少一些。要是以「主人」自居的態度，抱純粹使用觀點，來
對待非黨人士，那麼，非黨人士就自然會有雇傭觀點。更嚴重的是，有些黨
員專談他們的缺點，說他們落後，那問題就多了。像這樣的黨員往往喜歡聽
好話，有這樣一批歌功頌德鼻子抹白粉的「積極分子」來灌迷魂湯，而自己
社會經驗又不足，他還以為有群眾基礎，漸漸地就投入官僚主義、宗派主義
的迷宮。上級當然應負主要責任，現在的確有小官僚欺騙大官僚的，因為大
官僚也喜歡這一套。

陳銘樞就昨天沈雁冰和劉清揚的發言作了書面發言。他說，昨天聽沈
雁冰同志說，一些幹部由於成了教條主義者，也就成為進步分子了。這句話
使我想到了我們國家對於使用幹部的標準──德才資。若單就抽象的政治進
步而定為德，就會失之毫釐，差之千里。因為一個人的政治思想是否真正進
步，必須結合他的思想品質和生活作風來考查，也需看他是否真正完成了任
務。抽象的進步是沒有的。

他又說，昨天劉清揚同志說，整風不應單提幹部的缺點而不提優點。
她以為這樣做會使黨員幹部在群眾中喪失威信。我認為她這意見與黨中央的
整風精神不符，而且不符合事實。誰都知道黨對人民的貢獻，是沒有什麼可
比擬的。縱使黨員幹部犯了任何嚴重的錯誤，也不會抵消黨的功績。但是黨
員幹部中有了歪風，將會影響和危害黨的事業的發展，故歪風必正是有絕對
意義的。歪風有如人身的毒菌，不及早預防，必致蔓延，必須除去而後安，
如果一個身體健康的人有毒菌，你反而對他說：你的身體健康，毒菌莫奈你
何。或說：你可以抵消他。這不是「雖曰愛之，其實害之」嗎？

陳銘樞說：從延安整風以來，以至這次整風，黨與非黨人士所提出的
批評，都談缺點，沒有談到優點，這是符合黨的整風精神的。我認為這是好
現象。至於說，單提缺點，怕影響幹部的威信這一點，恰巧與延安整風以來
的事實相反，人愈能揭發缺點，並認真修正錯誤，愈能在群眾中提高威信，
反之則降低威信。這已是共產黨員久已行之有效的一個真理，一個公式，用
不著懷疑。黨之所以偉大，也就在此。

發言完畢，到了散會的時候，主持會議的李維漢宣佈：從明天起，這
個座談會將休會幾天，成立一個小組，把大家所談的問題加以排隊，準備以
後繼續開會。

在場的人大約沒有誰意識到，事實上剛才李維漢是宣佈整風運動的終結。

四月三十日毛澤東在天安門城樓上要求民主黨派幫助共產黨整風的整風運動；

五月一日報紙刊登中共中央指示，宣佈開展的整風運動；

五月四日中共中央指示所說的請黨外人士幫助的整風運動；

五月十日李維漢在統戰部召開的座談會上回答史良建議時說的，要求黨外人士提出批評意見以幫助共產黨進行的整風運動；

一句話，就是本來意義上的整風運動，熱熱鬧鬧的進行了半個月之後，是到此為止了。

這樣的座談會開了七次，每次開會的翌日，《人民日報》都作了詳細報導。正如李維漢在散會前說的，「對全國整風運動起了推動作用」。中共中央整風指示公佈之後，全國各地各機關團體學校等等，都開始整風。一些人以這些民主人士的發言為範本，一些人得到這些發言的啟發，在自己所在單位的整風會上慷慨陳辭⋯⋯

就在這七次座談會上，一些最重要的右派分子已經出場，一些後來遭到集中批判的右派言論，例如說黨不應直接發號施令，外行不能領導內行，成績是不是主要的，等等，也已經或顯或隱的提出來了。

八、策劃於密室

　　中共中央統戰部邀各民主黨派負責人連續開了幾天座談會。五月十六日統戰部長李維漢宣佈要休會幾天，到二十一日恢復開會。為什麼要休會四天呢？當時宣佈的理由是，要成立一個小組，把大家所談的問題加以排隊，準備以後繼續開會。

　　看來會場上的各位是不假思索就相信了這個說法的。現在人們都已經知道，這並不是休會四天的真正原因。

　　多年之後，李維漢公開了這個秘密：

> 在民主黨派、無黨派民主人士座談會開始時，毛澤東同志並沒有提出要反右，我也不是為了反右而開這個會，不是「引蛇而洞」。兩個座談會反映出來的意見，我都及時向中央常委彙報。五月中旬，彙報到第三次或第四次時，已經放出一些不好的東西，什麼「輪流坐莊」、「海德公園」等謬論都出來了。毛澤東同志警覺性很高，說他們這樣搞，將來會整到他們自己頭上，決定把會上放出來的言論在《人民日報》發表，並且指示：要硬著頭皮聽，不要反駁，讓他們放。在這次彙報之後，我才開始有反右的思想準備。那時，蔣南翔同志對北大、清華有人主張「海德公園」受不住，毛澤東同志要彭真同志給蔣打招呼，要他硬著頭皮聽。當我彙報到有位高級民主人士說黨外有些人對共產黨的尖銳批評是「姑嫂吵架」時，毛澤東同志說：不對，這不是姑嫂，是敵我。……及至聽到座談會的彙報和羅隆基說現在是馬列主義的小知識份子領導小資產階級的大知識份子、外行領導內行之後，就在五月十五日寫出了〈事情正在起變化〉的文章，發給黨內高級幹部閱讀。……這篇文章，表明毛澤東同志已經下定反擊右派的決心。
>
> （李維漢《回憶與研究》（下），第833頁至第834頁。）

　　這樣中途改變主意的事，以前和以後都有，只是這一回的改變似乎太快了一點。發佈關於整風運動的指示，是四月二十七日，到李維漢所說的毛澤東下定反右派決心的五月十五日，才過了十八天。既然意圖已經改變，中央統戰部必須按照新的精神部署下一步的活動。座談會顯然不能再按原定方案進行，必須調整部署，這就是休會四天的真正原因。

　　據李維漢的回憶中所說的，這一次是鳴放中的一些言論促使毛澤東改變決策的。羅隆基大約沒有想到，他說的「馬列主義的小知識份子領導小資產階級的大知識份子」這話，觸及了毛澤東內心深處最隱蔽的自卑感和自尊心，深深地傷了他的心。天地良心，羅隆基這話並不是說毛澤東的，他不會把毛也看作小知識份子。反右派鬥爭中吳晗揭發他這樣一件事：羅隆基頗有點憤憤不平的對人說過，周恩來是南開出身的，毛澤東是北大出身的，我是清華出身的，為什麼他們就能代表無產階級而要我代表資產階級和小資產階級呢？（8月11日《人民日報》）可見他是把毛澤東周恩來看作同他自己一樣的大知識份子的。他說的「馬列主義的小知識份子領導小資產階級的大知識份子」這話，其實就是「外行領導內行」的另一種說法，更深一層的說法，說的是當時幾乎遍及一切機關學校的普遍現象。座談會上張奚若、沈雁冰、嚴希純等人的發言都談到了這一點。可是言者無心，聽者有意，中等師範學校畢業的毛澤東卻感到受了刺激，他有過受到大知識份子冷遇的痛苦經驗。這情形他曾同斯諾談過。那時，他在北京大學圖書館擔任每月工資八元的助理員，「由於我的職位低下，人們都不願同我來往。我的職責中有一項是登記來圖書館讀報的人的姓名，可是他們大多數都不把我當人看待。在那些來看報的人當中，我認出了一些新文化運動的著名領導者的名字，如傅斯年、羅家倫等等，我對他們抱有強烈的興趣。我曾經試圖同他們交談政治和文化問題，可是他們都是些大忙人，沒有時間聽一個圖書館助理員講南方土話。」（《毛澤東自述》，人民出版社1993年版，第33頁。）後來，還有從蘇聯回來的共產主義的大知識份子，也輕視他，說山溝裡沒有馬克思主義。他自尊心受到的傷害多年都沒有癒合。直到他成了國家的元首，可是在內心深處，也還並沒有完全消除這種怕被大知識份子看不起的顧慮。一九五八年十月二十五日他寫給第一師範的同窗好友周世釗的信中說：「那些留學生們，大教授們，人事糾紛，複雜心理，看不起你，口中不說，目笑存之，如此等類。這些社

會常態，幾乎人人要經歷的。」（《毛澤東文集》，第七卷，第430頁。）人人要經歷，就是毛澤東也經歷過的。寫這信的時候，他是不是也回憶到了當年傅斯年、羅家倫輩以及王明洛甫等人對自己的冷淡呢？

這種個人心理方面的原因是十分隱蔽的，更重要的是政治方面的考慮。在這一段雖說時間不長的整風鳴放中，放出的言論不論其涉及範圍和尖銳程度都大大超出了毛澤東的預計。長時間裡，毛澤東受了自己所辦報紙的蒙蔽。報紙是受著嚴格控制的，任何強烈一點的不滿，任何稍稍涉及要害的批評，都不會出現在報紙的版面上。從一版到四版，看到的都是一片歌功頌德，感恩戴德。辦一些這樣的報紙以培植公眾對他的尊崇擁戴，當然很有必要，問題是自己不要相信它。當他長時間閱讀這種報紙之後，漸漸地，他也信以為真了，以為這些報紙反映的就是群眾的真實情緒。現在他發動整風運動，人們在和風細雨地批評某一位科長（甚至還有某一位處長！）的官僚主義、宗派主義、主觀主義、老爺架子等等的時候，一定會更加由衷讚頌領袖的英明偉大。沒想到事乃有大謬不然者。五月十六日，他在他起草的中央關於對待當前黨外人士批評的指示中承認：「自從展開人民內部矛盾的黨內外公開討論以來，異常迅速地揭露了各方面的矛盾。這些矛盾的詳細情況，我們過去幾乎完全不知道。」（轉引自薄一波《若干重大決策與事件的回顧》修訂本，下卷，第632頁。）他沒有想到，七八年來的執政地位，而且不具備權力制約和輿論監督的機制，已經使他的黨受到了怎樣的腐蝕；他沒有想到，七八年間，一方已經積累了多少失誤，而另一方已經積累了多少怨氣。因此，當長期防範的悠悠之口一旦撤防，情況就像大河決堤一般不可收拾。他突然看見了他的臣民和他的黨之間矛盾的廣度與深度。他終於認識到：在中國的具體條件下任何民主化的試驗都是有害的，有限度的言論開放不但不能起到排氣閥的作用，反而會使不滿情緒得到擴散和加強，從而成為對思想控制的有力衝擊。必須迅速制止事態的這個發展趨勢。

當時是有人看到這一點的。六月六日章伯鈞在全國政協文化俱樂部同民主同盟的幾位教授座談的時候說：

這次整風運動，要黨外的人提意見，其後果我想毛公一定是估計到的。民主黨派提意見向來總是客客氣氣的，但估計不足；沒估計到黨

會犯這樣多的錯誤，現在出的問題大大超過了估計，真是「超額完成了任務」，弄得進退失措，收不好，放也不好。（7月4日《人民日報》）

　　章伯鈞說毛澤東對事態的發展估計不足，是事實；可是章伯鈞自己對毛澤東也太估計不足了。在這個局面之下，他也許有那麼一瞬間感到收不好放也不好吧，但至少當章伯鈞在座談會上作此種估計之前三個星期，他早已不再猶豫，下定收的決心了。只是這時他只跟黨內可靠的同志們打了招呼，而報紙上鳴放的勢頭並不稍減。六月六日章伯鈞和民盟的幾個教授在政協文化俱樂部開座談會的那時，他們還蒙在鼓裡，兩天之後突然在《人民日報》上看到〈這是為什麼？〉的社論，才瞠目結舌大吃一驚吧。

　　促使毛澤東下決心收的，除了整風鳴放中那些批逆鱗的言論之外，還有一個也許更重要的原因，就是鳴放揭露出來的矛盾使一些工人和學生情緒激昂，鬧起事來了。毛澤東寫〈事情正在起變化〉之前，五月十三日，《人民日報》又以〈談職工鬧事〉為題發表社論，它一開頭就說：「最近一個時期，在某些企業裡，發生了一些職工群眾請願以至罷工之類的事件。」社論沒有舉出任何具體事例。某些企業是哪些？最近時期是哪天？請願罷工所為何事？經過如何？一概都沒有說。它只說了這些事件「發生得極少，範圍也很小」。不過人們可以設想，如果事情真是這樣不值一提，為什麼要讓《人民日報》專門為這事發一篇社論呢？大約可以認為，《人民日報》發社論，就表明這事有一定的數量和規模。在三月二十五日中共中央發出的內部指示〈關於處理罷工、罷課問題的指示〉裡倒是說出了鬧事的規模：

　　在最近半年內，工人罷工、學生罷課、群眾性的遊行請願和其他類似事件，比以前有了顯著的增加。全國各地，大大小小，大約共有一萬多工人罷工，一萬多學生罷課。這種現象值得我們嚴重地注意。（《建國以來重要文獻選編》第十冊，第154頁）

這個《指示》不但說了有工人鬧事，還說了有學生鬧事。毛澤東說：

　　在學校裡頭也出了問題，好些地方學生鬧事。石家莊一個學校，有一

部分畢業生暫時不能就業，學習要延長一年，引起學生不滿。少數反革命分子乘機進行煽動，組織示威遊行，說是要奪取石家莊廣播電臺，宣佈來一個「匈牙利」。他們貼了好多標語，其中有這樣三個最突出的口號：「打倒法西斯！」「要戰爭不要和平！」「社會主義沒有優越性！」……北京清華大學，有個學生公開提出：「總有一天老子要殺幾千幾萬人就是了！」（《毛澤東選集》第五卷，第332頁至第333頁。）

　　一九五七年對毛澤東更直接的刺激來自報紙。在習慣於黨性很強的黨報的眼睛看來，這一時期的《文匯報》《光明日報》《新民報》等等是太刺激了。〈事情正在起變化〉一文突出地提出了報紙問題。其中說，那些「有相當嚴重的修正主義思想」的右派，「他們否認報紙的黨性和階級性，他們混同無產階級新聞事業與資產階級新聞事業的原則區別，他們混同反映社會主義國家集體經濟的新聞事業與反映資本主義國家無政府狀態和集團競爭的經濟的新聞事業。」說的都是右派在新聞界的表現。而且，他還以為「新聞界右派還有號召工農群眾反對政府的跡象。」（《毛澤東選集》第五卷，第424頁、第425頁。）

　　就是這樣。政治界（民主黨派和無黨派民主人士），新聞界（《文匯報》等等），教育界（教師和大學生）……都出現了右派進攻的形勢，反擊右派是必不可免的了。

　　到了五月中旬，毛澤東已經決心反右。但是這時所確定的，僅僅是一個戰略進攻的方向，還沒有來得及對這一場鬥爭作出很具體很周密的考慮。甚至怎樣稱呼這一場鬥爭的對象也幾經斟酌。「右派分子」這名目並不是一開始就定下來的。五月十四日〈中共中央關於報導黨外人士對黨政各方面工作的批評的指示〉中說的是「在群眾中暴露右傾分子的面貌」（轉引自薄一波《若干重大決策與事件的回顧》修訂本，下卷，第635頁。）「右傾」，還不過是一種政治傾向，還不算特別嚴重；五月十六日發出毛澤東起草的〈中共中央關於對待當前黨外人士批評的指示〉中說的是「使右翼分子在人民面前暴露其反動面目」（轉引自同上書下卷，第636頁。），五月二十日〈中共中央關於加強對當前運動的領導的指示〉中說的是「現在的情況是，在上海、北京等運動已經展開的地方，右翼分子的言論頗為猖狂」（轉引自同上書下卷，第636頁。），

兩個指示用的都是「右翼分子」，這個用語就已經是著眼於政治上的歸宿，已經很接近於最後的定名「右派分子」了。而〈事情正在起變化〉一文中用的是「右派分子」一詞，由此可以推斷這篇文章的最後定稿必在五月二十日之後。現在已有材料表明：它往下發還要更晚一點。當時擔任中國作家協會黨組副書記的郭小川的日記中記著：他是六月十七日才在中央宣傳部長陸定一處第一次看到這個文件的。（見《郭小川全集》第九卷，廣西師範大學出版社2000年版，第118頁。）《毛澤東選集》第五卷在此文題目下面所注出的五月十五日，當是寫出第一稿的日期，寫完之後又經過了修改。如果說此文在五月十五日就已寫定成為現在人們見到的這樣，那麼五月十六日、二十日的指示就不會採用「右翼分子」這個後來沒有再用的稱呼了。現在人們已經知道，這篇文章是六月十二日才在黨內印發的。（見《周恩來傳》1949-1976，上冊，中央文獻出版社1998年版，第368頁）

這些指示對於即將開展的反右派鬥爭作了部署。十四日的指示提出了這樣一項策略：

> 我們黨員對於黨外人士的錯誤的批評，特別是對於右傾分子的言論，目前不要反駁，以便使他們暢所欲言。我們各地的報紙應該繼續充分報導黨外人士的言論，特別是對於右傾分子、反共分子的言論，必須原樣地、不加粉飾地報導出來，使群眾明瞭他們的面目，這對於教育群眾、教育中間分子，有很大的好處。（轉引自薄一波《若干重大決策與事件的回顧》修訂本，下卷，第635頁。）

十六日的指示再次提出了這個策略，其中說：

> 最近一些天以來，社會上有少數帶有反共情緒的人躍躍欲試，發表一些帶有煽動性的言論，企圖將正確解決人民內部矛盾、鞏固人民民主專政、以利社會主義建設的正確方向，引導到錯誤方向去，此點請你們注意，放手讓他們發表，並且暫時（幾個星期內）不要批駁，使右翼分子在人民面前暴露其反動面目。（轉引自同上書，第636頁。）

五月二十日的指示提出：「左翼分子前一時期不宜多講話，共產黨員則採取暫不講的方針」，「在一個短期內，黨員仍以暫不發言為好」。（轉引自同上書，第636頁。）

人們從毛澤東起草的十六日指示中可以看到，他在下決心反右派的時刻，依然懷著聽取黨外人士批評以克服那些太刺眼了的弊端的願望。他說，「黨外人士對我們的批評，不管如何尖銳，包括北京大學傅鷹化學教授在內，基本上是誠懇的，正確的。這類批評占百分之九十以上，對於我黨整風，改正缺點錯誤，大有利益。」

毛澤東在這個指示中還說：

> 從揭露出來的事實看來，不正確地甚至是完全不合理地對黨外人士發號施令，完全不信任和不尊重黨外人士，以致造成深溝高牆，不講真話，沒有友情，隔閡得很。黨員評級、評薪、提拔和待遇等事均有特權，黨員高一等，黨外低一等。黨員盛氣凌人，非黨員做小媳婦。學校我黨幹部教員助教講師教授資歷低，學問少，不向資歷高學問多的教員教授誠懇學習，反而向他們擺架子。以上情況，雖非全部，但甚普遍。這種錯誤方向，必須完全扳過來，而且越快越好。（轉引自同上書，第632頁。）

從這裡可以看出，毛澤東對於民主人士座談會上提出的一些意見，例如黨與非黨之間的牆和溝，一些黨員的特權思想，外行領導內行等等，實際上表示了接受。他說，這種錯誤方向，必須完全扳過來，而且越快越好。可見這時他一方面已經在部署反右派鬥爭，一方面還是希望消除一些整風鳴放中揭露出來的弊端，想做一些改善形象的努力。

宣告決策改變最重要的文件，是〈事情正在起變化〉一文。

文章一開篇，毛澤東就痛痛快快地論證了左比右好的道理。左，或者用當時常用的更規範的提法，教條主義，「這些人大都是忠心耿耿，為黨為國的，就是看問題的方法有『左』的片面性。克服了這種片面性，他們就會大進一步。」而右，或者說修正主義呢？「這些人比較危險，因為他們的思想是資產階級思想在黨內的反映」。如果說前一段整風鳴放的鋒芒主要是針

對教條主義，即針對了左的話，那麼現在到了把方向轉過來的時候了。這篇文章認為，「幾個月以來」，大約是說從二月的最高國務會議劃分兩類矛盾和三月全國宣傳工作會議動員鳴放以來，「人們都在批判教條主義，卻放過了修正主義。」「現在應當開始注意批判修正主義」。而且，這篇文章認為，前一段的批教條主義，有批過頭了的，有批錯了的，「有些被攻擊的『教條主義』，實際上是一些工作上的錯誤。有些被攻擊的『教條主義』，實際上是馬克思主義，被一些人誤認作『教條主義』而加以攻擊。」這種情況當然必須糾正。前一階段左派受到過頭的、錯誤的攻擊，這種委屈將從對右派的打擊中得到補償。

這篇文章提出：「最近這個時期，在民主黨派中和高等學校中，右派表現得最堅決最猖狂。」這樣，民主黨派和高等學校就成了反右派鬥爭的重點。除此之外，這篇文章還提出了在文學藝術界、新聞界、科技界、工商界反右派的任務。

在幾百萬知識份子中要劃分出一部分右派來加以打擊，總得有一個劃分的標準。根據一個人批評的對不對來劃分行不行？不行。這篇文章認為，「右派的批評也有一些是對的，不能一概抹殺。凡對的就應採納。」這就是說，即使你的批評被承認是對的，被採納了，也不見得你就一定不是右派。是否右派，要看政治態度。這篇文章提出：「在我們的國家裡，鑒別資產階級及資產階級知識份子在政治上的真假善惡，有幾個標準。主要是看人們是否真正要社會主義和真正接受共產黨的領導。」這也就是六月份在報紙上公開宣佈的六條政治標準中最重要的兩條。如果一個人聲明他真正要社會主義和真正接受共產黨的領導了，是不是就可以保證不劃右派呢？也不一定，因為，這篇文章表示：「什麼擁護人民民主專政，擁護人民政府，擁護社會主義，擁護共產黨的領導，對於右派說來都是假的，切記不要相信。」如此說來，這個標準的掌握，也就難了。幸好這篇文章還提出了一個判別邪正的簡易標準。它說，「右派有兩條出路，一條，夾緊尾巴，改邪歸正。一條，繼續胡鬧，自取滅亡。」只要看尾巴的狀態：夾緊的是正，翹起的是邪，就同用試紙檢驗溶液的酸鹼度一樣簡易和明瞭。這裡說的雖說是已劃右派之後，其原則也可以追溯到未劃右派之前。夾緊尾巴，低首下心，馴服之態可掬的，當然不必劃為右派；尾巴翹起，桀驁不馴，不易駕馭的，就以劃為右派為宜。

　　在這篇文章裡，毛澤東使用了「誘敵深入，聚而殲之」這樣的軍事語言，反映出他的心態，他是把反右派鬥爭當作一場戰爭來指揮的。

　　〈事情正在起變化〉一文還有一項重要的意義，就是提出了新的知識份子政策，宣告一九五六年周恩來關於知識份子問題的報告中提出的知識份子政策已經失了時效。當時，周恩來說，絕大部分知識份子「已經是工人階級的一部分」，「應該改善對於他們的使用和安排」，「給他們以應得的信任和支持」。而〈事情正在起變化〉一文中說：「我們同資產階級和知識份子的又團結又鬥爭，將是長期的。」這句話包含了三項內容：

　　第一，知識份子是跟資產階級相提並論的，對知識份子跟對資產階級是實行同一個政策。有一點馬克思主義常識的人都知道，資產階級是社會主義革命的對象。這樣一相提並論，就是把知識份子置於革命對象的地位，是需要加以打擊的社會成份了。一年之後的中共八大二次會議接受了毛澤東的這個見解，正式提出「我國現在有兩個剝削階級和兩個勞動階級」的思想，明確聲稱「正在逐步地接受社會主義改造的民族資產階級和它的知識份子」是兩個剝削階級中的一個，從而使毛澤東的這一意見具有某種理論的形態。

　　第二，對知識份子如同對資產階級的政策一樣，要領是又團結又鬥爭。一九五六年毛澤東在同拉丁美洲一些黨前來參加中共「八大」的代表談話時，把這個「又團結又鬥爭的政策」講得很具體，就是「必須鬥爭的就作鬥爭，可以團結的就團結起來」（《毛澤東選集》第五卷，第310頁）。一九五七年一月在省市自治區黨委書記會議上，毛說，「我們對待民主人士，要又團結又鬥爭，分別情況，有一些要主動採取措施，有一些要讓他暴露，後發制人，不要先發制人。」（《毛澤東選集》第五卷，第355頁）

　　在對知識份子實行這個政策的時候，開始，可以團結的有郭沫若輩，必須鬥爭的有梁漱溟胡風輩；到了此刻反右派之時，必須鬥爭的有羅隆基、章乃器、曾昭掄、徐鑄成、儲安平、馮雪峰、丁玲等數十萬人，可以團結的有吳晗、翦伯贊、李達、老舍、邵荃麟、葉以群、劉綬松等一批人，團結他們來寫批判右派分子的文章，來作批判右派分子的大會發言；到了幾年之後的「文化大革命」中，這吳晗、翦伯贊、李達、老舍、邵荃麟、葉以群、劉綬松等人又成為不可以團結而必須鬥爭的了，這些人一直被鬥爭到或者自殺

殞命或者瘐死獄中，「含冤去世」；到最後，可以團結的只有張春橋、姚文元、馮友蘭、楊榮國等幾個知識份子，而必須鬥爭的有若干反動學術權威，地富反壞右分子，二十一種人以及幾百萬臭老九。總之，可以團結的越來越少，必須鬥爭的越來越多。

第三，這將是一條長期執行的政策。果然，這條政策一直執行到一九七八年中共十一屆三中全會，共計二十二年。

〈事情正在起變化〉是個內部文件，甚至黨內不可靠的人也不給看的。一些獲准知道新精神的人，當他知道政策的突然轉變和政治風向的突然轉變，還是感到十分震驚。作家黃秋耘回憶說：

> 我記得十分清楚，一九五七年五月十八日的晚上，我在邵荃麟家裡聊天，順便向他請示一下有關《文藝學習》的編輯方針，因為韋君宜當時下鄉去了，《文藝學習》的編務是由我主持的。我跟邵荃麟很熟，幾乎無話不談，雖然在職務上他是我的頂頭上司，但我對他完全沒有下級對上級那種拘謹，他對我也完全沒有上級對下級那種嚴肅。那天晚上，他興高采烈，眉飛色舞地對我暢談他在浙江視察時的種種見聞（他當時是人大代表）。他在杭州召開過幾次文化界人士座談會，鼓勵大家大鳴大放，幫助黨整風，收效甚大，人心大快。（到了十年動亂期間，他這些行動都被說成是「煽風點火」了。）對於《文藝學習》的編輯方針，他強調要「放」，大膽地「放」。他認為，《文藝學習》組織對〈組織部新來的年輕人〉的討論，好得很，甚至引起了毛主席本人的注意。毛主席在全國宣傳工作會議上談到了這篇作品，還替這篇作品辯護了幾句，說北京甚至中央都有官僚主義，王蒙反對官僚主義並沒有錯。當然，小說是有些小資產階級情調的，但沒有政治性的錯誤。毛主席直接出面替一篇文藝作品說話，這是從來也沒有過的事。我們正在談得起勁的時候，桌上的電話鈴聲響了，邵荃麟連忙走過去接電話。不到兩分鐘，他登時臉色蒼白，手腕發抖，神情顯得慌亂而陰沈，只是連聲答應「嗯！嗯！」最後只說了一句；「明白了。好！我馬上就來。」我看了一下手錶，已經是九點二十分了，肯定是發生了出人意料之外的重大事件，要召開緊急會議。他放下了電

話，沒頭沒腦地說了一句：「周揚來的電話，唔，轉了！」至於究竟怎樣轉法，他沒有說，我自然也不便問。沈默了好一會兒，他又叮囑我一句：「咱們今天晚上的談話，你回去千萬不要對別人說！暫時也不要採取任何措施，例如抽掉某些稿子，這樣會引起懷疑的。」我知道他馬上要出去，就連忙告辭了。（《黃秋耘文集》第四卷《風雨年華》，花城出版社，1999年版，第152-153頁）

回憶了這一段往事之後，黃秋耘感慨說：「唉！倘若我早十天半月就知道了這個『轉』的消息，該有多好呵！我可以挽救許多人。當然，這是不可能的。在十天半月之前，也許誰也不會知道，風雲突變，馬上就要發動一場雷霆萬鈞的反右派鬥爭。」

那些沒有資格閱讀內部文件，沒有機會旁聽內部電話的人苦了。他們不知道反右派鬥爭正在一聲不響地從容佈置之中，還在一個勁地大鳴大放，向黨提意見，幫助黨整風。

經過調整部署之後，中共中央統戰部邀民主黨派負責人繼續舉行座談會。休會之後的第一次座談會在五月二十一日舉行。看來還是這樣一些人，還是一樣熱烈的發言，還是照舊每天詳細登報。看不出氣氛有什麼變化。如果他們之中有誰感覺到了事情正在起變化，就該不會那麼不識忌諱地侃侃而談了吧。座談會的主持者當然是成竹在胸，這時倒是真有一點釣魚之意了。就像《水滸傳》上阮小七對盧俊義唱的漁歌那樣，「準備窩弓收猛虎，安排香餌釣鼇魚」，甚至並不需要什麼香餌，就有鼇魚，不，鯊魚上鉤了。

下面依舊摘錄一點《人民日報》上刊出的座談會上的發言。

五月二十一日

第一個發言的是章伯鈞。他說，近二十多天來，全國各地都在幫助共產黨整風，提出了很多意見，看來是很正常的。這證明鳴放並不影響共產黨的領導，而是愈益提高了共產黨的威信。他舉出引起了很多討論的學校中黨委治校向題為例，他說就他接觸到的朋友來說，大家的看法基本接近，都認為共產黨的領導是不可缺少的，黨是可以從政治上領導科學的。但是，另一方面，大家也都感到這種制度有缺點，發生了宗派主義、教條主義和官僚主

義的缺點。因此大家認為應該更多地聽取教授和學生的意見。

　　章伯鈞還提出，現在只是中上層人物發表意見，今後應該徹底地廣開言路，希望這次整風能聽一聽基層人民的意見。他說，今後有關國家的政策、方針性的重大問題，可以多聽一聽各方面的意見。他提到過去一些工作中的失誤，如掃盲運動、五年一貫制、推廣雙輪雙鏵犁等問題，如果事先經過國務院的部長們，根據材料，多方面地進行討論，或經過民主黨派、高級知識份子、專家的討論，就會減少損失。如果黨內一決定，就那麼幹下去，是不能達到預期的目的的。再如文字改革，我認為既不是國防機密，又不是階級鬥爭問題，是一個人民內部的矛盾問題，卻只由少數熱心分子作了討論。這樣，是不是人人都搞通了呢？我看包括黨內的一些同志，大有問題，相當混亂。如果文字改革問題等於社會主義、共產主義，我沒有意見，我不能反對；如果是文化問題，就應該在黨內外展開討論，應該多從學術、政治、道理上進行討論。

　　章伯鈞說，現在工業方面有許多設計院，可是政治上的許多設施，就沒有一個設計院。我看政協、人大、民主黨派、人民團體，應該是政治上的四個設計院。應該多發揮這些設計院的作用。一些政治上的基本建設，要事先交他們討論，三個臭皮匠，合成一個諸葛亮。

　　關於政治設計院，章伯鈞就是說了這樣幾句話。這卻成了他的代表言論，在反右派鬥爭中受到集中的批判。周恩來在全國人民代表大會一屆四次會議作的政府工作報告中，說他提出的政治設計院是企圖在我們國家最高權力機關──全國人民代表大會以外，另外成立的一種國家權力機關，目的不外是想使我們的國家政權離開工人階級和它的先鋒隊──共產黨的領導。（6月27日《人民日報》）章伯鈞在民盟中央小組批判他的座談會上解釋說，我說到政治上的設計院問題，設計是工程技術人員的事，不是居於領導地位的。（6月11日《人民日報》）看他說的政治上的四個設計院，沒有把共產黨包括在內，顯然是認為共產黨是領導黨，不僅僅是起一種提出設計方案的設計院的作用。章伯鈞不懂得，工程技術問題上是允許有許多設計院的，這在政治方面卻是不被允許的。即如鳴放，毛澤東說的，是學術問題上的百家爭鳴，文學藝術上的百花齊放，是右派才把鳴放涉及政治。對待鳴放尚且如此，當然更不能允許有什麼設計院設計出政治方面的方案來。章伯鈞是出

於對共產黨領導地位的尊重，沒有把共產黨也算做一個政治設計院。毛澤東卻是把他的黨看作政治設計院的，這年十月十三日，他在最高國務會議第十三次會議上講到全國農業發展綱要四十條，說「這個農業發展綱要草案，是中國共產黨提出的，是中共中央這個政治設計院設計出來的，不是章伯鈞那個『政治設計院』設計出來的」。（《毛澤東選集》第五卷，第493-494頁）中共中央這個政治設計院是不加引號的，章伯鈞那個政治設計院是加了引號的。不言而喻，只有中共中央才是唯一的政治設計院，而毛澤東就是這個設計院的總設計師。

在這一天的座談會上，章伯鈞還說：大多數教授都反映會多，這要看什麼樣的會。假使是千篇一律的報告會，形式主義的會，最好是少開一點。比如國務院開會常是拿出成品要我們表示意見，這樣的形式主義的會，是可以少開的，但如果能夠提出問題，拿出材料認真討論，有豐富的內容，能夠發揮各個人的見解，這種會大家不會感到多的。章伯鈞的這個意見後來也遭到了集中的批判。

章伯鈞說完，邵力子立刻起來同他辯論。他說，我是參加了文字改革委員會工作的，伯鈞先生說文字改革只是幾個人關起門來搞的，這樣說是太冤枉了。事實上，每個方案提出時，文字改革委員會都徵求了社會各方面的意見，全國政協也討論過兩三次，伯鈞先生以全國政協副主席的身份，提出這樣的意見就相當嚴重了。

羅隆基接著發言。他針對邵力子的發言補充說明了一些情況。他說，文字改革問題，是討論過的。當時討論的是拼音字方案，而不是討論中國文字是不是要拼音。說到漢字簡化，也沒有討論漢字簡化的方向問題，拿出來討論的是簡化字。而且拿出來討論時，說是黨已經決定了，這樣，如果展開討論，就會說是反對黨的政策。當時很多人是不敢講話的。

章伯鈞接著說，邵力子先生對我的批評是對的。以前有些人說我是共產黨的尾巴，百依百順。但是，將漢字改為拼音文字，我是懷疑的，政協討論時，陳毅叫我講話，我不講話。但是大家贊成通過，我也不反對。

羅隆基說，毛主席是贊成拼音化的，這樣讓大家討論就很難發表意見了。

邵力子反問說，既然你有意見，當時為什麼不講？現在把事情都推到

共產黨身上，太冤枉人。

　　章伯鈞回答說，今天就講了嘛。

　　這天的會上，民主促進會副主席許廣平和林漢達也發了言。許廣平說，當然，民主黨派需要有共產黨的領導，但是如果民主黨派做的事情於人民有利，不違犯政策，就應該發揮民主黨派的創造性獨立性。如過去我們民進基層去發動群眾和平簽名，常常碰到幹部說：黨還沒有佈置，慢點做。我們也就只好收起來不做了。我以為像這類不違犯政策的事情，可以讓民主黨派多做一些。這裡許廣平所說的「和平簽名」，是一九五五年以全國政協和中國人民保衛世界和平委員會的名義發動的一個運動，從二月十四日中蘇友好同盟互助條約簽訂五周年紀念日開始，在全國城鄉廣泛徵集簽名於世界和平理事會常委會的《告世界人民書》之上。到四月十日簽名運動結束時，據宣佈全國簽名者超過四億五千萬人。她還談到，中小學提拔幹部偏重於黨團員，有些甚至是清一色的黨員，有些教書教不了，才提升為幹部。老教師不管經驗多麼豐富，也不能提拔。有些教師教學成績不好，批准入黨後馬上可被提拔。

　　擔任教育部副部長的林漢達談到有職有權問題。他說，我不是講我個人有職無權，而是說整個教育部都是有職無權。很多事情，教育部不知道。教育部發通知下去，不靈，加上國務院，還不行，非得中共中央、國務院發聯合指示才行。政府部門有什麼用？肯定你有成績，就有成績，說有偏差，就有偏差。比如一九五二年把祁建華一捧捧到天上，好像倉頡第二，孔子第二，第二年就打下去了，統統否定了。這裡要作一點注釋；祁建華是人民解放軍西南軍區某部的文化教員，利用注音符號作為識字教學的工具，當時報紙上說他創造了速成識字法，大力推廣。西南軍區政治部給他記特等功一次，政務院文化教育委員會給他了頒發獎狀。

　　林漢達還談到掃除文盲的工作。他說，一九五四到一九五五年做得比較好，一九五六年在冒進。冒進主要表現在規劃上，把七年完成的任務說成三年五年，實際上是紙上談兵。到春耕的時候掃盲工作本來已是在走下坡路了，《人民日報》還發表了一篇社論，糾正盲目冒進。《人民日報》社論那裡來的？教育部的部長都不知道。誰能夠指揮教育部呢？說一九五六年掃除文盲九百萬人，其實這是一九五四到一九五五年的成績，一九五六年的要到

一九五八年才能看到成績。

林漢達談到這裡，馬寅初插了一句說；《人民日報》沒有根據是不會登的。

九三學社副秘書長李毅說，現在非黨人士幫助黨整風，提了很多意見，鳴放的高潮正在形成，有人有懷疑，我看很健康，不是糟得很，是好得很，不是放得太多，是放得還不夠。為什麼說放得還不夠呢？李毅說，報紙上雖然雷聲震耳，可是很多機關還是冷冷清清；北京上海雷聲震耳，很多城市還是冷冷清清。就是北京也還有許多人顧慮重重。這些人顧慮什麼呢？李毅說了一段十分有趣的話：歸根結底，都是怕打擊報復。他們說：鳴、放三部曲，一放；二收；三整。「誘敵深入，聚而殲之」。

李毅不知道，毛澤東在〈事情正在起變化〉這篇秘密文章中，正好也寫了「誘敵深入，聚而殲之」這兩句，這真是太巧的巧合，兩個人從不同的出發點想到一塊來了。李毅說的三部曲，第一部已過，正在演奏的是第一部和第二部之間的過門，第三部眼看就要開場。你說出來了，可是你不懂，真是可悲憫的遲鈍啊。不過也難怪，比如《燒餅歌》上的預言，應驗之前也是無人能解的。

李毅把避免打擊報復的希望寄託在毛主席身上。他說，黨的領導人不都是毛主席、周總理，和尚不是菩薩，菩薩是經過苦修苦練的，爐火純青，和尚修煉時間不長。何況打擊的方式是多種多樣的，有許多是用馬列主義的外衣掩蓋起來的。所以我們社會主義學院現在就有好幾個同志夜裡睡不著覺，心裡打鼓，放吧不敢，不放吧，悶在心裡又難受。有人說，領導上應該從政治上、組織上作出進一步的保障，有人希望毛主席撐腰，公開講講不准打擊報復。

他不知道毛主席已經講了他的意見，只不過是秘密講的，其中有八個字已經給你碰巧猜著了。

李毅在發言中，還說他和章乃器先生有一點爭鳴：他以為，章乃器在《人民日報》發表的〈從「牆」和「溝」的思想基礎說起〉一文，只說明了問題的一個方面，即黨的方面；忽略了問題的另一方面，即非黨方面。事實上，牆是雙方砌的，溝是雙方挖的，需要雙方主動，才能推倒牆，填平溝。

李毅還說他和黃紹竑先生也有一點爭鳴。認為黃先生指出掩蓋缺點、

誇大成績的偏向是對的；但是因為要糾正這個偏向，就把缺點放在前面，也是不對的。去年波匈事件鬧得很厲害，其中一個原因就是對成績和缺點的估計有問題，所以還是實事求是為好。

黃紹竑聽了，應聲說：我並沒有誇大缺點的意思，我是主張把缺點放在顯著的地位，目的是在於引起注意，不要忽視缺點。

五月二十二日

《人民日報》在報導這一天座談會上的發言時，前面有一小段文字，其中說，「這些發言，從不同的立場和觀點，對黨和國家的工作提出了各種不同的見解和意見。對某些問題，會上還展開了爭論。在這些意見裡面，有不少一部分涉及到國家工作中帶有原則性的問題。我們認真地研究、分析和討論這些意見，加以正確地對待，以便改進我們的工作，提高我們的思想覺悟，這對於每一個共產黨員和讀者，都是十分重要的。」

當時的讀者不知道是不是有誰注意了這段話，多年之後回過頭來看，這裡面就大有文章了。其中沒有一句對這些意見以及提意見的態度表示肯定的話，對待這些意見，也只說「加以正確地對待」，卻不說「加以採納」，而且提出了「不同的立場」問題，也就是含蓄地表示了其中有不能接受的意見。

這天第一個在會上發言的是民進中央副主席周建人，他持一種值得讚賞的立場和觀點，主張拆牆必須從兩面來拆。他說，作為一個民主黨派的成員，努力學習，搞通思想就是拆牆的妙法。他也說到，思想改造也是一件艱苦的工作。出身於小資產階級和資產階級的知識份子，必須經過艱苦的思想改造。他認為資產階級分子改造起來工程比小資產階級還要大些，他同意採用「脫胎換骨」這個提法。這顯然是反駁章乃器的意見。

民革中央常委陳劭先在發言中表示希望統戰部對民主黨派的思想改造工作還是要指導、幫助。因為既然要「長期共存，互相監督」，就不能拿舊思想、落後思想去監督新的進步的思想，也不能拿資本主義去監督社會主義。只有思想改造好了，才能「長期共存，互相監督」。陳劭先還表示希望統戰部在可能範圍內能在黨政方面的重要政策、措施制定之前，事先徵求民

主黨派的意見。他說，有些事情民主黨派往往在登出報來後才曉得。事先不瞭解情況，如何進行監督？事先徵求意見，民主黨派才能起到監督作用。當然，屬於機密方面的問題，又當別論。

一九三三年入黨的共產黨員王昆侖，以民革中央常委的身份發言，希望支援民主黨派充分參加國家事務，希望今後凡是憲法範圍以內的國家大計，不僅事前建議，事後批評，而且要做到參與他們自己職權內的決策、執行和檢查。談到肅反，王昆侖說，一方面堅持有反必肅的原則，一方面堅持有錯必糾的原則。希望深入進行檢查。凡是某些人在那裡受到錯誤的處理的，在弄清楚以後，就在那裡為他公開恢復名譽。如果的確是反革命分子，決不替他呼冤，決不替他要求平反。

民主促進會副主席王紹鏊也是一九三三年入黨的中共黨員，他在發言中也談到牆是兩方面砌起來的，也應該由兩方面動手拆，我們從舊社會出身的知識份子，往往自鳴清高，強調「士為知己者死」，這就是牆的來源之一。他還表示，他不能同意有些人提出的在學校中取消黨委制的說法。

民進中央常委嚴景耀反映了一些中小學教師的意見，他說，好些基層同志反映：把統戰部的「統戰」二字拆開看是「上統下戰」。說到鳴放，他說，有人反映：大學大鳴，中學中鳴，小學小鳴。他還談到，有一個學校，共產黨員的副校長因事出差，學校出了這樣的佈告：「副校長因公出差，校內一切事務均由校長代理。」嚴景耀表示，他很同意葉篤義的意見，把民盟、民進、九三學社、農工民主黨合併起來。他以為，如果能夠合併，可以叫「社會主義同盟」。

羅隆基發言時興致很高。他說，前一天陳叔通老先生對他說，現在的爭鳴氣候好像是「春眠不覺曉，處處聞啼鳥」。他又續上兩句：「一片整風聲，三害除多少」。他說，通過整風，黨加強了，民主黨派也提高了。他認為這次的爭鳴是很健康的。大家雖然提了不少意見，但並沒有人反對馬克思主義和社會主義。

針對昨天會上李毅說的有人怕打擊報復這問題，羅隆基說，有人要求黨提出保證，在他們對黨進行批評以後，不致在將來受到打擊報復。他認為要毛主席出來講話保證，那是笑話。但他提出了一個解決這個問題的具體方案，就是要由人民代表大會和政治協商委員會成立一個委員會，這個委員會

不但要檢查過去三反、五反、肅反運動中的偏差，它還將公開聲明，鼓勵大家有什麼委屈都來申訴。這個委員會包括領導黨，也包括民主黨派和各方面人士。他以為這樣作有三個好處：一、可以鼓勵大家提意見，各地知識份子就不會顧慮有話無處說，而是條條大路通北京了；二、過去的「三反」、「五反」、「肅反」雖然有很大的成績，但是也發生了副作用，使人不敢講話。有人擔心在這次的「放」和「鳴」以後，還有「收」和「整」。在過去運動中受了委屈的，要給他們「平反」，就可以使他們減少同黨和政府的隔膜。他還主張，「平反」的機構一定要同「三反」、「五反」、「肅反」的原領導機構分開。因為他認為這幾個運動過去是共產黨領導著搞的。「平反」時，除了領導黨以外，還應該由各民主黨派和無黨派人士參加，說明運動的成績，也為受了委屈的人解決問題。受委屈的人，不只各民主黨派有，其實共產黨內也有。三、現在誰都不能保證在下級機關裡不發生打擊報復事件，有這個機構，敢於打擊報復的人，知所畏懼；受到打擊報復的人就有路可走，他們可以提出控告。他以為，這樣既檢查了肅反中的遺留問題，又配合了整風。因此，他還主張地方人代會和政協也應該成立這樣性質的委員會，使它成為一個系統。

羅隆基的這個主張在後來的反右派鬥爭中給標上了「平反委員會」這個題目，作為他的代表言論，受到集中的批判。其實這個主張並不是他的創造發明，他是援引和發揮毛澤東二月二十七日在最高國務會議上講的意見。當時毛在談到肅反問題時，曾經提出今年和明年應來一次大檢查，全面總結一次。中央由人大常委與政協常委主持，地方由省市人委與政協主持。羅隆基說的，就是從這裡來的。只是有一點不同。毛只是說要作一次大檢查，並沒有提出要為此建立什麼機構，而羅卻說要成立委員會，甚至要使它從中央到地方成為一個系統。後來羅在民盟中央小組批判他的座談會上作檢討，說他所以說這樣的話，是因為對毛主席的指示體會不深刻。（6月26日《人民日報》）羅說他體會不深刻，這是真的，他確實並不瞭解毛對這一問題的具體考慮。即如檢查的時限，四月間毛在上海局杭州會議上說，肅反檢查是查一九五五、一九五六年的，過去的不查了。而羅說的，不但是肅反，連過去的三反、五反也都包括在內。檢查的目的，毛說的是「總結經驗，發揚正氣，打擊歪風。」「在檢查工作的時候，我們對廣大幹部和積極分子不要潑冷

水，而要幫助他們。」更明白些說，就是幫助絕大多數正直地忠心耿耿地在肅反戰線和司法戰線上為人民服務的工作同志，進一步提高政治水平和業務水平。而羅說的是鼓勵有委屈的人向這個委員會申訴，使敢於打擊報復的人知所畏懼。可見兩人的出發點和目的並不相同。這也就是古人論文章所說的「貌同心異」吧。

在這一天的座談會上，羅隆基還談到，共產黨在發展組織方面，特別是在發展知識份子方面，是否有些太快了。在解放後這幾年裡，黨員很快地發展到一千二百萬。羅隆基不知道，毛澤東還認為黨內的大知識份子太少，因而決定加速發展知識份子入黨，到第三個五年計劃之末，入黨的要達到知識份子的三分之一，今年就要吸收百分之十五入黨。從這裡也可以看出羅同毛兩人想法的距離有多大。在羅隆基看來，解放初期在知識份子中，有這樣一些人，他們常是「打擊別人，抬高自己」，而這樣的人，卻被黨看成是積極分子，也就是進步分子，吸收進黨。他們「一朝權在手，便把令來行」，非黨知識份子感到不服氣，既影響了黨的威信，又造成了黨和非黨的隔膜。

關於有職無權的問題，羅隆基說，黨員固然有責任，機構也有問題。他說他在森林工業部裡面是有職有權的，但是部以上有國務院的八個辦公室，有國家計劃委員會和國家經濟委員會，另外還有黨中央的各部，你這個部沒有法子有權。很多事情都是從上往下貫徹，往下交任務。經委和計委向部裡要的數字任務，也只能是主觀主義的。計畫整個地建築在關起門來的主觀主義的基礎上。他認為在經委和計委和國務院各辦公室的領導人員多是黨員，這也正說明黨對舊知識份子很不信任。他以為黨員的政治雖強，技術知識和對經濟計畫工作的經驗不一定都豐富，應該放心的讓舊知識份子參加管理工作。

關於當前工作中的主要偏向是「保守」還是「冒進」這個頗為敏感的問題，羅隆基也說了些犯忌諱的意見。他認為從一九五六年以來主要是冒進，而不是保守。這不是哪個人的問題，也不是哪個部的問題，而是全部的冒進。

這天的座談會之後又休會七天，五月三十日才又接著開會。這次休會的原因，據後來薄一波說，是因為「五月二十一日和二十五日，中央書記處連續召開會議，研究報紙宣傳方針問題和寫文章爭鳴問題，並擬定了一批題

目和指定了作者，確定了各文的審稿人和交稿日期。」（薄一波《若干重大決策與事件的回顧》修訂本，下卷，第637頁。）只有做好了這一準備，才能在戰鬥打響之後迅速拋出一批有分量的批判文章。既然中央書記處在開會研究反右問題，民主人士的座談會當然得停下來，等到書記處研究出結果，統戰部才有所遵循，才好研究這個座談會怎樣配合當前的鬥爭。現在的任務已經是研究批判右派的文章的題目了，座談會的任務顯然不再是聽取有關整改的建設性批評，而是收集供批判用的右派言論。前一階段的座談會上，章伯鈞、羅隆基、章乃器這些最大的「鯊魚」都已經自動浮到水面上來了。他們大放特放，材料已經夠多。現在要研究的是，還欠缺哪些人的材料，還有哪幾個內定右派分子材料不足，應該想點什麼法子，叫他們也鳴一鳴，放一放。這就要有點時間去勸駕，做做工作，動員動員，所以就得再一次休會了。

五月三十日，座談會又繼續進行。農工民主黨中央執行局委員張雲川說，黨和非黨之間是有牆和溝的，在工作上、待遇上、工資上，都表現了黨員不是吃苦在前，享福在後，而是相反，形成特權，形成了牆。在這種情況下，儘管強調非黨人員要建立主人翁感，但是仍會很自然地有作客思想雇傭思想。

張雲川還建議，在中國革命史中不要只講共產黨的歷史，對民主黨派在各個歷史時期的作用也給予應有的評價。他還提出：最好有些年紀較大、社會知識較豐富的幹部做人事工作，因為青年對舊社會情況不瞭解，在審查別人歷史時容易割斷歷史，不能全面判斷。他建議把對高級知識份子的思想改造、肅反工作的成績和副作用摸一摸，比較和總結一下。

民革副主席龍雲說，他對張奚若先生、章乃器先生、陳叔通先生、章伯鈞先生及其他的先生在座談會上的發言非常欽佩。相信共產黨在這次整風中一定會得到很大的幫助。不過還有一些人的發言仍有顧慮；原因就在於過去的幾次運動使他們害怕了。他認為這次運動是幫助共產黨整風，同以往的歷次運動完全不同。首先要信任共產黨，信任毛主席。如有顧慮，就是不信任共產黨了。他認為，缺點和錯誤揭露得越多越好，如果掩飾起來，將來缺點和錯誤還會是很多的。

龍雲認為錯誤的根源多半在上面。上面發佈指示之前往往沒有全面地深刻地考慮，把天下事看得太易，求治心切，企圖百廢俱舉，殊不知下面辦

事的人員經驗不足，業務不熟，事體複雜而繁重，不能因地制宜，應付裕如，只能按令而行，造成紊亂，這也就產生了官僚主義。比如往年的教育事業一直在擴大，今年的教育事業突然要壓縮，結果使得國家感到困難。主管部門感到困難，社會和家庭都感到困難，這是冒進，也是輕率。又比如去年提倡穿花衣服，今年又提倡穿補釘衣服，使得下面無所適從。龍雲在這裡說的今年教育事業突然壓縮，不久之後就引起大麻煩了，這一點以後還要說到。至於提倡穿花衣服，那是因為同蘇聯的易貨貿易中進口了一批花布。

龍雲還提出：聽說北京師範大學有個附中，現在改為一〇一中學，學生完全是高級幹部的子弟，其他的學生就不收。資本主義的君主國家聽說有貴胄學校、貴族學校，平民一概不收。為什麼我們社會主義的國家，也要設這種類似的貴族學校呢？

民革中央常委朱蘊山談到，肅反運動是有成績的，問題是在執行工作方面部分的發生偏差，把肅反面擴大化了。他建議在本年人大代表會議後，人大常委會和政協常委會應即召開聯席會議，根據毛主席在最高國務會議的指示，迅即組織一個臨時檢查機構，會同有關機關方面分往各地認真檢查。根本搞錯了的，應徹底平反，並賠禮道歉。曾經在什麼樣規模的群眾會上宣佈有罪，現在也應該在同樣規模的會上宣佈無罪，使被錯鬥了的人，在精神上得到安慰。沒有搞錯的不許翻案。也不應對領導肅反的幹部潑冷水。

另一位民革中央常委劉斐說，黨和政府是兩個性質不同的系統，黨是領導國家事業的核心，但是，黨的領導要通過國家機器去實現，黨不應該代政，就像開機器的人，不能代替機器一樣。但是有些黨員不瞭解這種關係，而要把一切都抓在手裡，連評級評薪也要高人一等。以為這樣才是實現了黨的領導，提高了黨的威信。這是讓國家機器生銹的作法，而且會滋長「三害」，加深人民內部矛盾。

劉斐還談到，過去有些地方沒有很好地執行知識份子政策，使一些人受了委屈。要改變這種情況，一方面要有錯必糾，為受了委屈的人恢復名譽，另方面要加強對黨員的教育，使他們改變對知識份子的強硬態度。這些人也就會消除成見，體諒過去錯誤之難免。

民進中央常委吳研因發言，對上次座談會上周建人的發言表示不滿。他說，現階段三害這牆只是在開始拆，而且遠遠沒有拆到下層的牆，比如民

進的中小學教師會員就在喁喁向望，希望在下層拆牆時，他們也有機會幫拆。身為民進領導，不代表中小學教師講話，卻強調要思想改造，我認為周建老的話，至少是會沖淡整風運動的。

吳研因還談到，《人民日報》在報導周建人的上述發言時，用了「討論逐步轉向深刻化」、「周建人同意『拆牆』要從兩面來拆」這樣的大字標題，表示讚賞。吳研因說，我對周建老的發言固然不滿意，但並不想發言反駁，因為周建老有他自己的言論自由，我們雖然不同意，也用不著加以反駁。可是《人民日報》卻竟賞識周建老的發言，認為深刻化，《人民日報》是甚麼用意？是不是怕別人幫黨拆牆，拆得太厲害了，暗示黨外人士不必多嘴，還是自己去改造思想，拆思想之牆，換句話說，「去你的吧，你還是回去閉門思過，不必來插手了」。

吳研因不知道，《人民日報》這樣處理周建人的發言，是適時的輿論導向，也就是他所說的暗示。如果他聽從了報紙所暗示的，即去閉門思過，不再插手，更確切說是不再插嘴，或者不至於被劃為右派分子了。不幸的是，他以為錯的是《人民日報》而不是他自己。吳研因更不知道，不只是《人民日報》賞識周建人的發言，毛澤東也賞識，因此，當浙江省長沙文漢被劃為右派分子，撤銷職務，周建人即衣錦還鄉，出任浙江省長。後來在文化大革命中，周建人還連續擔任中國共產黨第九屆、第十屆、第十一屆中央委員。他當年這樣的發言是毫不足怪的。

民革中央常委許寶駒發言說，一般群眾都覺得做人事工作的人太嚴肅，對於人事機構，感到很神秘，使人發生畏懼心理，產生一種隔膜。很多機關首長為了瞭解情況，聽取一部分人的彙報，是完全必要的，但是卻常引起人們一些疑慮。比如「彙報全面與否？正確與否？」

民進中央常委徐楚波談到一些中小學校的情況，他說，有宗派主義的地方，黨員校長和黨支部書記多半都是青年人，不大懂業務，和老教師鬧不團結。他們認為老教師落後，老教師認為他們不懂業務，彼此看不起。上級在提拔幹部時，多是重德不重才，黨員團員就行。提拔以後，就派到各個學校擔任校長、教導主任等職務。這些青年人又不虛心和老教師相處，向老教師學習。而教育行政部門瞭解工作情況，又是只聽他們的彙報。他說，他在四川視察的時候，當地教育局介紹他到一個學校去視察，這個學校是被認為

黨與非黨關係不錯的學校，校長是優秀校長。可是實際情況並不如此，教師提出的很多嚴重意見，甚至是一般學校少見的。

　　九三學社中央常委茅以升就「牆」與「溝」形成的原因提交了書面發言。談到人事制度，「服從組織分配」的問題，他說，被分配者應當服從，自是一種義務，而執行分配的組織，就應當慎重從事，真正做到學用一致，人地相宜，才算盡了責任。調配幹部是件極繁難的工作，而一般組織中主管人事的幹部很少「內行」，於是「亂點鴛鴦譜」的現象就不足為奇了，所苦的是被點的人可能抱恨終身。這首先表示在工作效率上，成為很大的浪費。他建議，在各機關編制中，可否保留四分之一的定員，編在「自由市場」中，這些人就是本機關各級領導認為不適當，或自認不相宜的，讓各機關的自由市場，相互自由流通。

　　茅以升還談到一個保密問題。他說，在任何國家，保密制度都是非常重要的，何況我們現在還在繼續肅反之中。然而保密要有限制，如果把它當作擋箭牌，認為一切公事皆可保密，無邊無際地發展下去，那麼，保密所到之處，就必然是牆溝所到之處了。有人說這些年來，在辦公室裡，很多文件看不得，很多事體問不得，回到家裡，一切公事說不得，任何工作寫不得。同行相遇，不談正文，學術報告，不免空話。有時教授帶學生學習，參觀不了工廠，工程師做設計，找不到必需的材料。這樣保密的結果，加上機構組織的有經無緯，就大大妨礙了有關情況的瞭解和經驗的交流，好的無從推廣，壞的無從覺察，不但助長了本位主義甚或關門主義，而且彼此保密，各搞一套，形成極大的浪費。從教育文化來說，知識如水，不流生腐，大家保密，學術如何交流，水平如何提高？他建議：除因國防上的要求外，對於一切科學技術資料的保密制度應從速考慮取消，讓它能在國內外自由流通，更好發揮它的作用。

六月一日

　　這是這些民主人士發言的最後一次座談會，各民主黨派中央機關報《光明日報》總編輯儲安平作了發言。這篇發言真是來之不易。他事後交代說：

解放以後，一般說來，我很少在外面說話。鳴放開展以後，也很少講話。九三、作家協會來邀，都未發言，多少採取逃避的態度。一則我對發言的積極性不高，二則我也沒有什麼具體的問題要談。所以統戰部座談會開得很久，我一直沒有去。五月三十日上午統戰部來電話要我去。我答應去，但說明不發言。下午聽說六月一日還要開會，統戰部彭處長希望我六月一日發一次言。我三十一日上午還在報社工作，三十一日下午在家寫發言稿，那天下午和晚上一直在家，沒有沒出。伯鈞同志說我的發言稿給羅隆基看過，並無其事。

可見這是一篇千呼萬喚始出來的作品。

儲安平這篇發言的標題是：

向毛主席和周總理提些意見

全文不長，照錄如次：

　　解放以後，知識份子都熱烈地擁護黨，接受黨的領導。但是這幾年來黨群關係不好，而且成為目前我國政治生活中急需調整的一個問題。這個問題的關鍵究竟何在？據我看來，關鍵在「黨天下」的這個思想問題上。我認為黨領導國家並不等於這個國家即為黨所有；大家擁護黨，但並沒忘了自己也還是國家的主人。政黨取得政權的主要目的是實現他的理想，推行他的政策。為了保證政策的貫徹，鞏固已得的政權，黨需要使自己經常保持強大，需要掌握國家機關中的某些樞紐，這一切都是很自然的。但是在全國範圍內，不論大小單位，甚至一個科一個組，都要安排一個黨員做頭兒，事無巨細，都要看黨員的顏色行事，都要黨員點了頭才算數，這樣的做法，是不是太過分了一點？在國家大政上，黨外人士都心心願願跟著黨走，但跟著黨走，是因為黨的理想偉大，政策正確，並不表示黨外人士就沒有自己的見解，就沒有自尊心和對國家的責任感。這幾年來，很多黨員的才能和他所擔當的職務很不相稱。既沒有做好工作，使國家受到損害，又不能使

人心服，加劇了黨群關係的緊張，但其過不在那些黨員，而在黨為什麼要把不相稱的黨員安置在各種崗位上。黨這樣做，是不是「莫非王土」那樣的思想，從而形成了現在這樣一個一家天下的清一色局面。我認為，這個「黨天下」的思想問題是一切宗派主義現象的最終根源，是黨和非黨之間矛盾的基本所在。今天宗派主義的突出，黨群關係的不好，是一個全國性的現象。共產黨是一個有高度組織紀律的黨，對於這樣一些全國性的缺點，和黨中央的領導有沒有關係？最近大家對小和尚提了不少意見，但對老和尚沒有人提意見。我現在想舉一件例子，向毛主席和周總理請教。解放以前，我們聽到毛主席倡議和黨外人士組織聯合政府。一九四九年開國以後，那時中央人民政府六個副主席中有三個黨外人士，四個副總理中有二個黨外人士，也還像個聯合政府的樣子。可是後來政府改組，中華人民共和國的副主席只有一位，原來中央人民政府的幾個非黨副主席，他們的椅子都搬到人大常委會去了。這且不說，現在國務院的副總理有十二位之多，其中沒有一個非黨人士，是不是非黨人士中沒有一人可以坐此交椅，或者沒有一個人可以被培植來擔任這樣的職務？從團結黨外人士、團結全國的願望出發，考慮到國內和國際上的觀感，這樣的安排是不是可以研究？

只要有黨和非黨的存在，就有黨和非黨的矛盾。這種矛盾不可能完全消滅，但是處理得當，可以緩和到最大限度。黨外人士熱烈歡迎這次黨的整風。我們都願意在黨的領導下盡其一得之愚期對國事有所貢獻。但在實際政治生活中，黨的力量是這樣強大，民主黨派所能發揮的作用，畢竟有其限度，因而這種矛盾怎樣緩和，黨群關係怎樣協調，以及黨今後怎樣更尊重黨外人士的主人翁地位，在政治措施上怎樣更寬容，更以德治人，使全國無論是才智之士抑或芸芸小民都能各得其所，這些問題，主要還是要由黨來考慮解決。

「據參加會議的《光明日報》記者說，儲安平發言時，北京大學校長、著名的經濟學家馬寅初坐在沙發上擊節讚歎：『very good！very good！』（非常好！非常好！）」（見殷毅著《回首殘陽已含山》，第17頁）

儲安平這篇一千二百字的發言成了當年右派分子向共產黨猖狂進攻的代表作。本來，比起章伯鈞、羅隆基、章乃器他們來，儲安平的地位和聲望要低些，就憑了這一篇發言，他被看作是和章伯鈞、羅隆基、章乃器他們一樣的頭等大右派了。這篇發言是應該給予這樣的重視的，他把那許多右派分子絮絮叨叨說了半天的深溝高牆，外行內行，特權思想，教條官腔，用「黨天下」三個字概括了起來。指出這是一切宗派主義現象的最終根源。因此，這篇發言也就理應遭受到最集中的批判。

在這最後一天的座談會上，還必須提到何香凝的書面發言。她從孫中山的國民黨內存在著左派和右派的分野談起，說：

> 在共產黨和毛主席的領導下，我們走上社會主義。難道在這個時代，也就一切都是清一色，再也不會有左、中、右了嗎？不會的。大凡忠心耿耿願意在共產黨領導下，誠誠懇懇地幫助領導黨，我想這就是左派。……對社會主義口是心非，心裡嚮往的其實是資本主義，腦子裡憧憬的是歐美式的政治，這些人我認為顯然是右派了。

這裡採用了「右派」一語。我們知道，怎樣稱呼這樣一些人，曾經考慮過採用「右傾分子」、「右翼分子」這些名目，是〈事情正在起變化〉一文才確定採用「右派」這提法。如果這篇文章的最後定稿是何香凝發言之前，可說是不約而同；現在已經知道它的定稿是在何香凝發言之後，也就可以認為這是採用了何氏的用語了。

大家發言完了。六月三日的會是李維漢作總結發言，他的「發言稿事先經毛主席、少奇、恩來同志看過」。他回憶說：

> 六月三日，我在民主黨派座談會上的講話，還沒有說要反右。我問毛主席、少奇和恩來同志要不要表示反擊？恩來同志說，柯慶施在上海已經有所表示，你可以講。毛澤東同志審閱我的發言稿時，加了一句話，說座談會上提出的批評和意見，「有相當一部分是錯誤的」。
> （李維漢《回憶與研究》（下）第835頁）

　　這時李維漢心裡想的已經是準備反右了，可是他在會上說出來的，還是一個月前的那些話。他說，整風剛剛開始，在整風過程中，我們將同時注意糾正缺點、錯誤，改進工作。他還說，中共誠懇地歡迎各民主黨派和黨外人士的監督和幫助。最近幾個月裡，全國範圍內民主黨派和黨外人士所提出的大量的批評和意見，就充分地說明了這種監督和幫助是必不可少的。有很多的批評和意見大大有助於中共克服自己隊伍中的主觀主義、官僚主義和宗派主義。這樣的一篇講話，儘管有毛澤東加上的一句伏筆，也不會使聽了的人覺得政治風向就要轉變的。這正是希望做到的。

　　為了穩住人們的情緒，這次座談會還協議成立民主黨派和無黨派民主人士的雙週座談會，成立有關民主黨派工作問題的討論會……

　　李維漢心中明白，這些會是一次也不會開的。距反右派鬥爭的公開發動已經沒有雙周時間了。此刻成立這樣根本不準備開的座談會和討論會，就像戰鬥打響以前有意製造些和平景象以麻痹敵軍，以增加襲擊的突然性，同時也好讓右派的進攻達到頂點。

九、北大民主牆

　　中國的大學生從來都是以年輕人的敏感和熱情關心著國內外的大事，關注著國家的命運，注視著世界上新出現的種種思潮。近代如清末的維新運動，辛亥革命，五四運動……一直都是這樣。蘇共「二十大」揭露史達林的錯誤，波蘭匈牙利的政局發生劇烈的動盪，這些驚天動地的事件衝擊了長時間以來人們的思維習慣，校園裡的空氣也活躍起來。許多大學生都在思考這些事件，想要弄明白這些是怎樣發生的。

　　經過毛澤東修改定稿的〈再論無產階級專政的歷史經驗〉一文對這些事件作出了官方的解釋。談到發生史達林錯誤的原因，這篇文章歸結說：「在這裡決定的因素是人們的思想狀況。」

　　前面已經說過，北京大學物理系四年級學生譚天榮就寫了一篇〈教條主義產生的歷史必然性〉，針鋒相對地作了反駁。他說：

> 　　難道這算是什麼回答嗎？如果我們還沒有忘記馬克思的名言，社會存在決定社會意識，那麼這就意味著：我們的僅僅提出而沒有解決問題，僅僅描寫了而沒有說明現象，我們的全部論證在邏輯上不過是同語反覆，史達林之所以犯錯誤是因為史達林犯了錯誤，個人崇拜的產生是因為個人崇拜的流行，如果稍微徹底一點想一想，就會伸延出無窮無盡的謬誤，這正是形而上學思維方法的特徵。
>
> 　　在我看來，史達林的錯誤，不能用史達林的個人品質來說明，正如落體運動不能用物質結構來說明一樣，……
>
> （據《原上草》，經濟日報出版社1998年版，第47-48頁。下文所引北京大學的材料，都出自這本書。）

　　他的這些說法，當然是有道理的。可是，他在論證「把錯誤歸史達林

個人是不公的」這個結論的時候，也沒有涉及制度問題，而是歸結為「形而上學的思維方法」。至於為什麼會有這種思維方法，這篇文章還是用長時間裡人們習慣的那些提法來作解釋了，比如什麼「蘇聯不得不在一個封閉的孤島上建設社會主義」，「蘇聯是處在日益尖銳的階級鬥爭中」。應該指出，就是在他所批評的這篇〈再論〉中，都已經不用「日益尖銳的階級鬥爭」這種論點來為史達林辯護了。他這篇文章中的一些話，像「史達林是一個堅強而純潔的無產階級戰士，他戰勝托洛斯基和布哈林，決不是偶然的」，雖說作了一點保留：「雖然，在我看來，不能認為托洛斯基和布哈林一開始就是資產階級的代理人」，但許多意思可以說是從〈關於無產階級專政的歷史經驗〉以及〈再論〉轉述來的。可以看出這篇文章論點的混亂和幼稚。

這篇文章中說的「即使列寧現在還活著，我們稱為個人崇拜的基本歷史情況決不會因此改變」，倒是很有見地的。作為這種制度的奠基人，列寧假如活得足夠的長久，他晚年深為不滿的史達林當然出不了頭，那就是由他本人來擔當史達林這個歷史角色了。他也許不像史達林那樣嗜血，可也決不是一個怎樣溫和仁慈的人。在這裡，重要的是制度問題，個性的因素並不會起太大的作用。這道理陳獨秀早就說過了，他在一九四〇年九月給西流（即濮清泉）的信中說：

> 如果說史大林的罪惡與無產階級獨裁制無關，即是說史大林的罪惡非由於十月以來蘇聯制度之違反了民主制之基本內容（這些違反民主的制度，都非創自史大林），而是由於史大林的個人心術特別壞，這完全是唯心派的見解。
>
> 我們若不從制度上尋出缺點，得到教訓，只是閉起眼睛反對史大林，將永遠沒有覺悟，一個史大林倒了，會有無數史大林在俄國及別國產生出來。在十月後的蘇俄，明明是獨裁制產生了史大林，而不是有了史大林才產生獨裁制。
>
> （《陳獨秀著作選編》第五卷，上海人民出版社2009年版，第354頁。）

一九五七年那時陳獨秀的著作還在禁錮中，譚天榮無從看到。

涉及列寧的，這個物理系四年級的大學生在這文章裡還寫了這樣一句

話：「在列寧的名著《唯物論與經驗批判論》中許多命題，特別是物理學的命題，是錯誤的。」譚天榮的同學，著名物理學家方勵之在一九八六年發表的一篇文章，把這一點說得更加確定：

> 一九○八年成書的《唯物主義與經驗批判主義》中用哲學對物理學家的研究作過具體指導，即對馬赫的時空理論的批評。現在應當有勇氣去說了，從物理學角度看，那些指導是錯的。它只表明指導者不懂（至少不瞭解）物理。應當特別強調的是，其錯誤並非是按今天的標準來衡量的結果，而是就當時的物理水平而言的。（方勵之：〈哲學和物理〉，原載《自然辯證法研究》1986年第5期。據所著《哲學是物理學的工具》，湖南科學技術出版社1988版，第2-3頁。）

譚天榮的這一篇〈教條主義產生的歷史必然性〉，是當時頗受到一些人重視，頗有一些影響的文章。北京大學哲學教研室將它印出，本校和外校都有同學向譚索閱。反映出了大學生們都正在熱心思考這些題目。

隨著報紙上圍繞著「百花齊放、百家爭鳴」方針宣傳的深入，以及關於人民內部各種矛盾的進一步揭露，大學校園裡活躍起來了。人們都在熱烈地談論這些。

五月一日，報紙上刊出了中共中央〈關於整風運動的指示〉，提出要反對官僚主義、宗派主義和主觀主義這「三害」。這些很少（甚至毫無）社會經驗的大學生，憑著自己滿腔的理想主義和正義感，把自己見聞甚至親歷的那些令人氣惱令人傷感的事情，都解釋為正是這「三害」的表現，因此也希望自己能在這除「三害」的運動中有一點作為。他們想要積極投入鳴放，投入整風運動之中。

他們不知道政治風向正在醞釀著大的變化。五月十四日中共中央發出了標誌著風向變化的第一個文件：〈關於報導黨外人士對黨政各方面工作的批評的指示〉，其中已經提出了「在群眾中暴露右傾分子的面貌」的問題。後來毛澤東還寫出了表示他決心開展反右派鬥爭的文章〈事情正在起變化〉，其中談到許多大學生屬於地主、富農、資產階級的兒女，談到有右傾思想的學生，以為他們有可能聽右派的號召起來。大學生們完全不知道這些

秘密文件，興致還在越來越高。

下面，講一講發生在北京大學的事情。五月十九日清晨，北京大學大飯廳的牆壁上貼出了第一張大字報。這時，青年團第三次全國代表大會（即共青團「八大」）正在北京舉行。這張大字報質問：團委會出席「三大」的北大代表是如何產生的。接著，又貼出了一張：〈一個大膽的倡議〉，建議開闢「民主牆」，要求學校黨團組織領導支持，以幫助黨整風。被北大學生稱為「五一九運動」的，就這樣開始了。

當天晚上，在全校團員大會上，有人問起「民主牆」問題，黨委副書記崔雄昆答覆說：大字報不是最好的方式，我們不提倡也不反對。

第二天清早，人們就看到大飯廳附近的牆壁上，已經貼滿了五顏六色的大字報。許多大字報對昨晚崔副書記的態度表示了強烈的不滿，並對學校工作、校黨委工作提出了一些建議乃至尖銳的批評。

一張大字報是中文系三年級學生張元勳和沈澤宜合寫的詩〈是時候了〉：

一
是時候了，
　年輕人
　　放開嗓子唱！
把我們的痛苦
　和愛情
　一齊都瀉到紙上！
不要背地裡不平，
　背地裡憤慨，
　背地裡憂傷。
心中的甜、酸、苦、辣
都抖出來
　　見一見天光。
讓批評和指責
急雨般落到頭上

新生的草木
　　從不怕太陽光照耀！
我的詩
　　是一支火炬
燒毀一切
　　人世的藩籬
它的光芒無法遮攔，
　　因為它的火種
來自——「五四」！！！

二
　　是時候了。
　　向著我們的今天
　　我發言！
昨天，我還不敢
　　彈響沉重的琴弦。
我只可用柔和的調子
　　歌唱和風和花瓣！
今天，我要鳴起心裡的歌，
　　作為一支巨鞭，
　　鞭笞死陽光中的一切的黑暗！
　　為什麼，有人說，團體裡沒有溫暖？
　　為什麼，有人說，牆壁隔在我們中間
　　為什麼，你和我不敢坦率地交談？
　　為什麼……？
我含著憤怒的淚，
　　向我輩呼喚：
　　　　歌唱真理的兄弟們
　　　　　　快將火炬舉起
火葬陽光下的一切黑暗！！！

這些年輕的北大人，自豪地把自己直接同「五四」聯繫了起來。

這天下午，譚天榮貼出了〈一株毒草〉的大字報。這一張在署名之前給自己加上了「一個強壯而又懷有惡意的小夥子」頭銜的大字報說：

> 到現在為止，百家爭鳴，百花齊放離我們無知的青年還有十萬八千里，我們國家沒有檢查制度，可是一切報刊（例如《人民日報》，《中國青年》和《物理學報》）的編輯們對馬克思主義的絕對無知，對辯證法的一竅不通，和他們形而上學的腦袋中裝著的無限愚蠢，就是一道封鎖真理的萬里長城。」

這張大字報還再一次提出了他對〈再論無產階級專政的歷史經驗〉一文的批評，說，「把它歸結為『人們的思想情況』，這不是赤裸裸的唯心主義又是什麼。」

譚天榮還在大字報中提出了自己的建議。

> 我建議：
> 1、讓我們北大學生自己創辦一個綜合性學術刊物。
> 2、建立一個學生講座，讓我們向世界證明除了那些一般地禁止自己思維的「三好學生」（或叫白癡，或者優秀生、或者叫「小螺絲釘」，反正一樣）以外，中國青年還有的是成千上萬「才子佳人」，他們堅韌果斷才氣橫溢光芒四射，他們將使國際資產階級吃飯時丟落刀子。

一天之間，北京大學校園裡的大字報越貼越多。飯廳的牆壁上貼滿了，宿舍的牆壁上貼滿了。據當時校內一份《新聞公報》統計，截至二十日下午五時二十分，共貼出了大字報一百六十二張。不僅有大字報，晚飯以後，幾百甚至上千學生開起辯論會來，他們把飯桌當作講臺，發表自己的見解。

這天晚上，北京大學黨委書記、副校長江隆基代表黨委向全校師生宣佈：黨委完全支持大字報，並對崔副書記的態度表示遺憾。不過，他也以為大字報不是最好的形式。

　　二十一日，劉奇弟貼出了〈胡風絕不是反革命〉的大字報：

　　　　反胡風運動已過三年了，胡風及其「集團」被當作反革命分子遭
　　到鎮壓，今天舊案重翻，我要為胡風說話，更精確地說，我要為真理
　　說話。胡風絕不是反革命，我要求政府釋放胡風。

　　　　凡是正視事實的人都會清楚，在解放前胡風是一位進步的作家，
　　是民主戰士。他辛勤地追隨著魯迅；在那萬惡的社會裡，他向人們揭
　　露黑暗指出光明，他為青年所愛戴，尊敬。正因為這樣，正憑著這
　　點，在解放後他又被選為人民代表。解放後他更不懈惰，帶頭高齡跑
　　這跑那去鄉下參加土地改革；在朝鮮抗美援朝，勤勤懇懇體驗生活，
　　從事創作。他們（胡風分子）寫的作品有血有肉，最為讀者所喜愛。
　　這類人不是為人民服務，是為什麼？世上還會找到這樣一種邏輯，把
　　他們說成反革命。

　　　　控告胡風的內容，不外就是那三次反胡風文件，大家都很熟悉。
　　今天我們再來看一看，它到底有沒有理由？回答是：《關於胡風反革
　　命集團的材料》完全是一本斷章取義，牽強附會，毫無法律根據的
　　書。反把閒人聊天、侯寶林說相聲的邏輯和推理搬進了法庭。像這樣
　　的辦法，只要他說過話寫過東西，都可以按這種斷章取義牽強附會的
　　辦法，用說相聲的邏輯推演成反革命。

　　　　同學們，你們認為怎樣？讓我們徹底搞清楚吧，假如你們也認為
　　胡風被冤枉，那麼讓我們一道來要求釋放胡風吧。

　　這張大字報在全校引起了轟動。跟著貼出了許多篇討論胡風問題的文
章，不少人表示懷疑，認為根據三批材料不足以說明胡風是反革命分子。

　　大字報每天都在繼續增加，從生活區擴展到教室區了，內容涉及廣泛
的方面，例如要求改革學制，開放全部禁書，改變考試制度，政治課改為選
修，選拔留學生反對由黨團員包辦，要求公開考試等等。

　　不少大字報提到了剛剛過去不久的那一場肅反運動，要求學校黨委對
運動中錯鬥了的問題公開作出說明，公佈一些學生自殺的真實情況和真實原
因。一些無端挨鬥的肅反對象在牆上貼出了〈申冤書〉。還有學生要求看他

本人的檔案材料，以免錯誤材料給他帶來災禍。

又一張引起熱烈爭論的大字報是沈迪克（署名「談談」）的〈談談無階級社會中人的等級〉，從印度的種姓制度納粹的種族主義一直談到現實生活中人的等級：

①留學生問題，大家這點談得很多，我就不多說了。
②生產實習的問題，什麼機密的地方而去什麼等的人，在我校也有，請參考航空學院的爭論，那裡更尖銳。
③畢業後工作分配的問題，某些工作，某些人是不能去的，例證之一就是原子能的和平利用研究，雖然在世界各國早已公開，甚至我們也幫有些資本主義國家建設，但它對於中國青年來說是保密的，是要由些「人事專家」根據人種論細細的劃清了你的等級後欽定的，如果你本來就是賤民階級，你就今生休想。
④在各種運動中，如果你不是高貴等級，那你就準備挨打，挨鬥吧！縱使你沒有任何罪（請參考牆上那些申冤書）可以證實。
⑤請參考各報上的發言，和前幾天報上的新聞記者的四個等級的區別。

好！夠了！大家自己想想看，自己日常生活周圍吧！只要你頭腦還不是空虛到一無所有，你會找到更多的例證的，至於那些想否定這些的人，他有不可告人的隱私，正如資產階級不敢承認資產階級社會有階級一樣，那是由於他的……而決定的。

在解放前和解放後初期，在思想上人的類型的這種劃分是具有進步意義的。但是逐漸的由於有了物質經濟基礎，於是「向上的心」就鼓勵著產生了一批鑽營吹捧，拍馬屁的，看臉色的積極分子，打擊別人，在小班上作威作福的人（三好學生）雖不見得是白癡，但也只有凡事乖乖聽話，正如胡適所說的，任人打扮的千嬌百媚的姑娘才行的。

他們的心情也是可以理解的，古語云：「好利之心，人皆有之」，上升到了一個高的等級，就有著許多的特權和物質利益在引誘呀！

譬如留學吧，不就更進了一步嗎？這種心情不值得「憐憫」和「同情」嗎？

聽聽那種似乎正經的所謂「爭取政治生命」的飯碗的呼聲吧！當然，要是真有願為共產主義建設貢獻一生願望的人是值得敬佩的！

但是在這種呼聲後面，人們可以嗅到更多的是米飯和肉湯的香味！我是學××和××的！我好像是第×個等級的分子，即使畢業了，那有些什麼來保障我的胃的要求和這個要求的進一步的提高呢？還是就加入到謀求等級轉變者的行列中去吧！千萬個為革命犧牲的烈士，將會為此在九泉下哭泣。

有些人平常大叫發揚五四精神，可是當青年們真正拿起火炬的時候，就張惶失措了，叫什麼和風細雨呀！趕快拿出反黨反革命的帽子來扣了呀！以及批評〈是時候了〉的那首馬雅可夫斯基式詩的作者們之流。讀者們！用上面我所揭露出的「人種論」去分析一下，就會揭露出它們為什麼會「如此」的「等級」根源來了，本來嘛，這是不值得什麼大驚小怪的，社會存在決定社會意識嘛！

這張大字報貼出之後，哲學系四年級一些同學就貼出了反駁的大字報。反駁者有自稱為「衛馬克思列寧主義之道者」的。同時也出現了回應的大字報。周大覺（署名「談論」）的大字報〈論「階級」的發展〉中提出了高級幹部的工資與工人農民的收入相比差距太大。他說：

我們要問，如此懸殊難道是符合社會勞動等價交換嗎？我看不是，只不過利用政權——領導者自己對物質享受的感興趣，自己規定的。在整個社會生產力極低的情況下，如果不是不等價（指勞動量相同）交換，不可能相差八百倍，因為試想像：你周圍很落後的生產力，你一個人能創造如此多財富？毛主席等他們勞動竟如此珍貴？若告知天下農民，贊成者我看寥寥。

這張大字報進而談到社會地位的不平等：「一個小小的黨支部書記可以呵斥直到無辜的鬥爭，施以肉刑（變相的）。」談到不久前的肅反運動，大字報說：

北大有二百餘人鬥錯，被捕者兩人，也是早已有交代過反革命罪行的。可見現在根本沒有什麼人權，生命安全時時威脅，一觸犯上層貴族，就可以被冤殺枉鬥關上幾個月，還以一淡淡的道歉。

接著，大字報的作者憤激地說：

連生命也無保障，人的尊嚴隨時可被侮辱，這算什麼「美好幸福」的社會呀！如果這樣的「社會主義」萬歲，我寧願拚死，不願再存，簡直是牛馬的生活！！！

這張大字報還提出：「反對特權階級的存在」，「反對新的變相的階級壓迫」，「如果有一個集團堅決違反社會的發展、違反人民願望的話，我想人民一定會群起而攻之，真正的歷史創造者勞動人民知識份子萬歲！！一切違反歷史發展的怙惡不悛者應下臺！」不過，大字報作者還是認為，「新的階級矛盾和舊的不同，可以利用群眾的壓力和平的方法解決，必要時也可以通過暴力——到無可救藥時。」

五月二十八日，這位作者又貼出了〈再論「階級」的發展〉這張大字報，進一步闡述他的觀點。指出社會上的許多矛盾實際具有階級矛盾的性質。他說，「我認為『人民內部矛盾』此語太抽象」：

在分配、社會地位等問題已出現一定矛盾，現在還不甚尖銳，叫內部矛盾也未嘗不可。但必須指出來，如果管理、分配、社會地位等問題不得到更好的完善，矛盾可以向前發展，而且基本上滿足「階級」關係的定義。因此，為了正視現實，重視這一問題，指出新「階級」是有一定的現實意義的，不能輕描淡寫地含糊的說一句「人民內部」矛盾。要解決它，必須從經濟上、政治上（社會地位上）解決，其他都是次要的。

這裡，他對毛澤東提出的「人民內部矛盾」這個提法做出了自己的解釋，或者說補充，或者說修正，總之是頗為刺激。比大字報更為刺激的是辯

論會。五月二十日晚上在北大校園裡開始出現，越來越多，到二十二日，幾乎到處都是辯論會，演講台。發言者慷慨陳詞，即席發表自己的見解，這就彌補了大字報說理不易充分的缺陷。出現了很尖銳的意見，有主張停課開展民主運動的。也有不同意見的熱烈爭辯。二十二日晚上，在廿七齋前一個有幾百人參加的辯論會上，一群有組織的人圍攻兩個同學，說他們在辯論會上說了錯話，質問他們有何意圖。許多同學反對這種肅反鬥爭會那樣的搞法，同他們辯論，爭論了幾個小時，這些圍攻者大約不知道毛澤東起草的中共中央〈關於對待當前黨外人士批評的指示〉中已經說了「放手讓他們發表，並且暫時（幾個星期內）不要批駁，使右翼分子在人民面前暴露其反動面目，過一個時期再研究反駁的問題。」而北京大學黨委是知道這個精神了。就在這次圍攻的第二天，校黨委廣播了一封致黨員的公開信，要求黨員不要壓制群眾說話。學生們聽了，覺得很受鼓舞，以為自己的這些活動得到了校黨委的支持。

　　北京大學學生的這些活動，新華社記者趙謙、卜昭文、丁寶芳、雷朋寫了一份內參材料：〈北京大學學生自發的貼出數百張大字報，要求學校積極開展整風〉，其中說：

　　　　北京大學學生在最近兩天中已貼出了數百張大字報，要求學校積極開展整風。貼大字報的起緣是這樣的：北京大學從四月二十五日就在主要教授中召開徵求意見的座談會。到五月十五日大體告一段落，這時就分別按系在教授、副教授中開座談會。校一級的黨員負責幹部也隨著開始學習文件，黨委會認為：學校的主要問題在教師中，所以對黨員學生中如何整風以及徵求學生意見則沒有考慮。十九日下午，在大膳廳旁就出現了第一張由歷史系學生貼出的大字報——對北大這次參加青年團第三次全國代表大會代表的產生問題提出了質問。接著第二張大字報便提出建議：要開闢言論自由的民主園地。這時還只是少數幾張大字報。到晚上，團委會給全校團員上團課時，中途有人遞紙條要求黨委書記去給他們講話。當時，黨委副書記崔雄昆便去了，崔雄昆在講話中對大字報提出自己的看法。他說：你們要搞大字報，我們也不禁止。接著他說大字報並不是很好的發揚民主的方式。他在

講話中並把全校六千多個團員錯說成八千多個團員。當夜學生很不滿意，認為黨委副書記連全校究竟有多少團員都不知道，對他們的大字報又表示不支持態度，於是意見很大。當晚就陸續有人貼大字報質問他。到二十日下午五時半為止，大字報便貼出了一百零七張。到二十一日，大字報就更多了。北大副校長、黨委書記江隆基當晚即召集全校學生和職工講了二十多分鐘的話。他表示黨委會過去在執行政策中有很多錯誤和缺點，今後要有錯改錯，肅反搞錯了的要公開道歉。同時他並表示大力支持學生們貼大字報來揭發學校工作中的缺點，以及開設自由講壇。他在到大膳廳去講話時，膳廳內只有一兩百人，許多人都圍在外面，等到他講到中途時，許多學生都一個一個的進去了。當他講完時，學生已擠滿了大膳廳，最後並大鼓掌表示滿意。

但是問題並未到此為止。到二十二日為止，學生還在不斷地貼大字報。據估計，大字報已約有五、六百張。從這些大字報反映出了學生的一些思想情況及其要求。

這一篇內參介紹了好幾張大字報的內容，比方說有這樣一張：
物理系三年級學生何廷福在〈向中央進一言〉的大字報中，提出了兩個問題：

一、「關於胡風反革命集團」，我有一個疑問，胡風集團的罪行到底是什麼？按照法律作了何種解釋？能否說中央在這個問題上犯了宗派主義？以莫須有的罪名加在某些人頭上？
二、關於去年反保守的主觀主義：
去年反保守是必要的，但也表現出急躁冒進，不根據中國實際和困難片面追求進度。今年在生活上的許多困難都是與此有關的。主觀主義創造了人為的困難。

這一篇內參還說到：

「春雷」是生物系四年級「一群同志」編的油印刊物，今天出版。報首印著：春雷在響，雨將臨，久旱的人們在等待暢飲。第一篇文章就是支持〈一株毒草〉的，文章寫道：「一株毒草的出現引起軒然大波，衛道者的面目完全暴露了」。「辱罵與恐嚇決不是戰鬥」，第二篇文章，支持〈是時候了〉，寫道：「毒草茁壯地生長吧，」「野火燒不盡，春風吹又生」。接著一篇〈論青年監督崗〉提出要組成一支「青年監督崗」的隊伍，由學生會領導，和一切不良現象作鬥爭。任務是：一、主動瞭解各部門工作情況、錯誤和缺點；二、揭發領導和群眾工作的一切偏向；三、收集同學意見；四、代貼大字報，管理民主牆，不修改，不積壓；五、主動提出問題開展集中討論；六、召開專題辯論會。〈漫談檔案材料〉的文章提出，今後檔案材料要公開，要本人簽字同意，領導不能隨意填寫檔案材料。〈論考勤制度〉的文章，敘述了這一制度的不合理，提議取消。

這一篇內參最後說：

　　當我們在今天下午六時離開北京大學時，學生們還在不斷地貼出大字報。有的學生在膳廳裡吃飯也帶著飯碗圍在大字報前閱讀。昨天貼出的一份大字報還建議學校停課整風（經江副校長昨夜講話後，這類意見在今天還沒有重新出現）。中文系的助教所貼出的〈教授們的意見〉的大字報，發表了翦伯贊、馮友蘭、侯任之等教授們對大字報支持的意見，支持他們大「放」、大「鳴」。團委會在今天中午貼出大佈告，表示團委準備組織八個座談會，這些座談會安排在22日到25日的晚上，有四個是對黨、團委提意見，其他的座談會是關於青年教師工作問題，畢業生工作，研究生和職工工作等四個方面，佈告上說除已邀一部分同學參加外，其他同學可以自由在佈告上簽名參加，但到今天下午六時為止卻只有兩個學生在上面簽名。自稱〈一株毒草〉的作者譚天榮在今天作了一次公開講演，重申了他前次的論調。明天（即5月22日）將有好幾處辯論會，這就是由大字報發展而成的所謂「自由講壇」（據說：西語系法語專業的學生已打電話通知了法新社記者洛幹）。

記者們整理的這份材料，是在這幾百分大字報中按反映的問題及思想傾向整理而成的。在這幾百份大字報中，真正揭露學校工作中的缺點的還不多，有的大字報貼出後就彼此展開了爭論，如對〈是時候了〉、〈一株毒草〉等大字報。學校領導上正準備分別召開學生座談會，讓他們提意見。北京大學整風的形勢在急劇發展中。（據1957年5月23日新華通訊社編《內部參考》）

五月二十三日，北大法律系同學邀請首先提出「胡風不是反革命」的劉奇弟等三人開辯論會。學生會特地搭了一座辯論台，安上了麥克風。這是個大型辯論會，參加的人很多。辯論開始不久，中國人民大學法律系四年級學生程海果（筆名林希翎）登臺發言了。她一上臺就說：「我今天很激動，到北大吸到了新鮮空氣，而人大是教條主義的老窩，官僚氣太重，還是北大有民主傳統，繼承了五四的傳統。」她談的第一個問題是胡風問題：

> 我過去也寫過文章批判胡風，現在想起來真是幼稚，很可恥。現在看來加給他反革命罪名的根據是很荒謬的。
>
> 胡風是對中央遞意見書，怎能說這個意見書就是反革命的綱領呢？為什麼向黨中央提意見就是反革命呢？這是史達林主義的方法。
>
> 胡風的意見書基本上是正確的，例如，他批評庸俗社會學、機械論就是教條主義，他反對公式化概念化，現在的文藝作品就是公式化概念化的，機械的單調的。他反對毛主席〈在延安文藝座談會上的講話〉，毛主席說文藝要為工農兵服務，這個講話是抗日時期發表的，現在情況變了，知識份子也成工農兵了，不適用了。毛主席的話又不是金科玉律，為什麼不能反對呢？胡風對社會主義現實主義有不同的意見，現在百家爭鳴，很多人不是也有不同的意見嗎？胡風反對宗派主義，黨內是有宗派主義的，胡風觸犯了文藝界的首長周揚、何其芳，所以才整他。
>
> 胡風分子中有個別人有歷史問題，但並不都是反革命分子，例如謝韜就是個很好的教員，很早就搞革命運動，從三批材料來看，不能說他是反革命。胡風的綱領若在今天提出來，就不會說他是反革命，若是魯迅提出來，就更不是反革命了。

　　說他們通信秘密，哪個人的信不是秘密的呢？說他們私人間的友誼是小集團，這就使得人相互不敢說真話，難怪有人說共產黨六親不認了！按照法律只有企圖推翻政權的人才能叫反革命分子，而胡風顯然不是這樣的。

　　今年四月，最高檢察院譚副檢察長（注：譚政文）到人民大學作報告時，有人問他胡風問題怎樣了，他說，現在偵查工作已經結束，但胡風很不虛心接受意見！同志們，這說明什麼呢？兩年還想不公佈胡風案件的下文，我看共產黨是有些為難，沒法下臺，錯了也不肯認錯，估計毛主席可能有兩種心情：①明知錯了，不承認；②毛主席自己明白了，但高級幹部中很多人還不通，現在若對胡風平反，是有困難的。

　　她還談到蘇聯共產黨「二十大」時赫魯雪夫的秘密報告，談到斯特朗寫的談了不少蘇聯肅反情況的《史達林時代》一書。接著，她這樣談到中國的肅反：

　　　　我國也是肅反擴大化，這是大家都知道的。我們的法制是不健全的。例如南京肅反時，一個晚上把逮捕證發給各單位，一下子就逮捕了二千多人。連某禮堂都住滿了犯人，後來又都放了出來。

　　　　我曾經在區法院實習過，最近人民代表要去檢查肅反工作，毛主席下了一道命令，要檢查過去所有的案件，現在從法院、檢察院到公安局都忙著修改案卷，起訴書錯了修改，沒有理由的補上理由，但是這還叫什麼檢查呢？

　　接著，她談到了對現行制度的看法，她說：

　　我有很多問題同意南斯拉夫的看法，鐵托演說中很多是好的。我就認為個人崇拜是社會主義制度的產物。馬克思主義告訴我們，所有社會現象都有社會歷史根源，史達林問題絕不是史達林個人的問題，史達林問題只會發生在蘇聯這種國家，因蘇聯過去是封建的帝國主義國家，中國也是一樣，沒有資產階級的民主傳統。我覺得公有制比私有

制好，但我認為我們現在的社會主義不是真正的社會主義，如果是的話，也是非典型的社會主義，真正的社會主義應該是很民主的，但我們這裡是不民主的。我管這個社會叫做在封建基礎上產生的社會主義。我們要為一個真正的社會主義而鬥爭！

接著，她談到當前正在進行的整風運動。她說：「現在共產黨的官僚主義、主觀主義、宗派主義很嚴重，我們不要以為共產黨用整風的辦法，採取改良主義的辦法，向人民讓點步就夠了。」她這些話在人群中引起了騷動，一些人不能接受，轟她；也有少數人鼓掌，表示贊同。她面對這種情況，說：「我知道有很多人願意聽我的話，但也有些人害怕我的講話，我要講下去。」她說：

> 我經過研究，認為歷史上所有的統治階級都有一個共同點，他們的民主都有局限性，共產黨的民主也有局限性，在革命大風暴中和人民在一起，當革命勝利了就要鎮壓人民，採取愚民的政策，這是最笨的辦法。現在他們封鎖新聞，例如北大如此轟轟烈烈，為什麼報紙就不報導！

北大的一些學生正為報紙不報導他們的活動感到不滿，聽她這樣說，就鼓起掌來。她接著說：

> 人民群眾不是阿斗，真正要解決問題，只有靠歷史創造者人民群眾行動起來。
> 我們是正直的人，正直的人到處都有！不僅北大，還有南京大學、武漢大學、西北大學：各地大都聯合起來，匈牙利人民的血沒有白流！我們今天爭到這一點小小的民主，是和他們分不開的！

她這些話刺激了一些人，有人轟她，她說：「我不害怕，大家不歡迎我，我就滾蛋，我既然到這裡來，就是冒著危險，坐牢也沒關係。」群眾中有人喊：「不要煽動！」她有接近高層人士的資訊來源，很可能已經聽到事情正在起變化的小道消息，她接著說：

聽說現在有風聲要收了，想封住人民的嘴巴，這是最愚蠢的。北大是放了，高級知識份子是放了，但廣大基層還沒有放，現在揭發的遠遠不及實際生活中的百分之一，因為這些教授都是老頭，很世故，我們青年長個腦袋是幹什麼的呢？難道是讓人家牽著鼻子走的嗎？我們要說話！

北大是放了，但我還不大樂觀，因為還有很多衛道者，他們想把先烈用鮮血換來的社會主義成果，作為他們向上爬的臺階。

聽眾中顯然有人不喜歡她的這些話，轟她了。還有人遞條子給主持者，要求制止她的發言，有的條子甚至很不禮貌的稱她做「臭娘們」。可是她不慌不忙，說了最後的幾句話：

同學們，我們說話要警惕，不要讓他們鑽了我們的空子。

我們今天的鬥爭不限於發發牢騷，對一切缺點不能用改良主義的辦法！我們要建設真正的社會主義，讓每個人過真正的人一樣的生活。

她講完以後，有三四十個人圍住她，要她繼續講。有個學生還找她簽名。一個學生聽到旁邊有個女同學說了句「我們要警惕煽動性的話」，就動手打了那人兩下，他打過人，即消失在擁擠的人群中，會場的秩序十分混亂。

也有人反駁程海果的發言，提出質問。她作答。剛講了幾分鐘就被群眾轟下臺去。有二三十個贊成她的人推著她到旁邊另一個場地上讓她繼續講。她說，她過去在部隊裡，知道部隊是教條主義的大本營，這從馬寒冰的文章中也可以看出來。她還說到，過去在她心目中，黨，組織，領導，都非常神聖，自己也很盲從，後來才怎樣有些轉變。

程海果在北京大學大放厥詞，引起了一陣騷亂。人民大學副校長鄒魯風作報告，要求本校同學不要與外校聯繫。可以看作是對她北大之行的一種事後的補救：可一不可再吧。可是她不同意此說，反駁道：我校同學未患流感，為何要隔離？北大先搞起來了，交流一下經驗為何不可以呢？號召不要和其他校聯繫這是沒有理由的，這個整風在我國還是新問題，不和兄弟學

校交流經驗是錯誤的。主席講，學生鬧事要鬧個痛快，而現在還沒有鬧事就這樣封鎖。她說，有人神經衰弱，對北大問題做歪曲的報告，說北大鬧的混亂不堪，怕引起波匈事件，這是無根據的。北大沒有要推翻社會主義的人。

在北京大學，依然到處熱氣騰騰。五月二十五日下午，西語系在辦公樓禮堂舉行了一個「反三害」的控訴大會，開會之前，主持者曾去找過學生會和團委會，請求支持。控訴會上，發言者揭露了肅反運動中的一些情況。北京大學全校有二百人被鬥錯，西語系英語專業三年級有六個學生被鬥，除了一個說是集團成員之外，其餘五個全鬥錯了。大家還揭發了運動中對這些鬥爭對象的人權侵犯人格侮辱種種違法亂紀行為。肅反對象顧文選和周鐸談了他們在肅反運動中被錯鬥的情形。這次控訴大會的情況，在新華社記者雷朋寫的內參材料〈北京大學表面形勢似趨緩和，但事態正醞釀擴大〉中說了一些：

今天舉行的所謂「三害罪行控訴會」是最吸引人的，大禮堂內、樓梯上下及巷道裡都擠滿了人。控訴人為西語系三年級學生周鐸（據高校黨委同志談，此人神經不健全，曾住過瘋人醫院），他在今天談他的遭遇前，系裡專門為他出了大字報。據大字報上說：周鐸於24日夜在西語系的座談會上報告時，師生為之慟哭，故特舉行大會控訴。

周鐸自述的遭遇的梗概是這樣的：他原為清華大學西語系學生，在1950年參軍後，被分配在某公安大隊裡工作。這個隊甚麼事都保密，所以很不習慣，曾要求調工作，不意因此就被認為落後而遭冷落。他又因此發過牢騷，繼而又被認為有反革命嫌疑，被禁閉半年，後來審查歷史無問題才放出讓他轉業。但鑒定材料卻寫下了許多政治上難於洗清的結論。當他轉業到北京一個中學去當教員時，因為檔案材料還未一道帶去，學校領導上很歡迎，對他照顧很好。可是當這檔案材料一到學校並為這個學校領導人知道後，對他的態度前後有若兩人，同時在同事中誰也不理他。他自知背上包袱，便用功夫教書，和同事同學相處都很好。1952年選模範教師時，他被全校師生一致選出，但在學校領導上卻通不過，認為他不能作模範教師，但

又說不出道理來。周鐸很苦惱。學校領導把他原先的檔案材料丟了後，他才於1953年暑期考入北大西語系。入校這幾年一直沈默寡言，從不和系裡班上的人（特別是黨、團員）接近。直到這次整風時他才談出。

　　周鐸在西語系談出他的這一遭遇時，一個調幹女學生談出了他原在家鄉時遭受所在縣的一個幹部強迫要與她結婚，並採取了各種扣大帽子的威逼手段。一個名叫時榮章的學生（共產黨員）也在系會裡暴露了黨支部原先如何確定肅反重點、發展黨員的計畫以及伏老來校參觀時的部署。（分社按：據市委高校黨委反映：許多學生現在專意向所謂「黨的秘密」進攻，這個黨員被他們攻破了，反黨了。他將黨內佈置的肅反部署，如何監視人和審查信件，以及在歡迎伏老時黨內如何佈置監視有問題的人統統講出。他說：我考慮過了要黨籍呢？還是要很好幫助黨整風。現在我決定不要黨籍。據說，這個人還準備將黨內這些東西帶到清華去進行「控訴」。）這三個人的發言，引起全系師生思想上極大的波動。當場就有人高呼：「我們要控訴」！「時榮章是有良心的共產黨員，每個黨員都應該這樣」！同時還有人高喊：「是正直的黨員教師和學生就留在這裡（意即繼續研究如何「控訴」的問題），我們不要去上課」。當時連西語系主任馮至教授也沒有去上課。據說當時許多人，其中也包括黨員在內都哭出聲來了。馮至教授就認為「這簡直是傷天害理的事」。（分社按：據北京市中共高校黨委去北大瞭解情況的同志談，馮至當時在場，會議臨結束時，主持人曾宣佈把有關肅反的兩個控訴，由馮至作為人民代表大會代表帶到人民代表大會上去。）今天來參加「三害罪行控訴會」的人特別多。（據新華社1957年5月27日《內部參考》）

　　顧文選是英語專業三班的學生，浙江省杭州市人，是解放前杭州市公安局的留用人員。他酷愛文學，特別喜愛詩歌，對胡風歌頌新中國的長詩〈時間開始了〉非常讚賞。「胡風反革命集團」事件爆發後，他受到牽連，再加上他又是留用人員，平時他對杭州市公安局對犯人的非刑折磨就有過些議論，因此被打成「反革命」。在杭州市公安局他受到了捆綁吊打等嚴刑折磨。在一九五六年比較寬鬆的政治氣氛中，他被放出來了，以社會青年的身份考入了北大西語系英語專業。在這個控訴會上他向一千多同學們講述了自

己在杭州市公安所受到的非刑折磨的情況。許多女同學聽了就哭了。顧文選和周鐸二人，後來就因此被劃為「極右分子」，受到勞動改造的處分。

一九六三年顧文選刑滿後，還是不能離開勞動改造的茶澱清河農場，被留場「就業」。一九六六年他逃出清河農場，北上到了蘇聯。但被引渡給了中國當局。一九七〇年「一打三反運動」中，被宣判為「反革命分子」，三月五日成為北京處死的五十五名現行反革命中的首犯，遭處決。

在這一次控訴大會的當天晚上的電影晚會之後，北京大學黨委書記江隆基發表講話，說控訴會這種形式是只能對敵人的，不能對黨用，他要求以後不再舉行。這裡，在認識上有一點分歧，學生控訴的，是肅反運動中的違法亂紀行為，是那些在運動中毆打人、侮辱人、誹謗人、誣陷人的犯罪行為；在江隆基看來，這是在控訴黨。這位黨委書記一定要把這些違法亂紀分子，犯罪分子和黨等同起來，實際上是要讓黨來為這些犯罪分子任過。有一些學生熱烈鼓掌歡迎江隆基的這些講話。也有不贊成的，第二天就貼出了許多大字報，提出質問，認為對嚴重的犯罪分子是可以開會控訴的。西語系講師黃繼忠在江隆基召集的座談上也談及這事。他說，「控訴會，同學爭取到學生會和團委會的支持，但黨委不重視這一領導，在會後江副校長又說：這一方式不很好，這是很難使人心服的。對違法亂紀的人控訴，沒有什麼不好。」

就是這一位黃繼忠，五月二十七日，他帶領時榮章等十個學生，到中南海，要求向毛澤東彙報北大的運動情況。雖未能見到毛本人，卻向毛澤東的辦公室主任鳴放了一通。反右派鬥爭中，黃繼忠和時榮章等十一個人全部被劃為右派分子。彭真下令：「黃繼忠是北京高校第一個帶學生出校門的，應該嚴懲。」於是他被打成極右份子，和時榮章等送河北清河勞動改造農場勞動改造。一九八〇年他到美國伯甯頓學院任教。二〇〇一年病逝。

在學生們看來，江隆基是夠左的了，可是在中共北京市委看來，他還太溫和了。一九五七年十一月一日，把鐵道部政治部主任陸平調來北京大學擔任黨委第一書記，江隆基改任第二書記。北京大學的反右派鬥爭就在陸平的領導下更加如火如荼地開展起來。據《聶元梓回憶錄》裡的材料，在江隆基手裡，北京大學已經在教職員裡打出右派分子九十人，在學生裡打出右派分子四百二十一人。陸平來了，就搞了一場三個月的反右補課，在教職員裡

再打出二十人，在學生裡再打出一百六十八人。全校師生前後一共打出右派分子六百九十九人。占全校總人數百分之七。這裡可以順便插說一下幾年以後的情況。一九六六年文化大革命開始，陸平是全國第一批被點名打倒的人，身受了在政治運動中被批鬥的滋味。這時江隆基已經調任蘭州大學校長和黨委書記，也被宣佈犯有詆毀毛澤東思想的罪行，受到殘酷鬥爭，於六月二十五日的一次萬人大會之後自殺。《聶元梓回憶錄》裡還說到，北京大學歷史系教授鄧廣銘說：江隆基無論如何也是教育家，不像陸平那樣不學無術。

這些天裡，北京各個報社天天都有記者來北京大學，可是就是不作報導。學生們對此極為不滿，他們向來校的記者提出質問。第一個作出客觀報導的，是不久前由儲安平接任總編輯的《光明日報》。據後來反右派鬥爭中該報所作的檢查說：

> 儲安平跑到北大看了大字報，回來就通知本報學校教育部立即報導。總編室主任一再向儲提出，這樣報導一定會起煽動作用，擾亂整風步驟，對人民不利。但是他完全不理。他說：「是事實就要就要報導」。爭論到最後，他斷然地站起來說，要「考驗考驗」，一定要即日見報。總編室的意見也向學校教育部提出，有關同志說，「學生壓力太大，不報導不行了。」「群眾已經跑在前面了，報紙落後了！」這個報導是由學校教育部主任潘文彬親自執筆的，他說要儘量向健康方向引導，強調不誤學習幫助整風。（7月15日《光明日報》）

這篇〈北大開闢「民主牆」〉的報導，刊登在五月二十六日的《光明日報》上。執筆者潘文彬雖然「說要儘量向健康方向引導，強調不誤學習幫助整風」，最後他還是被定案為極右分子。

自從五月中旬以來，毛澤東本來正在運籌帷幄，從容部署反右派鬥爭。眼睛注視的，心中思考的，是中共中央統戰部召開的民主人士和工商界這兩個座談會。這裡是反右派鬥爭預定的兩大戰場。最初他並沒有把大學生放在考慮範圍之內。明顯的證據是：在五月十九日北京大學學生貼出第一張大字報之前，中共中央發出的文件，即五月十四日的〈關於報導黨外人士對黨政各方面工作的批評的指示〉和五月十六日的〈對待當前黨外人士批評的

指示〉，在表明反右意向的時候，並沒有提出大學生的問題。是鬧得起勁的大學生迫使毛澤東在即將攤牌的反右派鬥爭中把大學生包括在內的。

前面已經說明，毛澤東的〈事情正在起變化〉一文，在《毛澤東選集》第五卷上注明的「五月十五日」應該解釋為寫出初稿的日期，而不是最後定稿的日期。從文中採用了「右派分子」這個最後確定下來的稱謂可以斷定，其最後定稿，必在五月二十日之後。因為這一天以前中共中央發出的文件裡用的還是「右翼分子」而不是「右派分子」。現在可以再補充一個證據，就是這篇文章在反右派鬥爭的文獻中第一次提出了大學生問題：

> 他們又知道許多學生屬於地主、富農、資產階級的兒女，認為這些人是可以聽右派號召起來的群眾。有一部分有右傾思想的學生，有此可能。對大多數學生這樣設想，則是做夢。

可見此文在定稿的時候毛已經聽說五月十九日以來北京大學以及接著別的一些大學的學生有所動作了。不過，這時候他還沒有像後來那樣稱他們做「反動的學生」或「學生中的右派分子」，而只是「一部分有右傾思想的學生」，特別是文中「做夢」一語，更表明這時他對大學生還是頗有信心的。

可是，這些娃娃們還幾乎完全不知道這時已經是一場大殲滅戰的前夜，還在越鬧越起勁，用毛的話說，是「鬧得天翻地覆」了。他決定給娃娃們一個警告。正好青年團的全國代表大會於五月十五日至二十五日在北京舉行。這是青年團改名的大會，所以它既是中國新民主主義青年團第三次全國代表大會，又是中國共產主義青年團第八次全國代表大會。就在大會的最後一天，毛澤東向到會的全體代表發出了他的警告，他在接見他們的時候說了這樣幾句話：

> 你們的會議開得很好。希望你們團結起來，作為全國青年的領導核心。
>
> 中國共產黨是全中國人民的領導核心。沒有這樣一個核心，社會主義事業就不能勝利。

同志們，團結起來，堅決地勇敢地為社會主義的偉大事業而奮鬥。

第二天的報紙報導這次接見的消息中，毛的講話最末加了一句：「一切離開社會主義的言論行動是完全錯誤的。」

對於報紙發表的時候增加了一句重要的話這件事，出席這次大會的四川省代表黃一龍後來回憶說：

> 我是這次會議的代表，我們得到接見的通知時，興奮之餘好多人都準備了便於攜帶的小記錄本。毛澤東講話的時候，我們就低頭拿出本子記，他講得不快，而且四川人聽湖南話基本沒有障礙，所以回來互相對筆記的結果，所記略同。第二天早晨《人民日報》一到，大家爭看接見消息，一時都傻了眼。就在消息的附〔副〕題裡，赫然有句「一切離開社會主義的言論和行動都是錯誤的」，一看內容，知道這是他講的最後一句話。可是對這句話誰都不記得聽到過，誰的記錄裡都沒有，而且也僅僅這句話沒有！我向同是四川代表的四川大學團委書記黃桂芳說了句：我們回去怎麼傳達呢？是說我們聽見了這句話，還是說毛主席當時沒說？她瞪了我一眼，似乎是嫌我多嘴吧，我就不敢再說了。（黃一龍：〈關於反右派的「公開動員令」〉，見《黃一龍閱世美文》，廣東人民出版社1999年版，第116-117頁。）

可以看得出，原來說的，不過是強調中國共產黨的領導作用和社會主義的奮鬥目標，常常這樣說的，並沒有多少新意。在見報前添上原來沒有說的這一句，明確指出了反對什麼，分量就頗不相同了。毛一般不做無的放矢的文章的，當他決定要添上這一句才見報的時候，可以想像是他聽到或者感到已經有什麼「離開社會主義的言論行動」發生了。比如說是他聽到了幾乎和他的接見同時發生的北京大學西語系的控訴會這一類的事吧。他發出這個警告，也許是出於對這些不知底蘊的年輕人的悲憫之心，叫他們不要再這樣胡鬧下去。也許是他已經把這些大學生同那些民主人士同樣看待了，他是在「把根本戰略方針公開告訴自己的敵人」，（《毛澤東選集》第五卷，第437頁）這也就是他頗為自負的「陽謀」。

　　薄一波在《若干重大決策與事件的回顧》中談到了毛這次接見時的講話，他說：「如果說以前的指示還都是黨內的，並且是『絕密』文件，限制在一定級別的範圍內傳達，莫說普通黨員，就是級別較低的黨員幹部都不知道；那麼，毛主席這次接見青年團代表的談話，一方面是向黨內黨外『打招呼』，另一方面則是反擊右派的公開動員令。」（薄一波《若干重大決策與事件的回顧》修訂本，下卷，第636-637頁）這裡，將這個講話比做「公開動員令」似不太確切。大家知道，「反擊右派的公開動員令」是六月八日的《人民日報》社論〈這是為什麼？〉，同一天還發佈了一個秘密的動員令，就是毛澤東起草的〈中共中央關於組織力量準備反擊右派分子進攻的指示〉。

　　對於毛澤東這次接見青年團代表的講話，我以為黃一龍的分析更恰當一些，他在前面摘引過的那篇文章中說，這是已經確定「對青年學生大規模殘害的計謀」「的第一個信號」。他說：

　　北京學生的搗亂不僅直接干擾預定的戰略部署，而且引起了領袖的高度注意。所以乃有上述的講話和講話補充，意在使人注意到小右派們的存在，並使很缺規範的他們稍稍冷卻一下，以便在有序的狀態下把他們引上自己的末路；而且和對待黨外人士一樣，還是有言在先，不算不教而誅。

　　毛澤東的這些話，特別是接見的當時沒有說而在見報的時候添上的那句話，是說給那些正鬧得天翻地覆的大學生聽的。而大學生是怎樣回答他的呢？北京大學中文系學生陳愛文在〈關於社會主義制度〉這張大字報中說：

　　我們擁護毛主席的指示——一切離開社會主義的言論和行動都是錯誤的。

　　這當然是一種正確的、可取的態度。不過，接著，他做了自己的解釋：

　　但是我們反對人「挾天子以令諸侯」，他們把一些離開傳統習慣的見解都指斥為「離開社會主義」。肯定社會主義的基本特點是，經濟上

的公有制和政治上的人民民主專政，沒有否定這個原則的，就不能妄指為「離開社會主義」。

「妄指」一語，用得頗為凌厲，有一點大不敬了。照他這樣解釋，他們的言論行動都沒有離開社會主義，實際是把毛的話頂了回去。

中共中央政治局候補委員、宣傳部部長陸定一在青年團代表大會上講了篇話。這篇題為《要做共產主義者，要做頂天立地的人》的講話中說：

> 我們現在就是在思想的政治的風浪之中。現在的「大鳴大放」，人們對很多問題正在提出各種各樣的意見。我們黨內，也有人提出了各種各樣的意見。這裡就發生了爭論。……你們配不配得上共產主義者的光榮稱號，就要看你們在風浪中能否站穩共產主義者的立場，是否相信共產主義、相信共產黨。（《陸定一文集》，人民出版社1992年版，第575-576頁）

這些話顯然有給正在「大鳴大放」的大學生打聲招呼的意思。陳愛文的這張大字報是這樣回答陸定一的：

> 我們同意陸定一的話，要在風浪中站穩立場。而我們所理解的立場，並不是現在有些人所理解的凝固的狹隘的不顧事實的成見，只有沒落階級的立場才是偏見成見，先進階級立場永遠是代表歷史前進發展的要求的。

這裡，他也是用作出自己解釋的方法，表示了他實際並不同意陸定一的話。

對於陸定一的「站穩立場」一說，更有力的批評是嚴仲強作出的，七月三日，這時已經是反右派鬥爭的高潮了，他在〈壓制不了的呼聲〉大字報中這樣說：

現在共產黨人手中最有力的武器還是所謂立場、觀點、方法，但立場、正義等和真理不同，真理反映了客觀規律，他可以通過實踐去檢驗，而立場、正義則是一個信仰問題，客觀規律並不能告訴人應當選擇某種立場，只有生活本身才能告訴人這一點，從立場來批評一個人的言論是最軟弱不過的。

陳愛文的這張〈關於社會主義制度〉大字報既然對毛澤東的話、陸定一的話都做出了自己的解釋，當然他也就自信沒有離開社會主義。在這張大字報中，他談了這樣一些意見：

一九五四年訂立憲法的時候，許多人忙於唱讚美詩，很少有人嚴肅地考慮，如何實施的問題，所以有一九五五年肅反中許多地方破壞法制現象的出現；憲法規定有言論自由，通信自由，集會結社自由，……等等。可是有的人卻由於說了幾句不同於習慣教條的話正被指為「反動言論」；有的地方公然檢查信件，必然把正當的友誼聚會誣指為「小集團」甚至「反黨集團」；有的地方甚至非法拘禁，變相審訊，如北大二十四齋就一度被代用作牢房，……這說明了，僅有書面的條文，如果沒有社會力量的保障，就不能說這社會已經有了某種民主制度的建立。

大字報作者還正面提出了他自己的主張：「三害得以氾濫，是由於社會制度還沒有建立完善。我們目前的任務是：爭取憲法的徹底實現，切實保障民主自由人權，使社會主義制度臻至完善。」意思很明白：他，他們，正在做的，不是離開社會主義，而是為了完善社會主義，這樣當然也就理直氣壯了。

北京大學校園裡的情況，五月二十五日毛澤東講話之後，可說是同以前並無不同。依舊是鋪天蓋地的大字報、依舊是觸目可見的辯論會和演講台。這些大學生們並沒有因為毛講話而有所收斂。

譚天榮又貼出了大字報〈再談人性與階級性〉，回應周大覺的大字報〈論「階級」的發展〉。譚天榮說：

　　周大覺關於領導者階級正在形成的論點，是可以考慮的，他寫道：「列寧關於階級的定義是：階級是在歷史上一定社會生產體系中所處的地位不同，對生產資料的關係不同，在社會勞動組織中所起的作用不同，因而領得自己所支配的那份社會財富的方式及多寡各不相同的幾個巨大集團」。現在我們看到領導者已經完全具有定義所提到的條件。

　　在周大覺看來，現在人民內部矛盾主要是領導者與群眾的矛盾，具有階級矛盾的性質，我覺得這是馬克思主義階級分析運用的一次嘗試。如果我們是馬克思主義者，那麼就用不著害怕異己的理論，因為馬克思主義畢竟是客觀真理，而不是宗教呵。自封馬克思主義者之後，禁止別人說話，這種作法本身就是反馬克思主義的。

　　譚天榮以贊同的態度大段大段摘引了哥莫爾卡的話，比如說，「無產階級專政的實質是工人階級和勞動群眾最廣泛的民主」，「失掉了工人階級信任意味著失掉權力的道義基礎」，「在這種情況下管理國家也是可能的，但政府一定是不好的政府，因為這個政府一定是建立在官僚主義基礎上的，建築在違反法制的基礎上的，建築在暴力之上的。」大段引文之後，譚天榮評論說：

　　在波蘭事件以前，我們可以設想有一個社會主義國家和馬克思主義政黨的領袖可以這樣說嗎？然而在波蘭哥莫爾卡是真正的人民領袖，可不可以提出這樣的問題呢？在中國人民面前，有不有一次波蘭式的變革，我覺得這才是問題的關鍵。

　　問題提得太尖銳了。這也就是毛澤東十分反感的「隨著哥莫爾卡的棍了轉」吧。

　　五月二十七日，林希翎第二次到北大發表演說。說的還是那一些意思。例如，「關於個人崇拜問題，我同意鐵托同志的意見，個人崇拜與社會制度有關」，「要克服錯誤，就要從根本上改革這一切制度，上次談到不要改良主義，也就是這個意思」。「我對南斯拉夫問題很感興趣，我認為南斯

拉夫是社會主義國家中比較民主的」。她還談到「個人崇拜在中國也有」，並且舉例說：「主席寫幾首詩給《詩刊》，創刊詞上有人評價，說主席不僅是偉大的政治家，也是偉大的詩人。我看主席看了一定會很生氣，這話多麼肉麻。有人說主席寫的字最好，我看不見得。」此外，她對整風問題，胡風問題等等，都說了不少意見。關於胡風一案，她說：「這個案子這樣搞也是不合法的。哪有一個案子搞了這麼久還不宣判，即使特務案件，也不能二三年不結案。如果將《訴訟法》公佈了就不能這樣做了。」

北京大學的幾個教師和學生登臺反駁了林希翎。林希翎說，這些發言者都是神經衰弱者的條件反射，到處是反革命。肅反擴大化的問題，我看到有一個公式，就是反領導→反組織→反黨→反人民，從這個邏輯得出一個反革命的結論。我的講話付出了不少的代價，說我是反革命，極為卑鄙，我提出抗議！

林希翎最後說：幾天來，北大學生川流不息地到我家去拜訪我，其中有一個同學說，我來向你自首，上次在會上擾亂秩序，破壞你的發言，都是支部書記佈置讓我做的。同志們，我用毛主席的說法，這些都是國民黨段祺瑞的作法，是極卑鄙的！

五月二十九日，百花學社成立。這是譚天榮和他的朋友們（所謂「黑格爾——恩格斯學派」）倡議下成立的。他們在宣言中表示：在擁護社會主義的前提下，任何問題都可以自由爭鳴。不要說這些小夥子毫無社會經驗政治經驗，他們在剛剛過去的肅反運動中受到了教育（譚天榮本人就是個肅反對象），成立這百花學社的時候就想到了不要被反革命分子利用，因此對社員沒有組織紀律的約束，社不對社員負責，社員也不對社負責，一切會議公開，歡迎社外同學參加，歡迎學校黨委派人參加。學社為龍英華組織過一次報告會。

在這些日子裡，北大校園裡出現了《自由論壇》、《百花壇》等等八種油印小報。他們還決定出一個更大些的刊物《廣場》。張元勳被推為主編。譚天榮、楊路、劉奇弟、葉于洼等人是編委。發刊詞是張元勳執筆的。它從北京大學的「五一九運動」講起。它說：

　　　　這個運動已遠遠超出了黨內整風運動的範圍，而且有了偉大的社

會思想意識大變革的巨大意義！人與人之間的關係要重新調整，一切過去習以為常的正面和反面的東西要重新進行肯定和否定，對於現代的一些論點與觀點要重新進行估計、評價和探索⋯⋯總之，這裡——整風運動為主流的大變革是一次偉大的社會主義思想意識的改造運動，或思想意識的大革命，對一切都要進行勇敢地再認識。

北京大學是五四的故鄉，北大兒女是五四的後裔，我們的血管裡流著五四的血液，在社會主義的五四時代，我們要學會五四先輩們的大膽提問，大膽創造的精神，去爭取真正的社會主義的民主與文化！

我們的刊物——《廣場》便為此而誕生，《廣場》的含義在於：北大民主廣場是五四舉火的地方，五四的先輩們曾在民主廣場上集會點火與誓師高歌！

我們的《廣場》是真正的「廣」的「場」，是一切不脫離社會主義的言論的講壇。只要為了「真善美」，不論什麼基調的歌都可以到廣場上來對年青人放開嗓子唱！我們的《廣場》為爭鳴而開，我們的《廣場》是百花齊放的地方！我們的《廣場》矛頭指向陽光下的黑暗！我們的《廣場》又是火葬場！

先輩們的廣場已經荒蕪了，我們艱難地把它打掃乾淨，我們願愛講話愛唱歌的人們一起來打掃它，整理它，使它開出一萬朵美麗的花！

來吧！朋友們！到廣場上來！這裡有自由而新鮮的空氣，它可以振動你的聲帶，唱出你願意唱的個性的歌！

我們的《廣場》期待著二十世紀的社會主義文藝復興的到來！

當他們決定創辦《廣場》的時候，即公開宣佈了刊物的立場、性質、目的、編委名單、第一期要目，並請同學們監督批評。據張景中說，《廣場》選用的「每篇文章都是從社會主義立場來幫助黨整風的」。可是，刊物還沒有出，流言和攻擊就來了。說編委中的誰誰誰有怎樣怎樣的問題，怎樣怎樣的背景，甚至還有說他們是借辦刊來斂錢的。壓力很大。具體困難也不少，首先是找不到承印的地方，所有謄印社都接到通知，不讓印。想要鉛印，更辦不到。《人民日報》的一篇報導說：

他們把所編刊物——《廣場》交給北京印刷一廠排印，印刷工人們發現這個刊物的內容都是反對共產黨、反對社會主義的言論、工人們極為氣憤，拒絕給他們排印。這件事發生後，他們企圖在校內「控訴」工人，當他們要去學校播音室借擴音器時，播音室的工人因為反對他們對工人的無理「控訴」而拒絕借給他們，譚天榮又動手打了這個工人。北大的學生們這幾天貼出的許多大字報上，紛紛指責他們的不法行為。（6月21日）

這個借擴音器的事件，當事人譚天榮在大字報〈第三株毒草〉中的說法要不同一些，只是說得更具體一些。他說：

當天我們借廣播器受到各種阻攔，我們知道我們的活動不合學校當局的口味，任何放肆和任性都會給自己帶來不少麻煩。因此一直小心謹慎，哪裡是採取粗暴的態度呢？小陳在電話中答應讓我們上廣播室找他，我們到廣播室時，他卻鎖著門放音樂，我們怎樣敲門他也不理，眼看開會時間就要到了，這才爬窗戶進去。當時小陳大聲呼喚，說我是反革命，是強盜是破壞分子，說我們要搶電臺。我對他說，先別說這個吧，我們想借一個擴音器。他說不借，你譚天榮是反革命，別人可以借偏不借給你，別人怕你，我不怕，我不和你講馬列主義。我說，如果和我過不去，你也不要讓同學們開不成會啊，還是先把擴音器借給我吧！他可不依，一直吵吵嚷嚷還打電話給校衛隊，要求立刻派人來抓我們搶電臺的強盜，來抓反革命。校衛隊來了之後，他立刻提到爬窗戶的事情，並且力圖證明第一個爬窗戶是我而不是劉奇弟。至於借擴音器的事他還是堅持，我愛借就借，不借不就借。當時在場的人誰也說不服他，這時我們才不能不去找江校長。至於打人的事，我只有在聽了小陳控訴之後才知道，因此我絲毫也不能幫助學生會把問題搞得更清楚。至於我們當天對學生會、團委會、黨委會和江校長的粗暴態度，好不好請你們自己來敘述一下。

這時候已經不再是「五一九運動」，而是反右派鬥爭了。《廣場》這

刊物終於沒有能夠印出，就這樣胎死腹中。

　　也就是在這時候，北京大學有一個學生寫了一篇題為〈我的憂慮和呼籲〉的文章，說黨中央已開始分裂，毛主席的「鳴」、「放」方針遭到了黨內百分之九十的人反對和黨內保守勢力的反擊，有人想逼迫毛主席下臺。這篇文章油印後在校內外散發。中共中央宣傳部編印的《高等學校整風情況簡報》報導了這件事。毛澤東六月六日批示：「尚昆印發在京各中委一閱。完全造謠，但值得注意。」這也是使毛澤東惱怒的一件事。

　　在反右派鬥爭打響的前夕，譚天榮他們還有一件事不能不說一說，那就是六月二日，他們一行六人去了一趟天津。這事的起因是這樣的，南開大學同學來了一封信，說他們的民主運動受到了壓抑，說他們學校的廣播台聲稱北京大學已處於無政府狀態，被反革命分子所控制。於是他們就去南開大學了。為了使南開的同學們明白事實的真相，他們挑選了一些早期的大字報和引起爭論最多的大字報，油印出來，帶了去。他們是以個人訪友的名義去的，並沒有打起代表北大的旗號。在天津，他們受到了友好的接待。譚天榮說，這是他「有生以來第一次游泳在友好、信任和關懷的海洋裡」。晚上開會，先是劉奇弟介紹北京大學運動的情況。譚天榮講了他對〈再論無產階級專政的歷史經驗〉的看法。並且進行了辯論。在會外的交談中，還談到政治課選修問題、肅反運動的錯誤等等。楊路說：肅反損害了很多人的自尊心，妨礙團結。為什麼那時候肅反現在不肅呢？現在整風是歷史發展的必然，這裡有波匈事件的血，並不是恩賜。

　　第二天，天津師範學院的學生又邀請他們去了。這回是由沈澤宜介紹情況，劉奇弟講胡風問題，譚天榮講的還是那些，如不能像相信宗教那樣信奉馬列主義等等。

　　這中間，譚天榮和劉奇弟兩人還應邀到天津大學去講了話。就在反右派鬥爭已經開始之後，譚天榮在〈第三株毒草〉大字報中還在說：「關於我們去天津的事情我很滿意，交了不少朋友，也結了不少冤家，不管人們怎樣削弱我們的影響，我們還是那裡都掀起了新的大字報高潮，支持我們的信件至今還像潮水一樣湧來」。

　　在這次訪問南開大學的時候，譚天榮拜訪了歷史系雷海宗教授。關於這一次訪問，《人民日報》記者鍾林寫的〈南開大學反擊右派的鬥爭〉中是

這樣寫的：雷海宗說：「青年們來找我，我當然是要接待的。談到黑格爾的哲學，我問譚天榮：你讀過黑格爾的哪些書？他說唯讀過中國翻譯過來的幾本書中的一部分。我問他你能讀外文書嗎？他說不能。我問他向北大對黑格爾哲學很有研究的賀麟先生請教過嗎？他說沒有。我勸他：你要想學哲學，要研究黑格爾，你至少得學會外文，熟讀黑格爾的所有著作，也可以找賀麟先生談談。哲學是一門有系統的全面的對世界對社會歷史的解釋的高深學問，不要把它看得那麼簡單。」（6月29日《人民日報》）

雷海宗給頗為自負的譚天榮留下了良好的印象，他在大字報〈第二株毒草〉中，這樣談到這一次訪問：

> 在我看來，教授們總是淵博而謙遜的，淵博，這就是說什麼也不懂；謙遜，就是什麼也不想懂，這似乎是一個法則。這一次我畢竟遇到了一個例外，雷海宗教授是一個真正的學者，對於我這簡直是奇蹟。他對我說，在這種哲學界無限混亂的時期，注意《自然辯證法》《唯物論與經驗批判論》兩本書在思想方法上的差別是必要的。這句話有多大份量啊。

北京大學的這些學生，在校內校外這樣鬧。他們對自己的這些活動評價甚高。他們把這些活動同五四運動直接聯繫了起來。《廣場‧發刊詞》呼喚「社會主義時代的『五四』新文化運動」，哲學系調幹學生、共產黨員龍英華的大字報說，「五‧一九」運動是現階段的馬克思主義啟蒙運動。現階段的馬克思主義就是兩個體系共處時期的馬克思主義，與列寧時期的馬克思主義不同。五四運動是解決階級鬥爭的任務，「五‧一九」運動是階級鬥爭消滅後產生的新思想運動。

大學生的這些活動可是觸怒了毛澤東。據中共中央文獻研究室編、逄先知、金沖及主編的《毛澤東傳》說：

> 毛澤東密切關注著整風鳴放的動態，通過各種渠道及時瞭解各方面的反映、在最緊張的幾天裡，幾乎天天派人到北京大學、清華大學、北京師範大學、中國人民大學等高校看大字報。他問身邊工作人員：

「你看共產黨的江山能不能坐得穩？」那段時間，他很憂慮。後來回憶起來的時候還說過：「我這個人就是常常有憂愁，特別是去年五月底右派進攻，我就在床上吃飯，辦公，一天看那些材料，儘是罵我們的。」又說：「右派猖狂進攻時，哪個不著急？我看大家都有點著急。我就是一個著急的，著急才想主意。」……很快，毛澤東的心裡有底了。幾個月過後，他回憶說：「四個大學沒有底之前，天天派人看大字報。匈牙利事件究竟有多大影響，五月二十號後摸到底了，才真不怕。」（中央文獻出版社版，2003年版，第696頁）

　　摸到底了之後，他即調整了部署。最初他部署反右派鬥爭的時候，考慮的主要是民主黨派。在高等學校裡，他想的也是那些教授，大學生並不在考慮之中。現在出乎他的意料，大學生們自己跳了出來，鬧到一時好似天昏地暗，迫使他不得不追加預算，將大學生也列為反右派鬥爭的一個打擊項目。六月八日他起草的中共中央〈關於組織力量準備反擊右派分子進攻的指示〉中，就將學生和教授並列了。他說：

　　高等學校組織教授座談，向黨提意見，儘量使右派吐出一切毒素來，登在報上。可以讓他們向學生講演，讓學生自由表示態度。最好讓反動的教授、講師、助教及學生大吐毒素，暢所欲言。

　　這個指示宣告了反右派鬥爭的開始。同一天，《人民日報》發表社論〈這是為什麼？〉，是一篇公開聲討右派分子的檄文。從這一天起，各個學校都向教師和學生中的右派分子展開了鬥爭。北京大學學生引以自豪的「五・一九」運動當然也就夭折了。這些年輕人在短短的一個月裡的活動：大字報、辦刊物、講演會，留下的精神遺產是值得我們民族永遠珍視的。

　　當午例如章伯鈞、羅隆基、黃紹竑、譚惕吾、儲安平這些人，都屬於民主黨派的頭面人物，他們發表的主張，不免是聯繫政治權利的分配來考慮的。像儲安平關於「黨天下」的那次發言中就直接提出了為什麼國務院副總理中沒有一個黨外人士。當然，他們的這種考慮，也是從國家制度的民主化出發，不能認為單是為了個人利祿，像章伯鈞就說過，他想「抬高自己的政

治地位，不是為作官，是為了實現我的政治主張」。而當年在校大學生中劃出的右派分子，正如二十年之後的北京大學教授錢理群指出的，「這是一些尚未涉世的青年，因此他們的探索的熱情，並非源自利益的驅動，而純是（或基本上是）出於對『真理』的追求」（錢理群：〈不容抹煞的思想遺產〉，見《原上草》，第9頁。）下面引文後邊的數字都是這本書的頁碼。）。這裡我們來看看當年這些年輕人發表了一些怎樣的主張吧。

在中國人民面前，有不有一次波蘭式的變革，我覺得這才是問題的關鍵。（譚天榮）（46）

就拿肅反運動來講，我覺得這是生硬的襲用蘇聯老大哥的錯誤的經驗的結果，犯了極端教條主義的結果。就拿本校來講吧，簡直亂鬥好人，例如：將顧牧丁先生等當反革命分子來鬥，這完全是一種歇斯底里，這樣套「整個運動是正確的，但有少數偏差」，怎樣能使良心上得到安慰？……

前幾年的錯誤絕不是個別的偏差，它是一次根本的路線的錯誤，其嚴重性和幾次左傾的錯誤是不相上下的，為了威信不必害怕承認錯誤吧！用紙包火總是十分危險的，史達林的錯誤總有一天會被揭發出來的，黨中央也該整風，難道掩飾錯誤、喜歡史達林的威信對革命有好處嗎？

將香花和毒草明確分開只會影響百家爭鳴，……

具體的共產黨可以成為官僚主義的化身，例如拉科西——格羅集團，反對這種集團並不能算反對社會主義」。（嚴仲強）（76-81）

目前選舉（引者注：指學生會的選舉）方式是黨團提名介紹個人優缺點，投票選代表，再用同樣方式選舉領導機構，沒有競選活動，不說明被選人怎樣工作，代表人民當家作主的選舉，好像選模範一樣（其實並不模範），因此實質上不是人民當家作主，就是不民主。（蔣興仁）（97）

我們目前的任務是：爭取憲法的徹底實現，切實保障民主自由人權，使社會主義制度臻至完善。（陳愛文）（101）

肅反運動……在錯誤的理論指導之下，在錯誤的領導思想和敵情的估計之下，絕大多數的鬥爭是錯了，……這樣還能說運動基本上是

健康的是正常的嗎？還能背「成績是基本的，缺點是難免的」公式嗎？……肅反運動錯誤的根源，不在工作方式，而在於脫離群眾、以憲法人權為兒戲的官僚主義；以搬運公式為滿足的教條主義；以及不准阿Q革命的宗派主義。（江文）（104）

　　制度是人訂的。而每個人都有其局限性、兩面性。制度要不斷改進才能達到完善地步。必須破除人們對具體制度的迷信。（凡凡）

　　在我國一九五四年憲法出來後，人們樂於歌頌卻忘了切實保障。如肅反時人身侵犯，以後又壓制人們發言；又如二十四齋的牢房，公民人權無保障，法制不健全。一些人利用統治地位損害人權，敗壞社會風氣不民主的統治方法，人民從何處監督。

　　凡是使人民是非模糊的宣傳都是愚民政策。如保密制度，連永利鹼廠鹼的產量也保密（化工老師講的），這除了增加人們的愚昧又有什麼？

　　科學宣傳的片面性，自然科學方面對摩爾根一棒子打死，對自然科學要談階級性，把羅蒙諾索夫說成十大家，石像放在大圖書館，似乎一切文明都成了俄國的。偏要如此灌輸，使人們不能認識客觀真理。對史達林盲目崇拜，對經典著作不能批改，當作神明，從這意義上比作聖經也不算錯，教條主義統治比作中世紀的教會統治也完全可以。在形式上可與日本武士道、希特勒統治相比。人民盲目崇拜領導，便非常欣賞，認為立場穩，於是積極分子提拔成了官僚主義。用信仰代替知識，首先是信仰，把知識推到微不足道的地位。這不是愚昧又是什麼？就是不要人思考。（張錫錕）（120-123）

　　我主張「凡長皆選」！不好就罷免，否則他們脫離群眾後，官僚主義仍可能出現。

　　我們有了一個社會主義工業化，還應有個社會主義民主化。……現在是走誰的路，是史達林路線和南斯拉夫路線誰勝利的問題。鐵托、陶里亞蒂、毛澤東、赫魯雪夫是現階段的馬克思主義的代表。（龍英華）（131-132）

　　現在沒有一個「制度」來保證群眾可以對領導者進行監督，我們現在的社會制度有十分嚴重的缺點，它只能在書本上，講臺上反對個

人崇拜，絲毫沒有物質的力量來保證。在這個意義上講，可以說個人崇拜是制度產生的，這並不是說必須推翻這個制度，而是說必須徹底改變完備這個制度。（群學）（136-137）

在現階段民主既是手段也是目的。作為手段，這是因為「帝國主義的威脅還存在，我們的中心任務是建成社會主義，所以目前民主居於服從地位，但又必須充分利用民主這一有力武器，才能團結全民實現反帝建國任務」。但是也是目的。既然民主是先進的社會理想，既然共產主義社會是要建立更高類型的民主，就必須承認它也是目的。

法制不健全不嚴肅，民主權利沒有嚴格可靠的保障，是官僚主義、主觀主義、宗派主義的溫床。（葉于洴）（141-142）

如果缺點只是個別人造成的，為什麼全國普遍各地都如此。關鍵是社會主義制度本身缺陷的問題。

我們當前的任務正是要為改善社會主義政治制度而鬥爭。首先就是爭取真正的人民民主自由。人民沒有權利什麼事也辦不好，社會主義也會瓦解或出現「史達林」。

我認為民主不僅是一種手段，而且也是目的，它是共產主義必不可少的組成部分。如果只是方法，那麼建成社會主義後，就不再要民主了。──這多荒謬！

要民主，不能只是文字的空頭支票，必須有法律的保障，而如今，我國尚未頒佈民法、刑法──等必要法律。人民的民主只是領導者的意志、恩賜──這怎麼會沒有三大主義。

我們要求健全社會主義法制，爭取民主，保障人權和精神人格的獨立──這就是我們鬥爭的目的。（王國鄉）（149-150）

我有很多問題同意南斯拉夫的看法，鐵托演說中很多是好的。我就認為個人崇拜是社會主義制度的產物。……史達林問題絕不是史達林個人的問題，……我們現在的社會主義不是真正的社會主義，……真正的社會主義應該是很民主的，但我們這裡是不民主的。（林希翎）（153）

史達林錯誤的原因是什麼呢？是因為他驕傲了。但是他可以破壞法制、進行獨裁、進行瘋狂地屠殺的保證又是什麼呢？無論是蘇聯共

產黨，也無論是中國共產黨都未能作出令人滿意的答覆。因為他們都不免統治者的共同弱點，他們害怕說出問題的原因，是由於共產黨對國家政權的絕對控制，國家權力的高度集中。正是由於這種高度集中的權力，才使史達林的後期可以膽大妄為，犯出一切錯誤。如果蘇聯在國內消滅了階級的對立以後，實行高度的民主，政權不是集中在少數人手裡，則一切錯誤都是可能避免的。蘇聯共產黨或者中國共產黨，在總結這一教訓時，沒有歸於是制度本身有毛病，而卻歸之於「人們的思想情況」，我認為是很不妥當的。

任何時代，權力的高度集中，不論是集於個人，還是自稱為一貫光榮正確偉大的集團，都是極大的危險，而當人民群眾被麻痺被愚昧，就更加百倍的危險！（王書瑤）（204-207）

史達林錯誤，波匈事件，我國三大害，都是偶然的嗎？不，都是一個根源：不民主。

目前除三害都停留在表面上，似乎把三害的根源只歸結到領導者的思想意識，並沒有追究三害的社會根源，我認為這是不對的，……三害的根源是缺乏人民的民主和監督。（岑超南）（209-211）

從現有所反映出來的事實材料分析，「三害」幾乎都與國家在政治上經濟上集中的統一的過多有關，而這些過多又是在制度上有規定的，……「三害」的風在這種條件下就成為制度的產物了。（應成旺）（235）

可引的還多，意思相近的就不引了。這些，就是當年遭到猛烈批判的反黨反社會主義的右派言論，說了或者寫了這些的，就成了右派分子。幾十年之後來看，其中的一些已經變成了人們的共識。當年右派分子發表的主張，包括這些大學生右派分子的主張，就其主流來說，都是為了中國成為一個法治的、民主的、富強的社會主義國家。對於我們民族來說，不幸的是，這些主張，竟橫遭批判了。有的發表這些主張的人，像張錫錕，後來竟被殺害了。這真是我們民族的劫數。

不但在北京大學，另外許多大學也都有大學士在思考諸如此類的問題。在北京師範大學校園裡也貼出了許多大字報。中文系四年級（畢業班）

丙班的吳雲生、劉洪鈞、余毅忠三人六月六日貼出的大字報〈民主乎？黨主乎？〉（署名「天、水、心」）中就說：

> 所謂「民主」者空有其名。人民除物質生活有保障外，其他一切民主權利概無保證，黨獨攬一切，專斷一切，黨即人民全體，黨即國家，黨即法律。所謂「民主」者實際上已被黨主所代替。
>
> 略舉一二事例：
>
> 憲法規定人民有選舉權，然而人民代表已由黨內定。人民不認識代表，代表不代表人民。
>
> 憲法規定人民有言論自由，然而報刊、廣播、電臺均為黨所壟斷，凡發表有與黨的調子不諧和的言論，概以反革命論罪。
>
> 憲法規定人民有集會、結社自由，然而凡結社、集會不經黨批准，並接受其指定的領導人，均有可能冠以反革命罪。
>
> 憲法規定人民有人身自由，然而「肅反」表明：各級黨組織負責人都有權以黨的名義，限制任何一個正直的公民的自由。
>
> 毛主席說現階段我國政權性質是人民民主專政，然而黨包辦專斷一切，民主黨派只是充當傀儡，人民民主其名，一黨專政其實。
>
> 黨的中央委員會是一千二百萬黨員的代表大會選舉的，然而黨中央向全國六億人民發號施令，人人均得服從。
>
> 憲法規定政府向民主機構人民代表大會負責，然而實際上政府的一切政策均由黨來決定，政府只對黨負責，人民代表大會空有其名。
>
> 我們是要黨的領導，但堅決反對黨獨斷獨行。我們不反對「黨主」（因黨也有作主權），但反對以「黨主」代「民主」。把民主權給予人民，讓人民有享受憲法所賦予的民主權利的充分保障。
>
> （見《不肯沉睡的記憶》，中國文史出版社，2006年版，第318-319頁）

清華大學建築系學生蔣維泓上書黨中央（1956年9月16日給黨的「八大」的信），認為「我們黨組織強調領導，強調集中，強調計畫，是軍事時期過時的管理方法」，認為這種「過時的東西」妨礙著人民創造性地發揮。他要求在公有制度下實行公產民辦企業，在計劃經濟制度下發展自由競爭；在文學

藝術領域內提倡個性自由，在藝術作品中「把人民的自發的好強提高到首位」；在組織上機構上把統一的組織機構化為許多性情相投的人結合起來的小單位，在人事分配上可以自由選擇自行推薦，不要統一分配。他認為目前是和平時期，軍事機構不應佔有優越的地位。在黨的建設問題上，要求黨「擴大民主」和「團結性」，要求用自報公議的方法來挑選黨的積極分子。（轉引自《清華大學反右大事記》）

　　北京師範大學數學系右派學生羅里波在六月十一日貼出了大字報〈豈不令人深思〉（署名「呵欠伯」），儘管這時已經是《人民日報》發表〈這是為什麼？〉社論之後幾天了，他還是尖銳地提出了一個「反共就是反革命嗎？」的問題。他以匈牙利為例，說：「匈牙利的勞動人民黨在去年十月前就很難說它很符合於共產黨定義的要求，很難說反對它就是反革命。」說到本校，大字報列舉了學校黨委一些負責人的姓名，然後說：這些人「所組成的黨，那便很難說它符合共產黨的定義，請問反對這樣的共產黨怎見得是反革命？」（見《不肯沉睡的記憶》，第319-320頁）

　　武漢大學中文系三年級學生、右派分子吳開斌（1933-2007）一九五七年七月十日、十一日在全校給他開的「辯論會」上，就說了許多意見，並且聲明：「在同志們還沒有說服我之前，我也不願意輕率的放棄自己的論點。」在連續兩天的會上，他說得很多，這裡只摘錄他幾個論點。

　　關於胡風問題：「根據《人民日報》所發表的三批材料，它很難說明胡風集團是一個反革命集團。《人民日報》的編者按（按：這個編者按是毛澤東寫的）上這樣講過，好像是這樣一個集團在當時活動的目的，就是為了推翻無產階級專政，使資本主義復辟。那麼我在當時看了這三批材料以後，無論如何也得不出這樣的結論來。」

　　關於史達林問題：「在蘇聯這樣的制度下，為什麼會發生像史達林這樣的錯誤，鐵托同志講史達林是錯誤制度的產物，而蘇聯主要是把個人品質歸咎於個人的原因。你說像史達林所犯的這樣大的錯誤，難道僅僅是個人原因嗎？個人負責嗎？難道說這個制度沒有一點缺陷，沒有一點毛病嗎？」

　　關於波蘭、匈牙利事件：「在波茲南事件裡的確是揭露了黨和政府工作中的許多陰暗面。」「群眾最早起來攻擊拉科西、格羅集團的，主要是說

他們的官僚主義，不關心人民疾苦。匈牙利事件直接原因是黨群矛盾，由於黨群矛盾引起了匈牙利事件。」

主張開放報紙：「解放後的報紙你說那個報紙有什麼特點呢？你說《湖北日報》和《長江日報》各有它的什麼特點呢？我就很難說出來。也就是《湖北日報》和《長江日報》差不多，《湖北日報》和《湖南日報》差不多，《湖南日報》和《江西日報》差不多，沒有什麼區別。要有私人辦的報紙就可以改變這種情況。」（吳開斌著《另類人生二十年》中國文化出版社，2007年版，第313-354頁）今天的讀者也許會覺得這些見解也很平常，在當年，這可是罪證，是使他經受二十年苦難的思考。

十、讓他們走到頂點

毛澤東在〈事情正在起變化〉一文中說：

> 現在右派的進攻還沒有達到頂點，他們正在興高采烈。黨內黨外的右
> 派都不懂辯證法：物極必反。我們還要讓他們猖狂一個時期，讓他們
> 走到頂點。他們越猖狂，對於我們越有利益。人們說：怕釣魚，或者
> 說：誘敵深入，聚而殲之。現在大批的魚自己浮到水面上來了，並不
> 要釣。

這是毛對態勢的估計和戰略決策。他在這裡提出了誘敵深入的要求，
說明了誘敵深入的利益，卻並沒有提出誘敵深入的方法。這方法，五月十四
日和十六日的兩個黨內指示中說了一點，就是對於右傾分子的言論，不要反
駁，必須原樣地、不加粉飾地報導出來，放手讓他們發表，並且暫時（幾個
星期內）不要批駁，使右翼分子在人民面前暴露其反動面目。後來他在〈文
匯報的資產階級方向應當批判〉一文中回顧當時的做法說：「報紙在一個期
間內，不登或少登正面意見，對資產階級反動右派的猖狂進攻不予回擊，一
切整風的機關學校的黨組織，對於這種猖狂進攻在一個時期內也一概不予回
擊，……等待時機成熟，實行反擊。」

這個計策，就是毛澤東頗為自負的「陽謀」。「陽謀」雖好，只是如
果僅僅做到「不予回擊」還是不夠的。倘若人家怯戰，乾脆不來猖狂進攻，
這八陣圖豈不是白擺了嗎？所以還必須有誘敵之法。這辦法就寫在一份黨內
指示之中：

> 高等學校組織教授座談，向黨提意見，儘量使右派吐出一切毒素來，
> 登在報上。可以讓他們向學生講演，讓學生自由表示態度。最好讓反

動的教授、講師、助教及學生大吐毒素，暢所欲言。他們是最好的教員。到了適當時期，則立即要組織黨團員分組開會，分別那些是建設性的批評，加以接受，並改正自己的錯誤缺點；那些是破壞性批評，予以反駁。同時組織一些黨外人士講演，講正面話。然後，由較有威信的負責人作一個有分析有說服力的總結性演說，將空氣完全轉變過來。（《毛澤東選集》第五卷，第432頁。）

這個文件的題目是〈組織力量反擊右派分子的猖狂進攻〉。可是這標題只包含文件的一半內容。這個文件實際上是兩項內容組成的，就邏輯的先後來說，第一是「組織右派分子的猖狂進攻」，第二才是「組織力量反擊右派分子的猖狂進攻」。後來的實踐證明，這確是一個行之有效的計策，達到了預期的戰略目標。

多年之後，歷史學家黎澍說起當年舊事，他說：

這個講話——指毛在最高國務會議上關於正確處理人民內部矛盾的講話——廣泛傳達以後，在北京、上海、天津等幾個大城市的民主人士和文化科學工作者中間果然起了鼓舞作用。他們被邀請在一些座談會上發言。可是，即使在這個時候，這種場合，發言者也還是心存顧慮。毛本人在〈事情正在起變化〉一文中說，人們「怕釣魚」。這篇文章是反擊右派進攻的信號。既然直到此時人們還說「怕釣魚」，可見直到反右派鬥爭開始時，也並沒有什麼資產階級猖狂進攻需要「打退」。（黎澍〈未完的回憶〉。見所著《論歷史的創造及其他》，湖南人民出版社1988年版，第171頁。）

當然，黎澍這話是多年之後說的。如果他當時說了，他也就成了猖狂進攻的右派一分子了。

中共中央統戰部根據毛澤東的「陽謀」調整了部署，各民主黨派負責人的座談會兩次休會之後繼續舉行，好讓右派的進攻走向頂點。

休會之後的座談會上，「政治設計院」、「平反委員會」，「黨天下」這些最嚴重的右派言論出來了；章伯鈞、羅隆基、章乃器、儲安平、黃

紹竑、陳銘樞等一批重要的右派分子出來了。

　　為了組織右派分子的猖狂進攻，除了這個座談會之外，還開闢了新的發言場地，讓各個民主黨派、學術團體、高等學校都舉行這樣的座談會。

　　下面，先摘錄一點《人民日報》逐日刊登的民革中央小組擴大會議上的發言。

五月二十二日

　　民革主席李濟深主持開會。他首先說，民革是在中共領導下，致力於社會主義事業隊伍中的長期合作共事者，我們對於中共通過統一戰線的方式推動整風，自應積極幫助。

　　陳劭先的發言是講正面話。他說，從報紙上看，有些人在發表的意見中，有擺脫共產黨的領導的想法，這是不好的。他認為不正確的思想言論，報紙不應當發表。這態度是很好的，只是他不知道，幾天之前中共中央已經一再指示，要求黨報不加反駁、不加粉飾、不加刪節的刊出右傾分子的言論，這正是反右的一項重要的準備步驟。

　　劉斐這一次發言的態度其實也是可以的。他說，領導黨整風，民革是助手之一，民革成員不能袖手旁觀。他同時認為，官僚主義、宗派主義、主觀主義，不可否認地在民革內部也存在著，「我們就那麼好」？因此他說，民革成員也應該加強自己的思想改造，在共產黨整風期間，結合自己的思想，「照自己的鏡子」，通過整風，改造和提高自己。

　　龍雲在會上也發了言。他發言的內容，據《人民日報》報導，他認為整風就是找過去的錯誤。他說為什麼整共產黨的風？這聯繫到有職無權的問題。共產黨是執政黨，有職有權的人錯誤就多。他甚至認為，民主黨派的錯誤，也和共產黨有關。整共產黨的風，有道理。他說，他這次出發回來，在報紙上看到馬寅初、張奚若、章乃器等人的發言，受到很大鼓舞。但自己參加了五月二十一日中共中央統戰部召開的座談會以後，情緒反而低落了，因為發言的人有保留，有顧慮，折中的話很多。他認為這樣下去會冷下來，「沒有作到步步緊，而是步步鬆」，對中共幫助力量不大了。他認為，有顧慮可以理解。他說，過去幾個大運動，都是共產黨整人，現在是不是共產黨測驗大家的思想，以便以後整人？他說，現在時機不同了！他認為，共產黨

員犯錯誤，不是一個兩個，大家都知道，共產黨要想辦法改變。共產黨是執政黨，怎會出爾反爾，開這樣大的玩笑，讓大家把思想暴露出來，然後再整。

龍雲的這篇發言，《人民日報》是二十四日發表的。據三十日《人民日報》報導，龍雲在二十九日會上的發言中，「對本報五月二十四日發表的他在二十二日民革中央小組擴大會議上的發言，表示不滿；但是他沒有舉出具體事實。」因為五月十四日黨中央已有指示，報紙發表此種言論不要刪節，所以龍雲的不滿大約不會是因為刪節了他發言的內容，他不滿的想必是報導的角度和傾向性。就從報紙上這簡短的報導中，是可以感覺到明顯的傾向性的。其實他有些話確是說得很難聽，但他還是說了執政黨不會出爾反爾，開這樣大的玩笑。他這樣說，可以解釋為他對共產黨還是信賴的。也可以作另一種解釋，在宦海浮沉了幾十年的龍雲預感到某種可能性，於是故意說破，希望能避免此種前景。

五月二十五日

盧郁文發言，他說，最近民主人士對黨的領導提了許多意見，如機關中黨組如何工作，學校改變黨委制，合營工廠中的公方代表撤出，基層以黨代政，黨中央和國務院聯合發指示，以及定息二十年等問題。這些意見看來雖然承認黨的領導，但恍恍忽忽又有擺脫黨的領導的意思。他提醒說，我們不要忘記，共產黨領導社會主義，我們走社會主義道路，這都是我們舉了手的！

盧郁文反駁章伯鈞，他說，章伯鈞先生不讓把成品拿上去，他是希望在國務院會議上大討論而特討論，你說一通，我說一通，然後表決，這是資產階級的民主方式，表面看來是民主的，實際上並不能取得一致。他說，章伯鈞先生的這個意見我不能同意。他認為事先把文件經過各方充分協商，準備成熟，拿出來討論通過，這正是社會主義民主的特點，是它的優越性。

談到黨與非黨的關係，盧郁文以自己的親身經歷為例，他說，他覺得黨員同他之間沒有牆和溝，他和黨員一起工作、學習、下棋、打撲克，並沒

有感到有牆，自己也沒有自外。他以為拆牆是兩方面的事，並且以為應該允許反批評，這並不是打擊報復。

譚惕吾發言。她認為民革成員幫助共產黨整風，應該採取老老實實誠誠懇懇的態度，不能有任何虛假。要知無不言，言無不盡。同志中間，舊作風還是少來一點！她說，必須堅持接受工人階級的領導，走社會主義道路，這前提決不能動搖，否則就不是今天中國的民主黨派了。她說，為了社會主義少些波折，對阻礙社會主義建設的事情，一定要反映出來。提意見，不一定就是不接受領導。說一切都是因社會主義制度不好而產生的，那是離經叛道。

譚惕吾不同意盧郁文的意見。她認為盧郁文的意見不是幫助共產黨整風，盧郁文說與黨員毫無隔閡，那不是由衷之言。她說，我們要說真話。領導黨選擇人也要注意，要選對黨進忠言的人。她說，很多黨與非黨的關係問題，常常不是因為共產黨，而是由無恥的民主人士弄出來的。這些人隔離黨，隔離群眾，藉機會向上爬。

甘祠森認為譚惕吾是太主觀了，不能說盧郁文的意見是話不由衷。

盧郁文譚惕吾的這些發言都登在五月二十六日的《人民日報》上，隨即在讀者中引起了反響。盧郁文收到一封匿名信，其中說：「在報上看到你在民革中央擴大會議上的發言，我們十分氣憤。我們反對你的意見，我們完全同意譚惕吾先生的意見。我們覺得：你就是譚先生所指的那些無恥之徒的『典型』。你現在已經爬到國務院秘書長助理的寶座了。你在過去，在製造共產黨與黨外人士的牆和溝上是出了不少力量的，現在還敢為虎作倀，真是無恥之尤。我們警告你，及早回頭吧！不然人民不會饒恕你的！」這封信中還說，「共產黨如果只認你這班人的話」，「總有一天會走向滅亡」。關於這封匿名信的事，下一章還要詳細說到。

五月二十九日

李平衡說，整風中有人道聽塗說，以官僚主義整官僚主義；有人是為發言而發言；也有人是以出氣態度發言。他認為這都不符合真誠坦率，和風細雨的精神。在談到共產黨和黨外人士之間的牆溝問題的時候，他以為黨員

固然應該主動動手拆牆，黨外人士也應該動手拆。拆的辦法應該是「多接觸，多談心」，有些黨的會議，可以讓黨外人士參加的應該儘量讓大家參加。他並且建議，要儘快解決「三反」、「肅反」中的遺留問題。

陳銘德談到了放和收的問題。他說，現在只是上層動了，下層還在以「觀察員」的身份觀察氣候，仍有顧慮。對於最近報紙上出現的一些反批評意見，他認為是一種收的趨勢。他說，放是充分揭露矛盾，收只能掩蓋矛盾，乃至一發而不可收拾。因此，真正愛護黨的，就應該鳴，也讓別人鳴。

李蒸在發言中表示，最近他從報紙上看到了一種不好的氣氛，隨便扣帽子，隨便打回去。他說，報館也應該負責。他說，我們的發言一定要反映真實情況，真正矛盾，不要把自己的親身經歷，代替了一般。

李蒸的發言，《人民日報》上就只摘登了上面引的這幾句。看來這並不是完整的記錄稿，當時他說的必定更多些。最後這一句大約是說盧郁文的，盧以親身經歷證明黨與非黨共事中並無隔閡。李蒸以為此種親身經歷並不能代替一般，不能反映真實情況。

李蒸說畢，盧郁文立刻表示不能同意他的意見，也不能同意上次座談會上譚惕吾的意見。盧郁文說，為什麼只許批評共產黨，而不許批評批評者呢？不公平。黨和非黨之間有牆有溝。但是具體的講，也有沒牆沒溝的。怎麼非說有牆有溝才開心呢？拆牆填溝應該是兩方面的事，共產黨應該拆的是三個主義；民主黨派和民主人士要拆的是舊思想、舊習慣、舊作風，要放棄過去的立場，要堅定地樹立人民立場。不這樣，單是共產黨拆牆，是拆不了的。如有人要求二十年定息，牆怎能拆的了呢？

覃異之在談話中也認為，最近報紙上的一些標題，有「收的味道」，《人民日報》的標題就值得研究。在他看來，某些積極分子為領導黨表露了一種「擔心」，也是「收」的表現。

譚惕吾發言說，在幫助共產黨整風的問題上，現在出了岔道。她說，在割治三害毒瘤的時候，確實出現了一些毒草。關於定息二十年，不要公方代表，取消高等學校的黨委制等意見，她是反對的。但是，她也反對從另一方面損害黨。她說，幫助共產黨整風，就是要揭露矛盾，就是要敲警鐘，把一些黨員敲醒。她認為盧郁文是在代表抗拒整風的共產黨員說話，他沒有一句話是對黨有幫助的。這是對黨不實，對國不忠的表現。

　　梅龔彬對譚惕吾和盧郁文的爭論，作了這樣的表示：對中共提意見，是為了幫助中共整風。什麼意見都可以提，不論是正面的，或者反面的，都可以提，這才叫作爭鳴。

六月三日

　　錢昌照說，個別黨員同志確是架子十足。有時為了公事同他們聯繫，去信不回信，去電話不回電話，一而再再而三地催促，給你一個極其冷淡的答覆，這是極粗暴惡劣的對人態度。這些同志應放下架子，否則，他們既不能接近群眾，群眾也無法去接近他們。他說，經過此次整風，領導黨當然更加提高，民主黨派也必須提高。領導黨現在是邊整邊改，民主黨派一方面幫助領導黨整風，一方面應當檢查一下自己的工作，發揚民主，克服缺點。

　　翁文灝說，天津有一家永明漆廠的總經理是化學專家，有多年制漆經驗，很有成就，但因為是非黨員，就受黨員經理的歧視，技術上的問題不能過問。想作試驗，沒有原料。他還談到，去年去河南視察，曾邀集洛陽的一些工廠的非黨工程師座談，很多人都談到不能瞭解情況，和黨有隔閡。他分析說，過去共產黨為了打倒敵人，把剝削階級當敵人看，是對的，現在情況不同了，但仍把它們當敵人看，不信任。他說，這種絕對觀念不取消，共產黨就會脫離群眾，建設就不會成功。在這種情況下如果指責非黨員沒有主人翁思想，工作消極，是冤枉的。

　　丁貴堂說，宗派主義的形成，是由於他們認為自己是特別材料製成的，他們比一般的人優越，看不起非黨人士。假如承認非黨人士和他們一樣同是中國人，也同是有愛國心和正義感的中國人，正確適當地放手使用他們，則所謂牆與溝就能不再存在了。

　　陳建晨發言，分析批判了六月二日《人民日報》所載章乃器的講話，認為章所說的「定息不是剝削而是不勞而獲的收入」，「官僚主義是比資本主義更危險的敵人」，「工作上分公私，分黨與非黨，則工作永遠作不好」，「資產階級與工人階級有本質的不同，但這兩個階級的分子不能說有本質的區別」等等說法都是錯誤的。她對儲安平的「黨天下」論表示了憤慨，並對儲所談的聯合政府問題作了批判。她說，在民主革命階段，毛主席是這樣講過的；但是一九五四年憲法公佈以後就不同了。憲法規定得很清

楚，中華人民共和國是以工人階級領導，工農聯盟為基礎的人民民主的國家，現在是消滅階級，怎能有階級聯合政府呢？不能把過去的道理搬到今天來用。

蔡廷鍇在發言中談到他雖然擔任了國防委員會的委員、體委副主任和華僑事務委員會委員，但事情不多。他對這一點表示不滿。

六月五日

擔任廣西省副省長的民革中央常委李任仁說，每次到中央來開會都聽到李維漢部長說黨政要分開，但是到下面就不然，在省裡還好一點，愈到下面愈成問題，區委書記和鄉支書就可命令一切。

李任仁認為應該把黨的領導和黨員的身分區別開來，不能在黨和黨員之間劃等號。黨的領導是憲法規定的，無人懷疑，但每個黨員並不等於黨。有的機關、學校中有人給黨員提意見，竟被批評為反黨反組織，這不是比「朕即國家」還有過之嗎？

最後他建議民革在即將召開的全國人民代表大會會議上，如有提案和發言，要強調建立法制。他說，共產黨整風固然很好，但如果法制不完備，仍然沒有保證，人民沒有根據來權衡共產黨作得對不對。

周穎在發言中聯繫郵電部的實際情況提了一些意見。她說，這次郵電部的同志們揭發了很多問題，這些問題我們都不知道，有些問題，比如某些領導同志作風不民主，家長式的領導問題，我認為早就應該在黨內揭發出來的，為什麼一直沒有揭發呢？難道黨員同志不知道嗎？難道黨員同志就沒有意見嗎？不是的。我認為這是由於黨內的批評和自我批評，特別是自下而上的批評不開展，黨內民主沒有很好發揚的關係。黨內民主發揚不夠，勢必影響到黨外也不能很好的發揚民主。

周穎又說，過去歷次運動中都是共產黨員打衝鋒，現在共產黨員為什麼「坐陣以待」？她要求共產黨員「立即出馬」。她還認為，共產黨內有些重大問題被鎖在「保險櫃」內，這些問題必須黨的負責幹部出來揭發，必須黨內外夾攻才能攻得出來。

周穎說，在現在這個時期，民主黨派應該作些什麼呢？她認為在機關應該成立一個組織，這個組織有共產黨、共青團、工會、民主黨派參加。她

說，在肅反運動中，我們民主黨派不聞不問，不提意見，民革的成員被鬥爭，自己的組織袖手旁觀。現在在整風運動中，我們應該改變作風，該作的要勇敢地去作，要和共產黨分擔責任。這個組織要負責把群眾揭露出來的問題加以研究，提出處理的意見，監督共產黨快一些解決問題。她還談到社會主義學院的學員相當普遍認為，民主黨派這幾年幹的工作主要是：歌功頌德、錦上添花、火上加油。因此她認為，這次整風中對共產黨提出的批評，民主黨派也負有責任。

譚惕吾又一次發言。這一回她提出了四個問題。第一個是共產黨領導國家的方式問題。現在政府有一套機構，黨內又有一套機構，這是雙軌制度。黨內一套是清一色，不與群眾在一起，脫離實際，這怎麼會不產生三大主義和「牆」「溝」。原說黨是抓思想和政策的，實際上已超越這個範圍，直接向人民發號施令，政府部門卻沒有權。她認為黨中央和國務院聯合發指示，是由於國務院單獨發指示不起作用。既然我們的國家是工人階級領導的，為什麼自己專政的機構不用，而要削弱其職權，另在政權之外來搞一套黨的系統呢？她希望中共中央考慮這樣做是否合乎中國國情。

接著她就黨領導國家的方式問題提出了具體建議：主席辦公室應該擴大；全國人民代表大會常務委員會的機構要充實，要發揮它的作用，共產黨員到這個權力機關來監督政府，掌握政策；把共產黨內各個部改為全國人民代表大會常委會裡的各種委員會；在全國人民代表大會常委會內可以設黨組，吸收非黨人士參加工作。

她談的第二個問題是：黨的政策應該如何體現。她說，黨直接指揮行政部門的黨員，會把國家行政系統搞亂了。她認為黨應該把政策提到人民代表大會製成法律，再由國家管理機關根據法律製成各種法令，通過法律、法令的實施，體現黨的政策。她認為不應在法律、法令之外，再發內部指示。指示代替法律、法令，是不可以的。

第三個是黨遵守憲法和國家制度問題。她說，黨制定政策，應在憲法範圍之內。在這裡，她冉一次提出了上海將私營房產商和私營經租公司及屬於資本主義經營性質的房屋納入社會主義改造範圍是完全正確的、是符合憲法的。但是在工作中把個別的作為生產資料的房屋和作為生活資料的私人住宅納入公私合營是和憲法第十一條的規定不符合的。譚惕吾要求中

共中央檢查在制定的政策中是否和憲法有抵觸的？如有，要趕快糾正。她說，過去不遵守法律是為著推翻政權才不遵守它。共產黨今天是想使國家長治久安呢？還是自己搞自己的亂？她認為這不是小事情，共產黨必須遵守憲法。

關於國家制度問題，譚惕吾說，司法、律師、檢察是對執行國家制度起槓桿作用的，但在有些地方這三者是在一個黨委領導之下，她認為這是不好的。會場當時有人問她：司法、律師、檢察在一個黨委領導之下，是受一個黨員領導，還是受黨委會的領導。她回答說她不知道。譚惕吾認為，共產黨可以派黨員到司法、檢察等機關去擔任負責工作，但這些部門不應該由一個黨委領導。

第四個問題，是怎樣使共產黨接受全國人民的監督。她說，政府受人民代表大會監督，但是黨不受什麼監督。她認為應該建立制度使人民監督共產黨。

李濟深最後說，為了幫助共產黨除「三害」，不要顧慮傷害不傷害黨的問題，大家有話儘量說，這個會還要繼續開。他同意周穎的意見，今後要把會上的發言歸納起來，提到中共中央統戰部去。

李濟深還在動員大家有話儘量說，說明他絲毫也沒有預感到反右派鬥爭就要打響，也沒有想到現在還開這些會只不過是讓他們走到頂點。

在中共上海市委宣傳工作會議上，一些右派分子也在向頂點走去。民盟上海市委會主任委員沈志遠五月十六日在會上發言，題目就是〈黨和政府不應管得太多太死〉。他說：

> 社會主義是需要計畫管理的，但過多的計畫管理，就會損害自由，妨礙積極因素的發揮。社會主義是要求集中化的，但是過多過死過緊的集中，就會損害靈活主動，同樣會妨礙群眾積極性的發揮。而今天我們各部門的管理制度恰恰不足以鼓勵群眾的積極性，在某種程度上倒反而把可能調動的積極因素變為消極因素了。由於管得過多過死，一切都要國營，一切都要管起來，包下來，把人們的積極性創造性都管光了，包完了，於是出現了一系列反常的現象：好些演員長期沒有戲

演了，好些教員整年沒有書教了，好些名醫常年不看病了，好些著作無處出版，只好藏之名山了，好些學術工作者無法從事研究工作了。在我們這個文化落後、知識份子異常缺少的國家而出現這樣一些現象，這豈不是糟得很嗎？

沈志遠表示了取消學校黨委制的意思，他說：

高等學校的黨委制，過去也可能起過好作用，但是現在在某些學校裡形成了以黨代政，非黨校長無權，校務委員會形同虛設，在系裡是系秘書領導系主任的反常現象。為了改正過去高等學校領導工作中的缺點和錯誤，我以為可以考慮學校黨委制的改變問題。

沈志遠以為，這樣做不但不會削弱黨對高等學校的領導，而且一定會加強黨的領導作用，因為黨主要是依靠自己的政策方針的正確性去影響群眾，而不能單純依靠組織措施來保證黨的領導。

他還談到出版的專業化制度，即把某一種性質、某一門學科的書歸一個出版社出版，以為這是壟斷，是一家獨鳴，就是排斥矛盾、掩蓋矛盾、取消競賽、保護懶漢、獎勵不上進、阻礙積極性創造性的發揮；它會使思想僵化、企業衙門化、出版事業的生命枯萎下去。為了消除這種弊端，沈志遠建議放寬對出版事業的管理。他說：

今後出版事業應當向社會開放，允許志同道合的人開辦像同人出版社，同人雜誌社，書刊出版發行合作社之類的機構，政府只要掌握一些大的政策方針措施，負起監督檢查之責，其他事情是少管為好，何況你事實上要管也管不了那麼多呢。

更加犯忌諱的是，沈志遠提到了「制度」，他說，「不但要清除寄生在黨和政府機體上的官僚主義、宗派主義、主觀主義的三種歪風，而且還要把滋長這三種歪風的一些不合理的制度大刀闊斧地改革一下。」（5月17日《解放日報》）

五月十七日的《文匯報》上刊出了傅雷的〈關於經理、編輯、選題計畫的三點意見〉一文，對出版行業的弊病提出了批評。他指出：看書目是花色繁多，品種齊備，究其實很多是濫竽充數，書出得再多也是虛假的文化繁榮。編輯工作中一個常見的毛病就是亂改著譯者的書稿，傅雷指出：越是水平低的，文字修養差的，越喜歡動筆亂改，真叫做成事不足，敗事有餘。傅雷認為，在一個出版社，行政管理人員必須少於編輯人員。他指出：我們出版社的行政管理幹部，一般都高出編輯兩倍左右。沒有人會想像：一個工廠的管理人員，數目可以超過生產工人，一個農業合作社的脫產幹部可以多於下地的農民；為什麼獨獨對於出版社這種情況，大家熟視無睹呢？他尖銳地指出：人事部門根本可以不要。身為一長就不做具體工作，也不需要業務知識的情況，必須消滅。他說，過去的私營出版社要像現在這樣辦事，早就關門大吉了。

《新聞日報》總編輯陸詒也在中共上海市委宣傳工作會議上說，上海各報報導市委召開座談會的消息，各報的銷路都在上漲，群眾從來沒有像現在這樣歡迎過。他認為，過去的報紙一片教條主義，整天板起面孔訓人，新聞也不多，報導面不廣。造成這種情況的原因，他以為除了新聞記者本身的水平不高努力不夠之外，也因為黨的中央和黨的上海市委過去對報紙的領導方針、領導路線是「收」而不是「放」。

陸詒在發言中還提到幾天前《文匯報》報導的「左葉事件」，說是農業部部長助理左葉在農業展覽會上罵攝影記者：「你重要還是我重要！再擠就叫你們滾出去！」陸詒發言的時候可還不知道以後會有更正，他評論說：「如果從我這個老記者的眼光來看，這條新聞的新聞價值並不高。因為此等事，不僅北京有，上海也有，全國其他各地，估計也有。」

陸詒說，他要代表新聞記者提出三點希望，一是希望領導上繼續「放」，支援我們在報上「鳴」。二是希望新聞工作者協會像一個人民團體，除了幾個人和外賓碰杯乾杯之外，（很抱歉，我自己也是其中之一。）要切切實實為我們記者、編輯、校對、資料員做點事情。三是希望市委書記、市委宣傳部長不但能和我們各報的領導談談，也要和我們參加實際工作的記者和編輯談談，局長們多開開記者招待會談談，有時讓記者將將你們的軍，這對工作也有好處。（5月18日《新聞日報》）

　　復旦大學歷史系教授王造時也在這會上發言。他是一九三六年著名的救國會七君子之一。當年難友鄒韜奮在《經歷》中曾這樣介紹他的情況：

> 　　上海文化界救國會開成立大會的時候，他扶病到會，剛巧坐在我的旁邊，我們才第三次見面。他對我說，國難嚴重到這樣地步，他雖有病，也不得不勉強來參加。他在會場上還說了幾句激昂慷慨的話；他說要起來組織救國會，先要有準備進監牢的決心，現在他自己果然進監牢了。
>
> 　　他十六歲在清華求學的時候，因為參加反對巴黎和約，要求罷免賣國賊曹、陸、章，就兩次被捕過。
>
> 　　他又加入蔡先生等所發起的民權保障同盟，被選為上海分部執行委員。結果被禁止教書，不能再做教授了。於是他開始執行律師職務，並從事譯著的工作。
>
> 　　王博士屢有做官的機會，但是因為忠實於他自己的主張，不肯隨便遷就，寧願過清苦的生活，行其心之所安，這是很值得敬佩的。
>
> 　　　　　　（韜奮《經歷》，三聯書店1978年版，第123至第124頁。）

　　可見，不論是北洋政府，或是國民黨政府，王造時都持不合作態度。可是在這次上海市委的宣傳會議上，他卻表現得相當合作的了。首先，他讚頌了整風運動。他說：「作為一個開國當政的黨，主動地、及時地運用大力，在全國範圍內，來推動這麼一個全面揭露矛盾、公開批評思想和工作的運動，在人類歷史上，這還是破天荒第一遭。」他認為通過整風鳴放，「黨的威信在全國廣大群眾的心目中不僅沒有減低，而是更大大地提高了。」「大家把心裡頭的話吐得越淋漓盡致，大家越體會到黨究竟是我們自己的黨。」

　　王造時為知識份子講了話，他說，「我深深感覺，我們中國的知識份子，作為整個的階層來看，確是有著毛主席所說的志士仁人的傳統。這個傳統是我們保證社會主義建設成功的一個重要條件。過去對它估計不夠，黨今後應當更多多加以愛護。」在知識份子這一方面，他認為，「我們今天的責任，是要本著搞好事情的精神，繼續放鳴，徹上徹下的放鳴下去。」

王造時在這篇〈把放鳴的重點放到基層去〉的發言中還痛切地批評了官僚主義。他說：

> 今天的這官僚主義，不是個別的現象，而是普遍存在著；不是剛剛萌芽，而是發展到了相當惡劣的程度；一般說來，越往下層，越是專橫，違法亂紀的事情越多。它阻礙了我們的生產進展，影響了我們的建設計畫，損害了我們廣大人民的物質和精神生活。官僚主義者的行為，不管是有心或無心，實際上等於假借黨的威信和國家的名器，作了害黨害國的事情。正如周總理所說，官僚主義者在黨與群之間築起了一座牆，挖下了一道溝，弄得愛國愛民愛黨的人，儘管滿腔熱誠，想為社會主義建設，盡其一磚一瓦之用，可是莫名其妙地被擋在牆溝之外，悽惶失所，想不通究竟為什麼會這樣國家有前途而個人沒出路。（5月21日《文匯報》）

民盟上海市委會副主任委員、復旦大學教授陳仁炳向中共上海市委宣傳工作會議交了一份書面發言。他認為整風中可以算舊賬。他說：

> 我以為在檢查缺點，明辨是非，糾正錯誤的過程中，舊賬不是不可以算的。有的犯了錯誤的同志，最喜歡用反對算舊賬來遮掩他自己的錯誤。只要我們的動機正確，為了黨和祖國的前途，而不是為算賬而算賬，不是一種「算賬主義」，那為什麼不好算呢？古人說，前事不忘，後事之師。譬如說，算一算浪費和走彎路的賬（如果有這樣的賬），我認為沒有壞處，只有好處。

陳仁炳還對他所說的一種類型的黨員提出了尖銳的批評。他說：

> 今天在不少的大學、中學、機關、醫院、企業裡，確實有這麼一種類型的黨員同志，你說他故意把工作弄壞也是冤枉，他基本上是忠心耿耿的，但是，他沾染上了飽食終日無所用心的灰塵。他入城已經好幾年，但是對於無論那一門業務都不大去鑽研。一句話，供給制或者變

相的供給制害了他，使他變成了一個思想懶漢。在社會主義下，一個黨員再不努力一些，也沒有失業的危險。或者反而要連升三級也說不定。對於這樣的同志，我們希望黨加強教育。

陳仁炳的這篇書面發言，六月九日才在《解放日報》刊出，顯然是為了供批判用的了。

就是這些人，這些話。七月九日，毛澤東在上海，對上海的幹部說，「在你們上海，就是什麼王造時，陸詒，陳仁炳，彭文應，還有一個吳茵，這麼一些右派人物出來搞亂。右派一搞亂，中間派就搞糊塗了」。（《毛澤東選集》第五卷，第448頁）

不但上海，別的地方的右派也在搞亂，不知忌諱地在各種座談會上發言。

在廣州。五月十九日，中共廣東省委書記陶鑄到中山大學聽取教師和學生的意見。在上午教師的座談會上，中文系教授董每戡說：學校的大部分黨員有兩副面孔，平時是封建時代的寡婦面孔，不苟言笑，（陶鑄插話：是冷若冰霜。）不去接近群眾；運動中是屠夫面孔，很兇惡，知識份子很怕他們。其次是黨員的兩種作風，運動一來拚命動員人家提意見，遇到另一種場合就報復人家，黨委在幾次會議上都沒有表示態度，因此教師們雖放，卻不多，現在還需要大放。第三是建議不能有兩種法律，黨員犯錯誤檢討了事，非黨人士犯錯誤可不得了，結果某些黨員就不怕犯錯誤。一般人的看法，是群眾和黨員並不是一樣看待的。

政治經濟學教授林楚君說，黨的工作作風沒有改變過去對敵鬥爭的方式，黨員強調組織性，什麼事先在黨內決定通過後，非黨人士的校長、系主任的意見就不會有人聽了，這種有職無權不就造成宗派主義嗎？

中文系教授詹安泰說，過去黨偏聽積極分子的話，就更脫離群眾，因為這些年輕的積極分子不一定瞭解每個老教師辛苦工作到半夜的情況的。肅反中間學校產生的一些錯誤，也不單是某個人的問題，黨委會應該進行檢查。

座談會要結束的時候，陶鑄講了話。這時他已經看到中共中央五月十四日、十六日的兩個指示，完全瞭解中央就要開展反右派鬥爭的意圖，可是，他還是這樣說了：學校黨委可以再組織教師們繼續提意見，讓教師們七年來積壓在心裡的話都說出來，直到整好黨的作風、意見提完了為止。陶鑄

還說，現在有些同志思想有顧慮，怕報復，但從一個黨組織來看，它是不會報復誰的。他說，造成黨群關係隔膜的現象，首先是由黨員負責，牆本身就是由黨員築起來的，整風就是要拆牆。（5月21日《廣州日報》）可是，不久之後，在這座談會上發了言的董每戡、林楚君、詹安泰、吳重翰、鍾期偉等人就都被劃為右派分子了。

在天津。五月二十四日中共市委教育工作部召集的中學教師座談會上，第三女子中學的民盟盟員黃心平說，既然黨是階級鬥爭的工具，現在國內階級鬥爭基本結束，黨的領導作用是不是可以削弱一點？他主張共產黨和民主黨派都應該退出學校。他認為，現在既然容許民主黨派存在，各民主黨派的黨綱又都要求走向共產主義，同時各個黨派又都是代表工人階級利益的，為什麼不可以實行各政黨輪流執政的辦法呢？一黨執政有害處，像共產黨已經整過三次風了，通過這一次整風是不是能夠徹底消滅這些缺點，還很使人懷疑。如果不要共產黨一黨執政，而要共產黨和各民主黨派通過競選來輪流執政，由各黨各派提出不同的政綱來，由群眾自由的選擇，這就好得多。因為這樣做，可以刺激共產黨和民主黨派不得不努力克服缺點來博得選民的選票，為人民服務。（5月27日《天津日報》）

大連工學院講師彭聲漢六月五日在中共旅大市委宣傳會議小組會上發言，一開頭就引證史達林的一個論點，他說，我記得在一個刊物上看到史達林說過：偉大的改革，必然有它陰暗的一面。他是憑記憶說的，不很準確。這是史達林〈論黨的工作缺點和消滅托洛茨基兩面派及其他兩面派的辦法〉中的一句話，原文是「勝利也像世界上的一切事物一樣有其陰暗面」。（《史達林文集》（1934-1952），第148頁）他就從這個論點出發來談中國的現實。他說，近幾年來，我覺得這個陰暗面越來越廣，而且陰暗的程度也愈來愈深了。有些事情已經不能用所謂「個別的」缺點和錯誤來解釋了。

談到民主問題，彭聲漢以為，民主的實質在於思想上應絕對自由（表現在我們憲法上就是言論、結社、集會的自由），組織上則少數應服從多數（投票選舉政府）。他反對把資產階級民主和無產階級民主區別開來，認為它本身是沒有階級性的。有人說「過去有些事情民主少了些，集中多了些，並不是不民主」。又說「今後應在民主與集中之間尋求一個適當的比例」，他覺得這是在玩弄名詞，在耍花樣。過去不民主，就應該老老實實承認錯誤。

　　談到肅反問題，他認為不能把肅反和審幹混起來看。肅反不是對敵人，而是對自己人專政。他不同意「肅反鬥爭走的是群眾路線」這說法，他說，群眾是誰呢？我把它大致分成四種：打手、走上風的、走下風的、被鬥的，如果硬要把它說成是群眾路線，那亦不過是「打手」路線而已。他說，肅反鬥爭拆散了多少個幸福的家庭，摧毀了多少堅固的友誼。在和平時期發生這些事情是很反常的，它破壞了人與人之間的正常關係。我認為這都是教條主義的惡果。（6月8日《遼寧日報》）

　　六月三日下午，中共天津市委教育工作部和統一戰線工作部聯合召開座談會，邀請大學教授提意見。為了讓更多的人有發言的機會，座談會分兩個會場同時進行。河北天津師範學院教授高鞏白談了他對院系調整等問題的意見，他說，解放後調整全國院校時，不是調度整理，而是將其原身割裂，從新整編！致使各院校僅存微弱而卻值得保留的優良基礎，都被打亂或消失，從此便少有可以作為參考的舊規模。刻下還有原名存在的，如北大、清華、浙大、交通等校，暫且不論，只就現已取消校名的公私立大學來說，亦多各有所具優良傳統。如廣西大學的礦冶、湖南大學的文史、華西大學的牙科、金陵大學的農院，都為全國乃至曾為東方所知名的。其間的教師亦不乏各擁專長的學者。一經改編調整，則其設備、制度、精神等等，固都傷損無存，尤其久任一校的教師的分散，拋棄故地，每每起著等於去國惜別的情緒。還有一些年高的教授，因其不願遠離鄉土，自動退休。這其中且有海內碩果僅存的人物。這是教育學術上最大的可惜。（6月5日《天津日報》）

　　全國政協委員、廣東省參事室副主任羅翼群六月五日在省人民委員會舉行的黨外人士座談會上發言，談了兩個問題，一個是平反問題，他說，由於過去黨員執行政策，偏向西天取經中的「大膽懷疑，殘酷鬥爭」來硬套，而太忽視中國原有的社會道德、政治哲學、歷史習慣等優良部分，因而不少將人民內部矛盾問題，當作敵我問題來對待。在三反、五反、肅反期間，被鬥的人因受不了當時的痛苦，明非事實，而被迫承認者有之；有些自稱為積極分子的人，違背良心，歪曲事實，或出頭作證，或非刑拷打，不惜犧牲他人的名譽、地位或生命，企圖取得黨的信任，為爭取入黨入團的捷徑的亦有之。因此，在過去各種社會改革運動中，確不免發生多少偏差案件。毛主席

說，鬥錯了就要平反，這是英明正確的措施。我建議由省人委會和省政協從速組設一個專門機構，來全面檢查處理這些問題。

羅翼群講的第二點是國計民生問題。他說，為了社會主義建設事業的發展，當然首先要從內部積累資金，但過去偏重於國計方面，而對於民生即人民的生活沒有足夠的照顧。解放七年來，人民生活的確大部分好轉，然也有一部分沒有好轉（如城市失業者及貧民和人多田少而又沒有副業的農民），這是客觀存在的事實，無可諱言。毛主席說，全國不許有餓死一個人，幾年來究竟有沒有餓死人呢？可以說沒有餓死人，也可以說有餓死人。的確在城市鄉村中是很少或沒有看見過餓死人，但是因餓或營養不足而體弱，而生病，因病沒錢醫治而致死亡者，那就不免有吧！這算不算接近餓死邊緣呢？古人省刑罰薄稅斂的政策，不是完全無可取之處。現在政府對於征糧及各種稅收是否過重，徵購農產品價格是否偏低，國營商品利潤是否過高，這些都是人民生活切身的問題。不少人民和低級幹部實有受到生活的威脅。是值得檢查研究的事情。其他急躁冒進的事情，亦在所不免。因此，我建議對於人民生活問題也就是各種物價問題，應要有適當的統籌兼顧，分別調整一下。（6月10日《南方日報》）

羅翼群談的第一點，即三反、五反、肅反運動中的偏差，建議從速組設專門機構來檢查處理，雖說刺耳，但這話別人早已說過，倒也罷了。最可惡的是他「接近餓死的邊緣」這提法，卻是以前沒有誰提過的，而且頗具煽惑力。六月六日《南方日報》報導這個座談會，羅翼群的這篇發言摘登不到三百字，給加上〈羅翼群說：人民生活已「接近餓死的邊緣」〉這標題，突出了這一點。反右派鬥爭中也就著重在這一點上反擊他。

五月二十四日農工民主黨北京市委會舉行的科學教育界座談會上，北京師範大學教授朱啟賢談到幾年來知識份子挨整的情況。他說，師大邱椿老教授，這幾年被整的很厲害，患了高血壓，事雖過去，但一提到師大，一看到黨員，他就害怕，心就發抖。學校負責人雖不止一次的去看過邱椿老教授，向他道歉，但整他是在群眾中整的，現在道歉，誰也不知道，別人看邱椿教授，還以為是反動的，連他的女兒，也感到自己抬不起頭來。應該公開恢復他的名譽。朱啟賢還舉他自己的事為例說：我剛回國時，聽人說：現在不能自稱「老子天下第一」，只能稱「老子天下第六」。我到學校，將這些

話講給同教研組的教師聽。思想改造時，大字報、校刊、就用大字標題，批評我狂妄自稱「老子天下第六」。錢俊瑞副部長在大庭廣眾作報告，也提出批評。實際全不是這麼一回事。外人不知，還真以為我是那樣狂妄的人。事後真相明白，師大黨委向我道歉，但批評我是用的大字報、校刊、道歉卻外人不知道，影響還留在群眾中。朱啟賢還說，我看到報上登出羅隆基的一個建議，要求組織一個有民主黨派參加的委員會，來檢查這幾年各次運動中遺留的問題。我完全同意。（5月27日《光明日報》）

西南師範學院的教育系講師董時光（1918-1960），四川墊江縣（今屬重慶市）人，是留美教育學博士。朝鮮戰爭期間發表反對美國出兵朝鮮，支持共產黨和毛澤東的激烈言論，被美國聯邦調查局作為親共危險人物，一九五五年被強制驅逐出境，返回中國。回國後到西南師範學院的教育系任教。一九五七年的整風運動中，董時光在學院黨委邀集的教師座談會上發言，他就西師存在的黨群關係、高校黨委領導這些問題，談了自己的觀點，批評校領導有宗派主義和官僚主義。

《重慶日報》以〈我與「宗派主義」、「官僚主義」的鬥爭〉的標題斷章取義地發表他的發言，其中有這樣的內容：「群眾有三種，第一種最多，沒有頭腦，不能獨立思考，只能跟著領導屁股後喊口號，不折不扣地作領導上的應聲蟲，第二種是極少數，他們喜歡拍馬屁、無恥鑽營，他們對領導什麼肉麻的奉承話都說得出來，領導們也專門喜歡聽這種人說話，往往誣良為奸，在每次運動中造成無數冤獄。第三種人是有良心有正義感，卻不敢站起來說話。」（5月29日《重慶日報》）六月十五日《人民日報》也摘登了這幾句，顯然是作為右派言論來示眾了。

在清華大學的座談會上，徐璋本教授說，以馬克思主義作為指導思想，一定要產生教條主義；因為任何學說都是在一定的歷史條件下產生的，都有其局限性，若以一種比較固定的學說作為指導思想，就不可避免要犯教條主義。他說，任何一個學者一個學說都不能把一切好的東西都包括進去。我們要文化發展，光解決人民內部矛盾問題是不夠的，一定還要廢除以一種學說來指導一切的限制。共產主義還未實現，對共產主義的概念將來可能會有變化，社會正在發展中，要指導要限制就是教條主義。因此我不揣冒昧，建議取消用馬列主義作為我們的指導思想，希望大家指正。（5月25日《人民日報》）

對於徐璋本來說，最要命的還不是在這次座談會上的發言，而是想要組織一個和共產黨「和平競賽」的政黨。這件事到後面第十四章再詳細說。

中國人民大學教授李景漢五月三十日在該校黨外人士座談會上談到知識份子問題。他說，希望黨對知識份子，特別是經過屢次運動的挑剔，而找不到什麼大毛病的人，應該相信他，認為他是可靠的。應以朋友的態度，而不應以敵對的態度來對待知識份子。我們這些知識份子，對人生欲望不高，能終生做一個教授，給予一定條件進行學術研究，那就心滿意足了。他們根本不會造反，連造反的幻想也不可能有。古人云，秀才造反，三年不成。這是很有道理的。黨還有什麼不放心。中國有句民諺，水能載舟，亦能覆舟，這句話很可玩味。僅靠左手拿著馬列主義書本，右手拿著蘇聯武器，是不能解決所有問題的。人民群眾的眼睛是雪亮的。希望黨員要和我們推心置腹，最近報刊常帶這句話，真是太好了。但是只要有黨，黨群就不能在一切問題上推心置腹。在這次座談會上，李景漢還提到：昨天有位民盟同志主張收，他說，這是萬萬做不得的。主持座談會的副校長胡錫奎立刻插話：要大放、大鳴的。（《人民大學週報》第150期）他的這些話很有刺激性。不過即使他沒有在這次座談會上發言也是右派，因為他也是主張恢復舊社會學的重要人物之一。

在中國政治法律學會五月三十一日舉行的法學界人士座談會上，國務院參事、《政法研究》副總編輯楊玉清說，這次整風運動是「下轎」運動。他說，有些共產黨員坐轎子，脫離群眾。八年來培養的是什麼人呢？是抬轎子的人。他說，至今還有人不願下轎子，那些抬轎的人也還不願放轎桿。

楊玉清說，有人說「上級幹部太好，中級幹部太少，下級幹部亂搞」。他反對這種說法，他強調說：一切發源於北京，亂搞就從北京亂搞起。他說，首先，在北京的上級幹部要下轎，他認為不但要下轎，有的還要下臺。《人民日報》總編輯非下臺不可，因為《人民日報》幾年來都在歌功頌德，這次運動想「收」不想「放」。

楊玉清還說，「百花齊放，百家爭鳴」不僅要廣開言路，還要「廣開賢路」。他說，今天的事應該誰有本事誰來幹。但有些能幹事的人，往往被以某種條件不夠為藉口，被一腳踢開。今天就要打破這個關。（6月5日《人民日報》）

這裡楊玉清是把「下轎」和「下臺」分做兩個層次來說的，可見他說的「下轎」並不是「下臺」的意思。他說的「坐轎子」，大約是指那種凌駕人們之上的官僚氣派吧。所以他也才把反對官僚主義等等的整風運動叫做「下轎」運動。六月八日反右派鬥爭開始以後，楊玉清覺得他的這些話「被誤解」，於是在國務院非黨人士座談會上作解釋，他說，「下轎」只是要脫離群眾的共產黨員到群眾中去；「下臺」只是從行政的角度希望個別的人換換工作。（6月13日《人民日報》）只是這時來做解釋已經不能消除誤解了。十月九日，毛澤東在中共八屆三中全會上說，「什麼『黨天下』呀，什麼『共產黨要讓位』呀，『下轎』呀。剛剛『上轎』，右派要我們『下轎』。」（《毛澤東選集》第五卷，第467頁）

六月一日，九三學社太原分社籌備委員會邀集所屬部分成員舉行座談會，對高等教育部和教育部提出批評和建議。山西師範學院中文系教授姚奠中說，有些人好說「體會領導意圖」這句話，這只能訓練奴才。也有人說「幹部無才便是德」。總之是不許人獨立思考。此外，他還對高等教育部和教育部的分工問題提出了不少意見。山西師範學院外文系助教高健說，解放後過分強調了集體主義，而忽略了發揮個人的積極性和創造性。（6月5日《山西日報》）後來，這姚奠中、高健都被劃為右派分子。

西北大學黨委為了開闢更多的「鳴」「放」場所和園地，從六月一日起，採取了一系列措施，將期終考試推遲一週。六月四日同時舉行了幾場座談會。會上，經濟系教授劉不同說，他感到黨在吸收黨員時每每是用升級、加薪、送去進修等辦法培養黨員。因此，某些人就認為入黨是滿足個人慾望的捷徑。希望黨很好檢查一下發展組織時的思想。由於常有人把黨的政策執行錯了還能入黨，使人感到他是以群眾血淚取得黨員榮譽。因此黨員脫離群眾，站在群眾之上是有其淵源的；希望這次整風中很好檢查。他還說，西大在吸收黨員上幾近於濫，希望經濟系幾位黨員在這次整風運動中向群眾作檢查。（6月7日《陝西日報》）後來，劉不同被劃為右派分子，七月三十一日的《陝西日報》在〈西北大學反右派鬥爭第一階段勝利結束〉這篇報導中說，「以經濟系教授劉不同為首的和以副教授程元斝、錢祝鈞為主要骨幹的右派小集團，現在已經完全暴露並開始瓦解。」這篇報導還宣佈：劉不同是一個「一貫反共、長期與人民為敵、雙手沾滿人民鮮血的特務分子。」

　　為了讓右派分子走到頂點，不但舉行各種各樣的座談會，盡量使他們吐出一切毒素來，還讓他們在各種報紙刊物上發表文章。

　　清華大學校長蔣南翔給毛澤東送去了一期《新清華》，上面有水利系教授黃萬里寫的〈花叢小語〉。黃萬里是黃炎培的兒子，留學美國的水工專家。文章開頭是一首他填的〔賀新郎〕〈百花齊放頌〉：

> 綠盡枝頭蘖。怎當他春寒料峭，雨聲淒切？記得梅花開獨早，珠蕾卻曾迸裂！盼處士杏無消息。桃李臨風連影擺，怯輕寒羞把嫩芽苗。靜悄悄，微言絕。　忽來司命護花節。乘回風撥開霾氣，宇清如澈。人世烏煙瘴氣事，一霎熏銷爐滅。翻激灩芬香洋溢。好鳥百花叢裡翠，這當兒鼓起笙簧舌。心自在，任翔逸。

　　蔣南翔不是為了這首詞送給毛澤東看的，而是為了文章裡其他一些內容。文章批評了北京新修的一些公路，在原始的土路基上不鋪大碎石的路床，卻直接鋪柏油碎石路面，完全違反了路面上須先鋪上為了排水和散佈載重力的路床這種施工常識。今年春雪特別多，天暖融化之後，路面下的積水不及宣洩，因而路面受載重時就被壓碎，到處翻漿，車輛無法通行。文章議論說：「盡說美帝政治腐敗，那裡要真有這樣事，納稅人民就要起來叫喊，局長總工程師就當不成，市長下度競選就有困難！我國的人民總是最好說話的。你想！沿途到處翻漿，損失多麼大，交通已停止好久，倒楣的總是人民！」這篇文章發表時標題下注明「小說」，其中馬路翻漿這情節可不是虛構，五月十六日中央統戰部的座談會上嚴希純的發言就談到北京築了很多質量不好的馬路，今年全部翻漿的事。馬路沒有修好，作為一個工程技術問題討論討論，不就足夠了嗎？可是一定要把它提到政治的高度，拿來同美帝比腐敗，當然是右派分子存心搗亂了。

　　這篇文章給毛澤東留下了印象。一九五九年廬山會議上，他還在各小組組長的會上說：「有這麼一些中國人，說美國一切都好，月亮也是外國的好，如黃萬里的詩，總還想讀的。」（李銳《廬山會議實錄》，1989年版，第73頁。）這裡說的「詩」，即前面所引的那首賀新郎。

　　黃萬里這篇文章還提到以前不久關於黃河三門峽工程的論證。他批評

說，論證中有專家，「竟肯放棄了水流必然趨向挾帶一定泥沙的原理，而靦顏地說黃水真會清的，下游真會一下就治好，以討好領導的黨和政府。試想，這樣做，對於人民和政府究竟是有利還是有害？他的動機是愛護政府還是愛護他自己的飯碗？」在那一次論證中，黃萬里根據黃河泥沙特點，提出降低水庫蓄水位，壩底留大泄水洞排沙的方案，未被採納。他的書生氣太多，不懂得論證這道程序的作用只不過是認可既定的方案。

不幸而言中，一九六〇年三門峽大壩建成開始蓄水，庫尾泥沙迅速淤積，並且迅速向上游延伸，威脅到古都西安的安全，情況的嚴重超過了黃萬里的預言。一九六二年五月，周恩來在中共中央工作會議上說：「修三門峽的方針是對的，但是辦法不對，現在不能發電，泥沙又淤塞，還要大調整。」（《周恩來選集》下卷，第406頁。）一九六四年周恩來主持治黃會議，確定了三門峽工程改建方案，恰好就是當年被否定的黃萬里的意見。不過這時已經是他被劃為右派分子幾年之後了。

北京師範大學副校長、數學家傅種孫在他們學校的刊物《師大教學》上發表文章，談共產黨同知識份子的關係，題目就很有刺激性：〈中共失策之一〉。文章說：

> 中國共產黨近幾年來究竟得計多還是失策多？自然是得計多。為了愛護中共，我倒願意談一談失策的地方。首先我願意談一談對知識份子的失策，也許這是中共近幾年來最大的失策之一。
>
> 每一個政治運動起來，雖然這個運動名目不叫鬥爭，不管它叫學習也好，思想改造也好，肅反也好，每一運動起來，知識份子就心驚膽跳。對於統治者忠心奉承而一再受白眼、挨耳光，這是史無前例的。我想不起來有那一個興朝勝世是這樣糟踏知識份子的。我也不曉得這些知識份子究竟造了什麼孽而致會遭這麼大的禍殃。地主之所以為地主，資本家之所以為資本家，必然是有剝削行為，有罪過。我們能夠說一個知識份子必然有罪嗎？我們來看看中共是怎樣來對待知識份子的。所有的報章雜誌上所寫的，報告會、討論會上所說的，只要一提到知識份子，必然戴上帽子「舊知識份子」、「小資產階級知識份子」、「資產階級知識份子」，很少單獨提知識份子而不戴帽子的。

　　知識份子所感受的待遇與中共所標榜的知識份子政策幾乎完全相反。這能怪知識份子得福不知感嗎？中共中央可以深切反省一下。這能把責任完全委於下級嗎？下級的普遍偏差與上級的領導無關嗎？中共可以檢查一下，這幾年來四海之內有那一個地方的知識份子不寒心。我不相信知識份子對中共離心離德而中共能夠達到建設社會主義、共產主義的目的。現在的知識份子與中共既無冤又無仇為什麼不可以利用？知識份子願為中共效勞，因為為中共效勞也就是為祖國效勞，為人民效勞。你有遠大計畫，現有人懂行、願效勞，何苦不用？自然中共會說，我現在是用了，沒有一個知識份子失業呀！但打著用、罵著用，叫知識份子成天用眼淚洗臉，這是何苦來？難道這是一種政策嗎？

　　就知識份子說，養著他而不聽從他的意見，就是所謂「豕交獸畜」的待遇，是知識份子所不甘受的。知識份子的氣節是從古以來所鼓勵的。共產黨在歷次運動中聲色俱屬地說：「要把舊知識份子的臭架子打掉」，對士氣毫不顧惜。我認為這是很大的隱憂，無形的損失。

　　毛主席號召學習蘇聯之後，請來許多蘇聯專家，中國知識份子不論老少都虛懷若谷，參加學習。這在中國知識份子說來就算是很難得的了。因為知識份子都有自尊心，都不免有「世無孔子，不當在弟子之列」的想法。但是，近幾年來，高等學校請求聘請蘇聯專家時，高教部都責成學校要有計劃、有準備，其中一條，要準備好繼承人。為了學得快，有的學校就指定教授作培養對象，作繼承衣缽的人，以便蘇聯專家回國之後，還能傳授蘇聯專家的學業。對這辦法我曾提出過異議。我認為，我們也是一個國家，既然稱這人為教授，就應該承認他有相當的知識水平。如果我們選拔教授為培養對象，那培養他的人勢必要比教授高。即使這個中國教授非常謙恭有雅量，蘇聯專家也許不好意思吧！再說在國際上往來，也要替中國教授留體面，也就是替國家留體面。

（見《六月雪——記憶中的反右派運動》，第443-446頁）

　　五月二十九日《北京日報》上，刊出了北京大學西語系講師黃繼忠五月十四日在他們學校講師座談會上的發言〈大膽向黨和黨員提意見〉。其中談到黨員和群眾的關係，他說。黨員「他們戴著一副假面具，裝出改造人的道學面孔；在會上專等別人暴露思想問題，好給他批判一通，而自己卻對任何問題不發表個人的意見。」「他們和群眾只有改造者與被改造者的關係。」「好像黨員有了黨性，就不能兼有人性似的。」「我校黨委會中不少年紀很輕的男女同志，他們給我的印象是一群小和尚和小尼姑，一個個沈默寡言，老成持重，彷彿都已看破紅塵，和五情六慾都已絕了緣似的。把生氣勃勃的年輕人弄得這樣暮氣沉沉，這能說不是扼殺人性嗎？」「今天有些黨員的特權思想頗為嚴重。毛主席明明說，國家是人民大眾的國家，國家大事幾個共產黨員是包辦不下來的。而事實上，今天共產黨員大權獨攬，包辦國家大事的情況相當普遍，從最高政府機構到機關、學校、農村、工廠、軍隊，在在皆是。民主黨派及無黨派人士在政府中有職無權。」「拿我們學校來說，這種現象也是有目共睹的。我們的馬校長就不大管事，實權在江副校長手裡。我聽有的校務委員說，每次開會馬校長站起來說明開會意義，坐下之後，江副校長總要站起來補充一番。而補充的東西實際是正文，而且跟馬校長說的往往不相符，這就給人這種印象：真正的領導人是江副校長，而不是馬校長。教務處、總務處也是如此。各系的總指揮也不是各該系的系主任，而是年輕的黨員係秘書；昨天我系系主任馮至先生的發言中提到他以前在西語系是應聲蟲，其實這是很普遍的事，大家也都心中有數。」「今天有些黨員藉著共產黨員這塊招牌吃飯。他們對於本門業務一竅不通，不學無術，卻居高位，拿高薪，而且當之無愧。有的人居然拍著胸脯，大言不慚地說：老子根本不靠業務吃飯，老子是靠革命吃飯。」

　　黃繼忠還談到一個「黨能不能領導科學的問題」，他是：「到如今，我還不懂為什麼要討論這個問題。共產黨領導整個國家，確立社會主義方向，制定政策，這是沒有一個人民不擁護的事。可是，這是不是說全國的科學及高教機構每一個單位行政、學術上（除了黨委）都必須是共產黨員直接領導呢？我看不可能也不必要。這些地方讓各該行的專家們去領導不是更好嗎？難道這就不是黨領導了嗎？難道今天知識份子不是在黨領導下進行工作嗎？也許我把問題看得太簡單了些，但是我確實不暸解為什麼要爭論這個問

題。」他說他「瞭解為」，其實是指出：這是因為有了由共產黨員包辦一切國家大事的心理，才會提出的問題。

南京大學校刊《南大生活》上，刊出了該校中文系助教劉地生（真名劉錦）的文章〈要求共產黨第二次解放中國人民〉，其中說：「如果共產黨這次整風，能夠徹底剷除為害人民的三大主義，共產黨就不啻第二次解放處在苦難中的中國人民。」文章中有這樣一段：

> 共產黨是國家的領導黨，但這不等於說共產黨就是國家。因為中國有六億人口，而共產黨只有一千二百萬黨員。決不能說一千二百萬黨員的利益就是六億人民的利益。更不能說一千二百萬黨員的利益應該超過六億人民的利益。當這兩種利益。有時是一致的，但有時也確有矛盾。有些人硬抹煞這種事實，說這兩種利益沒有一點矛盾，是不符合事實的。根據這一點，我覺得應該改變以往把黨放在國家之上，以黨的利益代替甚至超過國家利益的做法。今後制定政策方針應首先從六億人口的利益出發，不應該首先從黨的利益出發。任何一個黨派的委員會或支部，除開對那個黨的機關或黨員之外，沒有權力對黨外的政府機關或行政人員發佈命令或指示。（6月22日《人民日報》）

這篇文章還主張，「在學校的黨派，可以在教員當中活動，不需要在學生中活動，特別在中小學，應取消少先隊和和青年團的組織。大學裡的政治課自由選讀，以免阻礙培養青年獨立思考的能力。」

也是在《南大生活》（5月25日）上，刊登了歷史系講師劉敬坤的文章〈是什麼東西害了南京大學〉。據陳模、路農寫的〈南京大學猛烈展開反右派鬥爭〉一文揭露，劉敬坤的文章「一概抹殺解放以來南大的成績，『感到今天五老七傷、斷腿殘足的南京大學和昔日的堂堂中央大學太不相稱了。』完全顛倒黑白把今天的南大說成是『矛盾重重，人心離散，……人有悶氣，士多乖思，青青老老，各有苦衷；巢未傾而烏欲散；廈雖大而室行將空了。』而這一切都歸罪於黨組織的『各色的官風，各種官位』，黨的『壯漢』（指黨委的負責人）的『摧毀政策』。」（7月3日《中國青年報》）

楊時展（1913-1997），浙江寧波人，祖籍衢州，一九三六年夏畢業於南京中央政治學校大學部財政系會計專業，年末參加高等文官考試及格，一九三八年任浙江省財政廳會計主任。一九四〇年春應國立英士大學之聘，任該校教授，兼任會計專修科主任。後改任經濟系教授。一九四八年到桂林廣西大學任教。一九五三年任中南財經學院教授。一九五七年整風鳴放期間，他寫了一封給毛澤東的萬言書，提出了不少批評意見。

關於憲法所規定的人民的基本權利被侵犯問題，萬言書指出：一九五四年頒佈的共和國憲法規定人民有居住和遷徙的自由，可事實上，五萬萬住在鄉下的農民並沒有遷居城市的自由。憲法還規定公民人身自由不受侵犯，但在肅反運動中，許多人被自己的工作單位拘禁，甚至被批鬥致死。

關於社會生活中個人利益被忽視的問題，萬言書指出：建國以來，我們一直強調「集體利益高於一切」，嚴重忽略了個人利益，並形成一種十分錯誤的認識——即認為人民內部矛盾的產生，主要是因為領導人多看了整體利益和長遠利益，而人民大眾則多看了個人利益、目前利益。楊時展的這個意見，是針對《人民日報》社論〈怎樣對待人民內部的矛盾〉（1957年4月13日）提出的。這篇社論說：

> 人民群眾和領導者之間為什麼會發生矛盾？這是由於他們在國家生活中所處的不同的地位決定的。人民群眾直接參加生產勞動，主要是體力勞動，而一般地難於直接行使管理權力。他們所處的這種地位，使他們比較容易從當時當地的局部情況去觀察問題，比較容易重視目前利益和局部利益，而比較難於瞭解整個社會主義建設中的全部情況和全部困難。而在另一方面，領導者是直接行使管理權力而一般地難於參加體力勞動的。他們比較能夠看到長遠利益和整體利益，而比較容易疏忽人民群眾的具體情況和切身要求。

楊時展毫不客氣，直指《人民日報》社論的這個說法是「十分錯誤的」，並且作了有力的反駁。他指出：

> 所謂「整體利益」和「長遠利益」不是憑空存在的，而是建立在「個

體利益」和「目前利益」基礎之上的。我們建國後一直採取農業支援
工業的做法，對廣大農民的利益造成了極大的傷害。「統購統銷」政
策實行後，有些地區甚至出現農民吃不飽飯的情況。另一方面，我
國工業發展中的「高積累、低消費」模式，有使得城市工人群體的
生活水平長期得不到提高。這難免讓工農大眾對黨和政府生出失望
甚至不滿的情緒。在這種情況下，如果黨不採取措施改善人民的生
存狀態，與人民離心離德，還談得上什麼「整體利益」和「長遠利
益」呢？

關於共產黨和知識份子的關係問題，萬言書尖銳地指出：「就黨的
知識份子政策及其實際影響而言，無疑缺點是主要的，甚至可以說是失敗
的。」他提出了改善黨和知識份子的關係的一些建議。

這篇萬言書寫好的時候，反右派鬥爭已經開始。他不聽朋友的勸阻，
把它寄了出去。不久，它就被作為「一個右派分子的反黨綱領」在《長江日
報》上刊出。楊時展成了武漢地區最著名的右派分子。（據谷彥梅、董國強〈楊
時展教授和他的「萬言書」〉，見《書屋》2010年第12期）

到這時候，各地，各民主黨派，各高等學校，以及各機關團體企業事
業單位等等，開了許多座談會，許多右派分子在會上發了言，猖狂進攻。許
多報紙刊物包括學校校刊上發表了右派分子的文章，白紙黑字，全是反黨反
社會主義的真憑實據。右派分子的進攻已經接近了頂點，現在是考慮反擊的
時候了。

六月六日，中共中央發出了毛澤東起草的〈關於加緊進行整風的指
示〉，提出準備在六月十五日左右在報上發表毛澤東二月二十七日在最高國
務會議及三月間在宣傳會議的兩次講話。（轉引自薄一波《若干重大決策與事件的
回顧》修訂本下卷，第610頁）要求各省市一級機關、高等學校及地市一級機關，
加緊進行用大鳴大放方法的整風。使建設性的批評與牛鬼蛇神（即破壞性批
評）都放出來，以便分別處理。這個指示提出：「請你們注意將你們的單位
人數，在運動中，按左中右標準，排一下隊，使自己心中有數。」（同上書，
第638頁）照這個指示所表明的意圖，公開轉入反右派鬥爭，是六月十五日左
右之後的某一天。

　　這一轉變卻是提前來到了。提前的原因，也就是在六月六日這一天，發生了另外一件沒有預料到的事情。這一天，章伯鈞邀集了民主同盟六位教授在南河沿全國政協文化俱樂部開了一個會。

　　事情得從前一天講起。章伯鈞後來在農工民主黨的批判會上交代說：

　　　　六月五日下午，曾昭掄、錢偉長、費孝通、胡愈之四個人在民盟的「科學規劃」工作組開會後到家裡來找我，說有重要的事情要商量。錢偉長講了清華大學學生的情況，他說：「現在是放，還是收？清華大學黨委已不能維持了，如果繼續放我們不管，要收那我們就來收」。費孝通也談了一下民族學院的情況。曾昭掄也說了，他說：「現在的情況是全國各地都搞起來了，上海的學生鬧得很厲害。今天上午，楊秀峰到上海去處理問題，我告訴他，你到上海可以找民盟的負責人談談，可以幫助你」。意思是說，民盟對學校的整風起作用。曾昭掄又說：「你講的政治設計院，外邊有人反對，我倒是很欣賞。今天北京的情況很嚴重，學生有可能上街，市民也不滿意，學生同市民結合起來就是匈牙利事件」。當時，我同意他們的見解，對形勢的估計是這樣嚴重。當天，我們決定：第二天再多找幾個人談談，並由我告訴周總理。當天晚間，我曾給習仲勳、李維漢打電話，但是沒有接上頭。

　　　　六日上午，我們又在政協文化俱樂部見面了。這次增加了黃藥眠、史良、吳景超和陶大鏞。大家又把頭一天的情況說了一下，吳景超估計的形勢沒有那樣嚴重。會後，史良的意見是請示領導，找周總理談，並且說下午和周總理見面時說一下。（7月4日《人民日報》）

　　當時在場的閔剛侯後來寫了一篇〈章伯鈞召集的一次緊急會議〉（7月4日《人民日報》），揭發六月六日的這次會，「給全國人看看章伯鈞是在做些什麼陰險勾當」。這裡就依據這篇文章的揭發和與會教授的交代，大致敘述一下這會的情況。

　　上午十時，會議開始，章伯鈞首先說明這次會議的目的：現在學校的情況十分嚴重，請大家來研究民盟在運動中應該怎樣工作。

費孝通第一個發言，他說，現在各大學的學生都動起來了，情緒激烈。從這次運動揭露出來的問題看，情況是十分嚴重的。聽說北大有二個學生控訴在肅反中被錯鬥，有人聽了流淚。（注：「二個學生」指西語系的顧文選和周鐸。）這種事情在我們知識份子看來是不能容忍的。想不到在解放以後還有這些事，簡直是太黑暗了。今天在我內心產生了一種新的感情，我對學生所揭發的這些事實是同情的。學生搞起來，事情很容易擴大。當然要收也容易，三百萬軍隊就可以收，但人心是去了，黨在群眾中的威信也就完了。

費孝通說，今天的問題主要是制度造成的。非黨人士有職無權，黨團員掌握大權，作威作福。我看不是個人的作風問題，而是制度所造成的。我已聲明不參加共產黨以表示態度。

錢偉長插話：我是堅決不參加共產黨的。

費孝通接著說：有人說，沒有黨的提名，我們什麼都當不上。我不相信，要是能夠參加競選，看群眾是不是贊成我。

曾昭掄說：今天學生的問題很多，一觸即發。他們一上街，市民就結合起來，問題就鬧大了。今天群眾對黨也是不滿的。

章伯鈞插話：學生上街，市民跟上去，事情就難辦了。

曾昭掄又說：不要看秀才造反三年不成，中國知識份子鬧事是有傳統的，從漢朝的太學生到五四運動，都是學生鬧起來的。

曾昭掄談到這些年的政治運動，他說，以運動的方式對待知識份子是不能容忍的，我就害怕。知識份子還喜歡「清議」，應該多給他們講話的機會，尊重他們，但是黨不給。

談到學生，曾昭掄說，解放之初，學生因為解放前鬧的太多，想安下心來學習，那時功課也重，黨的威信也高，所以平靜了幾年。現在情況不同了，黨嚴重地脫離了群眾，加以波匈事件的影響，形勢就一觸即發。

章伯鈞插話：交通部在漢口的學校，學生要請願。其他地方也有學生罷課，形勢十分嚴重。

曾昭掄還談到，西安交通大學已經罷課，上海的問題可能比北京更嚴重。據陶大鏞的交代（六月二十四日《北京日報》），曾昭掄還說今年高等學校招生人數之所以減少，是為了怕學生鬧事和畢業生出路有問題。

會上，曾昭掄講了一句最有刺激性的話，他說，目前情況很有點像波蘭統一工人黨八中全會的前夕。他還說，這次整風可能黨的估計有錯誤，黨可能認為高級知識份子問題多，青年學生一定不會有什麼問題，結果恰恰相反，弄得很被動。

據陶大鏞說，章伯鈞聽了這些話，興奮得從沙發上跳了起來。他說，大學生這樣鬧下去，說不定會發生匈牙利那樣的事件。

錢偉長說，現在學生運動的特點是要找個頭，如有老師領頭就可出亂子。近來有些學生的家長寫信給我，要我勸勸他們的子弟不要參加鬧事，我曾做過，但學生的表示十分堅決，這真像「五四」前夕，和我們做學生的時代一樣不接受家長的勸告。

錢偉長認為，知識份子最根本的問題是出路問題，學生鬧事的原因是沒有出路。現在只有黨團員和靠近黨的人才有出路。人有沒有出路，命運是掌握在黨員手裡。有發展前途的課程都得由黨員來擔任，不論他懂得多少；而將一些真正的專家放在一邊。黨是運用這樣一套機構和制度來為它工作的，這就是一切通過黨團員或無恥的積極分子（錢偉長說，這句話是引用別人所說的），隨時隨地記錄別人不正確的言行，向上級彙報，由支部集中到總支，大的問題又集中到黨委，然後層層佈置，批判這個，批判那個。有時黨委公開做報告，雖不指名，但被批判的對象，心裡是有數的。黨就是這樣偏聽偏信，運用這樣一套官僚制度來進行工作是不行的。黨對知識份子的政策是有問題的。上個星期蔣校長（南翔）在報告中居然說了這樣的話，他說今天知識份子是吃共產黨的飯，這句話引起了老教師們很大的不滿。

這時，費孝通很激動地說，誰說我們吃共產黨的飯！我們從來也沒有吃共產黨的飯，我們是吃勞動人民的飯。

錢偉長接著說，現在的情況要收也容易，只要民主黨派站出來說話就可以。現在民主黨派說話是有力量的。學生到處找自己的領袖，希望我們能站出來說話，不過話也很難說，清華就有人提出請蔣校長下來，要錢偉長當校長。

陶大鏞就北京師範大學的情況說明問題的嚴重性，他說，師大黨的領導問題很多，但至今不敢承認錯誤。師大問題比較多的是肅反問題和評薪問題。黨首先應該對肅反搞錯的承認錯誤，進行平反。並說北大曾有學生來師

大，要求聯合罷課。他還反映了一個老教授的話，說現在的情形是「五四」以來所沒有的。

黃藥眠說，一九五三年以前民主革命階段，黨和非黨知識份子是在一道的；五三年進入社會主義革命，實行無產階級專政，從此一切只有黨員可以信任了。黨員人數不多，於是只有相信青年團員，這樣就造成了黨脫離了群眾。又說黨對知識份子「團結教育改造的政策」在北京實際執行的是「利用限制改造的政策」。

在會議的進行中，章伯鈞講話很多，也很激烈，常常打斷別人的發言，插進來說，例如說，共產黨內部的問題也大，計委差不多都是黨員，但撤換李富春的大字報貼在李的門口，這是估計不到的。吃午飯的時候，章伯鈞興致很高，只聽到他一個人滔滔不絕的講話。他要費孝通去掉專家局、民族學院和民委會的職務，多花時間搞民盟的工作。他說，現在盟大有搞頭，黨應該對民主黨派重新估價，這樣才能真正做到在社會主義制度下的長期共存，才能真正解決有職有權的問題。

他接著說，我主張民主黨派要大大地發展，至少應該發展一兩百萬人，無黨派的人都應參加組織。現在黨團員有三千幾百萬，民主黨派發展一兩百萬不算多，同時民主黨派應該深入到縣一級，這樣才可以真正發揮民主黨派的監督作用。

談到知識份子加入共產黨的問題，章伯鈞說，知識份子不一定要入黨，真的參加了，一看黨內問題也不少，就會感到加入不加入沒有什麼不同了。

最後章伯鈞作了總結性的發言。他說，蘇共二十次代表大會以後，史達林被批判了，各國共產黨員所遵循的唯一的理論和行動的教科書——蘇共黨史也要修改，現在已沒有一個理論和實踐的標準了。

章伯鈞說，列寧死後有兩個人，一個是南斯拉夫的鐵托成為反對派，另一個是中國的毛公繼承的列寧主義。這次整風運動，要黨外的人提意見，其後果我想毛公一定是估計到的。民主黨派提意見向來總是客客氣氣的，但估計不足；沒估計到黨會犯這樣多的錯誤，現在出的問題大大超過了估計，真是「超額完成了任務」，弄得進退失措，收不好，放也不好。現在我們民盟有責任要幫助黨。

在場的閔剛侯說他的印象，當時章伯鈞大有「收拾殘局，舍我其誰」之概。

對於這個六教授的會，當時另一個在場者葉篤義在多年之後有一個簡明扼要的說明，他說：

> 六月初，局勢繼續發展，北京一些大學有學生鬧事的跡象，聲稱要「驅逐校黨委」，而校黨委按照黨內指示聽之任之，不做一聲，一些學校秩序大亂。出於對各大學的憂慮，六月六日民盟副主席章伯鈞、史良在南河沿文化俱樂部邀集曾昭掄、吳景超、黃藥眠、費孝通、錢偉長、陶大鏞等六教授，當時參加者還有胡愈之和我，瞭解各校情況，分析形勢。由於我們當時不知道黨內「引蛇出洞」的策略，誤以為一些大學的黨委已經癱瘓，失去控制局勢的能力。因此，擬提議由民盟出面做學生工作，使各校的局勢穩定下來，並決定次日就去北大。當晚史良因參加國務院會議，有機會見周總理。因此叫她就便與總理商定時間，通知六教授一同去見，當面請示機宜。規定史良在取得總理的同意後，立刻用電話通知我，再由我用電話通知他們六位。我一直守在電話機旁，等到半夜，最後知道這個建議遭到總理拒絕了。這就是當時有名的「六、六、六教授」事件的全部經過。（葉篤義《雖九死其猶未悔》，第100-101頁）

六月六日這一天，章伯鈞的日程真也排得夠滿的。上午是民主同盟的六教授會議，下午又是農工民主黨的會議了。農工民主黨中央執行局委員李伯球在全國人大一屆四次會議上所作的檢討中，說了這個下午的情況：

> 章伯鈞、黃琪翔在這時期，約集農工民主黨中央執行局委員各部門負責人，在文化俱樂部會談吃飯。連辦公會議也移到文化俱樂部開了兩次。最值得注意的是六月六日下午的集會，參加的人除中央執行局委員、各部、處負責人以外，還有張申府、王枕心、王又庸、曾子英以及丘哲、楊子恒、蔡一鳴、詹雲青。據黃琪翔在人大廣東小組交代說這次集會的名單是他與章伯鈞商定的。這一次章伯鈞大發謬言，主要

有如下幾點：一、民主黨派發展二、三百萬，農工民主黨今年就可以發展到二、三萬人，將來不僅縣要發展；還要發展到農村去。二、農工黨有一套資本——即有政治活動經驗的老人。過去失去聯繫的現在都要收羅回來。勞改的，判刑的期滿了都可以來，「老三黨」的人都得到安排。三、交代張雲川到鄭州去發展組織（張於七日離京赴鄭）。四、要馬上辦《中華論壇》，由張申府、何仲瑤來辦。五、成立政策研究委員會，要七、八十位專家、高級知識份子參加。（7月17日《人民日報》）

章伯鈞這一天的活動對毛澤東有怎樣的刺激，是可想而知的。

吳晗和胡愈之在全國人大一屆四次會議的大會發言中，都談到了這次六教授的會，都以為這是章伯鈞猖狂進攻的頂點。吳晗說，他們以為共產黨失去人心，以為「共產黨能放不能收，要收得三百萬軍隊，但人心是去了，這條船要沉了。」這就是六月六日章伯鈞召集六教授緊急會議所得的結論。吳晗說，這六個教授主要是羅集團的密室人物，這次會議，是章羅同盟的一次行動表現，也是章羅同盟到處點火以後的高潮，反共反社會主義的高潮。（7月7日《人民日報》）胡愈之說，到了六月六日，在文化俱樂部由章伯鈞召開的會議上，章伯鈞主張向黨進行訛詐，由民盟來「收拾殘局」，以奪去高等學校中的領導權，狂妄可算是到了極點。章、羅聯盟的陰謀野心，到了這時候才完全暴露了。（7月11日《人民日報》）史良在民盟全國整風工作會議上的報告中說，六月六日章伯鈞和右派六教授在政協文化俱樂部對當前形勢作了十分狂妄的估計，以為利用共產黨整風，到處點火放火，煽動學生和工農，造成「天下大亂」，推翻人民政權，就可以實行資本主義的復辟。這一舉動達到右派分子向黨向社會主義猖狂進攻的最高峰。（9月16日《人民日報》）

民盟內部的左派都認為，六月六日的會，是高潮，極點，最高峰，也就是走到了〈事情正在起變化〉一文所說的頂點了。

毛澤東在他寫的〈文匯報的資產階級方向應當批判〉的社論中，這樣說到這次六教授的會：

他們是反動的社會集團，利令智昏，把無產階級的絕對優勢，看成了絕對劣勢。到處點火可以煽動工農，學生的大字報便於接管學校，大鳴大放，一觸即發，天下頃刻大亂，共產黨馬上完蛋，這就是六月六日章伯鈞向北京六教授所作目前形勢的估計。這不是利令智昏嗎？「利」者，奪取權力也。

這篇社論中還有一段，更點明了民盟和農工民主黨：

民盟在百家爭鳴過程和整風過程中所起的作用特別惡劣。有組織、有計劃、有綱領、有路線，都是自外於人民的，是反共反社會主義的。還有農工民主黨，一模一樣。這兩個黨在這次驚濤駭浪中特別突出。風浪就是章羅同盟造起來的。……呼風喚雨，推濤作浪，或策劃於密室，或點火於基層，上下串連，八方呼應，以天下大亂、取而代之、逐步實行、終成大業為時局估計和最終目的者，到底只有較少人數，就是所謂資產階級右派人物。（《毛澤東選集》第五卷，第437頁、第435頁）

現在右派的進攻已經達到頂點。按照原來設想的過了六月十五日左右再發動反擊，可能已經嫌遲，可能貽誤戰機，陷入被動。現在已經到了組織力量反擊右派分子猖狂進攻的最佳時刻了。

十一、這是為什麼

六月八日人們一早醒來，就驚奇地看到《人民日報》的論調跟昨天大不相同了。這一天的社論說：

> 在「幫助共產黨整風」的名義之下，少數的右派分子正在向共產黨和工人階級的領導權挑戰，甚至公然叫囂要共產黨「下臺」。他們企圖乘此時機把共產黨和工人階級打翻，把社會主義的偉大事業打翻，……這一切豈不是做得太過分了嗎？物極必反，他們難道不懂得這個真理嗎？

這一篇聲討右派分子的檄文，宣告了從五月中旬開始的二十多天的備戰階段的終結。公開的，萬炮齊轟的反右派鬥爭開始了。

也不能拖延了。一些地方學生已經鬧事；一些教授已經想起了波蘭統一工人黨的八中全會，這是哥莫爾卡取代奧哈布，也就是最高領導換人的會；一些民主黨派的頭面人物已經在打算收拾殘局了。如果聽任這種趨勢繼續發展，將會出現什麼後果呢？必須立刻扭轉這種趨勢。這篇社論就是個強有力的信號，宣告從今天起改變了航向。

這裡回顧一下社論見報前二十四小時裡面發生的一些事情。

六月六日章伯鈞同民盟六教授開會的情況，當天晚上史良就告訴了周恩來。後來章伯鈞交代說：「會後，史良的意見是請示領導，找周總理談。七日，國務院開會。史良對我說，前一天晚上已和周總理談了，總理未置可否，她叫我再和總理談一談。我寫了條子給總理，說情況很嚴重，談話的人的態度頗為誠懇等等。總理也未表示可否。」（7月4日《人民日報》）周只能不置可否。因為這時已經在準備這篇社論了。報紙午夜就要開印，同右派攤牌已經是迫在眉睫了。此刻你要周恩來怎樣來表態呢？

　　後來李伯球在全國人大的發言中說，他六月九日在黃琪翔家裡，聽章伯鈞說，七日國務院會議上，討論人口調查統計工作問題時，包某批評如何尖銳，章伯鈞譏笑周總理「當場難堪，無話可答」。（7月15日《人民日報》）此處所說的包某，當是指國務院參事包惠僧，此人曾出席中國共產黨第一次全國代表大會，又在國民黨政府內政部擔任過人口局局長，是個有資格說幾句話的人。至於章伯鈞說周恩來「當場難堪，無話可答」，卻是誤會。那時他心中想的，已經是明天開始的反右派鬥爭，無心與包某論難了。

　　這篇標題為〈這是為什麼？〉的社論，是從盧郁文收到的那封匿名信講起的。這可並不是一條新聞。昨天的《人民日報》已經報導：盧郁文在國務院黨外人士座談會上就宣讀了他收到的這封匿名信。信的內容，從報紙上摘錄的字句看，其中有「為虎作倀」、「無恥之尤」這些話，而沒有「揍你」、「宰了你」、「小心你的狗頭」、「勿謂言之不預」這一類話。似乎稱它做「辱罵信」比「恐嚇信」要更加確切。

　　盧郁文在座談會上說，這信是他最近收到的，可見已經有幾天日子了。看來他當初並沒有很重視這事，所以不曾在收到的當天送請公安機關偵破，或者送請報社張揚，而是過了幾天才在座談會上說出來。

　　《人民日報》編輯部當初似乎也並沒有很重視這事。如果重視了，有意加以評論，一般慣例是在報導此事的同時配發評論的。可是七日的報紙只是報導了它，並看不出要加以評論的跡象。

　　大肆張揚這件事來開始反右派鬥爭，做出這個決策的是毛澤東。吳冷西回憶說：

　　　　六月七日，即上次談話半個月之後，毛主席找胡喬木和我到他家中談話。當我們一起到他臥室時，發現沒有其他人參加這次談話。

　　　　我們剛坐下來，毛主席就興高采烈地說，今天報上登了盧郁文在座談會上的發言，說他收到匿名信，對他攻擊、辱罵和恫嚇。這就給我們提供了一個發動反擊右派的好機會。

　　　　毛主席說，這封恫嚇信好就好在他攻擊的是黨外人士，而且是民革成員；好就好在它是匿名的，它不是某個有名有姓的人署名。當然署名也可以作為一股勢力的代表，但不署名更可以使人們廣泛地聯想

到一種傾向，一股勢力。本來，這樣的恫嚇信在舊社會也為人所不
齒，現在我們邀請黨外人士幫助共產黨整風，這樣的恫嚇信就顯得很
不尋常。過去幾天我就一直考慮什麼時候抓住什麼機會發動反擊。現
在機會來了，馬上抓住它，用人民日報社論的形式發動反擊右派的鬥
爭。社論的題目是〈這是為什麼？〉。

（吳冷西《憶毛主席》，第39-40頁）

這篇社論說：

我們所以認為這封恐嚇信是當前政治生活中的一個重大事件，因為這
封信的確是對於廣大人民的一個警告，是某些人利用黨的整風運動進
行尖銳的階級鬥爭的信號。這封信告訴我們：國內大規模的階級鬥爭
雖然已經過去了，但是階級鬥爭並沒有熄滅，在思想戰線上尤其是
如此。

盧郁文（1900-1964），河北昌黎人，一時成了新聞人物。後世講到這
一段歷史的時候還得提到他。在這個意義上說，他甚至成了歷史人物。可是
公眾對於他的生平事蹟知道得很少。只知道他做過立法委員，一九四九年四
月北平和談，他是張治中率領的南京政府代表團的秘書長。和談破裂，代表
團成員留了下來，盧郁文也跟著留了下來。他收到匿名信的時候，是民革
中央委員，國務院秘書長助理；這之後不多久，他是民革中央常委，國務
院副秘書長。他的事情，民革內部的人可能知道得多一些。與他同時擔任
立法委員的譚惕吾大約就瞭解他一些底細。後來在批判譚惕吾的會上，程潛
揭發說：「惕吾同志聲稱看不起盧郁文同志，因此連盧郁文同志擁護共產黨
和社會主義的言論也看不起了。就在最近的座談會上，惕吾同志還在算盧郁
文同志的『老帳』，回避當前政治上的尖銳問題，掉轉花槍來鋪陳人家的歷
史。」（6月19日《人民日報》）可見在譚惕吾看來，算一算盧郁文的歷史老帳是
一件開心的事。只是她的這篇發言沒有發表，人們也就無從得知其內容了。
後來被劃為右派分子的陳銘樞和李世軍甚至疑心這匿名信是盧郁文自
己捏造以自高身價的。朱蘊山揭發陳銘樞說，六月八日《人民日報》社論發

表後，陳銘樞說盧郁文接到的匿名信是捏造的，還說盧郁文是小丑。（7月15日《人民日報》）擔任南京市民政局局長的民革中央委員李世軍也說，盧郁文接到的恐嚇信恐怕是假的。（7月17日《光明日報》）這一回陳銘樞李世軍他們是冤枉盧郁文了。匿名信確實並非他的捏造。公安機關於一九五八或一九五九年偵破此案，將寫信的北京大學歷史系學生楊秉功逮捕，以反革命罪判刑。

《人民日報》的這一篇社論就民革成員盧郁文的事情來立論，在民革中央引起很大的震動。新華社社記者莊重、余志恒寫的一篇內部參考材料〈民革中央小組擴大會議的一些情況〉報導了社論發表以後民革中央的反應：

八日人民日報社論〈這是為什麼？〉，在民革中央引起很大的震動。這一天上午，在民革中央小組第六次擴大會議上，民革中央常務委員李俊龍、于振瀛、譚惕吾等人認為這篇社論是針對譚惕吾和民革某些成員而發的。譚惕吾表現緊張，她在會上發言為她的錯誤言論狡賴。她說，她批評盧郁文的發言並沒有什麼錯誤，只是人民日報和新華社作了歪曲的報導。她說：「由於歪曲的報導，就會使人認為她是在抵抗社會主義改造，就會把她當作反革命分子看待。」

民革中央常務委員吳茂蓀在發言中提出，民革中央應該對盧郁文接到恐嚇信一事表示態度。他說：「盧郁文是民革成員，他在民革中央小組擴大會議上發言，幫助中共整風，他竟然因此接到了匿名信。現在中共中央機關報人民日報寫了社論表示支持盧郁文，民革中央對這件事也應該表示態度。」

吳茂蓀剛剛講完，于振瀛、李俊龍和劉斐都很激動地相繼站起來講話，認為民革中央不能表示態度。李濟深最後說：「民革不好表示態度。應該怎樣表示態度呢？因為民革中央並沒有批評他的發言，也沒有制止他發言，不好表示。」

會後，李濟深、朱蘊山、王昆侖、吳茂蓀、于振瀛、李俊龍、譚惕吾等圍坐在一起談話。于振瀛、李俊龍說：「盧郁文那天講話，態度太壞，很傲慢，一上來就批評民革中央負責同志官僚主義，脫離群眾，他要整民革中央負責同志的風。因此，譚大姐（指譚惕吾）才出來發言批評了他，並說他言不由衷，等等。」談話中朱蘊山對譚惕吾

說：「你說他（指盧郁文）不忠於黨，不忠於國，說得太重了。」譚沈默不語。

朱蘊山還對新華社記者解釋說：「譚惕吾說盧郁文說話言不由衷是一回事情；說他是無恥之尤，不忠於黨，不忠於國，是指他做的另一回事情。報紙上把兩回事情聯繫在一起報導了，人民日報社論又加以引用。因此，事情弄得很嚴重。」

譚惕吾對新華社記者說：「我批評了盧郁文言不由衷，無恥之尤；接著，盧郁文接到了恐嚇信；接著，人民日報為這件事情專門寫了社論。這樣，容易使人把這兩件事情聯繫起來，以為那封恐嚇信可能是我寫的。事實上，已經產生了這樣的後果。」

李俊龍對新華社記者說：「人民日報這篇社論和最近的新聞標題，不利於『鳴』、『放』。我準備找中共中央宣傳部長談這個問題。」

6月12日，民革中央小組舉行第七次擴大會議。出席的人比過去每次都多。

開會前，陳劭先對新華社記者談起儲安平的事。他說：儲安平提出辭職了，你們知道嗎？儲安平怎麼能當光明日報的總編輯？他是舊《觀察》人物，是中間路線的。聽說是李維漢部長推薦的，不知又是誰向李部長推薦他的。他一邊搖頭一邊搖手地說，「儲安平這人不能當光明日報總編輯，不能當。儲安平應當辭職。各民主黨派都不贊成他當光明日報總編輯。」陳劭先還說，「儲安平那篇發言並不完全是他寫的。」他低聲地說，「裡面有黑幕，有兩三個人事先看過他的發言稿。」

程潛在會上的發言很誠懇，很有說服力。他講完時，全場鼓掌。

萬枚子（民革成員，國務院參事）在會上的發言，引起了一場風波。在爭論中，右派的面貌比以往任何一次會議都暴露得明顯。

萬枚子對譚惕吾的錯誤言論進行批評。他說：「譚惕吾過去有光榮的革命歷史，主觀上是『忠心耿耿的』，她提意見是從對盧郁文同志進行批評開始的。盧郁文說他自己感到對黨員之間沒有『牆』，說不許批評批評者是不公正的，說拆『牆』填『溝』要從兩方面來做，這些意見基本上都是對的。為什麼就得到「言不由衷」的批評呢？有什麼材料證明他就是對黨不實，對國不忠呢？難道不從發展看問題，

不從現實出發，一定要把人釘死在八年以前的水平嗎？」

萬枚子說：「譚惕吾說黨站在政府機構之外或者站在政府機構之上就產生宗派主義、官僚主義、主觀主義，這就意味著黨的制度是產生三害的根源，這是完全錯誤的。」

萬枚子說：「譚惕吾必然自信是忠於黨的，動機是純潔的，但是效果怎樣呢？寫匿名信的反動傢伙就鑽了她的空子。」

萬枚子接著說：「我們在反對國民黨的鬥爭中是左派，我們決不能在社會主義革命、社會主義建設的鬥爭中有意無意地陷入了右派。我們有意無意的言論決不要產生為親者所痛仇者所快的副作用。」

譚惕吾發言時，對記者大肆攻擊，她認為別人對她的發言的批評都是由於記者報導錯了而引起的。她說，她是「含冤莫白」。她認為人民日報和新華社是錯成一樣的，她不知道這是什麼「用意」。她說她是「忠心耿耿」地幫助黨整風，提意見，而現在外界卻有人把她和寫匿名信連在一起，說是反黨、反人民，反對社會主義，她說，這簡直是「陷害」。

譚惕吾還說，報上登錯了不能不更正。為什麼你們對正確的不採用，對不正確的話才採用。她說，記者是實事求是地報導呢還是為抓毒草而來？

譚惕吾接著又在會上揭盧郁文的老底。他說盧郁文當面一套背後一套。「我坦率地講，盧郁文個人作風是有問題的。解放前，蔣介石想發財，盧郁文就幫助他在新疆、河南搜刮民財，把收刮到的金條拿去向蔣介石獻殷勤，換取勳章，不惜損害一切人民生命錢財。他今天居然『進步』了。我看有問題，派盧郁文去調查，說沒有這事，說群眾造謠，才沒將××居士接到北京來，造成很壞的影響。這難道說他對黨忠實嗎？今天作為秘書長助理，如不改變作風，對國家有害。譚惕吾說，今天她逼迫得不能不說，但要求記者不登報。

接著，譚惕吾又說：「萬枚子說外面對他壓力很大，使他非說不可，我沒有講過的話，為什麼一定要說我講的。我擁護黨，擁護社會主義，為什麼一定要說我反對黨，反對社會主義呢？這是『陷害』。」

萬枚子接著說：「我講話的材料完全是根據《光明日報》所登的消息（譚惕吾說《光明日報》沒有錯）。我說的壓力，是因為這個問題已登上《人民日報》的社論了，到底是黨報對還是自己對，望譚惕吾想想，好好檢查一下自己的發言。

譚惕吾說：「我要求民革黨內把紀錄整理出來。報上不可能將我的發言全部登出來，壓縮就有問題，而報紙又不是為民革或譚惕吾一人辦的。」

接著駱介子站起來說，他希望繼續談一次，因為不是譚惕吾個人的問題，外面說，因盧郁文擁護社會主義，有人辱罵他，打擊他。外面說民革中央有些空氣。駱介子要求民革中央應該表示態度。

李俊龍站起來盛氣凌人地說，民革中央小組擴大會議參加的範圍是有規定的，有些人不應該參加今天這個會。他問：到底是誰批誰的？（會議結束時，有人向記者傳達李濟深的意見：萬枚子既不是中常委也不是中委，他沒有資格來參加會的，今天也沒有通知他參加會，他的發言宣佈無效，報上不得發表。）

李俊龍又說，從譚惕吾發言以來，因報上所載不完全符合事實，使外面不僅對譚惕吾不清楚，對民革發言也不清楚，他說，譚惕吾為人，地下鬥爭，人人知道。譚幾年來對黨，對政策，人人清楚。那天，譚惕吾發言，看不出有反黨反領導反對社會主義的地方，這帽子不恰當。民革應該澄清，不要使外面更引起混亂。

李俊龍認為，民革中央開會幫助黨整風，歷次會議都很健康、正常。他說：「我仍不主張使外面有這樣的印象：民革中央小組有一部分人擁護黨，擁護社會主義；一部分人反對黨，反對社會主義。」

從這兩次會議的情況來看，民革的右派還是占壓倒優勢，左派力量薄弱，說理不夠，比如陳其瑗就是一例，他雖然掌握得有關李濟深的一些材料，但揭露不夠有力，所以記者也就沒有公開報導。又如王崑侖、梅龔彬除駁斥了儲安平、章伯鈞的荒謬言論後，對民革右派人物根本沒有揭露。總之右派很猖狂，從李濟深、龍雲、黃紹竑、駱介子、李俊龍到譚惕吾，他們對人民日報社論〈這是為什麼？〉是不滿意的。（1957年6月18日新華通訊社編《內部參考》）

從新華通訊社記者寫的這一篇內參材料來看，其中說的「從李濟深、龍雲、黃紹竑、駱介子、李俊龍到譚惕吾」，似乎是有把李濟深列為民革右派之首的危險。後來還是被保護過關了。倒是硬擠到會場上來批評譚惕吾的萬枚子，後來被劃為右派分子，到北大荒去勞動了。

《阿Q正傳》寫阿Q在戀愛的悲劇中挨了秀才一竹槓之後尋聲去看熱鬧，卻沒有想到自己和這一場熱鬧有點相關。章伯鈞看了〈這是為什麼？〉這篇社論，一時還沒有意識到這是他前天同六教授開會的反應，還真以為是為一封恐嚇信而發的，還滿不在乎。這天，他遇見費孝通，對費說：「恐嚇信怎麼嚇住了共產黨，值得這麼反擊。這社論是共產黨『示弱於人』，共產黨這篇社論是輸了。」（6月19日《光明日報》）這天晚上，他說：「有人對我說，儲安平的話擊中了要害。但我看是用不著寫社論的。而且一再揷出盧郁文來，盧郁文這種人不過是一個小丑而已。我看，胡風、儲安平倒要成為歷史人物，所謂歷史人物要幾百年後自有定評。」（6月13日《人民日報》）六月九日第二天是星期日，在黃琪翔家裡，章伯鈞對李伯球、楊逸棠等人說，「這兩天形勢大變了，要『收』了」，又說，「昨天《人民日報》發的社論〈這是為什麼？〉，共產黨算是輸了錢。『收』得太早。聽說各地方很亂，共產黨何必自己下手『收』呢？讓我們去收場比較好，我們有辦法，費孝通和我都是這樣看法。」（6月26日《人民日報》）

儲安平倒是立刻感到了〈這是為什麼？〉這篇社論的分量。他很清楚，在新的政治風向之下，已經不再需要他來辦報了，六月八日當天下午，他即辭去了光明日報總編輯的職務。第二天，《觀察》時代的老友、現在又同屬九三學社的袁翰青來看他，批評說，他的「黨天下」論是錯誤的。儲表示，他準備檢討，他不曉得知無不言本身有個界限，如果曉得的話，就不說了。袁說：如果這樣，你就不用檢討了。（6月15日《人民日報》）

李維漢的回憶文中說「《人民日報》發表了毛澤東同志撰寫的社論〈這是為什麼？〉。」（李維漢《回憶與研究》（下），第835頁）以為這篇社論出自毛澤東之手。還有李志綏，他的《毛澤東私人醫生回憶錄》裡也說這篇社論是「毛寫的」（第189頁）他們都說得不對。假如真是毛的作品，就應該與〈文匯報的資產階級方向應當批判〉這篇社論一同收入《毛澤東選集》第五卷了。現在已經知道，這篇社論是人民日報編委林韋執筆起草的。陳泊微在

〈林韋這個人不會長壽〉一文中說：「六月八日《人民日報》刊出題為〈這是為什麼？〉的社論，發出了反擊資產階級右派鬥爭的號角。真沒想到，這篇社論的起草人不是別人，竟然是我們宿舍那位拉手風琴的林韋！後來得知，林韋是奉胡喬木之命執筆的。當時他是負責報導政治運動的新聞部主任，胡喬木素來欣賞林韋簡潔爽利的文筆。」（見《炎黃春秋》2010年第5期）錢江的〈不低頭的林韋〉一文中說：「一九五七年，林韋擔任理論部主任，受胡喬木之命，起草反擊右派的標誌性社論〈這是為什麼？〉。林韋的看法顯然與胡喬木不合拍，他的草稿被胡全篇改過，按他妻子李克林的說法，『只留了一句話。』但起草此社論成為林韋一生的遺憾。」（見《炎黃春秋》2012年第4期）這篇文章說：林韋（1916-1990），原名陳有明、陳耳東。過了兩年，在廬山會議反彭德懷之後，他成了人民日報社唯一的右傾機會主義分子。至於說，這篇社論是根據毛的決策發表，傳達了毛的意見，當然是毫無疑問的。據吳冷西在《憶毛主席》一書中說的，毛澤東在這篇社論臨發表前「又改了幾個字」，可是在《建國以來毛澤東文稿》第六冊裡找不到修改稿，不知道他改的是哪幾個字了。

這篇社論發表的同一天，中共中央發出毛澤東起草的〈關於組織力量準備反擊右派分子進攻的指示〉，這篇編入《毛澤東選集》第五卷時題目改為〈組織力量反擊右派分子的猖狂進攻〉。這不僅是反右派鬥爭的動員令，而且是一份計算周詳的作戰方案。

這個指示第一段是講省市級機關和高等學校的。以為這些單位大鳴大放的時間大約十五天左右即足。提出以大字報為戰鬥武器。因為那時已經出現了有人到本機關本學校以外去串連活動的事情，指示提出：要預作佈置，實行擋駕。在工廠，要召集老工人開會反擊，要求工人看清大局，在此期間不要提出福利工資等問題，一致對付反動派。

指示的第二段講民主黨派。提出要組織每個黨派自己開座談會，左中右的人都參加，正反兩面意見都讓其暴露，派記者予以報導。我們巧妙地推動左、中分子發言，反擊右派。指示還要求每個黨派均要準備幾十篇文章，從當地高潮開始跌落時起，即陸續發表。注意組織中、左派寫文章。但在高潮未落前，黨報正面文章少登（可以登些中間派文章）。大字報必須要讓群眾反駁。

　　這個指示還佈置了高等學校裡設法讓反動的教授、講師、助教及學生大吐毒素的事，這一段文章本書前面第十章已經引過了。

　　儘管反右派鬥爭是反擊右派分子向共產黨的猖狂進攻，但這個指示卻提出了將要同時反擊黨內右派的意圖。它說，黨團員中的動搖分子或者叛變出去，或者動搖思叛。因此，它認為，這是一場大戰（戰場既在黨內，又在黨外）。（《毛澤東選集》第五卷，第431-433頁。）

　　按照這一份作戰方案，從現在起，各地還有十五天左右大鳴大放大字報的高潮，在此期間要讓右派大吐毒素，暢所欲言，不要為一時好似天昏地暗而被嚇倒。同時要準備好幾十篇批判右派的文章，待到高潮開始跌落時陸續發表。

　　反右派鬥爭就按照這個指示的佈置迅速推向全國。

　　這裡有一個材料，從它可以看出中共北京市委是怎樣雷厲風行地貫徹執行這個指示的。陳丹晨後來回憶說：「六月八日反右開始。當天下午，我所在的學校校車滿載著黨委及各系支書等到白紙坊禮堂聽市委書記彭真動員反右派鬥爭報告。我作為中文系二年級支書也廁身其間。彭真穿著紡綢衫，背帶褲，滿面春風大談毛主席的英明，鳴放是如毛講的陽謀、釣大魚、引蛇出洞等等。說這些日子大家受壓，現在開始反擊了……」（陳丹晨：〈關於「引蛇出洞」〉，見《書屋》2010年第10期）

　　反擊開始了。這裡且來看看六月八日以後北京大學校園裡的情況。現在反右派鬥爭開始，政治風向陡然變化，正活躍的大學生突然承受極大的壓力，面臨著何去何從的抉擇。

　　一些人承受不了這壓力，退縮了，消沉了。劉奇弟在寫了檢討書之後，寫了一封信給譚天榮，告訴他：「若不檢討，家庭要與我斷絕關係，物理念不成了，朋友也不要我了」，「父母兄弟姐妹朋友同學，幾乎所有的人統統反對我，而我做的這件事情又不是科學工作而是社會活動，這除了說明我錯了以外，還能有什麼解釋呢？」楊路聲稱今後謝絕一切辯論會、討論會和個別談話，不寫大字報小字報，拒絕參加那種不問青紅皂白一棍子打死的學習和批判。張景中說，他大體同意楊路的這種態度，他是不參加這次學習了，要利用這時間休息和玩。他們這種檢討認錯、消沉退卻的態度對他們的最後結局並沒有什麼幫助，還是被劃為右派分子了。

也有螳臂擋車負嵎頑抗的。首先，他們對於《人民日報》社論，特別是對社論以盧郁文收到匿名信一事作立論的根據很是不滿。一張作者不詳的大字報〈政治風雲〉說：

> 應該注意的是運動的主流，不值得對次要的偏差過分地注意。但在這次整風運動中卻出現了意外，盧郁文收到了一封恐嚇信，就轉移了運動的目標。比之以前，如在肅反中，《人民日報》曾為一個無辜的自殺者、發瘋者發表過一篇社論？曾有一回？？奮起痛擊藐視法制、蹂躪人權的行為嗎？人命比之於恐嚇案如何？

反右派鬥爭開始，使這張大字報的作者認識了整風運動的邊界，「三大主義的最後根源是少數黨員的作風和方法問題。凡超過此定理者，一概歸之於反社會主義言論。探討更深刻的原因，不免觸及社會制度問題，也即反對社會主義制度。合乎這種邏輯口味的整風，不妨稱之為『撣灰式』整風。這種整風才是共產黨真心誠意領導的」。

龍英華的大字報〈世界往何處去，中國往何處去，北大往何處去〉，也提到了這篇社論，說它「對恐嚇信的分析不深刻，對怎樣區別反社會主義言論分析不夠，給了教條主義者以把柄，如臨大敵，不分好壞，打擊積極分子。」龍英華還在這張大字報裡正面地提出了這樣一些見解：

> 現在是走誰的路，是史達林路線和南斯拉夫路線誰勝利的問題。鐵托、陶里亞蒂、毛澤東、赫魯雪夫是現階段的馬克思主義的代表。
> 《馬列主義基礎》講社會主義只講經濟基礎（工業化），文化革命（原子能化），還應有政治基礎（民主化）——在社會主義應當有合理的管理制度和上層建築。

譚天榮對這篇社論作了更有力的批評。他在〈這是為了反對三害〉的大字報中說：

> 在我看來，盧郁文沒有實事求是，而是在無的放矢，他的意見也

並不「平易近人」，是純粹的廢話，毫無意義的空談，在這場嚴肅整風——民主運動中，實在更沒有比這種言談更叫人噁心了……

盧郁文的品質是不是「典型的無恥之徒」，是不是「為虎作倀」，我不敢發表意見，不過就常情而論，關於他製造共產黨和黨外人士之間的牆與溝方面出了不少力量的說法似乎可以信賴的，要不《人民日報》為什麼隻字不提呢？考慮到這種人的本性，他們是不會放棄這種機會的，要不是他們什麼話也說不出來的話，真的《人民日報》太盛氣凌人了。為什麼「為虎作倀」的虎，一定是指共產黨呢？我看說他們是「三害」分子更合情理些。把真正的反對「三害」的言論，稱為「反黨」「反人民」「反社會主義」的言論。另一方面又登一些廉價的批評，不痛不癢地胡亂給「個別領導人」提一些意見，這就是《人民日報》拙劣的詭計。

再則《人民日報》把給盧郁文寫信的沒有留下姓名這一舉動加以責難，是多麼可笑的自欺欺人，寫信人的顧慮可以用葛佩琦的遭遇來做充分說明，他們只不過不願意在槍林彈雨中暴露自己而已。林希翎也接到各種匿名信，她該登在什麼報紙上呢？該通過哪個電臺廣播呢？這真有一點像俗語中說的「只許官家放火，不許百姓點燈」。

這幾天，《人民日報》組織的讀者來信和其他方式，對這些「反社會主義」言論圍剿，未免太不中用了，這些言論很多地方我也不同意。比方說在我看來，他們滿可以不用盧郁文之流提什麼警告。可是《人民日報》更顯得軟弱無力了，在這場圍剿中，正人君子除了對這些荒謬論點表示極憤慨以外，除了神經質地問「居心何在」和「有何意圖」以外，並沒有說出什麼道理，正像北大學生會主持的辯論會念紙條，在牆上公佈從天津來的討伐信件一樣（支援我的信要寫成大字報可以貼滿北大每一塊牆，不過這樣做多麼乏味）。

《人民日報》組織的十字軍，充分表現了沒落階級的情緒，那些有著內在權利的人，用不著炫耀自己的力量。想想看，一種相信自己前途力量的人，會為一封匿名信之類的小事大興問罪之師嗎？真太像為了轉移人們對學生運動的注意而有意製造的糾紛，這不過是垂死的掙扎而已。

　　　　紅色的是火焰；白色的是劍；這是最後一場戰鬥！讓真正的勇士
們前進吧！

　　六月十四日《人民日報》刊出了〈文匯報在一個時間內的資產階級方
向〉一文，作者署名「《人民日報》編輯部」，後來人們才知道是出自毛澤
東之手。他是看了姚文元的一篇批評《文匯報》的文章〈錄以備考〉，大為
讚賞，於是作文推薦，同時這也是他對文匯報第一次公開的打擊（半個月後
的第二次打擊就更沉重了）。儘管它剛發表的時候人們並不知道這是毛的作
品，但因為問題提得尖銳，一下子就引起了讀者的注意。在北京大學，就有
人（姓名不詳）以調侃的態度寫了篇〈人民日報在一個時間內的形而上學方
向〉。毛的文章開頭說：

　　下面轉載的這篇文章見於六月十日《文匯報》，題為〈錄以備考〉。
　　上海《文匯報》和北京《光明日報》在過去一個時間內，登了大量的
　　好報導和好文章。但是，這兩個報紙的基本政治方向，卻在一個短時
　　期內，變成了資產階級報紙的方向。

這張大字報模仿這口氣來開頭：

　　《人民日報》在過去一個時間（特別是整風初期）登了大量的好報
　　導，好文章，但這個報紙的基本思想方法，卻在一個短時期內變成了
　　形而上學的方向。

姚文元這篇文章的結尾是：

　　末了，希望這篇涉及《文匯報》的短文能在《文匯報》的副刊上登出。

這張大字報的結尾也模仿這句法：

　　末了，希望這篇涉及《人民日報》的短文能在《人民日報》的篇幅上

刊出。

　　雖說是以調侃的態度出之，可決不是一篇遊戲文章，它對人民日報提出了尖銳的批評和質問，並為當時《人民日報》猛烈批判的那些右派論點作了正面的辯護。例如它說：

　　　　為什麼一談到制度問題便是反對社會主義制度，一談到黨的領導的問題便是反對黨，一談到新社會中的錯誤便是希望回到舊社會中去，這種邏輯是已經過時了的思想硬化的思想方法，過去肅反中的錯誤，便是這種思想指導的惡果。

　　　　「黨天下論」指出了生活真實的一面，的確就是因為不放心群眾，在每一個地方放上一個黨員做頭兒（不是名義上的而是實際上的），才限制了群眾的積極性。難道黨政不分、有職無權、對群眾不信任，不是一致的呼聲嗎？

　　　　我認為「黨天下」，是三害產生的原因之一。

　　　　為什麼「政治設計院」就是和黨爭領導？

　　　　為什麼不能成立「平反」機構？

　　大字報對它所提出的這些問題，每一個都作了簡短的闡發。這樣，它就反駁了《人民日報》對章伯鈞、羅隆基、儲安平等人的批判。這張大字報裡還有這樣一段話，幾乎可說是預言：

　　　　請《人民日報》想想，說話作事不要只顧眼前，要給自己留後步。歷史是無情的，的確有許多人就是要百年之後才能定案的，史達林便是借鑒。

　　　　希望不要搞出以前肅反的錯誤，不要給自己再造出些「平反」。

　　這位不知名的作者不知道（也許知道），只是請人民日報想想是沒有用的，在這裡，人民日報能夠起的作用很有限。而有權作出決策、正在作出決策的人，又怎麼能聽得進這些話呢。比肅反更大的錯誤，留給後來更多的

「平反」，是正在和即將以空前規模製造出來了。

六月十九日，報紙上刊出了毛澤東的〈關於正確處理人民內部矛盾的問題〉。這原是二月間他在最高國務會議上的一篇講演，主旨是動員人們積極投入百花齊放百家爭鳴運動。這時把它加以補充修改正式發表，就成了反右派鬥爭的重武器了。有的大學生以挑剔的眼光看它，對其中的有些修改表示不佩服。比方說，他原來說，有人說民主是目的。我們跟他們說，民主是手段，民主也可以說，又是目的，又是手段。正式發表的，這句改為：「民主這個東西，有時看來似乎是目的，實際上，只是一種手段。」北京大學就有兩張大字報表示：還是原來的說法更好些。葉于洸的〈我看民主〉中說：

> 在現階段民主既是手段也是目的。作為手段，這是因為帝國主義的威脅還存在，我們的中心任務是建成社會主義，所以目前民主居於服從地位，但又必須充分利用民主這一有力武器，才能團結全民實現反帝建國任務。但是也是目的，既然民主是先進的社會理想，既然共產主義社會是要建立更高類型的民主，就必須承認它也是目的。

王國鄉的〈有頭腦的人！不要那樣想〉中說：

> 我認為民主不僅是一種手段，而且也是目的，它是共產主義必不可少的組成部分。如果只是方法，那麼建成社會主義後，就不再要民主了。——這多荒謬。

這張大字報還從民主談到法治：

> 要民主，不能只是文字的空頭支票，必須有法律的保障。而如今，我國尚未頒佈《民法》、《刑法》……等必要法律。人民的民主只是領導者的意志、恩賜——這怎麼會沒有三大主義。
> 我們要求健全社會主義法制，爭取民主，保障人權和精神人格的獨立——這就是我們鬥爭的目的。

我們要作國家和自己的主人！

社會主義民主精神萬歲！

　　這時，反右派鬥爭正式展開已經十多天了，北大校園裡的情景已經同半個月以前大不相同。在那許多揭露、批判、聲討右派分子的大字報中間，還夾雜著這樣幾張繼續散佈右派言論的，甚至是膽敢同這來勢甚猛的鬥爭對著幹的，也可以算是「五・一九」運動的一個壯麗的尾聲吧。

　　六月二十一日，《人民日報》刊出了〈首都高等學校師生用真理和事實擊潰了右派分子〉的長篇報導，說現在「各校的大字報上到處是批駁右派言論的短文」，「右派分子在各學校裡到處碰壁，已經喪失了前些日子的狂妄的氣焰」，「有的不敢露面了，有的在無可辯駁的真理和事實面前，被迫檢討，表示悔改了。」這篇報導有好幾處提到了北京大學的事，例如：

　　　　北京大學的反動小集團所謂「百花學社」，曾以《北大民主接力棒》為名編印了刊物，在這個刊物裡造謠說北大已被「反革命統治了」，「鬧得比波匈事件還兇」，他們把這些刊物寄給北京、上海、天津等地的高等學校，現在這些刊物和秘密信都附有嚴厲指責的回信而被退回來了。

　　　　不少學校過去在部分右派分子煽動下組織起來的社、團，或右派分子公開出面組織的社、團已經紛紛瓦解。北京大學以物理系學生譚天榮為首組織的「百花學社」，過去曾到許多學校煽動學生起來反對工人階級領導的人民民主專政，現在社裡的許多社員已宣佈脫離這個組織。

　　這篇報導還提到了譚天榮他們辦的《廣場》，說是「這個刊物的內容都是反對共產黨、反對社會主義的言論」。

　　陳奉孝在〈如此伎倆〉大字報中評論這篇報導說：「保守派在《人民日報》上宣佈了百花社是反動小集團，宣佈了《廣場》是反動刊物，他們明明知道這樣做在北大會有很多人不相信，但他們仍然不惜採取這種手段來欺騙外校同學，打擊北大的民主運動，造成外校同學對北大民主運動的疑懼和仇恨。」

不論怎麼說，形勢比人強。《人民日報》發表這篇報導是一個標誌：北京大學的民主運動已經走到了它的盡頭。六月二十二日，《廣場》編委作了最後一次聚會。楊路在會上說：從《人民日報》的報導看來，黨採取了大刀闊斧的方式，在打擊反社會主義分子同時，將許多積極要求民主與革新的人一概扼殺，嚴重地摧殘了特別是青年知識份子當中的民主力量。他表示：我是不能同意這種小題大作的措施的，我將保持與黨不同的意見，即不應因一小撮反社會主義分子而同時打擊了社會主義的民主力量，不應藉口階級鬥爭而打擊那些為社會主義進一步發展積極掃除障礙的人。到了這最後的時刻，楊路說：作為一個共產主義者，我向「五·一九」社會主義民主戰士致敬！他也提出了一些他自己思考的重要結論，他說，民主權利除掉它的階級性外，還有著全民性，即全體未剝奪公民權的人民對政府之約束，後者作為一種暴力機構很容易傷害人民，人民必須用一種全民平等享有的民主權利來保護自己，來抵制政府可能採取的暴政。他還說，希望你們吸取教訓，在全民平等享有的言論、出版自由得不到充分保障時，其他許多進一步的民主要求是談不到的。

這次會上，《廣場》決定停辦。百花學社也解散了。

楊路說的，反右派鬥爭是在打擊反社會主義分子的同時，也打擊了民主力量，很有意思。不只是他一人，當時北京大學很有幾個學生表示了這樣的看法。這時，反右派鬥爭已經是現實的存在，他們承認了反右派鬥爭的必要，承認了確有右派分子存在，只不過要求對「右派分子」加以分析，其中一部分（不用說，就是他們自己這一部分）並不是右派分子而是民主力量。對這一點說得最詳細、最清楚的，是嚴仲強的〈壓制不了的呼聲〉一文：

在「鳴」「放」中會有人反對社會主義及共產黨，這是中共早就料到的，但是出於他們意料之外的是，竟如此迅速地出現了兩支性質不同的力量：①民主運動的力量，②右派的力量。由於右派完全反對社會主義，要求資本主義，他們代表了資產階級的利益，人民應當反對他們。民主運動的代表者們，他們喜歡思考一些問題，他們要問：三害是否和社會的某些制度有關，是否和黨的領導有關。他們要求民主、自由、人道，他們無情地揭露過去的工作缺點，因而降低了中共

的威信。由於他們對美好的明天強烈的愛，對現實生活中的缺點強烈的恨，他們對待某些問題上常有偏激情緒，別有用心的就是從這個弱點上對他們加以全盤的否定。這兩種力量的出現，皆不符合中共的最高利益，中共對他們因而採取了對立的態度，並且將兩種力量混為一談，湊成一個所謂「右」派，從而對右派展開進攻。

　　民主運動和右派進攻的性質根本不同，不能因民主運動和右派進攻混在一起，而否定民主運動的意義。

　　在嚴仲強看來，他們這些民主運動者，不但不是右派，而且還是左派哩。這篇文章說：

　　站在民主運動潮流中的人，要求在現存的社會制度中做種種改革，從而爭取一個更完善的社會制度，和更正確的領導，他們絕不是要回復到資本主義，按照派別最初的定義，這種勢力應當稱為左派勢力，中共是中間勢力，還有資產階級的右派勢力。

　　中共顯然不能接受他這種對派別的劃分，把他們這些民主運動的代表者們一概劃為右派分子了。這真不能不叫人沮喪和傷心。為了給這些陷入困境的人一些撫慰和勉勵，這篇文章說：

　　歷史在一定階段可以後退，但它總的趨勢還是前進的。民主運動的代表者們，儘管有人污衊你們為右派分子，盡力將你們形容成小丑，從而想將你們完全否定，但有理智的人會看清楚這些陰謀。你們應當心平氣和，心安理得繼續在你們所選擇的道路上前進，歷史會對你們做出公正的評價的。

　　毛澤東在正式發表的〈關於正確處理人民內部矛盾的問題〉中增加了六條政治標準，其中「最重要的是社會主義道路和黨的領導兩條」。（《毛澤東文集》第七卷，第234頁。）有意思的是，嚴仲強的這篇文章對這兩條做了別出心裁的解釋。他認為，這兩者又都可以分為具體的和抽象的。他

說：「具體的社會主義並不像理論上所宣傳的抽象社會主義那樣優越。」「抽象的共產黨應無條件的擁護，但具體的共產黨可以成為官僚主義的化身，例如拉科西──格羅集團，反對這種集團並不能算反對社會主義」。他當然知道，毛澤東要求人們擁護的，是他所解釋的具體的社會主義，是他這個具體的共產黨，並不是指什麼沒有具體內容的抽象的東西。嚴仲強在這裡，也是用重新作出自己解釋的辦法，實際上否定了毛的這兩條。

嚴仲強立論的出發點是，反右派鬥爭是必要的，確實有右派分子，只是把一些不應劃為右派的人也劃為右派了。這同一九八一年出現的「擴大化論」有一點相像。對於嚴仲強，只需要反問他一個問題：除開你所說的民主運動，應該加以打擊的右派進攻在哪裡？莫非也要分出一個具體的右派分子和抽象的右派分子來嗎？

已經到了最後的時刻。北京大學學生右派中最活躍的譚天榮做了這樣一些表白，他在〈第四株毒草〉中說：

> 「五‧一九」運動結束了。
>
> 作為一個「右派分子」，我願意以我自己的方式對這次運動作一些片斷的判決。
>
> 「五‧一九」這是一個光輝的日子，在國際反教條主義運動中，中國青年第一次顯示了自己的力量，看來是那麼強大的習慣勢力在他們面前表現了多麼可怕的貧乏與卑劣呵──習慣勢力的代表們在他們真理與正義的呼聲面前，難道比老鼠在貓前更勇敢嗎？他們在理性與法制的呼聲中，難道比魚在空氣中更有生命嗎？他們在民主與自由的呼聲之下，難道比冰雪在太陽照耀之下更堅強嗎？可是看看我們「右派分子」吧！大字報中激動人心的語句，辯論會上鋼鐵般的邏輯力量，實際工作中那種中國式的刻苦勤勞，鬥爭會上面臨凌辱的從容的風度，以及在他們個人獨處時平靜的心靈，哪來的這樣蓬勃的生氣呀！哪來的這種永遠不枯竭的精力呀！還有比這種無比的靈魂天真，這種隨時隨地創造奇蹟的信心，這種對於一切事物──即使它是艱苦的──愛好更美妙的東西嗎？
>
> 呵！「右派分子」──人類的傲骨。

在〈救救心靈〉一文中，譚天榮說：

　　許多幹部僵化了，腦袋對付不了複雜的生活現實，就採取禁止一切思維活動的措施，除了扣帽子以外，他們已經沒有別的本領了，……生活中的一切變化，一切運動，一切破壞和創造，一切新生和毀滅，都被僅僅翻譯成含義模糊的各種術語了。這樣造成了不堪忍受的知識的貧乏，思想空虛和意志薄弱，造成了對一切不懂的東西的無條件的仇恨，造成了習以為常的言行不符和自欺欺人，造成猜疑冷酷和相互殘害。我看到了這一切，希望改變這一切，而又被那些誠實的人所反對。這件事對於我，更大痛苦是不可想像的。

　　不管別人怎麼想，我還是覺得我有責任把我的智慧獻給處在困難時期的國際共產主義運動，獻給全面危機中的科學界，獻給多災多難的人類，獻給我們社會主義事業，我覺得我沒有權利沈默。

　　前天（六月二十二日）的批判會，我覺得十分乏味，我再一次告訴這些人，對於我，這種批判方式是絕對不中用的，或者進行真正的辯論，或者在肉體上把我毀滅，別的方式是沒有的，懂嗎？你們滿可以不用開鬥爭會時特有的方式來表現你們的一竅不通，蠻可以不必藉反對右派分子的手法來炫耀自己的絕對無知，也蠻可以用不著在強詞奪理中顯露自己無限愚蠢，還是建立一個異端裁判所吧，還是學學喀爾文吧，對於我，生死早已置之度外，無論死去還是活著，我都是一個共產主義者。但是，生活會證明，我們的事業是誰也絞殺不了的，國際反教條運動一定勝利，整風民主運動一定成功，「五・一九」和「五四」將顯明地留在我們弟弟妹妹的腦海裡，永遠鼓舞著未來的年輕人。為了這一切，我沒有任何恐懼，自己人的反對，比面對槍殺還要叫人難過，我也能沈默地忍受。

　　自從「五・一九」以來，我深深地愛上了北大。現在北大的一切都在向我招手，都在對我微笑……在小山的草坪裡，在未名湖邊，一切都是多麼好啊，可是我更愛的是活動著的人流，親切的交談和沈默的支持。我愛北大，這兒有我的朋友，有我的同志，在這裡，我讀過恩格斯的著作，在這裡，我學會了生活。

我多麼想留在北大啊！作一個學生還是職員，作一個教師還是工友，這對我完全是無關重要的，重要的是我要在這裡戰鬥。

親愛的朋友們，我擁抱你們每一個。我不懷疑毛主席永遠支持我們；不懷疑共產黨，作為無產階級先鋒隊，他會從自己的隊伍中清洗掉三害分子；不懷疑馬克思主義，她會從自身的發展過程中清洗掉教條主義；不懷疑整風——民主運動，因為一切過程將按否定之否定來發展，「冬天如果來了，春風還會遠嗎？」

別的一些運動的參加者也這樣抒發了自己的心情。王存心的〈略談「五‧一九」〉中說：

為了我們社會主義更好，不少有認識的青年人投身於「五‧一九」這樣的運動中。他們要求擴大社會主義民主，不滿足於用思想改造的方式來除「三害」，主張在理論上作一些必要的修正，制度上作一些徹底的改良。……目前「五‧一九」運動被反右派鬥爭代替。儘管如此，「五‧一九」運動還是有成績的。它給了「三害」分子一個有力的打擊，在許多人僵化了的腦袋中起了振盪，……人眼望見的天邊決不是盡頭，歷史的車輪永遠前進，中國人民已跨了很大的一步，但不能就此停止不前。

這些年紀輕輕的學生右派們，真也只能寄希望於那比人眼能望到的盡頭更遠的地方了。當他們付出了代價之後，終於得到最後的覺悟。張志武的〈無題〉一文說：

我們有對黨對社會主義歌功頌德的自由，有和風細雨批評的自由，我們有擁護社會主義的民主權力，有反對帝國主義的民主權力。沒有想什麼說什麼的自由，沒有不經領導批准的民主。共產黨的領導不可懷疑，社會主義制度不可懷疑，我們現存政權也不可懷疑，即使你是以學術研究的態度，因為你可以打著學術的旗號反黨反人民。

　　為了迅速造成聲勢，指導和推動反右派鬥爭，《人民日報》在六月八日的〈這是為什麼？〉之後，幾乎每天發表一篇反右派的社論。

　　九日社論的題目是〈要有積極的批評，也要有正確的反批評〉。它一開頭就把批評分為兩種，一種是「積極的、建設性的批評」，另一種是「目的在於破壞社會主義事業、破壞人民民主專政、破壞黨和人民的團結的批評」。它說，「對於這種破壞性的批評進行正確的反批評，自然更為必要了。」

　　社論說，「現在確實有一些口口聲聲稱讚『齊放』『爭鳴』的人，實際上企圖只讓他們自己講話，而不讓別人答辯。他們可以把馬克思主義的道理一概封之為『教條』，把社會主義的制度和機構一概貶之為『官僚主義』的制度和機構。……也還有人（例如陳銘樞）從正面勸勉道：『光說缺點，不說優點，這才合乎「整風精神」呀！』言下之意，那種既說缺點又說優點、既說錯誤又說成績的人，還有那些出來解答和辯論的人，就都是『整風』的擋路者了。於是，他們就把對方的嘴一下封住，至少也是把對方放到一個如果答辯就是『不虛心』的地位上去了。大家想想，難道這就叫做『幫助黨整風』麼？」

　　就這樣，社論給前段鳴放中的許多言論定性為破壞性批評，他們批評的教條主義其實是馬克思主義，他們批評的官僚主義其實是社會主義。社論把對這些言論的反擊，謙遜地稱為反批評。同時，陳銘樞這個重要的右派分子，就這麼輕輕巧巧的帶出來了。

　　十日社論的題目是〈工人說話了〉。毛澤東寫的〈中央關於組織力量準備反擊右派分子進攻的指示〉要求：「要召集工廠主要幹部及老工人開會，說明有一些不好的資本家，不好的知識份子及社會上的反動分子正在向工人階級及共產黨猖狂進攻，要推倒工人階級領導的政權，切記不要上他們的當。」（《毛澤東選集》第五卷，第431頁。）北京、上海、天津、瀋陽、鞍山等地遵照這個指示開了這樣的會。《人民日報》在報導這些職工座談會的時候配合發表了這篇社論。社論說，「他們對於一切反對共產黨、誣衊共產黨、反對社會主義、誣衊社會主義的言論，表示了堅定的鬥爭的決心。」這時，報紙上反右派鬥爭的氣氛已經很濃了。

　　十一日社論的題目是〈全國人民在社會主義基礎上團結起來〉。它說，「我國目前還有少數反對社會主義的右派分子存在，這些右派分子還在利用

各種機會積極活動，這並不是什麼奇怪的事。大規模的群眾性的階級鬥爭在我國已經基本上解決了，但是還有階級鬥爭，還有政治戰線上的階級鬥爭，還有思想戰線上的階級鬥爭。」改變了不久前關於階級鬥爭形勢的估計。

這篇社論還說，「要不要社會主義？要不要人民民主專政？要不要共產黨的領導？這是我們的國家生活中的最根本的是非問題。中國人民的大團結就是建立在對這樣的問題的共同認識上面。右派分子企圖混淆人們在這種根本問題上的認識。」劃分右派的六條政治標準中的三條已經出現了。

十二日社論的題目是〈正確地對待善意的批評〉。這一篇裡並無何種值得注意的意見，只是又增加了一篇反右派的社論，起了一點造聲勢的作用。

十三日沒有發表關於反右派的社論。

十四日社論的題目是〈是不是立場問題〉。它主要談一個問題：「在我國的民主革命、社會主義革命和社會主義建設中，成績究竟是不是主要的？」社論認為，怎樣回答這個問題，是一個立場問題。右派分子「不許別人說成績是主要的」。社論說，「倒是否認成績，現在成了一個根本問題。因為如果認為社會主義革命和社會主義建設基本上是錯誤的，失敗的，人們的面前就會是一片黑暗，新中國就會是一片黑暗，社會主義、馬克思主義和共產黨就會是一片黑暗。如果是那樣，那麼問題就根本不是整風，而是要毀滅人民的社會主義事業，毀滅人民的信心和民族的信心。」足見問題之嚴重。凡是不承認成績是主要的的人，當然就是反黨反社會主義的右派分子了。

《人民日報》的社論一篇接著一篇發表，政治風向也一天比一天明朗。許多人已經根據這些社論的導向改變了立論的基調，擁護這些社論，在發言中重複這些社論的意思乃至字句。不過也有一些人並沒有立刻轉過彎子來。

六月八日的指示提出要組織每個民主黨派開座談會，左中右的人都參加，正反兩面意見都讓其暴露，還要派記者予以報導。這項指示立刻執行了。在六月八日民革中央小組擴大會議上，李俊龍發言，談到當天《人民日報》的社論，他說，寫匿名恐嚇信「是一種極不光明的卑鄙行為，我們同意《人民日報》對這種人的嚴正指責。」可是他又說，「我們應該繼續堅持『放』與『鳴』的方針，應該保持這種廣開言路的風氣。」「如果明知有的共產黨員在工作中存在著若干錯誤和缺點也不肯說，而只一味說些好聽的話，那就不是真正愛護共產黨的正派人所應採取的態度。」（6月9日《人民日報》）

　　同一天，在九三學社的座談會上，中央常委楊肇燫還在談人事工作問題。他說，人事制度應該由黨掌握是沒有問題的，但是一些很能幹、公正的非黨人士也可參加一些，如科學院盡是些大知識份子，那麼一些毛孩子怎麼掌握？會上，另一位中央常委孫承佩也還在說大鳴大放中不應有清規戒律，他說，大鳴大放之中必然有片面的以至錯誤的意見。共產黨員難免犯錯誤，黨外人士也難免犯錯誤。我們提倡實事求是，但是不可苛求或者限制。（6月9日《人民日報》）

　　六月十日在民盟的座談會上，候補中委陳新桂仍然說他完全同意儲安平所說的共產黨的「黨天下」思想是一切宗派主義的根源。他認為黨天下的思想根源就是無產階級專政。

　　陳新桂的發言剛完，中央常委鄧初民、中央委員張畢來都發言批評他。有意思的是，章伯鈞也批評他，說陳新桂認為無產階級專政是產生官僚主義、主觀主義、宗派主義根源的觀點，是理論上原則上的錯誤。

　　章伯鈞接著談到了反批評是不是圍剿問題。他說他不同意反批評是「圍剿」這種說法。他說批評要有民主的風度，要有傾聽不同意見的雅量。中共中央統戰部開了十三次會，有七十三人發言，大家提了很多意見，都是批評，共產黨沒有覺得這是「圍剿」。現在，其他方面提出了不同的意見，這不能說是「圍剿」。否則，就是只許你批評，不許別人批評。《人民日報》的社論提出「要有積極的批評，也要有正確的反批評」，這是合乎情合乎理的。

　　章伯鈞談到大家對他的批評，他說，關於對我提的意見，我不想辯論，因為那就太小氣了。我的意見可能是對抗黨的領導、損傷黨的領導權的大錯誤，也可能沒那麼嚴重。我說到政治上的設計院問題，設計是工程技術人員的事，不是居於領導地位的，也談到國務院的開會程序問題等，也許就我在政治生活中所處的地位，不適宜於提這些問題，也許我的話說得含糊。我決不辯護，不說言不由衷的話。

　　章伯鈞還表示，不同意張雲川提出的公開民盟中的共產黨員秘密身份的意見。同意各方面對儲安平的批評。

　　費孝通發言。他認為這次黨的整風，不但是黨內的思想改造，也是我們全體人民的思想改造。思想改造必須是和風細雨的，在緊張空氣中，思想

是不容易真的改造的。他贊成採取小小民主的方式，最好是四、五個人促膝談心。因此，他覺得最近座談會開得太多，而且都有記者參加，座談內容過一晚就上了報，空氣似乎有些緊張。看來，費孝通願意執行的是他在報紙上看到過的四月二十七日關於整風運動的指示，卻不知道現在執行的是他沒有看到過的六月八日關於反右派的指示。

費孝通最後說，他認為鳴和放必須有個共同的基礎，這就是走社會主義道路和接受黨的領導。

座談會結束之前，陳新桂又一次發言，表示完全同意費孝通的發言，認為目前有些緊張是事實，這樣大家的顧慮就不能消除。他指責《人民日報》，把這幾天報紙上對於反共產黨、反社會主義的言論的反批評，說成是帽子滿天飛。他說，報紙不要作盛錫福帽莊的老闆。他還激昂地說：「老實講，要是反革命分子，絕不會講報紙上認為的錯誤言論；他一定會講，共產黨的成績多麼偉大之類。」（6月11日《人民日報》）

六月十一日中共武漢市委統戰部召開的座談會上，民盟湖北省委員會主任委員、中南財經學院院長馬哲民說，他不同意《人民日報》最近幾篇社論的態度。他認為這些社論發表得不適時，還有教條主義殘餘。他說，原來擁護社會主義的人，不看這些社論也沒有問題。如果思想上有問題的人，本來就怕放，現在一看，就更不敢放了。他認為這樣發表社論，是與毛主席講話和整風精神不相符的。他表示擁護鳴放中爭的方式，但不同意一棍子打死的做法，他希望今後黨更應該發揚大公無私的精神，從團結的願望出發。馬哲民還不同意盧郁文認為牆是兩方面的說法，他說這是不合乎《矛盾論》的。他認為應該分清主導方面，不能看做是平衡的。（6月12日《長江日報》）

六月十二日民革中央小組擴大會議上的發言，大都是些正面的話，特別是熊克武、劉文輝、程潛這幾位起義過來的人，更是披肝瀝膽的表示擁護共產黨擁護社會主義的態度。像劉文輝，就批評了陳新桂說的「三大主義是無產階級專政的產物」，批評了章乃器說的「官僚主義比資本主義更危險」，批評了儲安平說的「黨天下」，以為這些意見是站在敵對的立場，企圖削弱共產黨的領導，來破壞社會主義建設的進展。對於幾天以來政治風向轉變的看法，劉文輝說，目前這種反批評是不是「收」？或者客觀上是不是妨礙「爭鳴」？我認為不是。

　　這天的會上，老報人陳銘德也發了言。他首先對「恐嚇信」加以痛斥，以為是卑鄙手段。他說，寫信人是害怕這次整風運動會使得人民更緊密地團結在黨的周圍，這種人很可能是反革命分子。他認為《人民日報》在社論中提醒全國人民不要忘了在我國階級鬥爭還在進行著，是十分必要的。不過，陳銘德表示了這樣一種願望，他說：在「鳴放」中出現的一些離開社會主義的言論，不論其錯誤程度如何，究竟還是在桌面上公開講出來的。對待這些言論，應該與寫恐嚇信這樣的破壞活動分別看待。（6月13日《人民日報》）

　　陳銘德真是個老實人。他擔心匿名信事件會影響到鳴放，殊不知道正是因為鳴放造成了如此局面，才大事張揚匿名信事件的，他是把因果關係顛倒了。當初社論採用匿名信事件做由頭，才使陳銘德這樣的人想到可以「分別看待」，這也是有一利必有一弊，無可如何。要是社論直接就六教授開會一事立論，即可免此弊。

　　《人民日報》六月九日的社論還在把對右派分子的批判叫做「反批評」，陳銘德主張，反批評也應該在和風細雨的氣氛中進行。他說，有一些人在進行反批評時，脫離了有的人原來提出意見時的具體條件，或者把一些原屬錯誤意見加以進一步引申、誇張，這樣做無助於別人認識自己的錯誤，對「鳴放」的繼續開展可能有消極的影響。一直到這時候陳銘德還在希望「鳴放」的繼續開展哩。

　　也是六月十二日這一天，農工民主黨中央開擴大座談會。楊清源、嚴信民等人都批評了章伯鈞。王枕心卻全面為章辯解，把別人的批評逐條駁回去。他說，一、章伯鈞關於國務院討論事情先拿出成品是形式主義的意見，我認為是不完全妥當；可是楊清源說，他提這樣的意見就是舊民主主義思想，我也不同意。什麼是舊民主主義呢？是假民主，欺騙人民的民主，實際上人民沒有民主權利。章伯鈞提的意見，並不是要這樣的假民主。二、章伯鈞說文字改革沒有經過討論，也有人說這不是事實。其實，討論過的是改革文字的文字方案，至於「文字要不要改革」，的確是沒有經過討論的。三、有人說，章伯鈞提出的「政治設計院」，有脫離共產黨領導的思想，我也不同意。設計院是參謀機構，並不是領導機構。鐵道部和其他各部都有設計院，難道這些部就是脫離共產黨的領導了？對於其他一些批評章伯鈞的意見，王枕心也都表示了異議。總括起來，他認為，章伯鈞同志的發言，多少

有些問題，可是沒有一條是有原則性錯誤的。因此應該和風細雨地商討，不可一下子提高到原則上來看。如果不實事求是，一切都要亂了。

會上，張申府也對章伯鈞作了肯定的評價。他說，章伯鈞的發言太隨便，說話不太多考慮。他認為章伯鈞的立場不夠百分之百堅定，但也夠百分之九十五的堅定；關於章伯鈞所說的組織「政治設計院」的意見，他認為還是值得考慮的。

章伯鈞在座談會結束前發言，感謝大家對他的批評。他談到自己在幾次座談會上發表的意見，說：我認為在這幾次會議上曾經談到「政治設計院」、國務院會議程序拿出成品和文字改革問題，此外提到國務院機構下的各辦各委應當改變，權放在各部會，多發揮管理機構的作用。談這些問題主要是個人想對國家提出貢獻；可是有些朋友們指責我說錯了。他說，對這些問題我是有意見的，不是憑靈感和一時高興；但是語焉不詳。可能是犯了反對無產階級專政、違背黨的領導，走資本主義道路的錯誤；但這錯誤要等我加以說明以後再作結論，這才比較合乎民主精神。我在民盟小組會上也說過我犯錯誤可能很嚴重，也可能不那麼嚴重，但不作辯論。因為，馬上就辯論，就等於抗拒批評，不合民主精神。打球有球規，你打來，我打去。章伯鈞說，我那個政治設計院可能是有代表性的錯誤。最近有朋友告訴我，有許多的學校和機關的一些人提出來要參加「從設計到施工」，要黨退出學校這一類荒謬的言論，恰與我所說過的政治設計院問題，看起來有相似之處。他表示：希望同志們繼續提意見，我要考驗自己，用「動心忍性」的功夫，克制自己，鍛煉民主風度，請老師。

這次座談會上還宣讀了正在鄭州為農工民主黨發展組織的張雲川寫回的一封信。信中說：看到《人民日報》和《光明日報》上登著農工民主黨中央座談的消息，一看內容，不是對共產黨提意見，幫助整風；卻變成了對張雲川提意見，成為農工民主黨整風，甚覺稀奇！你們要求我來鄭州幹事，在我不在座沒有機會發言的情況之下來批評我，也令人很覺得那個。對於這封信，章伯鈞解釋說，第一，不是農工民主黨黨內整風，是幫助中共整風。張雲川有回來說明的機會。第二，按照各民主黨派同中共協議的精神，只幫助中共整風，我們黨內暫不整風，將來再說。現在批評我，是糾正幫助中共整風發生的偏差。（6月13日《人民日報》）

　　六月十四日九三學社的會上，候補中央委員顧執中提交了一份書面發言，他分析在這次整風運動中一般人所講的話，大約可分為四種，即一，好心說好話；二，好心說壞話；三，壞心說好話；四，壞心說壞話。他著重描繪了好心說壞話的人的情況。他說，過去，這種人為了愛說話，愛提意見，不免在不同的場合中，遭受到宗派主義者與官僚主義者的打擊、排擠、暗害與不重視。在今天的整風運動中，有不少人已不顧一切的說了許許多多的不好聽的壞話，這種壞話雖然在實質上是好話是良藥，但往往容易被誤認為壞話。他還提到，當我們跟壞心說壞話的人進行鬥爭時，切忌皂白不分，把好心說壞話的人，也順便的隨意牽涉在內。這樣做，在道德上非忠厚之道，是不應該的。在政治上是助長壞人，孤立自己，削弱自己，是最最危險，而英明的黨也決不會做的。（6月15日《人民日報》）

　　六月十四日民盟湖南省委員會和長沙市委員會舉行聯席擴大座談會，會上對最近幾天人民日報社論表示了各種不同的看法。有的人擁護這些社論，像省委委員、中南礦冶學院教授陳新民說：「人民日報最近的社論對於分清是非，扶植正氣，維持正常秩序起了積極的作用；但也影響了一些人怕發言。現在，一方面要反對右派分子的反社會主義言論，一方面要發揚積極的批評，使得批評意見得以毫無顧慮地表達出來。」民盟湖南省委秘書長杜邁之說：「如葛佩琦、章乃器、儲安平、陳新桂等人的言論，他們的論調實質上是反對共產黨、反對社會主義的。他們的論調不僅工人、農民聽了感到不能容忍，也同樣是我們不能同意的，現在，人民日報連續發表了幾篇社論，駁斥了那些極少數發出的不利於整風、不利於社會主義事業的、為我們所共同反對的謬論，幫助我們劃清了同他們那些謬論的思想界線，澄清群眾中的混亂思想，這樣作就更有利於我們一切愛國的、擁護共產黨、擁護社會主義事業的人們的鳴、放，保護了整風運動的健康進行。」他還說：「有些同志看了六月十一日人民日報第五版報導盟中央小組座談會的一條標題『可注意的民盟動向』後，猜測人民日報的這條標題是否帶有批評性質，有的感到不好受。我認為，這沒有什麼使我們難受的，我們盟是堅決走社會主義道路的，是接受共產黨的領導的，這個方向是無可懷疑的。如果人民日報的這樣標題是帶有批評意識，而我們確有缺點的話，我們應當誠懇地歡迎批評。」（6月16日《新湖南報》）這陳新民、杜邁之二人雖然表示了合作的態

度，後來還是被劃為右派分子。

六月十五日，邵力子在民革中央小組擴大會議上發言，這時他已按照《人民日報》最新社論的新精神立論了，他說，有人說，不是言者無罪嗎？怎麼圍剿起來？邵力子辯駁說：鳴鼓而攻，不等於判罪處刑，圍剿這個名詞是不妥當的；言者無罪，更不等於言者無過，說錯了的話應該糾正，犯重大錯誤的話更必須予以嚴正的駁斥。（6月16日《人民日報》）

劉斐聽邵力子念到「鳴鼓而攻之」這一句的時候，插嘴說：是「小子鳴鼓而攻之」哩！

他們兩位都是一九四九年和平談判中南京政府代表團的成員。一同過來，一同留下，老同事了，不妨開點玩笑。他們那一代人，「四書」都是讀得熟的，都記得「子曰：非吾徒也。小子鳴鼓而攻之，可也」這一句。「小子」在這裡不過是「我的學生們」的意思，並無惡意，可能還有一點親昵的意味。再說，把「鳴鼓而攻」作為一句成語來用，並不是邵力子開的頭。《辭源》裡就有這詞條。至於劉斐硬給添足這兩個字，看來是不懷好意，是要對這些鳴鼓而攻的小子們和正在發言的邵力子表示一點不敬吧。這和會場的氣氛大約也不大調和，使演出正劇的場面忽而不協調地抹上一筆喜劇的色彩。又好笑，又不能笑，多尷尬。所以，在下一次的會上，甘祠森在揭發劉斐的這一回搗亂的時候，就大聲問他：你自己是左派，還是右派？（6月19日《人民日報》）

劉斐當然是右派。就在他插嘴說「小子鳴鼓而攻之」的這次會上，還有一件事也同他有關。會上，陳其瑗很激憤地說：「試問，我在統戰部說的話有什麼肉麻？我說，我在內務部和共產黨員合作共事，關係很好，彼此之間沒有牆、溝，這有什麼不對的地方？難道我非要說反對共產黨、反對社會主義才不肉麻嗎？為什麼李主席要宣佈我在統戰部座談會上的發言是肉麻？」陳其瑗發這麼大的火，是因為在民革的上一次會上，主持會議的李濟深念了劉斐遞上來的一張紙條，說陳的發言很肉麻。（6月16日《人民日報》）

為了使右派分子在人民面前暴露其反動面目，除了組織這些座談會，讓他們暢所欲言之外，還在報紙上刊登他們的文章。為了讓更多的人看到，《人民日報》轉載了一些原來刊登在學校校刊上的文章。像前面已經說過的黃萬里的〈花叢小語〉（6月19日）、劉地生的〈要求共產黨第二次解放中國

人民〉（6月22日）等等都是。各報編輯部前一時期收到的右派分子來稿，這時也發表了一批，顯然都是準備批判的靶子了。

六月十日的《瀋陽日報》上刊出了瀋陽師範學校張百生、黃振旅的〈社會主義建設的新課題〉，這是一篇七千餘字的長文。它希望，「在這次整風中，黨除了應當堅決鏟掉宗派主義、官僚主義和主觀主義的『三害』而外，更重要的是要挖掉『三害』的根子，進行徹底的革新，不然將有葬送黨、葬送社會主義的危險！」

文章三分之一的字數是談對肅反運動的看法。它說，「這一運動打擊面寬，傷了感情，使黨群之間的『牆』加高加厚了，使黨群之間的『溝』加深加寬了。很明顯，黨中央對殘餘敵人的估計是最大的主觀主義，在這種主觀主義的思想指導下，就不可避免地要出現『寧左勿右』，打錯了好人，破壞了法制……。真是『天下本無事，庸人自擾之』！」

關於肅反運動的指導理論，這篇文章指出：「顯然這是受了史達林同志的社會主義事業越發展敵人越多的錯誤理論的影響。最近黨中央提出的『有錯必糾』是英明的，適時的。有些人把肅反中的錯誤完全加在肅反幹部身上是不公平的，除了少數乘機打擊報復者外，他們不過是貫徹執行中央的指示而已。根子在北京。」

對於毛澤東親自定性的「胡風反革命集團」一案，這篇文章說：

> 胡風及「胡風集團」是反革命分子嗎？根據前些時候公諸於世的材料看來，說他們是反革命分子是不能令人信服的。從胡風給黨中央寫的「萬言書」中，絲毫看不出有反革命的味道。他只是就意識形態範圍內的文學藝術問題提出了不同的看法和建議罷了，他的某些看法和建議今天看來還是正確的。對林默涵、何其芳同志的教條主義的批評，這是公民的起碼權利，是百花中的一朵，是百家中的一派。至於《人民日報》揭發的材料和《人民日報》的按語，表面看來無疑是反革命，其實有些是歷史問題，有些是在言論不自由的情況下對教條主義者發出的暗語，怎麼能說是反黨反人民而興師問罪、大加圍剿、拿入囚牢呢？「偶語者棄市」的做法，仁人志士誰還敢開口！這樣只能阻塞言路，助長「三大主義」，葬送革命。胡風問題已過了兩年，為什

麼還不公開審判？我們要求黨中央如果打對了就立即公開審判，如果搞錯了就馬上開釋，並恢復其名譽。

這兩位作者替胡風鳴冤叫屈還不夠，還要過問黨內的事。文章說，「高、饒事件的真相也應當向全國人民公佈。」

這篇文章還指出「社會主義改造運動全面冒進」。例如農業合作化，文章指出，「我們的農具同兩千年前沒有什麼兩樣，就這樣一窩蜂似的組織起來，很多是變相的強迫命令，幹部水平低、工作混亂、非生產人員增多、生產積極性降低（比單幹時）等毛病就在所難免。……至於說農民都有加入合作社的要求，是自由參加的，其實是大多數農民怕帶落後的帽子不得不參加。去年農業增產，不能完全歸功於合作化，主要的是黨的信貸政策發揮了作用，假如把這貸給集體農民的二十二億人民幣貸給小農，可能還會收到更大的效果。」

更加肆無忌憚的是兩位作者論黨的部分。文章說：

中國共產黨在解放前由言論到行動都是站在歷史的最前列的，全心全意為人民，與人民水乳交溶，親密無間。而解放後則逐漸在成為人民的上司，逐漸把「先天下之憂而憂，後天下之樂而樂」變成了空洞的口號，自己變成了特權者，陶醉於自己是開國元勳，有汗馬功勞，應當有權有勢的泥潭中，陶醉於自己是特殊材料製成的自我欣賞裡，總以為自己是最優秀的，非我不可。自吹自擂地宣傳自己偉大、光榮、正確，把自己擺在國家之上、人民之上，大有「黨即國家，國家即黨」的氣派。由於黨對一切問題有最後決定權，從組織上又不信任非黨人士，就會把黨外的一切逆耳的忠言拒於千里之外，這就使黨從思想上到組織上開始脫離群眾。黨雖然擁有一千二百萬黨員，但這僅僅是占全民總數的百分之二弱而已。中國不只是一千二百萬共產黨員的中國，而是六萬萬人的中國；新中國不只是黨一手創造的，而是好幾萬萬工人、農民、知識份子在黨的領導下共同創造的。共產黨的意見也不是百分之百的正確的，從前面說過的「錯在中央」就可以得到證明。況且有其名無其實的「黨員」日漸增多，難道百分之九十八的非

黨同志都無德無才，應當絕對服從百分之二的人的主張，當這百分之二人的「順民」麼！這是什麼原則！這與馬克思主義的「歷史是人民的歷史」「人民是歷史的主人」的原則有什麼共通的地方？

　　這篇文章指出：黨的威信一年不如一年的病根在於黨有絕對的領導權。它論證說：

　　一些老黨員進城以後，有了特權，漸漸忘記了革命的真義，喜歡奉承，作威作福，思想硬化。解放以後很有些人看到入黨是攀登仕途的拐棍，有權有勢，官高祿厚，步步高升。於是就蜂擁而至，「爭取」入黨，在黨員和黨組織面前，極盡其拍馬（方式變了）的能事，偽裝積極，唯唯諾諾，唯命是從，歪曲事實，欺上壓下，……以博取黨員和黨組織的歡心，達到入黨之目的。入黨以後，仍如上述之外，還加上對群眾不是推心置腹，吃苦在前，而是成為黨的「包打聽」，教訓、申斥群眾，以改造者自居，等等。於是，在黨群之間就形成了一道隔離群眾的「銅牆鐵壁」，促使黨從組織上、思想上硬化，先鋒隊與戰鬥隊的作用日漸削弱。這不是黨的危機麼！

　　這篇文章認為：「建國以前和建國之初，黨有絕對領導權，黨員得到重用，這是歷史發展到一定階段的必然產物，是合乎規律的。今天的情況變了，歷史要求黨取消黨的絕對領導權和黨員的特權，不然黨將阻礙歷史向前發展。」對於這個意見，文章作了這樣的論證：

　　今天矛盾的性質變了，人民的覺悟提高了，大家都有建設社會主義的願望，人民也有參加國家事務的決策的要求。而且取消黨的絕對領導權不是取消黨的領導，而是為了加強黨的領導，使黨永遠是先鋒隊。很明顯的是取消了黨員的特權之後，只有真正的共產主義者才要求入黨了，為了藉此向上爬的卑鄙的個人主義者，用八抬大轎請他，他也不希望入黨了，因為入黨以後無利可圖，反而處處需要帶頭，起模範作用。這樣一來，黨的組織才能純潔，黨才能通過黨員的模

範作用去影響人民，才能通過他的正確的主張去領導國家，才能根除
「三害」，才能拆「牆」平「溝」，才能團結全國人民，才能推動歷
史前進。

這篇文章還提出了擴大民主、革新國家制度的主張。它說：

解放後這幾年來是沒有真正的社會主義民主的，有也只是形式，不僅
沒有真正的社會主義的民主，連資本主義國家的假民主也沒有，憲法
成了一紙空文，黨可以不遵守它。實際上是黨一黨專政，是黨中央政
治局少數人獨裁。黨內也沒有民主，下級黨組織和黨員只能貫徹黨中
央的指示、決議，黨外人士做領導工作是有職無權，只有執行決議的
義務，沒有參與決策的實際可能。黨是太上皇，是威武神聖的。一手
托著馬列主義的聖經，一手杖著國家政權的寶劍，誰敢提出異議，不
是被扣上反馬列主義的鐵帽，就是被帶上「莫須有」罪名的手銬。選
舉只是變相的任命，代表只代表個人，誰也不知道自己選的人是怎樣
的，他代表自己說了些什麼。至於集會、結社、出版等，都必須在黨
的領導下進行，不能逾越雷池一步，這怎能體現人民是國這家的主
人？這是對人權的侵犯，嚴重的破壞法制，必須改變。

改變的辦法，文章提出：

應該實行直接、普遍的競選，讓代表們能夠真正代表本選區大多數選
民的意見，對本選區人民負責。應該讓人民自由組織新的黨派、社團
和出版報刊，以便廣開言路，監督政府，反對廉價的歌頌，提倡大家
起來反不良的現狀，只要不反人民，不反社會主義就行，反對共產黨
的政策也沒有關係。「真金不怕火煉」，共產黨是不怕反的，假如不
代表人民利益的主張和措施，被反掉了又有什麼可惜的呢！

關於國家制度，文章說：

國家大事誰說了算？在憲法上規定是「人大」說了算，而在實際上「人大」不過是個泥菩薩而已，全權都操在黨中央手裡。「人大」只是走走形式，舉手通過，完成立法手續。幾年來很少看見「人大」對國家大事進行過真正的討論，很少看見委員提出重大動議，卻偶爾看見他們的一些無關痛癢的考察記在報上發表。這豈不是笑話！更可笑的是號稱統一戰線的「政協」，把主要精力放在組織有關學習等問題的工作上，實際是不問政治，或者說問而不政，政而不治，治而不協。「人大」與「政協」就像兩朵花一樣點綴著民主的門面。當然，錯不在「人大」和「政協」，責在黨中央。黨對「人大」與「政協」說來，成了超政府、超憲法的太上皇。不只是以黨代政，而且是以黨代憲法，以黨代「人大」……。這樣少數人的專斷，肆無忌憚地發號施令，不發生錯誤倒是不可思議的了。而黨中央從建國以來就沒有進行過公開的自我批評。要改變這種獨裁誤國的現象，必須把黨從「人大」與政府之上拿下來，把政府置於「人大」之下，使「人大」成為真正的權力機關。「人大」代表必須經普遍的競選產生，一定要選出才高德劭者，才能起到真正的代表的作用，不要按各黨派「政治分贓」的比例瓜分席位。要設立各種專門組織，集中最優秀的各種專家參加工作。「人大」常委委員應該是專職的。人民代表不應兼任政府之職務。應該創辦「人大」的機關刊物，向人民宣傳政策，刊登消息和討論的重大問題，監督政府工作等。至於黨對「人大」怎樣起領導作用呢？我們認為這就要靠黨員代表的作用。只要共產黨代表人民利益，黨員在人民中享有威信，人民一定選他進去。

六月十五日《人民日報》上轉載了十二日《陝西日報》上刊登的陝西師範學院講師王尊一的文章，題目是〈「三害」應向黨中央和毛主席那裡挖〉，並注明「本報轉載時略有刪節」，刪去了一些什麼內容，不詳，就看刪剩的，也就夠厲害了。文章一開頭就說，「官僚主義、主觀主義、宗派主義不是存在在個別機關或個別學校裡，是在目前中國共產黨和毛主席領導下的中國普遍地存在著。那麼我們要根除『三害』是不是應向黨中央和毛主席那裡挖掘一下呢？」

文章對於天下是誰打下來的就是誰的這樣一種道理表示不能接受，它說：

中華人民共和國的成立，中國共產黨的確有偉大的功勳，但從此共產黨驕傲起來了，以為天下是我們打下的，政權應由我們掌握，好官我自為之，人民只能聽從共產黨的命令、指揮和擺佈，人民那有憲法上賦予的思想、言論的自由。

文章還拿元朝和清朝的情況和當前的現實作類比，它說：

元朝時候，把全國人民分為四等，第一等最高貴的人是蒙古人，第二等是色目人，第三等是漢人，第四等是南宋人。當時統治權在蒙古人手裡掌握，其次才是由色目人掌握，漢人和宋人只是處於被統治者的地位罷了。我們把這種政治叫做「民族壓迫」。再如清朝入關以後，政治要職都設複職，如內閣大學士和六部尚書，滿、漢人各擔任一職，滿人官品高，漢人官品低，滿官有職有權，漢官有職無權。這種政治我們也把它叫做「民族壓迫」。但是，反觀今天，全國人民也可分為四等，第一等最高貴的人是共產黨員，第二等是共青團員，第三等是民主黨派，第四等是群眾。國家機關、學校、企業的首長，也是多設複職。正的總是由黨員擔任，副的偶有民主人士，但民主人士多是有職無權。這種政治的形式，除了本質不同外，和元朝、清朝又有什麼區別呢？這種政治制度，應該叫它個甚麼名字，我不知道。

這篇文章還說：

幾年來，在各個部門和各個角落，工作發生了錯誤，總是說下級執行政策有偏差，或者說沒有掌握馬列主義和毛澤東思想。但是，政令的草率頒佈，更張頻繁，保守、冒進、又保守、又冒進這樣搖擺不定，還說是為了適應情況的發展。另外，一切討論變成了形式，嚴肅認真的討論根本展不開。領導上對待恭維、奉承、吹牛拍馬的人認為是積極分子，認為政治上可靠，可以得到提拔或升官。對待在政策、號召

上稍存懷疑，或提出不同看法的人，便認為是思想落後，不進步，保守頑固，甚至給戴上反黨、反人民和反革命分子的大帽子。這樣一來，誰還敢對黨提出一個字的批評呢？

六月十八日《文匯報》刊出了中國農工民主黨上海外國語學院支部主任委員徐仲年教授的雜文〈烏「畫」啼〉，《人民日報》「略有刪節」後於二十三日轉載。文章分三小節，第一小節從有人以「鳳鳴」比喻「報喜」，「烏鳴」比喻「報憂」談起，以為「烏鴉是益鳥，向人『報喜』的喜鵲反而是害鳥。」第二節的小標題是「毛毛雨下個不停」，這是黎錦暉寫的一句歌詞，毛澤東曾引用來說明「和風細雨」。可是這篇雜文說：

> 毛毛雨下個不停是有害的：下得久了，秧要爛，棉不結鈴。田初濕時是軟的，容水過度就會變硬。「清明時節雨紛紛」，尚且要「路上行人欲斷魂」；不幸而霪雨一年半載，老百姓就得餓死不少！
>
> 和風細雨自有他的妙處，但迅雷烈風也有掃蕩陰霾之功！某些時候，錯誤嚴重，態度頑強：那就用得著迅雷烈風了；在這種情況下，和風細雨不足以息民憤！
>
> 尤其不希望對己和風細雨，對人迅雷烈風；對黨外人士要求自我批評，對黨內人士則要求批評別人！
>
> 我聽了許多代表所反映的內容，有些事真令人髮指！小民主解決小偏差，大錯誤就得用大民主來糾正，正如對症下藥，有些病該用霸藥來治。

這意思很明顯：以前歷次主要是整黨外人士的運動，都是迅雷烈風，現在共產黨內整風，卻要求和風細雨了。雜文作者認為，對於有些令人髮指的嚴重錯誤，就該用霸藥來治，和風細雨不足以平民憤。

這篇雜文引起了毛澤東的注意。七月九日他在上海幹部會議上說：

> 右派最喜歡急風暴雨，最不喜歡和風細雨。我們不是提倡和風細雨嗎？他們說，和風細雨，黃梅雨天天下，秧爛掉，就要鬧饑荒，不如

急風暴雨。你們上海不是有那麼一個人寫了一篇文章叫〈烏「畫」
啼〉嗎？那個「烏鴉」他提此一議。他們還說，你們共產黨就不公
道，你們從前整我們就是急風暴雨，現在你們整自己就和風細雨了。
……現在，右派還要挖，不能鬆勁，還是急風暴雨。因為他們來了
個急風暴雨，這好像是我們報復他們。這個時候，右派才曉得和風細雨
的好處。他看見那裡有一根草就想抓，因為他要沉下去了。好比黃浦江
裡將要淹死的人一樣，那怕是一根稻草，他都想抓。我看，那個「烏
鴉」現在是很歡迎和風細雨了。（《毛澤東選集》第五卷，第445-446頁。）

　　徐仲年在他這篇文章中說，「我模仿〈烏夜啼〉，作〈烏畫啼〉。是
否提防獵人的槍？不在考慮之內！」結果竟引起了毛澤東本人的批評，恐怕
更不在預料之內吧。當然，他即使沒有寫這篇雜文，憑著他農工民主黨支部
主任的身份，再加上一些還可以另外搜集的材料，也得劃為右派分子的吧。

　　這就是反右派鬥爭開始階段的形勢。一方面，許多人按照六月八日以
來的《人民日報》社論的導向迅速轉變過來，挺身而出，鳴鼓而攻；一方
面，也有不少右派分子還在發表言論，發表文章，「自投羅網」（《毛澤東選
集》第五卷，第437頁）。

　　要把整風運動轉變為反右派鬥爭，要給右派分子以致命的一擊，光靠
《人民日報》每天發一篇反右派的社論還是遠遠不夠的。要叫他們投降，必
須先繳了他們的械。這就必須把毛澤東在最高國務會議上的講話從他們那裡
收回來。

　　毛澤東二月間在最高國務會議上作的〈如何處理人民內部的矛盾〉的
講話和三月間在全國宣傳工作會議上的講話，雖然沒有正式公開發表，可是
早已在黨內黨外作了廣泛的傳達，當時只愁人們不瞭解這新方針，只愁瞭解
這新方針的人太少了。對這兩篇講話的傳達，對於熱鬧了幾個月的大鳴大放
是一個有力的推動。不少的人是受到了毛的講話的鼓舞，才投入到鳴放中
來。大鳴大放中，不論是發出悅耳的鳴聲的，還是發出刺耳的鳴聲的，都引
經據典，而所引以為據的經典，就是毛的講話，特別是在最高國務會議上的
講話。馬哲民不滿意《人民日報》六月八日以來的那一系列社論，就以它不
符合毛澤東講話的精神為理由。就說那個以「小匈牙利事件」首犯罪名而被

處決的漢陽第一中學副校長王建國（詳見下一章），他罪狀中有一條，就是對學生提到毛在最高國務會議上的講話，似乎這篇講話可以為學生鬧事的依據和護符。當事情已經起了變化之後，已經不再需要鼓勵鳴放，而要組織力量反擊右派分子的猖狂進攻的時候，決不能讓這篇講話為右派分子所利用，利用為亂鳴亂放的依據，利用為猖狂進攻的兵器和鎧甲。這就有必要把那時說過的一些話收回來，咽下去。古人說過的，一言既出，駟馬難追。說過的話難道可以收回來麼？可以的，收回的辦法就是根據此刻的需要將原來的講話修改之後正式公佈，作為標準本。此後誰再要引據以前未經修改的文本，就都是有意歪曲和篡改了。

　　此時公佈講話的標準本，現在已經知道還有一個外部的原因。那就是《紐約時報》從華沙一位消息靈通人士那裡得到了這篇講話的文本，即將它詳加摘錄，登在六月十三日的報紙上，美國國務院情報研究所的一份分析報告《毛澤東的「秘密」講話》（檔案號IR 7532，1957年7月1日）提供了這樣一個情況：「毛講話的一部分已被波蘭共產黨人引用，援引為與蘇聯路線相左的一種路線作理論上的辯護。」「在波蘭，它能用於為一條非蘇聯的道路辯護。」（《美國對華情報解密檔案》第二卷，第111頁，東方出版中心，2009年版）因此就很有必要將這篇講話整理修改正式發表了。美國國務院情報研究所的這一份分析報告接著說：「對該講話的發表版本做了修訂，以使講話不易如此運用」，「毛的講話在華沙正被一種相當斷章取義的形式加以散發，而這可能是加速該講話發表的一個因素。」（同上書，第112頁）

　　為了應付這一突發事件，頗費了一些躊躇。《人民日報》六月十四日發表〈是不是立場問題？〉之後，有整整一個星期不再發表有關反右派鬥爭的社論，直到六月十九日公佈這篇講話的修改本之後，才在二十二日發表〈不平常的春天〉，又再陸續發表有關反右派的社論來。一星期未發社論，可以看作是這種躊躇的表現。現在，為了消除這次洩密造成的影響，正式發表標準本是一個可取的辦法。

　　這個標準本在六月十九日的報紙上發表，題目改為〈關於正確處理人民內部矛盾的問題〉。標題下注明：「這是一九五七年二月二十七日在最高國務會議第十一次擴大會議上的一篇講演。現在經本人根據當時記錄加以整理，並且作了若干補充。」

作了些怎樣的「整理」和「補充」呢？後來胡喬木說：

> 毛主席五七年〈關於正確處理人民內部矛盾的問題〉的講話是在二月
> 間講的，到後來發表時，就修改了很多。開始是一種看法，後來是另
> 外一種看法，這兒插一段，那兒插一段，這裡改一改，那裡改一改，
> 所以，這篇文章中有一些自相矛盾的地方。一方面說，急風暴雨式的
> 階級鬥爭已經結束了，另外一方面又說無產階級跟資產階級之間的階
> 級鬥爭有時甚至是很激烈的，社會主義和資本主義之間誰勝誰負的
> 問題還沒有真正解決。一個地方講，社會主義制度可以調節它的內
> 部矛盾，沒有對抗性的矛盾，這是社會主義制度的優點。可是，反
> 右派不是對抗嗎？所以，有些地方又用別的話來改掉。不管怎樣，
> 毛主席在二月間講話時的思想，到了反右派以後就發生了非常大的
> 變化，以前的有些想法差不多再也不提了。（《胡喬木文集》第二卷，第
> 145頁。）

這裡他也說得很概括，對於這些關係重大的整理和補充，應該仔細看看。

有一些，是單純技術性的變動。例如在最高國務會議上的講話，原來
第六個問題是增產節約和反對鋪張浪費，第十一個問題是少數民族同大漢族
主義問題，西藏問題，發表時這兩個問題互換了次序，小標題的文字也更加
精煉。在全國宣傳工作會議上的講話，原來講的第四點是整風，第五點是為
人民服務，發表時也互換了次序，文字也有改動。此外還有多處因語法修辭
方面的要求而作的改動。

整理時，刪去了不少內容。例如，原來說，人民內部矛盾，如何處理
這個問題是一個新問題。因為歷史上馬克思、恩格斯、列寧、史達林或者談
得少，或者有錯誤。這樣就在馬克思主義思想史上找到了一個頗高的位置。
發表時這些內容都刪去了，改為：許多人覺得，提出採用民主方法解決人民
內部矛盾的問題，是一個新的問題。事實並不是這樣。馬克思主義者從來就
認為無產階級的事業只能依靠人民群眾，共產黨人在勞動人民中間進行工作
的時候必須採取民主的說服教育的方法，決不允許採取命令主義態度和強制
手段。這就比當時說的謙遜多了。

原來講話中說過的一些具體的人物，具體的事情，具體的數字，都刪去了。陳其通、馬寒冰等四人的文章；《人民日報》對這篇文章的長時間沈默；鍾惦棐的文章；王蒙的小說；對王蒙小說的圍剿，流沙河的詩《草木篇》；北京航空學院一個黨支部副書記馬雲鳳反對蘇聯出兵匈牙利的標語；一九四九年以來處死反革命分子的數字，等等等等，都刪去了。外國的人物，如赫魯雪夫、哥莫爾卡、拉科西、格羅、鐵托、卡德爾等等，他們的名字和對他們的議論，也都刪去了。

一些原來說得不很確定的意見，發表時寫得比較確定得多了。例如，原來說，有人說民主是目的。我們跟他們說，民主是手段，民主也可以說，又是目的，又是手段，發表時改為：民主這個東西，有時看來似乎是目的，實際上，只是一種手段。

毛在最高國務會議上，在談到統籌兼顧適當安排問題的時候，說：我們這個國家這麼多人，六億人口。這裡頭要提倡節育，少生一點就好了，要有計劃生產。發表時，這個有計劃地控制人口增長的意思給刪去了，變成要「承認我國有六億人口，承認這是一個客觀存在」，而且，「這是我們的本錢。我國人多，是好事」。這一修改反映了毛在人口問題上的搖擺。一九四九年評白皮書，他說，中國人口眾多是一件極大的好事。再增加多少倍人口也完全有辦法。（《毛澤東選集》第四卷，第1511頁）那時還是取得全國政權的前夜，可以說還不知道問題的深淺。到一九五七年這時，問題已經相當明朗了。馬寅初在一九五五年就已經提出了人口問題。一九五七年的政協會上，李德全、鍾惠瀾、邵力子的發言，都以節育為主題。毛在最高國務會議上說少生一點就好了的時候，其實並沒有真正感到問題的嚴重性。說人多是好事，恐怕是千百年來我國農家認為多子多福的傳統觀念在他身上的反映。在不久之後反右派鬥爭中，人口問題也是一個批判的題目。

甚至在反右之後一年，一九五八年四月，毛在一篇影響極大的文章〈介紹一個合作社〉中還說：「除了黨的領導之外，六億人口是一個決定的因素。人多議論多，熱氣高，幹勁大。」（《建國以來重要文獻選編》，第十一冊，第274頁），一九五八年十二月十日中共八屆六中全會通過的〈關於人民公社若干問題的決議〉中說：

過去人們經常憂愁我們的人口多，耕地少。但是一九五八年農業大豐
收的事實，把這種論斷推翻了。只要認真推廣深耕細作、分層施肥、
合理密植而獲得極其大量的高額豐產的經驗，耕地就不是少了。而是
多了，人口就不是多了，而是感到勞動力不足了。這將是一個極大的
變化。（同上書。第609頁）

　　這大約是毛澤東最後一次表示人多是好事的意思，一九五八年至一九
五九年大躍進失敗的後果，才使他深切地感受到了人口的壓力是什麼意思，
這以後才不再聽他說人多是好事了。人口問題上的批判帶來的後果就是人口
爆炸，一九五七年時候是六億，到一九八七年就超過了十億。

　　比起刪削來，意義更重要得多的是增補。究竟補充了些什麼內容呢？
中共中央文獻編輯委員會一九八六年重編《毛澤東著作選讀》，在〈關於正
確處理人民內部矛盾的問題〉一文的題解中說：

講話公開發表前，反右派鬥爭已經開始，由於當時對右派分子向共產
黨和社會主義制度進攻的形勢作了過分嚴重的估計，在講話稿的整理
過程中加進了強調階級鬥爭很激烈、社會主義和資本主義之間誰勝誰
負的問題還沒有真正解決這些同原講話精神不協調的論述。

　　所謂「同原講話精神不協調的論述」，例如關於階級鬥爭形勢的估
計，發表時增加了這樣一段：

在我國，雖然社會主義改造，在所有制方面說來，已經基本完成，革
命時期的大規模的急風暴雨式的群眾階級鬥爭已經基本結束，但是，
被推翻的地主買辦階級的殘餘還是存在，資產階級還是存在，小資產
階級剛剛在改造。階級鬥爭並沒有結束。無產階級和資產階級之間的
階級鬥爭，各派政治力量之間的階級鬥爭，無產階級和資產階級之間
在意識形態方面的階級鬥爭，還是長時期的，曲折的，有時甚至是很
激烈的。無產階級要按照自己的世界觀改造世界，資產階級也要按照
自己的世界觀改造世界。在這一方面，社會主義和資本主義之間誰勝

誰負的問題還沒有真正解決。

　　據薄一波說，這一篇從講話記錄稿到最後發表稿，加上中間的修改稿，共有十五份稿子，就是說，一共修改了十四次。而這一段話，是修改過程中逐漸加上去的。講話原稿一直到五月二十四日以前的修改稿，都是講無產階級和資產階級在思想方面即意識形態方面還存在矛盾和鬥爭，而從五月二十四日以後的改稿，階級鬥爭的範圍就逐漸擴展了，分量也逐漸加重了，最後改成現在這個樣子。（薄一波《若干重大決策與事件的回顧》修訂本，下卷，第611頁。）讀者當能記得，五月二十四日，正是中央書記處開會研究準備批判右派論文的中間。
　　還增加了這樣一段：

　　當人民推翻了帝國主義、封建主義和官僚資本主義的統治之後，中國要向哪裡去？向資本主義，還是向社會主義？有許多人在這個問題上的思想是不清楚的。事實已經回答了這個問題：只有社會主義能夠救中國。社會主義制度促進了我國生產力的突飛猛進的發展，這一點，甚至連國外的敵人也不能不承認了。

　　可惜的是，他在增補這一段的時候，沒有同時給讀者一個社會主義的定義，沒有說明這裡所說的社會主義包括一些什麼內容。
　　這篇講話中最重要的增補，是六條政治標準：

　　在我國人民的政治生活中，應當怎樣來判斷我們的言論和行動的是非呢？我們以為，根據我國的憲法的原則，根據我國最大多數人民的意志和我國各黨派歷次宣佈的共同的政治主張，這種標準可以大致規定如下：（一）有利於團結全國各族人民，而不是分裂人民；（二）有利於社會主義改造和社會主義建設，而不是不利於社會主義改造和社會主義建設；（三）有利於鞏固人民民主專政，而不是破壞或者削弱這個專政；（四）有利於鞏固民主集中制，而不是破壞或者削弱這個制度；（五）有利於鞏固共產黨的領導，而不是擺脫或者削弱這種領導；（六）有利於社會主義的國際團結和全世界愛好和平人民的國際

團結，而不是有損於這些團結。這六條標準中，最重要的是社會主義
道路和黨的領導兩條。

這意思，他在〈事情正在起變化〉一文中已經說過：「鑒別資產階級及資
產階級知識份子在政治上的真假善惡，有幾個標準。主要是看人們是否真正要
社會主義和真正接受共產黨的領導。」現在不過是再添上四條公佈出來罷了。

社會主義道路和黨的領導，確實是最重要的兩條。後來一九七九年鄧
小平提出四項基本原則，這兩條就包括在內。堅持黨的領導這一條是容易理
解的，也從來沒有什麼疑義。共產黨的文件如果不強調堅持共產黨的領導，
倒是奇怪的事情了。需要研究一下的倒是堅持社會主義道路這一條。因為對
社會主義道路的理解並不總是很確定的。一九五七年六條標準中所說的社會
主義道路，同一九七九年四項基本原則中所說的社會主義道路，含義已有很
大不同。舉一個例，一九五七年初，毛澤東在省市自治區黨委書記會上的講
話中說：統購統銷是實行社會主義的一個重要步驟。（《毛澤東選集》第五卷，
第335頁。）在一九五七年劃分右派分子標準的文件中，也是把糧食統購統銷
規定為社會主義制度的內容，當年誰非議了統購統銷，就應劃為右派分子。
後來糧食購銷辦法都有了改變，也就不再把統購統銷包括在必須堅持的社會
主義道路之內了。所以，在一段較短的時間裡來看，社會主義道路這一條的
含義似乎還是相當確定的；而如果放在一段較長的時間裡來看，它卻是頗為
不確定的了。為了不致觸犯這一條，穩妥的辦法是把社會主義道路理解為現
行政策的同義語，現在實行什麼政策就擁護什麼政策，換句話說，就是維護
現狀，現狀不容非議和反對。

增補的第六條，「有利於社會主義的國際團結和全世界愛好和平人民
的國際團結，而不是有損於這些團結。」是寫給赫魯雪夫看的。這時，可
以說是已經到了中蘇關係公開破裂的前夜。表面上雖說還維持著友好的姿
態，實際上分歧已經很多。這一點，毛澤東心中有數。一九五六年的中共
八屆二中全會上，他談了許多對蘇聯的不滿。他說，「我們不贊成蘇聯的一
些事情，黨中央已經跟他們講過好幾次，有些問題沒有講，將來還要講。」
（《毛澤東選集》第五卷，第321頁。）一九五七年一月他在省市自治區黨委書記會
議上說，「再講一講中蘇關係。我看總是要扯皮的，不要設想共產黨之間就

沒有皮扯。」（《毛澤東文集》第七卷，第190頁）這一點，在他的對手赫魯雪夫也同樣是心中有數的。赫魯雪夫在他的回憶錄裡說，「我記得一九五四年我從中國回來以後曾告訴過我的同志：『同中國人的衝突恐怕難以避免了。』我是根據毛澤東的各種言論得出這個結論的。」（《赫魯雪夫回憶錄》，東方出版社，1988年版，第665頁。）毛澤東提出「雙百方針」，雖然與蘇共二十大新路線的影響有關，卻進一步加深了兩國兩黨的分歧。赫魯雪夫回憶說，「關於『百花齊放』的口號，我們決定不在報刊上發表。毛澤東並不傻；他知道我們的沈默是表示對他這個口號不贊成。」（《赫魯雪夫回憶錄》，第666頁。）赫魯雪夫還說，「我認為，『百花齊放』這個口號是個激將法。毛假裝把民主和自由發表意見的閘門開得大大的。他想唆使人們把自己內心深處的想法用口頭或書面的形式發表出來，以便他能夠把那些他認為具有有害思想的人搞掉。」（赫魯雪夫《最後的遺言》，東方出版社，1988年版，第417頁。）這樣來看毛澤東發動整風鳴放的動機，並不全面，忽視了他確實也有想作若干改變的一面，但是後來的反右派鬥爭，給了赫魯雪夫這樣說的口實。毛澤東確是感覺到了這一點。二月二十七日他在最高國務會議上就講到蘇聯報紙不登陸定一文章的事。在中共八屆三中全會上，他還說了「對百花齊放、百家爭鳴這個方針，蘇聯同志不理解。」（《毛澤東選集》第五卷，第478頁。）在明知破裂不可避免的時候，又要將日後破裂的責任歸之於對方，就務必格外小心謹慎，不可貽人口實。添上這一條，做出一個維持團結的姿態，就是完全必要的了。特別是在鳴放整風中，已經有不少人提出了蘇聯損害中國利益的問題。

　　這裡要特別提到一件事，就在公佈這篇講話的六天之前，六月十三日舉行的全國人民代表大會常務委員會第七十一次會議上，在討論國家決算預算草案的時候，常務委員龍雲發表了這樣幾點意見：1、抗美援朝戰爭經費，全部由中國負擔不合理。2、第一、二兩次世界大戰中，美國借款給盟國，又實施租借法案，後來他們有的賴了債，有的美國不要還了，蘇聯對我國借款，十年以內還清，時間過短還要付息。建議延期二、三十年歸還，藉以緩和國內經濟緊張。中國為社會主義而戰，結果如此。3、蘇聯解放我國東北時，拆走了工廠中的一些機器，有無代價？償還不償還？4、我國援外預算太大，主張抓緊壓縮對外的援助。（7月14日《人民日報》）龍雲這人，憑

他已經表示過的對章乃器先生，章伯鈞先生非常欽佩，憑他在民主人士座談會上發表的意見，已經足夠劃為一名右派分子了。他的這些話，只不過是一個右派分子增加了一些右派言論，可是在蘇聯方面看來，這是一個全國人大常委在常委會上的發言。按照蘇聯式的體制，人大雖屬於國會的性質，卻總是反映政府的意見。為了不使蘇聯方面認為龍雲的發言是中國政府所授意，認為「雙百方針」包含有反蘇的內容，就十分有必要公開批判龍雲，把這次發言作為他的最大罪狀。也許可以說，這第六條是為了龍雲的這次發言而添上去的。

添上這一條還有一個原因，就是要消除波蘭共產黨人引用這篇講話的消極後果。前面已經說過這件事了。在美國國務院情報研究所那一份分析報告《毛澤東的「秘密」講話》中說：「修訂稿把毛的意見在幾點上置於與莫斯科的聲明幾乎一致的水平上，該講話已被莫斯科與陣營其他成員國出版。然而，事實上毛已闡明了一個在重要方面不同於蘇聯所述的教條，這在克里姆林宮看來有某種危險。儘管該講話文本已做了修訂，並且它針對那些將破壞社會主義或陣營團結的人做了批評，這次講話無疑將繼續為陣營內部的『修正主義』分子提供一個『經核准了的』文本，特別是在波蘭，它能用於為一條非蘇聯的道路辯護。」（《美國對華情報解密檔案》第二卷，第111頁）所以在修訂的時候加上「有利於社會主義的國際團結和全世界愛好和平人民的國際團結，而不是有損於這些團結」這一條就大有必要了。

後來中蘇關係發生大變化。到一九七九年鄧小平將這六條政治標準改為四項基本原則的時候，就刪去了這一條，不再認為是必須堅持的了。

一些對政治敏感的人立刻就感到這六條政治標準是對這個文件最重要的增補。中國民主同盟主席沈鈞儒發表〈認真學習毛主席的報告〉這一篇不足五百字的文章，其中全文照引六條政治標準原文，末了號召一句：「我們民主黨派、民主同盟的同志現在學習毛主席這篇講演的時候，要特別注意學習這六條政治標準。有了明確的標準，就可以辨別是非，同右派分子劃清界限。」就完了。（1957年6月21日《人民日報》）

毛澤東在提出這六條標準的時候，十分客氣地表示：「不贊成這些標準的人們仍然可以提出自己的意見來辯論。」只是他沒有說，這「不贊成」的要付出怎樣的代價。不久之後的對右派分子的處理，就會讓人們明白這一點。

當人們六月十九日早晨在報紙上看到這篇正式發表的〈關於正確處理人民內部矛盾的問題〉，一些聽過錄音、聽過傳達、或者風聞過原來講話某些內容的人，都對著報紙目瞪口呆了。一些在這篇講話鼓勵之下鳴放了好一陣子的人，看到赫然在目的六條標準，才發覺自己已經誤入白虎節堂，叫苦不迭了。羅隆基說，他因為毛主席二月二十七日在最高國務會議上講話中沒有提出六項政治標準，所以犯錯誤。（7月11日《人民日報》）

毛澤東的這篇講話經過刪削、改寫和增補之後，變成了一個全新的文件，右派分子再也無法利用它。反右派鬥爭的最大障礙已經排除。反過來，這個文件成了反擊右派的威力最大的武器。它在這時修改發表，就像炮兵群向敵軍陣地的地毯式轟炸，把正在猖狂進攻的右派分子打得暈頭轉向，無地容身。六月八日毛澤東寫的〈中共中央關於組織力量準備反擊右派分子進攻的指示〉中提出，從這一天開始，大約十五天左右時間，還要組織一次大鳴大放大字報的高潮，高潮跌落時即陸續發表原來準備的反擊右派的文章。現在這篇講話修改發表，高潮立刻陡然跌落。原來預計的十五天左右的時間，實際上只用了十一天。

毛澤東在全國宣傳工作會議上的講話，最初是和他在最高國務會議上的講話同時整理成文，同樣經他本人作了一些重要的修改和補充。原來有意將這兩篇講話同時公佈的，可是後來卻沒有這樣辦。宣傳會議講話直到一九六四年六月才在《毛澤東著作選讀》甲種本中首次發表。這時反右派鬥爭已經過去六、七年了，當年關於「放」還是「收」的那些爭論早成陳跡。那些聽了這個講話深受鼓舞的人，例如傅雷、徐鑄成等，許多已經成了右派分子，正在脫胎換骨重新做人的歷程之中。所以，這個講話的公佈，已經沒有前一個講話發表時所引起的那種震動了。人們也不怎麼重視它，到一九八六年中共中央文獻編輯委員會重編《毛澤東著作選讀》，甚至抽去了這一篇。

不過，對於這一篇當年曾起過很大動員與鼓舞作用的講話，我們在回顧當年歷史的時候，卻不應該忽略它。這裡也順便說說它的修改情況。同前一篇講話一樣，它原是一篇動員鳴放的講話；修改的意圖也同前一篇一樣，是要把它修改成為一篇反擊右派的文件。這種一百八十度的轉變，不可能不同樣留下自相矛盾的明顯的痕跡，加進了同原講話精神不協調的論述。為了反右派鬥爭的需要而添寫的，可以看到的，有「長時間以來，人們對於教條

主義作過很多批判。這是應該的。但是，人們往往忽略了對於修正主義的批判。」「在現在的情況下，修正主義是比教條主義更有害的東西。我們現在思想戰線上的一個重要任務，就是要開展對於修正主義的批判。」「我們國內革命時期的大規模的急風暴雨式的群眾階級鬥爭已經基本結束，但還有階級鬥爭，主要是政治戰線上和思想線上的階級鬥爭，而且還很尖銳。」等等。

為了順利開展反右派鬥爭，在解決了修改發表講話稿的問題之後，還有一個小小問題必須解決。中共中央關於整風運動的指示規定：非黨員願意參加整風運動，應該歡迎。但是必須完全出於自願，不得強迫，並且允許隨時自由退出。整風開始，也真有那麼一些非黨員根據這個規定請求免於參加。現在既然已經轉變為反右派鬥爭，決不允許有人借此逃避，因此必須取消非黨員自願參加自由退出的規定。

七月二十七日《人民日報》刊出了〈國務院關於國家機關工作人員參加整風運動和反對資產階級右派鬥爭的決定〉。宣佈：

> 一切國家機關的工作人員應當把參加這一運動和鬥爭看作是自己的崇高的義務和應有的責任。因此，國務院決定：凡是進行整風的單位，所有工作人員，都應當積極地參加這一運動和鬥爭。

這個問題就這樣輕易地解決了。於是，反右派鬥爭就在全國政治界、工商界、新聞出版界、教育界、文藝界、學術界、科技界全面鋪開。

十二、章羅同盟

　　七月一日的《人民日報》發表了毛澤東撰寫的社論：〈文匯報的資產階級方向應當批判〉。其中說：

　　　　民盟在百家爭鳴過程和整風過程中所起的作用特別惡劣。有組織、有計劃、有綱領、有路線，都是自外於人民的，是反共反社會主義的。還有農工民主黨，一模一樣。這兩個黨在這次驚濤駭浪中特別突出。風浪就是章羅同盟造起來的。

　　　　整個春季，中國天空上突然黑雲亂翻，其源蓋出於章羅同盟。

　　這裡第一次出現了「章羅同盟」這個縮寫的專有名詞。縮寫是最常見的語言現象之一，有些好幾個詞組成的專名，全稱太繁，可以截取其中少數文字作為代表。例如毛澤東筆下出現過的「楊羅耿兵團」（《毛澤東選集》第四卷，第1364頁。）就是楊得志羅瑞卿耿飆指揮的華北野戰軍第二兵團的縮寫。「章羅同盟」的構詞法與此相同，其全稱就是以章伯鈞羅隆基為主要代表的中國民主同盟。社論中「風浪就是章羅同盟造起來的」，「其源蓋出於章羅同盟」，也可以讀作「風浪就是以章伯鈞羅隆基為主要代表的中國民主同盟造起來的」，「其源蓋出於以章伯鈞羅隆基為主要代表的中國民主同盟」。社論中又說「文匯報在春季裡執行民盟中央反共反人民反社會主義的方針」，更可見「民主同盟」和「章羅同盟」是同義詞。

　　不過，這個提法對於中國民主同盟顯然是一種很大的壓力。民盟中央的一些人希望只要章伯鈞羅隆基兩人承擔罪責，從而減輕整個組織的責任，於是就悄悄改了一個字，改為章羅聯盟。七月一日社論發表之後兩天，七月三日民盟中央的整風座談會上，主持會議的民盟中央秘書長胡愈之責成羅隆基交代四個問題：一‧如何通過浦熙修控制《文匯報》；二‧和儲安平事先

商量他的發言稿的問題；三·小集團的情況；四·章羅聯盟問題。（7月4日
《人民日報》）胡愈之在第一屆全國人大四次會議上的發言，題目就是〈章羅
聯盟的透視〉（7月11日《人民日報》），他大約是採用「章羅聯盟」這個提法
的第一人。只是同是在這一次人代會上，民盟北京市主委吳晗作批判發言，
卻還是採用「章羅同盟」這提法（7月7日《人民日報》）。

後來的批判文章，幾乎全是採用「章羅聯盟」這個提法了，似乎是章
伯鈞羅隆基二人結成了聯盟。不過這樣說有一個困難，就是這是兩個長期不
和的人。他們之間的不和可以追溯到一九四五年十月民盟的第一屆全國代表
大會，那時民盟內部多數人不滿秘書長左舜生的把持操縱，擬議推出羅隆基
取而代之，只是因為章伯鈞不同意才打消了這個計畫。

民盟高層人士都知道他們二人長期不和的這種關係。當時擔任中國民
主同盟中央常委兼任宣傳部副部長的千家駒在《從追求到幻滅——一個中國
經濟學家的自傳》中回憶說：

> 章伯鈞與羅隆基兩人俱任中國民主同盟副主席，但他們兩人勢同水
> 火，積不相能。章伯鈞以民盟「左派」自居，與救國會派的史良（亦
> 民盟副主席）相結納，以與羅隆基為首的右派（包括張東蓀、劉王立
> 明、葉篤義等人）勾心鬥角，爭奪民盟的領導權。在會場上則舌劍
> 唇槍，在會外則各有各的小組織。此事不但民盟中央，人眾周知；
> 中共中央統戰部更比誰都清楚。毛澤東、周恩來也未嘗不知道。猶憶
> 一九五〇年民盟舉行第四次中央委員會時，由於章伯鈞與羅隆基爭奪
> 領導權而相持不下，會也無法結束。後經周恩來出面調解，問題仍未
> 解決。最後竟勞毛主席親自出面，約了民盟中央負責同志一起商談，
> 才算勉強妥洽。周恩來、毛澤東兩次約民盟中央負責同志談話，我都
> 在場，所以對章羅兩人對立的事，毛澤東也是清楚不過的。（臺北時報
> 文化出版企業公司1993年6月版，第210頁）

事實就是這樣。現在馬敘倫、高崇民、胡愈之、吳晗他們在會上的批
判發言也都透露出了二人不和的真相。馬敘倫說，「我前幾年就曾為了調
停章、羅之間爭權奪利的衝突而傷盡腦筋。」（6月19日《人民日報》）高崇民

說，「章、羅兩人本來是鉤心鬥角的，但近年來聯合起來了。」（7月1日《人民日報》）胡愈之說，「章、羅兩人是有矛盾的」。（7月11日《人民日報》）吳晗說，「章羅兩個多年冤家突然變成章羅同盟了。」（7月7日《人民日報》）怎樣才能夠把一對多年的冤家說成是聯盟呢？馬敘倫的解釋很乾脆：「他們可以為個人野心而衝突，也可以為個人野心而聯合」，另外的幾位也都是循著這樣一種思路來解釋的。把兩位副主席分工合作的工作關係說成是一種政治聯盟的關係。

後來中國民主同盟主席沈鈞儒也不得不接受了「章羅聯盟」這個提法。他在〈中國民主同盟當前的嚴重政治任務〉一文中說：

> 中國民主同盟在資產階級右派向黨、向人民、向社會主義的猖狂進攻中，起了特別惡劣的影響和作用。這是因為在一個時期內，由民盟兩個副主席章伯鈞、羅隆基所形成的「章羅聯盟」的右派反動路線——從政治路線到組織路線，曾經在盟內占了上風。「章羅聯盟」的骨幹分子在不同情況下和不同程度上控制了民盟中央和許多地方組織的領導機關的實權。他們在國家生活的許多部門特別是文教部門還參加了領導工作。他們以及在他們影響下的大小右派分子，利用民盟組織的合法地位，利用幫助黨整風的機會，在全國和地方上，在高教界、科學界、新聞界、出版界、文化藝術界和其他方面，充當主帥和大小頭目，籌畫、發動、號召和組織資產階級右派的猖狂進攻。「章羅聯盟」事實上成為全國反黨、反人民、反社會主義發號施令的最高司令部，對黨、對人民、對社會主義事業犯下了嚴重的罪行。（1957年9月11日《人民日報》）

羅隆基看了沈鈞儒這篇文章之後。寫信了一封長信給沈鈞儒鳴冤，信中說：

> 「章羅聯盟」這個名詞的來源和事實根據是什麼，我直到今天還不知道。經過三個月的反省後，我的良心告訴我，「章羅聯盟」這個罪案對我來說，絕對沒有事實根據，是極大的冤枉。

當年對反右派鬥爭頗為積極的千家駒，晚年對反右派鬥爭轉變為批評的態度，說「章羅聯盟是千古奇冤」。

從已經發表的毛澤東著作看，他始終都是用的「章羅同盟」這個提法。當報紙上眾口一詞，都說「章羅聯盟」了，他依然不改口。七月九日他在上海幹部會議上講話，十月九日在八屆三中全會上的講話，十月十三日在最高國務會議上講話，他都是講的「章羅同盟」。（《毛澤東選集》第五卷，第450頁、第475頁、第492頁。）

如果用「章羅同盟」這個縮寫，就根本不會發生是否冤案的問題。因為這是一個政治概念，與章羅二人個人關係的好壞並無關係。這裡不妨用一個另外的例證來作類比，曾經有一些出版物將以蔣介石為首的國民黨縮寫為蔣黨；桂系，閻錫山，都曾經與蔣介石兵戎相見，可是他們又都屬於蔣黨。蔣黨並沒有能夠做到他們的《黨員守則》所規定的「親愛精誠，始終無間」，章羅同盟內部有不少恩恩怨怨，又何足為奇呢？

毛澤東在六月十日寫的一個指示中說：

> 各黨派中，民革、民建、九三、民進等頗好，民盟、農工最壞。章伯鈞、羅隆基拼命做顛覆活動，野心很大，黨要擴大，政要平權，積極奪取教育權，說半年或一年，天下就將大亂。毛澤東混不下去了，所以想辭職。共產黨內部分裂，不久將被推翻。他們的野心極大。完全是資本主義路線，承認社會主義是假的。民盟右派和反動派的比例較大，大約有百分之十以上，霸佔許多領導職位。我們任務是揭露和孤立他們。他們的臭屁越放得多，對我們越有利。但民盟的多數仍然是好的，或者有希望改造好的。

這就是毛澤東對章伯鈞、對羅隆基，以及對章羅領導的中國民主同盟亦即章羅同盟的看法。不過他也指出了，民盟除了百分之十以上的右派和反動派之外，多數仍然是好的，或者有希望改造好的。正因為如此，不直接說民主同盟而說章羅同盟，對於穩定民盟內部這百分之八九十好的或可望改造好的人的情緒，爭取團結教育改造他們，顯然是有利的，對於動員他們去揭發和批鬥章伯鈞、羅隆基等百分之十以上的右派和反動派，更顯然是有利

的。再說，從政治鬥爭的策略上看，擒賊擒王，打擊了章羅等百分之十以上，也就給予民盟足夠的打擊了。

這裡就來談談章伯鈞和羅隆基兩人的情況。

章伯鈞（1895-1969），安徽樅陽人。早年留學德國，在德國結識了朱德和周恩來，參加了共產黨。北伐戰爭中，鄧演達是北伐軍總司令部政治部主任，章在政治部任宣傳科長，參加過八一南昌起義。後來他脫離了共產黨，同鄧演達等人一道創建了一個被人稱為第三黨的政治組織，為中央幹部會幹事之一。一九三三年福建成立反蔣的人民政府，章伯鈞積極參加了這一活動，擔任經濟委員會委員兼任土地委員會主任委員。一九四一年中國民主政團同盟秘密成立，這是中國民主同盟的前身，章伯鈞為十七個發起人之一，並被推選為常務委員兼組織部長。一九四七年，根據章伯鈞的意見，第三黨改名中國農工民主黨，他被選為中央執行委員會主席。

章伯鈞是個一直熱中政治活動的人。當人民解放軍同國民黨軍隊鏖戰方酣，他看到未來的政局將在戰場上決定，對軍事活動表現出了濃厚的興趣，希望他的農工民主黨能夠在這方面有所作為。一九四七年他在香港，要擔任過國民黨第五十軍軍長的楊子恆代表農工民主黨，同另一個民主黨派的尹某組織了一個民主行動委員會，秘密進行軍事活動。據楊子恆說，那時章伯鈞設想中國實行聯邦制，主張三分天下，共產黨治長江以北，某一方面治西南，他治東南。淮海戰役之後，章伯鈞又派李述中往來於福建、臺灣、香港之間，策動福建獨立。又派雲應霖在廣東組織武裝，號稱民主救國軍。人民解放軍渡江前夕，章伯鈞又派擔任過國民黨軍事委員會情報主任和湯恩伯部參謀長的武思光回到家鄉湖南，組織起一支號稱湘西人民革命軍的武裝。此外，在江西九江等地、浙江諸暨等地，都有所組織。這些隊伍，都各有人槍數百至數千不等。這裡附帶說一句：在反右派鬥爭中，這些當年為章伯鈞抓武裝的楊子恆、李述中、雲應霖、武思光等人，都被劃為右派分子。章伯鈞在軍事活動方面，還應該提到他參與了對敵軍吳化文、張軫等部的策反。特別應該提到的是農工民主黨黨員劉宗寬，他出身於黃埔軍校第三期，擔任過各種軍職，最後在西南軍政長官公署擔任代參謀長。當人民解放軍進軍西南之際，第二野戰軍就有情報人員藏在他家裡，隨時將重要軍事情報送到二野前線指揮部，。蔣介石到重慶，召開會議，要判明人民解放軍的主攻

方向，劉宗寬夥同一些人提出：估計將循三國時鄧艾伐蜀的老路，由陝入川。蔣介石接受了這一誤導，將羅廣文兵團配置在南充、大竹地區，向北防禦。劉又在他擬定的川東防禦部署中，故意在酉（陽）秀（山）黔（江）彭（水）地區留下個大口子，後來第二野戰軍就從他留下的這個空子打進四川。後來第二野戰軍司令員劉伯承稱劉宗寬是「解放西南的第一功臣」。（2009年6月8日《重慶晚報》）插說一句：後來到了反右派鬥爭中，這張軫和劉宗寬都被劃為右派分子。

羅隆基（1898-1965），字努生，江西安福人。他出身清華學堂（清華大學前身），先後在美國和英國留學，獲博士學位。回國後執教於上海光華大學、中國公學、天津南開大學，擔任上海《新月》月刊和天津《益世報》的編者。

他是一位學問文章都很受人尊敬的學者，同胡適、梁實秋、潘光旦、費孝通、曾昭掄、吳景超、華羅庚、錢端升等人都有交情。他之所以越來越深地捲入政治之中，是因為他早就希望創造出一種知識份子的政治力量，從而對國家的前途發揮自己的影響。他在一九三○年寫的一篇文章中談到中國「文人做武人的走狗」的情況：「如今國內一班聲名赫赫的長衫政治家，那一個不是奔走匍匐於武人跟前，都是一班招之即來，揮之即去的奴才。」他「不禁為文人的身分悲，為國家的前途悲。」為了中國的前途，他希望中國的知識份子能夠成為一種獨立的力量：「倘使中國的文人，安心定分，自己早拿定主意，去創造文人的勢力，中國今日的局面，或不至此。」（《新月》月刊第三卷第二號所載評論《汪精衛先生最近言論集》的書評。）

從這樣一種考慮出發，羅隆基一直熱衷於政治。一九三一年他與張君勱等組織再生社，翌年改名為國家社會黨（民主社會黨前身）。胡適一九三四年三月七日的日記記著這天他在天津和羅隆基的一次見面：「我們又談他的政治計畫，他還想組織政黨。努生是一個天生的政客，應該朝這一方面做去。」他就是不斷這樣努力，到了一九四一年，他是中國民主同盟的十七個發起人之一，參加了民盟的〈政治綱領〉和〈組織法〉這兩個文件的起草，並被推選為中央常委兼宣傳部長。

羅隆基的政治觀點，他在反右派鬥爭中所作的書面檢討中說，他「回國以後，一切言論和行動，都是英美資產階級思想那一套。政治上一貫走

的是第三條路線。」（7月16日《人民日報》）從這種英美資產階級政治思想出發，他完全不能忍受國民黨的獨裁統治。他在《新月》月刊上發表多篇抨擊國民黨的文章，指出國民黨的「以黨治國」就是「以黨員治國」，國民黨說的「黨外無黨」，「毋寧謂之『黨外無民』」。羅隆基說，在國民黨治下，「我們這班非黨員的小民，確確實實是剝奪公民權的罪犯。我們小民除了納捐，輸稅，當兵，供差的國民義務外，享受了哪一種權利？……談談憲法，算是『反動』；談談人權，算是『人妖』。」（見《新月》月刊第二卷第八號）「如今的黨治，在內政上以黨治國，是以黨亂國；在外交上以黨治國，是以黨亡國。」（見《新月》月刊第三卷第十二號。）

羅隆基的這些文章當然不會叫國民黨高興。教育部就為這些文章飭令光華大學撤去羅隆基的教員職務。在上海，一個國民黨區黨部以「言論反動，侮辱總理」的罪名控告他，把他抓到警備司令部折騰了半天；後來在天津一次遭到特務狙擊，險些送了性命。

從這種英美資產階級政治思想出發，羅隆基那時也同樣不歡迎共產主義。在《新月》月刊上，他發表了〈論共產主義〉（第三卷第一號）和〈論中國的共產〉（第三卷第十號），這都是萬字以上的長文。前一篇，他就馬克思主義的歷史哲學、經濟理論、革命策略、理想社會四個方面談了自己的看法，例如他舉出一些統計數字之後說，「共產派的人或者要舉出鋼鐵大王，煤油大王，汽車大王一班人來做『富者愈富』的證據。然貧者愈貧，的確不是美國的事實。」表示不接受馬克思主義經濟學說中關於無產階級絕對貧困化的論點。總括他的看法，就是：「馬克思對資本主義的罪惡，是揭發無餘；對將來社會的建造，是全無把握。他的經濟的理論已成過時黃花，然而他在社會革命運動上的貢獻，是功德無量。」在後一篇中，羅隆基告訴國民黨說：

> 我們認為解決今日中國的共產問題，只有根本做到這兩點：一、解放思想，重自由不重「統一」；二、改革政治，以民治代替「黨治」。這兩點做到了，思想上青年有了歸宿，政治上民怨有了平洩，以後，政治可以上軌道，經濟可以謀發展。這些初步條件做到了，共產學說根本在中國站足不住了，共產黨不剿自滅了。這兩步做不到，儘管討

共軍著著勝利，湘鄂贛徹底肅清，然而餘毒未盡，病根仍存，共產黨在中國，總是「野火燒不盡，春風吹又生！」

那時羅隆基不希望共產黨在中國獲勝的態度，是明明白白的。抗日戰爭的爆發是個轉折：國民黨的政治聲望下降，共產黨的政治聲望上升。到了民盟成立之時，在中國的政治分野中面臨二者擇一的局面。國民黨早已使他絕望，他選擇了共產黨。當然他並沒有接受共產主義的世界觀，並沒有服膺馬克思主義的理論，他只是在二者擇一的條件下覺得共產黨至少要比國民黨好些。就政治思想來說，他就是艾奇遜白皮書所寄予希望的民主個人主義者。在反對國民黨的共同事業中，他能夠同共產黨合作。當這個前提不再存在時，矛盾的激化就是不可避免的了。

蘇共二十大後，毛澤東提出十大關係和「雙百方針」，章伯鈞羅隆基感到政治格局可能有所變化，頗覺興奮。反右中羅隆基在民盟中央作的交代說：「在中共提出『百家爭鳴、百花齊放，長期共存、互相監督』的方針後，章伯鈞對我說，現在我們民主黨派大有可為，可以大做特做。」（7月6日《人民日報》）一九五七年三月，民盟開了全國工作會議，這次會議從討論毛澤東二月二十七日最高國務會議上的講話開始。在討論民盟今後做什麼的時候，黃藥眠主張提「加強政治工作為主，支持大鳴大放，監督共產黨」。民盟中央秘書長胡愈之是秘密的共產黨員，他對黨的意圖比民主人士的理解要深一層，不同意這個提法，而主張提以文教工作和思想改造為主。黃藥眠反駁說，現在知識份子已成為勞動者了，再強調自我改造，提高政治水平，那是消極的表現。他認為，所謂「共存」、「監督」，事實上也就是政治民主化，當共產黨提出政治民主化的時候，而有人要把民盟的首要任務放在自我改造、文教工作方面，這樣長期共存就要落空。雙方爭持不下，章伯鈞就出來打圓場：現在進行監督還有困難，如人們不習慣，共產黨內百分之九十以上反對，我們提也好，不提也好，都不等於不監督。章伯鈞在會上還提出：要重新估價民主黨派的性質與任務，要大大發展組織，每個民主黨派可以發展幾十萬人，幾個民主黨派合起來可以發展一二百萬人，組織發展到縣一級。（9月4日《人民日報》）這些，就是毛澤東無法容忍的「黨要擴大，政要平權」。

在這種政治形勢一定會有所變化的估計鼓舞之下，章伯鈞振作起來，活動不少。一九五七年五月章伯鈞同羅隆基商量決定，成立四個臨時研究組，分別研究高等學校黨委制、科學體制、有職有權和長期共存、互相監督等四個問題。科學規劃問題小組的曾昭掄、千家駒、華羅庚、童第周、錢偉長五人提出了一個〈對於有關我國科學體制問題的幾點意見〉；高等學校黨委負責制問題小組的黃藥眠、費孝通、吳景超、陶大鏞等人提出了一個〈我們對於高等學校領導制度的建議〉。《光明日報》刊出了後一個文件，同時在配發的短評中對於民主黨派作為一個組織這樣來參與國是表示了贊許。這樣，民盟顯示出了參與國家事務管理的空前積極性，也顯示出他們在科學、教育等方面有著不容漠視的能量。

六月十日晚上，中國民主同盟中央小組舉行了第三次會議，會上對無產階級專政是不是產生官僚主義、主觀主義、宗派主義的根源的問題，展開了爭論。候補中央委員陳新桂說，他完全同意儲安平所說的共產黨的「黨天下」思想是一切宗派主義的根源。而且，儲安平可能是怕被人戴上修正主義的帽子，而不曾進一步指出這個黨天下的思想根源是什麼，而他認為黨天下的思想根源就是無產階級專政。他接著說：從蘇聯無產階級專政中發生的史達林錯誤，從匈牙利無產階級專政中發生的匈牙利事件，證明無產階級專政這個政治制度是有問題的。無產階級專政實際上就是共產黨的專政。這樣，共產黨在貫徹政策的時候，在實行對國家領導的時候，首先要信任共產黨員，再就是信任青年團員，再就是信任靠攏黨的人。在這樣一種情況下，如果不產生宗派主義，不產生主觀主義和官僚主義，是不可想像的，不形成「黨天下」是很難想像的。

中央常務委員鄧初民反駁說：無產階級專政本身決不會產生官僚主義、主觀主義、宗派主義，相反，所以會產生官僚主義、主觀主義、宗派主義，正是由於有些共產黨員喪失了無產階級立場的結果。儲安平說的黨天下是不合乎事實的。他說，黨天下之說，好象天下是共產黨的，別人沒有份，無論從理論上、事實上都說不通。他說：我們這些民主人士都參與了立法權、行政權、司法權，並不是共產黨一黨專政。

中央委員張畢來發言中也反駁了陳新桂。他說：無產階級專政使得我國的工人和農民得到了大翻身，使全國的知識份子得到了真正的自由，使得

資產階級得到了和平的改造，這是最大的好事，這是最廣泛的民主。怎麼能說無產階級專政是產生官僚主義、主觀主義、宗派主義的根源呢？他又說：無產階級專政雖然也有缺點，但是，無產階級專政本身就具有不斷克服官僚主義、主觀主義、宗派主義的力量，目前的整風就是明證。

六月十一日，《人民日報》在報導這一次民盟中央小組開會的消息的時候，用了十分醒目的大字標題：「可注意的民盟動向，鄧初民、張畢來同陳新桂展開爭辯，章伯鈞、費孝通對各方言論表示態度」。明確提出了「可注意的民盟動向」！第一次明白宣告了這一場反右派鬥爭的鋒芒所向。

後來羅隆基在作檢討的時候說，他的這些活動，目的只在於「擴大民盟的影響，擴大民盟的組織，提高民盟的地位，能夠在國事的決策上取得較多較大的權力來解決這些問題。我的妄想亦只此而已，絕對沒有推翻黨、推翻社會主義、恢復資本主義的陰謀。」這並不是為了乞求寬恕而作出的一種姿態。他真是這樣想的。就大的傾向來說，幾年以來，他久已習慣於這樣的角色了，總是持一種十分合作的態度。

章伯鈞此時的思想，孫大光揭發說，毛澤東的論十大關係提出後，孫到章伯鈞的辦公室去找他，在談完工作上的問題之後，又談到黨的方針，當時章伯鈞很興奮地說：「『長期共存、互相監督』，我早就有這個意見，我就是不講。中國這樣大，一個上帝，九百萬清教徒（原注：那個時候全國是九百萬黨員），統治著五億農奴，非造反不行。」當時，孫要他解釋一下，所謂一個上帝是指什麼，清教徒又指的是什麼？在孫的追問下他解釋說，上帝就是馬列主義，清教徒就是黨員。（7月9日《人民日報》）看來這是遁詞，如果說「一本聖經」，或者可以用來比喻一種主義，「一個上帝」顯然只能是指某一個人。

民盟甘肅省委員會主任委員楊子恒揭發說，他聽章伯鈞說過，馬克思主義已經過時了，一百幾十年以前，資本家剝削工人到了極點，馬克思根據那時的情況，創造出馬克思主義進行階級鬥爭，這是有力量的；但它種到人們頭腦中的東西是要人們反抗統治者，這種思想對於搞革命、推倒統治者、奪取政權很有用。但是現在已經取得了政權，工人階級自己成了統治者，以前那一套就過時了，再強調就會引導到對自己的鬥爭。史達林就是犯了這樣的錯誤，因此社會制度要變一變。（7月4日《人民日報》）

高崇民揭發說，章伯鈞和羅隆基說過：馬克思列寧見過原子能嗎？馬列主義也是要變的。（7月1日《人民日報》）

李伯球揭發說，在蘇共二十大之後，章伯鈞在外地來京同志的談話會上說，蘇聯一定要變，中國也不能讓許多小史達林統治下去。（6月20日《人民日報》）

章伯鈞和羅隆基說了這些話，做了這些事，一場反右派鬥爭就是不可避免的了。反右派鬥爭就從政治界（民主黨派）的右派開始，就從章羅同盟開始。

在六月八日《人民日報》公開發表〈這是為什麼？〉的社論和中共中央發出〈組織力量反擊右派分子的猖狂進攻〉的黨內指示之後，已經有人聞風而動，在整風座談會上對章伯鈞、羅隆基等右派分子進行反擊了。

六月十三日民盟中央小組的會上羅涵先批評了章伯鈞的政治設計院、羅隆基的平反委員會以及葉篤義的發言。他也批評了儲安平和陳新桂。史良發言說：儲安平的整篇發言論點是徹底反共反人民反社會主義的。而伯鈞在上次座談會上對儲安平的批評，我認為是很不夠的，是含糊其詞、模棱兩可的。並沒有分析儲安平的發言錯誤在哪裡，沒有接觸到問題的本質。我要問伯鈞：你是不是也有所顧慮，所以故意含糊其詞，或者你是真的不明白儲安平發言的本質呢？會上，羅子為的發言也批評了章伯鈞。

六月十八日下午，民盟中央常務委員會通過了〈為號召全盟展開反右派鬥爭並開始盟內整風的決定〉。這個決定說，章伯鈞、羅隆基、儲安平等所發表的反社會主義、反共產黨領導的言論是極端錯誤的。全體盟員對於這些錯誤的言論和主張，應當盡情加以揭發和批判。而這，事實上已經是盟內整風的開始。（6月19日《人民日報》）五月十日史良向李維漢提出而未被採納的一項建議「民主黨派內部整風」，現在要進行了。

十九日，主持會議的高崇民著重說明了兩點：

第一，民盟整風的內容和中共整風的內容有所不同，中共整風的主要內容是整官僚主義、宗派主義和主觀主義的思想作風，而民盟整風的主要內容則是整反對社會主義，反對共產黨領導，反對無產階級專政的思想和行動。

第二，民盟整風的方法當然也應該是和風細雨的，但是對於反黨反社

會主義的極端錯誤的言行，必須予以無情的揭露和有力的駁斥，決不能把「和風細雨」作為姑息和容忍這類極端錯誤言行的藉口。

會上，黃藥眠批判章伯鈞，說他不學無術，就其階級基礎可以說是流氓知識份子。又說蘇聯批判史達林的錯誤以後，他對蘇聯的不滿就逐漸顯露。匈牙利事件後，他心裡更加活動。到毛主席作了如何正確處理人民內部矛盾的報告後，他就更加躍躍欲試。他錯誤地以為人民民主制度會有根本改變。

光明日報總編室主任高天揭露儲安平，說他歪曲黨要民主黨派獨立自主地去辦《光明日報》這一方針。儲安平說過：這句話說的好，我倒要看看怎樣讓我獨立自主，我要撞撞暗礁，擔擔風險，用我的肩膀扛扛斤兩，看到什麼時候會受到阻力。（6月20日《人民日報》）

羅隆基六月三日出國，到科倫坡出席世界和平理事會會議，二十一日回國。他出席了二十五日舉行的民盟中央小組擴大座談會，聽取人家對他的揭發和批判。

陳鼎文說，只要認識或略為知道羅隆基這個人的盟員，幾乎都說他是右派。吳晗提出盟的組織應受同級黨委的領導，羅隆基說這是「腰斬民盟」。

費孝通說，羅隆基認為知識份子和黨的距離是思想改造運動搞出來的，思想改造和肅反是造成黨和非黨隔膜的原因，所以他要求黨以「國士」對待知識份子，不這樣，他們就不肯把力量發揮出來。

潘大逵說，羅隆基一直用資產階級自私自利的名利觀點來影響他，民盟中央曾經打算調他到北京來工作，當時他很猶豫。這時羅隆基就對他說，你到中央來工作，只是一個普通幹部，最多是一個副部長；而在地方則是一個領導人。這樣，他就沒有到北京來工作。

彭迪先說，羅隆基曾經在人大第一次會議上說，共產黨來了，有法無天。《人民日報》上發表的時候刪去了這句話；但他確實說過這句話。他對黨的敵對情緒不知不覺地流露出來了。

羅隆基在大家對他揭發批判之後，表示要作深刻的反省。他說，他從來沒有在民盟內部說過自己思想進步。針對一些人提出的問題，羅隆基表示，他並沒有看過儲安平的發言稿，他也沒有用過「平反委員會」這名詞，

他提出這意見，是因為對毛主席的指示體會不深刻。他還表示，他不願意把章羅並提。（6月26日《人民日報》）

六月三十日繼續舉行的會上，閔剛侯要羅隆基交代：他提出平反委員會的主張後，有許多人寫信給他，他是怎樣批覆這些信的。羅說，信都是祕書看的。史良立刻質問他：你不是批了要「擴大影響，造成輿論」麼？

羅隆基還談了他和章伯鈞的關係。他說，他一向把章伯鈞看成政客，他們的合作是貌合神離，他也不同意章伯鈞的許多主張，比如兩院制問題，民盟大發展問題等。羅說，今年四月民盟工作會議上他所以支持章伯鈞是因為怕麻煩。談到由章伯鈞和羅隆基出面組織召開的科學規劃、高等學校領導體制、有職無權、長期共存互相監督委員會，羅隆基說他事先沒有和章伯鈞商量，開會約哪些人，他事先也不知道，是章伯鈞確定的。

《人民日報》的這篇報導說：

> 羅隆基的這種不老老實實交代問題的態度，……激起了大家極大的不滿和憤慨，他的發言不斷被大家的質問打斷。大家要求他端正態度老實交代，不要狡辯。座談會在晚上繼續進行。羅隆基在下午的座談會上對他自己的錯誤百般進行狡辯。晚上的會議一開始，大家就憤慨地對羅隆基的錯誤以及他的不老實的交代進行揭發和批判。在這次會議上發言的有些人和羅隆基的關係是比較密切的，但是，他們並沒有揭發出很多事實。高崇民在晚上的會議上第一個發言。他首先批判了羅隆基在下午的會議上發言的態度。他說：羅隆基的發言並不是交代，只是對報紙上及同志們所揭發的材料進行辯解。他表示對這個發言不僅不滿意，甚至是憤慨。（7月1日《人民日報》）

從這裡可以看出夜以繼日的批鬥會上人聲鼎沸的氣氛。也看見了對那些「並沒有揭發出很多事實」的發言者施加了壓力。

不只是夜以繼日的批鬥會，還有報紙上連篇累牘的批判文章，從整風鳴放期間發表的反黨反社會主義的言論，一直追溯到幾十年的政治歷史，都在揭發批判之列。最有分量的是以知情者的身分所作的揭發。例如農工民主黨中央執行局委員嚴信民就在《人民日報》上發表兩篇長文，揭發了章伯鈞

的好些問題。寫的都是親見親聞的第一手資料，當然容易取信於讀者。可是如果對照一下相關的材料，其可信程度就不能不大打折扣了。

在〈聽聽章伯鈞的狂言：「我說就是要和共產黨爭天下」〉一文中，嚴信民說：

> 一九四八年夏我到香港。那時正是中國人民解放軍在各戰場上獲得重大勝利，全國人民為行將到來的全國解放歡騰鼓舞的時候，你想，住在九龍的社會主義者章伯鈞又是怎樣呢？他陶醉在聯邦制的美夢裡，準備自己的力量。在軍事方面他設有專人從事活動。他指示地方組織負責人，凡策反過來的軍隊一律插上農工民主黨的旗幟，不要交給共產黨，……章伯鈞公然說，毛澤東能領導中國革命，難道我章伯鈞就不能領導嗎？
>
> 有一天上午，我專誠到九龍章伯鈞寓所去談話，有李健生在場。我介紹了解放區情況，談到各種政策，最後談到統一戰線，談到周總理對他的期望。我看到章伯鈞的臉色蒼白，他猛然站起身來，顫抖抖地喊叫「毛澤東是中國歷史上第一個大流氓」。我說還是鎮靜一點，理智一點，一場談話就是這樣地不歡而散了。
>
> （7月3日《人民日報》）

在〈章伯鈞決心要造反〉一文中，嚴信民談到當年他們在從香港駛往解放區的船上的事情：

> 當北航至黃海途中聽到濟南解放的廣播時，章伯鈞慨歎地說：「大勢已去」。他原以為美蔣決不放棄濟南。由濟南之解放，他看出美國沒有決心，看出蔣介石的危急，因而對他所幻想的「相持局面」、「三分天下」，失去信心。（8月4日《人民日報》）

人們從這些文章裡看到，章伯鈞對待中國共產黨領導的人民解放戰爭竟是這樣一種態度，對於人民解放軍的勝利竟懷著這樣一種陰暗心理。由此而聯繫到他現在的反黨反社會主義，就不是偶然的了。這種根據獨家資料做

出的批判不能不說是深刻有力的。只是這並不真是海內孤本。嚴信民不可能不知道濟南解放還真同章伯鈞有一點關係。

濟南迅速解放的一個重要因素，是駐守濟南機場的國民黨整編第九十六軍吳化文部戰場起義。當年吳化文的駐南京辦事處處長王一民在〈吳化文將軍起義記〉中說：

> 這一晚上七點鐘，我和吳化文一道去鼓樓頭條巷一號李濟深家。到後，章伯鈞、王寄一、陳銘樞已在座，這是李濟深接馮（玉祥）的電話以後約他們來的。吳化文看到這情況很詫異，半天說不出話來。李濟深說明，這都是對蔣介石不滿的人，是民主黨派負責人，站在共產黨一面，是和共產黨的代表有聯繫的。……這樣，吳化文才打消了疑慮，表示同意，於是開始會談。……李濟深最後說：章負責同中共方面聯繫的，由他向梅園新村中共代表面談，情況如何，再約會回答你們。無論如何，千萬保密，這是性命交關的事。七月十七日，王寄一約我們去湖南路大同新村九號會談。下午二時許，我和吳化文步行前去。到時，李濟深派陳銘樞做代表，章伯鈞、王寄一、吳化文和我，五人會談。章伯鈞說他已同中共方面談過，對吳轉到人民方面來表示歡迎，希望以後密切聯繫。吳說：「我們駐地是山東兗州，陳毅司令員駐魯南臨沂。」章說：「以後會密電同你聯繫的。」吳回兗州後，陳毅即放回了被俘去的師長于懷安。（見《文史集萃》第一輯，文史資料出版社，1983年版，第114頁。）

這並不是一篇立意要為章伯鈞辯誣的文章，主旨是講吳化文的事蹟，因而也就更具有作為旁證的價值。當知道了王一民提供的這些情況之後，可以設想章伯鈞聽到濟南解放廣播時的心情。當年他參與的性命交關的事，現在是收穫的時節了。濟南這個省會城市的易手，豈不是國民黨「大勢已去」的標誌麼？章伯鈞說這句話的心情應該是感到滿足和欣悅吧。批判文章的作者卻說「他原以為美蔣決不放棄濟南」，濟南的解放使他發出失去信心的慨歎！

從王一民提供的材料中還可以知道：吳化文想另找出路，是只認共產

黨，不認民主黨派的。他是聽了李濟深的說明，可以通過章同中共方面聯繫才願意同章會談的。作為一個現實的軍人，他當然只能持這種態度。如果不找中共，難道有哪一個民主黨派能夠釋放他被俘的師長麼？作為一個現實的政治家，章伯鈞也知道他是作為中共的代理人或者聯繫人來做這些策反工作的。批判文章說「他指示地方組織負責人，凡策反過來的軍隊一律插上農工民主黨的旗幟，不要交給共產黨」，章伯鈞可能有過這樣的願望或幻想，也可能在某一次說過這意思，可是至少在他本人策反吳化文這事中間，他並沒有這樣做。

這裡順便談一談批判文章的作法。揭發，批判，擺事實，講道理，要是全部憑空捏造，那是沒有多少力量的。多半是有那麼一點風，有那麼一點影，有那麼一句話半句話，即拿來作為根據，再依需要隨意解釋。如果這材料還不十分合用，可以加以剪裁之後再作解釋，剪裁到面目全非，解釋到顛倒是非。嚴信民的這兩篇就是這樣做的，可還不一定是最典型、最突出的標本。

談到批判文章，再舉一個小例。農工民主黨一個地方組織的負責人願意介紹一個他看中的人參加組織，同時也願意介紹他同自己的妹妹交朋友。而一篇批判農工民主黨惡性大發展的文章就據此立論，說他「甚至不惜用他妹妹來做釣餌，引誘別人加入農工」，假如這真是一種發展組織的方法，請問他能有多少妹妹呢？

當年為了打擊中國民主同盟，可以說是無所不用其極。民盟所做的一切事情，那些想要幫共產黨一把的事情，都被說成一種反共的罪行。一九五七年八月三十日《人民日報》刊登記者紀希晨寫的〈四川的右派群丑〉一文中說：

> 材料證明，章羅聯盟為獨霸被稱為民盟「發祥地」，「根據地」和「大陣地」的四川，早在解放前就已經做了佈署（注：原文如此）和準備。劉鄧大軍渡河以後，他們認為「國共南北對峙」局面下，正好大有可為，為達到在「三分天下」中「割據西南」的目的，民盟右派分子潘大逵、范樸齋、張志和、張松濤等，根據章伯鈞的擴充實力搞軍事投機的指示，除拉攏大批袍哥（即哥老會）地主惡霸特務入盟（如川西十五個縣六百六十八人中，有一半以上是地主袍哥特務），同時還在川北、川

南、西康等地收編袍哥，土匪，建立反動地方武裝，陰謀與人民爭天下，企圖抗拒解放軍向川康進軍。擁有兩三千多袍哥土匪，到處搶劫群眾的土匪頭子朱世正，被他們委任為民盟西康省委的主任委員。解放後，這些反動武裝紛紛發動反革命暴亂。民盟中央委員張志和親自發展的偽保安團長王德全首先叛亂之後，隨著朱世正等匪部也都參加了叛亂。

這裡說的就是有名的張志和一案。真是字字充滿殺機。三十三年之後，這件事才有了另一個說法。一九九〇年彭迪先發表了〈民盟在西康策動地方武裝起義的前前後後〉（見《文史資料選輯》總121輯，中國文史出版社1990年版，第108-117頁。同輯尚有趙錫驊、洪鐘、任康執、劉光烈文章四篇，亦涉及此一公案，可參看。）一文，具體說明了當年這些人的活動情況。

關於張志和、彭文說：

> 早在一九三七年十月間，張志和就奉命由李一氓陪同去延安見毛主席。毛主席要他回四川秘密做川康上層軍政人員的工作。張回川即根據毛主席的指示做劉文輝、鄧錫侯、潘文華等的工作，先是爭取他們作中共的友軍。其中劉文輝是主要的一員，其所轄西康，又是戰略要地。張在一九四三年初曾引劉去見周恩來同志，隨即建議在西康雅安設立秘密電臺。中共派王少春負責與延安直接聯繫。一九四四年冬到一九四五年春，中共南方局派張友漁來成都，又由張志和介紹與劉文輝聯繫。這時民盟主席張瀾又秘密吸收劉文輝、潘文華入盟。

一九四九年十二月九日劉文輝、鄧錫侯、潘文華通電起義。在雅安，由中共、民革、民盟和起義將領建立的西康省臨時軍政委員會，立刻面對著胡宗南、王陵基所部的極大壓力。彭文說：

> 當時，張志和立即電請周恩來同志派解放軍先來解放雅安。收到周恩來十二月十七日回電，電文如下：「張志和並轉劉、鄧、潘三先生：第二野戰軍劉、鄧來電轉如下：恩來巧亥（按：十八日二十四時）軍委：

我先頭十七軍與十軍已於銑日（按：十六日）攻佔樂山、青神、正向西發展中，戰果待報；十一軍今（篠）日（按：十七日）可達新津、彭山、岷江之東岸地帶。特此專告。」通知解放軍已截斷胡軍向川南逃走的道路，這對西康同志是很大的鼓舞，安定了雅安的人心。

關於張松濤，彭文說：

一九四八年四月和八月，民盟四川省支部兩次派張松濤去香港，向民盟三中全會後的總部領導沈鈞儒、章伯鈞、周新民、李文宜、李相符等彙報了四川的盟務活動。經民盟總部聯繫，又見到了中共南方局駐港負責的連貫和民革的李濟深主席與朱蘊山。當時總部具體指示：回到四川要求民盟地下組織配合中共，搞好地下活動，協助民革建立四川各地組織。張先後帶回李濟深、朱蘊山等致楊傑、劉文輝、鄧錫侯、張志和等人的密件和連貫囑咐劉文輝保護好通訊聯絡的口信，以及民盟三中全會各項文件，並約定解放軍東到宜昌，北到漢中，川康軍人即行起義，從內策應，加速國民黨反動派政權的滅亡。

關於朱世正，彭文說：

朱世正係國民黨中央軍校畢業，年僅二十九歲，「天、蘆、寶、榮」事件後，經劉文輝委為國民黨西康省保安司令部雅、榮、漢聯防總隊長。但朱、劉之間仍有隔閡，互有戒心。朱急於另謀出路。一九四八年冬，當時民盟四川省支部負責人張志和叫趙錫驊與朱的老師黃汝傑多次聯繫，張又安排吳漢家負責和趙聯繫研究有關情況，然後決心吸收朱世正入盟。這樣就把反劉的民間武力分化了。民盟組織對朱世正做了許多工作，朱世正與劉文輝的代軍長劉元瑄終於在雅安見面，言歸於好，使西康內部安定下來。

對朱世正本人，先由趙錫驊和黃汝傑對他進行工作。我到了榮經，又對他及其部屬多次進行政治教育。張志和到西康後，又對朱世正進行統戰教育，使朱世正認清當前形勢，應與劉文輝合作，團結起

來，打垮蔣介石建立新中國，才是中國人民的出路，個人也才有前途，加強了朱世正跟我們走「反蔣、聯劉、擁共、迎接解放」的道路的信心。

　　為了進一步組訓朱世正所屬的民間武力，將其改造成為人民武裝，將在榮經的青年同志（大、中學生）組成短期訓練班，進行政治和軍事學習。由我講政治經濟學和當前的政治形勢等，張松濤講游擊戰術、政治工作和當前的軍事形勢。

劉文輝等起義之後，在同王陵基部作戰時，彭文說：

我還親自去榮經動員朱世正的民間武力，進行整訓，作為總預備隊，為安定雅安後方，阻止漢源羊仁安匪部北竄發揮了作用。

關於王德全，彭文說：

駐防雅安近郊的西康保安三團團長王德全，經張聲明介紹，吸收入盟。又由王德全在其駐地周圍爭取和掌握一批民間武力。

在劉文輝等宣佈起義之後，彭文說：

西康省臨時軍政委員會命令盟員王德全以其保安三團為基礎，加上所掌握的地方武力，先消滅了王陵基在名山和雅安接壤的反動游擊基地張廣德部，隨又率部攻克了反共救國軍程志武、李元亨等已經佔領了飛仙關（此地離雅安只三十里，係保衛雅安的要地）。王德全又指揮地方武裝阻止了由邛崍竄犯雅安的王陵基保安團，恢復了雅安北區上裡鄉。在王德全部做政治工作的盟員參加了戰鬥。這樣就配合二十四軍起義部隊阻止了東北來犯雅安的敵人，使王陵基摸不清底細而不敢再來，對保衛雅安起了作用。解放軍到達雅安、榮經後，王德全、朱世正各部均分別就地復員。

彭文說：

> 一九八一年十月七日，張松濤在北京中國社會科學院見到張友漁，向
> 他彙報民盟在西康搞的地下武裝鬥爭情況時，張友漁表示：「原來我
> 也做過劉文輝的工作，你們搞武裝鬥爭是打蔣介石、王陵基，有哪點
> 不對？」又問「以後這些武裝是如何處理的？」張松濤說：「解放軍
> 一到就全部復員了。」他說：「這樣就很好嘛。」

　　就是這些人，在一九四八年一九四九年做了這些事。到一九五七年八
月的《人民日報》上，就不但不是功績而且都是罪行了。是罪行就得懲治。
怎樣懲治的呢？彭文引述的中共四川省委川委函（1983）51號文件是這樣
說的：

> 一九五七年反右派鬥爭後，又把這支起義部隊錯誤地定為「以張志和
> 為首來榮經勾結地主、土匪組織的」、「暴亂土匪性質的武裝組織，
> 並決定對中隊長以上人員均以土匪骨幹論處」。這就混淆了歷史的功
> 過是非，以致使參與策反起義工作的一大批民盟成員、中共地下黨員
> 和其他進步人士受到株連和影響。這實屬一個錯案，省委同意予以
> 平反。

　　二十餘年如一夢。到了這一場噩夢醒來的時候，彭文說：

> 朱、王二人均已恢復了起義軍人待遇，作了政治安排。張志和、潘大
> 逵、范樸齋、張松濤等人的右派問題，屬於錯劃，均已先後改正。張
> 志和的骨灰，已於一九八一年二月安放在八寶山革命公墓。

　　假如張志和不曾被劃右派分子於前，又何至於變成土匪武裝的首領
呢？這個案例也就說明了反右派鬥爭與肅反運動關係的另一面，反右派鬥爭
是肅反運動進一步擴大的一面。大概有人會說，已經讓他的骨灰安息在八寶

山中，血食千秋，歆享革命的香火，不就已經證明歷史還是公正的嗎？只可惜張志和不能說出他自我感覺如何了。

當年對中國民主同盟的打擊，最惡辣、最突出、最轟動、最傷天害理的一件事，是說民盟在漢陽縣策劃了一場「小匈牙利事件」，三個無辜者因此被處死。

前面已經說過，毛澤東在六月八日的黨內指示中提出，他發動整風運動的目的，是「將可能的『匈牙利事件』主動引出來，使之分割在各個機關各個學校去演習，去處理，分割為許多『小匈牙利』」。四天之後，漢陽縣第一中學學生八百多人因升學率問題罷課遊行，於是就把這事算做「小匈牙利事件」了。

這一事件是學生的升學要求引起的。這一年，中小學畢業生的升學確實是個大問題。四月八日《人民日報》社論就明確宣告了「今年高中畢業生大部分升學、小部分不升學，初中和高小畢業生小部分升學、大部分不升學的情況」。社論承認，「現在全國各地今年應屆畢業的學生情緒都很緊張」，「這是一個現在全國人民普遍關心的問題」，有人「責備政府今年的教育計畫訂得過低」。為了回答這種責備，《人民日報》發表了這篇題為〈關於中小學畢業生參加農業生產問題〉的社論，全文長達一萬一千字，是《人民日報》創刊以來最長的社論之一。後來人們才知道，這篇社論是根據劉少奇三月二十二日在長沙市中學生代表座談會上的長篇講話整理而成的，現在就作為他的著作收入《劉少奇選集》下卷，第272-294頁。（參看張黎群〈青年一代的嚴師益友〉，載《緬懷劉少奇》，中央文獻出版社1988年版，第357頁。）社論告訴失去了升學機會的中小學畢業生：「最能夠容納人的地方是農村，容納人最多的方面是農業。所以，從事農業是今後安排中小學畢業生的主要方向，也是他們今後就業的主要途徑。」這篇長篇社論翻來覆去地開導它的讀者，到農村去是如何的有面子，有出息，有前途，不吃虧，因此他們「應該毅然決然地、愉快積極地」去當「中國第一代有文化的新式農民」。文章寫得很懇切，道理也說得很透，很有說服力。只是有一件事情，社論沒有向讀者解釋。自從糧食統購統銷以後，農業人口轉變為非農業人口，人們熟知的簡稱是「農轉非」，是越來越困難了，農村越來越變成一個無法脫離的可怕的地方。生活在現實中的漢陽縣一中的應屆畢業生們，不但看了《人民日

報》的這篇社論，更看到了現實的農村。就多數學生來說，他們總是盡一切可能力避下農村去的這樣一個前途。

這一年暑期，漢陽縣第一中學初中有九個班四百五十九人畢業，他們就為了升學問題，於六月十二日鬧起事來了。八月八日，《人民日報》發表了記者曹葆銘采寫的〈馬哲民策動的「小匈牙利事件」〉一文，以八千字的篇幅專門講這一事件的始末。事件的起因，據這位記者說是，「十二日上午最後一節課快下堂，化學教員李穗在三年級第四班造謠說：『今年招生很少，二十個人中取個把。你們班成績不好，頂多取兩個。』學生一聽，便哄了起來。」記者說化學教員在「造謠」。可是同一篇報導中又說：「縣文教局副局長胡平軒卻故意向學生說：『省裡決定是百分之三十左右，最少不得少於百分之五。』」記者沒有說他造謠，只說他「故意」說，大約是故意向學生洩露內部掌握的機密數字吧。可是，這百分之五和「二十個人中取個把」豈不是同一個意思麼？所以，與其說是「造謠」，還不如說是「洩密」。當然，洩密是比造謠更可惡也往往要受到更重的懲治的罪行。其實，《人民日報》社論早就說了，這一年大部分初中高小畢業生將不能升學，要轉入農業生產，這根本算不上什麼秘密了。即使化學教員沒有提起此事，難道畢業生的情緒就不緊張嗎？正是在這種緊張情緒之下，有人一提起，「頓時在三年級九個班上都貼出了罷課的標語」，事件就這樣開始。

《人民日報》的這篇文章著力渲染現場的場景：「學生們就亂哄哄地湧出學校」、「貼出和喊出了『歡迎國民黨回來』、『歡迎蔣介石回來』、『到臺灣去』等反動標語口號」，「他們到了縣人民委員會，首先衝進文教局打東西，翻文件，然後又擁到別的辦公室亂打亂鬧，把縣長辦公室的門也打破了」，「將電話機毀了」，「搶了縣人民委員會三輛腳踏車騎下鄉去」。還有打人，學生把誰「打暈了，四肢抽搐」，誰又「捆的渾身血印」，對誰又「準備捆打」。為了使事情顯得更加嚴重，更像「匈牙利事件」，這位記者不但極盡誇張渲染地寫出這些發生了（？）的事情，還寫了不少並未發生的事情，說學生們「準備（！）衝進縣廣播站，向全縣廣播『縣委會組織工人打學生的真相』。他們還陰謀打電廠；等全鎮電燈一滅，便搶軍火，劫監獄」。

這篇八千字的長文，對於這一方面的內容說了不少，只是有一件事情沒有說，那就是對於標題所說的「馬哲民策劃」一節沒有寫一個字。在文章中，馬哲民本人根本沒有出場，出場了的只有一個「馬哲民的親信陸鳴秋」，可是又並沒有寫這陸鳴秋是如何策劃漢陽一中學生罷課的事，只寫了他向楊煥堯佈置發展盟員這些事。這時正是章伯鈞想要發展民盟組織的時候，像漢陽一中，甚至連一個盟員也沒有。楊煥堯準備發展該校副校長王建國為盟員。這就夠了。這個「小匈牙利事件」就可以由民盟盟員楊煥堯、民盟發展對象王建國為首的反革命集團承擔罪責。馬哲民是民盟湖北省委員會主任委員，就由他來承擔幕後策劃之責了。九月六日，在漢陽縣治蔡甸鎮開了一個有一萬多人參加的宣判大會，當場處決了王建國、鍾毓文、楊煥堯三人。

曹葆銘這篇文章的副題是「漢陽縣第一中學事件真相」。這是真相嗎？不是的。一九九九年蔡公作的〈「小匈牙利事件」真相〉，第一次揭露了這事的內幕。這是一篇反右派鬥爭的重要史料，從其中可以看到幕後的操作過程。現在全文轉錄如次：

鬧事原因是升學比例問題

一九五七年春天，毛澤東主席先後發表了〈關於正確處理人民內部矛盾的問題〉和〈在中國共產黨全國宣傳工作會議上的講話〉，發動全國開展整風運動，很快在全社會形成大鳴大放、「大民主」的局面。漢陽縣第一中學遵照上級的指示，六月上旬召開「學代會」，以民主形式給學校領導和學校工作提意見，幫助黨支部整風，副校長王建國受校長韓建勳委託，作了題為〈大家動手，勤儉辦校〉的報告，學生代表共提出整風意見三百四十多條，參加會議的縣委文教部張副部長和到過會的韓縣長，當時都說會議開得不錯。然而就在學代會即將結束的時候，六月十二日上午，該校初三九個畢業班卻因為要求提高升學比例而罷課鬧事。

引發這場鬧事的是該校青年化學教師李穗。她在初三（四）班上課時，為了激勵學生刻苦學習，根據當年緊張的升學形勢——《教師報》一九五七年四月五日的一篇文章中提到，當年「二十個

初中畢業生中間，只有一個能升入高中」；一九五七年孝感專區下達的招生計畫，漢陽縣當年應屆初中畢業生一千零一名，計畫招收一個高中班（五十名），升學率只有百分之五——並就此向學生敲起警鐘：「今年高中招生比例很小，二十個中取個把」，提醒學生用功。

哪知不提猶可，一提卻觸動了學生思想上最敏感的問題。學生們不等下課，就去找副教導主任楊松濤和校長韓建勳，詢問升學率到底是多少。因為回答口徑不一，學生懷疑校領導在欺騙他們，提出要到縣教育局查看文件。韓建勳、王建國一再勸阻未能奏效。午飯後，初三（八）班一名學生敲響了集合鐘，全校九個初中畢業班的部分學生湧向操場，一哄而出，到教育局去討說法，沿途有的學生還寫了一些要求升學的標語。湧到縣人委會後，學生推出代表，要求縣長接見。因為縣長不在，教育局和其他辦公室都沒有人，學生翻不到文件，就扔辦公用品，在牆上書寫要求公佈升學比例之類的標語，到郵電局給二中、三中學生打電話請求聲援（電話未通）。不久，學生得知縣長在縣委會，又一窩蜂湧向縣委會，見縣委會鐵大門關閉，便競相推撞，衝進了縣委院內，對在場批評他們錯誤行為的縣兵役局長和團縣委一名幹部進行「圍攻」。

十三日上午，又有數百名學生列隊上街，副校長王建國在阻止無效的情況下，佈置兩名副教導主任在校照管上課的教師和學生，自己帶著部分教師跟著學生做工作。學生代表到縣人委會向縣長韓茂林提出要求擴大招生比例，縮小城鄉招生差別。韓茂林解釋縣裡無權解決這個問題。有的學生不服，拉扯著縣長帶領他們去省教育廳請願。有兩名機關幹部為保護縣長，與學生發生衝突，被學生捆住，押經縣委會門前時，被縣委機關幹部攔截下來，並扭打扣留了幾名學生。王建國為防止事態擴大，趕來要求放出被扣留的學生，幹部堅持不放，在幹部與鬧事的學生爭吵加劇時，數百名工人來將學生驅散。幹部、工人和學生在衝突中都有人被打。到此，學生再不敢妄動，陸續離散，有的學生被家長拉回家，事態即告平息。

定性：反革命事件

十三日晚，縣委連夜召開緊急會議，認為一中學生罷課鬧事屬於「反革命事件」。十四日縣委在一中分別召集教師、學生開會，宣佈學生鬧事屬於「敵我矛盾性質」。公安機關隨即進駐了學校。

十五日，孝感地委和漢陽縣委調集了近百名幹部組成「漢陽事件」考察團，進駐漢陽一中。按照已經定下的性質，考察團斷定「前臺」鬧事是學生，幕後指揮是教師，發動全校師生大揭發，大鬥爭，要求人人交代，個個檢舉，按圖索驥搜集「反革命罪證」、抓「反革命分子」。

找到了所謂的「小根子」

考察團運用「階級分析」的方法，把矛頭集中指向副校長王建國。王建國時年三十二歲，一九五〇年從湖北革命大學畢業後分配到漢陽縣工作，一九五二年調任縣一中副校長，主持全校工作。由於出身富農，又有「三青團」的歷史問題，申請入黨一直被擱置。一九五六年韓建勳調任一中校長兼黨支部書記後，教員中許多人認為他是「土改幹部，吃黨飯的」，在教學工作上仍然相信王建國。考察團認定教師的問題根子在領導，首先排除了韓建勳，把王建國端了出來。凡與王建國工作上接近的，曾在湖北革大同學的，有一般政治歷史問題的，甚至一塊陪客喝過酒的，都被列為「反革命集團」成員，而這個集團的首領自然是王建國，「骨幹分子」則有副教導主任楊松濤、張良紹，原一中教導主任、當時縣教育局副局長胡平軒，教研組長鄒振巨，初三（七）班班主任、「革大」同學胡斌等人。

因愛眨眼成了反革命集團骨幹

初中語文教研組長鍾毓文有個愛眨眼的毛病，在一次揭批王建國的大會上，他坐在台前正眨眼睛，被臺上的工作人員發現，當場揭露鍾毓文在向王建國「使眼色」而宣佈隔離禁閉，繼而列為集團「骨幹分子」。

找到了所謂的「大根子」

有了「首領」和「骨幹成員」，在苦於找不到反革命背景的情況下，一個學生所寫的交待材料使一位「有見識」的負責人如獲至寶。這個學生交代上街時，經過縣文化館，向圖書管理員楊煥堯討開水喝，楊稱沒有開水，只有冷水；向楊要電話打，楊稱打電話應去郵電局。因為楊煥堯是「民盟」的成員，只要揪住楊不放就有了背景。加上楊曾按照縣委統戰部的意見，找過漢陽一中黨支部聯繫「民盟」的發展工作，有過發展王建國為「盟員」的意向，就這樣把王建國與楊煥堯硬拉到了一起。此時「民盟」中央已經揪出了「大右派」章羅同盟，湖北省的民盟主委馬哲民也被打成「右派」，以馬哲民為「總後台」，這個「集團」就有了份量。

由此，考察團得出結論：漢陽一中有一個以副校長王建國為首、糾合教師中的反革命分子、思想反動或有政治歷史問題的分子組織的「反革命集團」；這個「反革命集團」的「軍師」是「民盟」成員、縣文化館圖書管理員楊煥堯；「總後台」是「民盟」湖北省主任委員馬哲民；是這個「反革命集團」在漢陽一中散佈反動言論、捏造升學比例、利用「學代會」煽動學生搞「大民主」，製造了這場「反革命暴亂」。當時《人民日報》的報導稱之為〈馬哲民策動的「小匈牙利事件」〉。

處理：連愛眨眼的那個人也判了死刑

「考察團」和漢陽縣委對涉案人員一一提出了懲處意見，交有關部門分別執行。對於王建國等三人判處死刑的意見，縣法院持有不同看法，即被指責為「右傾」，不予信任，縣委直接派一名公安幹部請省委分管文教和政法的書記許道琦對死刑判決簽字，並由這名幹部攜卷上北京最高法院辦理死刑核准手續。

九月六日，漢陽縣召開三級幹部大會，宣佈「漢陽事件」處理結果：以「反革命暴亂罪」判處王建國、楊煥堯、鍾毓文死刑；對胡平軒以及鄒振巨、胡斌等九名教員和一名學生分別判處二至十五年有期徒刑；將教師李穗等三人送勞動教養；給三名教師戴上「壞分子」帽

子；韓建勳等十一名教職員和十名縣直機關、政法機關幹部受到黨紀政紀處分，三十三名學生被開除學籍、團籍和勒令退學。

「漢陽事件」處理後，國內媒體紛紛發表消息、通訊、社論；中央新聞紀錄電影製片廠攝製了紀錄片在全國各地放映；漢陽縣一中的新領導被邀請到許多大專院校作「漢陽事件」的專題報告。與此同時，臺灣當局也藉機大肆進行反共宣傳，妄稱王建國等人為「反共義士」，在臺灣開追悼會。匈牙利訪華團以及路透社記者也先後到漢陽一中訪問。「漢陽事件」的處理，在國內國外造成了嚴重影響。

張思卿主持複查「漢陽事件」

「漢陽事件」的複查工作，是由去年初剛剛離任的最高人民檢察院檢察長、一九八五年擔任湖北省委常委兼省政法委書記的張思卿同志主持的。

因「漢陽事件」判刑十年倖存的漢陽一中女教師胡斌，自一九七八年黨的十一屆三中全會以後，先後向有關部門寫信八十九件，申述所定罪行與事實不符，要求複查。一九八五年春天，她與同鄉同學、沔陽師範退休教師趙迪生分別上書中央，希望把「漢陽事件」的事實搞清，性質搞準，做出合乎實際的結論，讓人們「胸襟開朗，心安理得」。

胡斌、趙迪生給中央辦公廳的信，終於受到了中央高層領導的重視。一九八五年五月三十日，中共中央辦公廳發文，將胡斌等人要求為一九五七年「漢陽事件」平反的信批轉給中共湖北省委，請省委牽頭，對此案進行複查，結果報中央審批。

中共湖北省委書記關廣富，副書記錢運錄以及王群、沈因洛等領導同志在收到中辦函件後，及時進行了研究，批示省政法委組織力量複查「漢陽事件」。

一九八五年六月二十八日，省委常委、省政法委書記張思卿主持召開了湖北省暨武漢市有關部門負責同志聯席會議。一個以省委名義組成的複查「漢陽事件」工作組在會上成立，複查「漢陽事件」的工作方案也在會上敲定。

一九八五年七月五日，由張思卿同志任組長的省委複查「漢陽事件」工作組，在最高人民法院兩位法官的參與下，由省政法委秘書長謝傑民帶隊，赴漢陽縣開展工作。

「漢陽事件」的檔案資料和有關人員的案卷，是複查工作的重要條件和依據。經過一個星期的收集、清理，複查組從十五個單位，收集到了有關「漢陽事件」的大量資料，比較全面揭示了當年「漢陽事件」發生、發展的過程及定性處理情況。尤為重要的是，工作組還收集到了未歸卷的大量原始證據和資料，這才是全面地準確地認定「漢陽事件」的鐵證。

與此同時，複查組的同志們進行了廣泛深入的調查，走訪有關的一百三十餘人，為弄清「漢陽事件」真相，判斷事件性質，提供了充分確鑿的證據。

複查組復核的重點問題是：漢陽一中是否存在以王建國為首的反革命集團，楊煥堯與王建國的關係，所謂策劃「反革命暴亂陰謀」的幾個會議，李穗講升學比例是否製造謠言、蓄意煽動鬧事，所謂「漢陽事件」中的反動標語口號以及王建國等人在學生鬧事中的態度和表現等等。九月上旬，在張思卿同志主持下，省市政法各機關領導及漢陽縣委主要領導在漢陽縣聽取了複查工作組的彙報，審查了關鍵性的證據材料，進行了反復認證，取得了共識：根本不存在所謂「以王建國為首的反革命集團」，「漢陽事件」的實質是一中部分學生為升學率問題而自發地罷課、鬧事，屬於人民內部矛盾；原來認定是「以王建國為首的反革命集團」策動製造的「反革命暴亂」，全部失實；所謂「馬哲民策動的『小匈牙利事件』」實際是一起大冤案。

一九八六年元月上旬，湖北省委向中央報送的〈關於「漢陽事件」複查情況和處理善後問題的請示報告〉，得到中央正式批覆。中央同意省委關於為「漢陽事件」徹底平反的意見，並對處理善後問題作了明確指示。

（1999年1月15日《南方週末》）

就用這種不惜傷天害理的手段，人為地製造出了一宗「民主同盟策劃的小匈牙利事件」。報紙上的大肆張揚，還有一個附帶的作用：對於那一年大批斷然失去升學機會的初中畢業生來說，這是一個極其嚴厲的警告：你怕不怕？

經過一場疾風暴雨的揭發和批判，民主同盟或者說章羅同盟中央和各地的負責人大都被劃為右派分子。中央和北京的有章伯鈞、羅隆基、葉篤義、陳新桂、儲安平、范樸齋、曾昭掄、錢偉長、費孝通、黃藥眠、陶大鏞、吳景超、潘光旦等等，上海有沈志遠、陳仁炳、彭文應、王造時、孫大雨、陸詒、吳茵等等，江蘇有陳敏之、樊光等，浙江有姜震中、宋雲彬、章渭煊、宋質彬、丁零、胡齡、柳城、張運鏗等，江西有許德瑗、劉九峰、漆裕元、向法宜、王秋心、姚博、呂小薇、廖青雲等，山西有王文光、田雨翔、李貽萍等，陝西有韓兆鶚等，甘肅有楊子恒等，河南有王毅齋、張靜吾、羅繩武、范濂、楊乃秀、丁寶泉、郝士英等，湖北有馬哲民等，湖南有杜邁之等，四川有潘大逵、趙一明等。據八月十六日新華社新聞稿說：「根據記者的初步調查，目前民盟中已經揭露出來的右派分子數目最多，占各民主黨派揭露出來的右派分子總數的百分之三十九以上。右派分子在民盟中央有，在省市組織中有，在盟的基層組織中也有相當一批。」這篇新聞稿還說，「上海文藝界民盟組織成分極為複雜，這次在文藝界查出的右派分子，除個別人以外，幾乎全部是民盟盟員。」（《新華半月刊》1957年第18號，第149頁、第150頁。）一九五八年四月出版的一本小冊子提供了如下的統計數字：

> 現在查明，全國盟員中的右派人數約占盟員總數的百分之七左右，而他們在中央委員會中卻占了全體委員的百分之二十九，在候補中央委員中占了百分之四十三，在中央常務委員中占了百分之三十六以上。在地方組織中，據初步調查，民盟全國二十四個省（市）地方組織中，為右派集團篡奪了全部領導實權的，有上海、四川、浙江、江西、湖北、湖南、安徽、廣東、江蘇、陝西等十個；大城市的縣（市）的地方組織中，有武漢、重慶、濟南、青島、福州、杭州等六個。（遲蓼洲編寫：《1957年的春天》，學習雜誌社，第74頁。）

這裡說了「據初步調查」，可見是並不完全的統計，如果是鬥爭完全
結束之後的完整的統計，數字當比這更高一點。即使僅僅看了這個統計數
字，也可以明白這一場鬥爭對於民主同盟或者說章羅同盟是什麼意義了。

中國民主同盟副主席高崇民一九五八年一月二十六日在中央常務委員
會第十七次（擴大）會議上的報告《中國民主同盟反右派鬥爭的基本情況》
中有一個統計數字：

> 經過七個多月的鬥爭，我們揭發出來的右派分子，計有中央委員
> 和候補中央委員五十九人，約占中委、候補中委總人數的三分之一。
> 全盟各地組織揭發出來的右派分子，截至一九五七年底為止，共計
> 三千三百七十八人，占全體盟員人數百分之十點五。

> 就右派分子擔任盟內重要職務的情況而論，計有中央委員四十
> 人，占全體中委一百四十九人的百分之二十八點五，內有副主席二
> 人，中常委十一人，占中常委三十七人的百分之三十五；有省(市)委
> 員會主委、副主委三十人，占全體主委、副主委總數一百人的百分之
> 三十；有縣(市)委員會主委、副主委七十四人，占全體主委、副主委
> 總數二百三十人的百分之三十二。（據《中國反右資料庫光碟》）

章伯鈞又當了交通部部長，他把一些民主同盟盟員、農工民主黨黨員
和別的民主黨派成員安插到交通部任職。他們之中有王一帆（農工民主黨中
央委員、交通部公路總局副局長）、楊逸棠（農工民主黨中央委員、交通部
辦公廳副主任）、丘克輝（民盟候補中央委員、人民交通出版社副社長）、
吳紹澍（民革候補中央委員、交通部參事室副主任）、王寄一（農工民主黨
中央委員、交通部船廠局副局長）等。七月八日下午交通部在京機關全體工
作人員舉行反擊右派分子大會，鬥爭了章伯鈞和這些人，說這些人都是他
的親信。這些人也都給戴上了右派分子的帽子。（1957年7月9日《人民日
報》）

十三、章乃器與工商界的反右派鬥爭

　　要講工商界的反右派鬥爭，就得從資本主義工商業全行業公私合營講起。

　　一九五五年，中國農村掀起了合作化高潮。一九五五年十二月二十七日，毛澤東在《中國農村的社會主義高潮》的序言中說，資本主義工商業按行業實行全面公私合營的速度方面的問題「已經解決了」。一九五六年一月十五日在天安門城樓上，北京工商界代表樂松生向毛澤東報喜：首都已實行全行業公私合營。北京市長彭真同時宣佈：我們的首都已經進入了社會主義社會。《人民日報》說：「遠大的理想，已經開始變成現實，在我們的國家裡，已經出現了第一個社會主義的城市。」這消息廣播開去，全國緊跟上來，各地敲鑼打鼓，掀起資本主義工商業改造高潮。一月十八日，天津和西安也宣佈進入了社會主義，接著又來了上海。到一月底止，全國大城市和五十多個中等城市實現了全行業的公私合營。

　　此事的得失，薄一波在多年之後談到，有這樣三條「缺點和偏差」：

　　　　第一，「由一家一戶的核算改為全行業統一核算，實際上把注意精打細算的私營企業納入了吃『大鍋飯』體系；實行定息之後，資本家的利潤所得同企業脫鉤，使資本家不關心原來企業的經營好壞了。這些缺點，從長遠看對生產力發展不利，而且也是一個短時期內發生隨意並廠並店，拆毀廠房鋪面，丟棄原有設備而造成損失浪費的一個重要原因。我想，假使當時不搞得那樣匆忙，多花一點時間探討社會主義改造的多種形式，情況可能會要好些。」

　　　　第二，「對於一部分原工商業者的使用和處理也不很適當。從『高潮』開始，黨中央就明確宣佈：公私合營之後，對原企業私方在職人員實行包下來給以安排的方針。但實際上這個問題一直沒有解決好。」合營之後的公私關係，薄一波說，「少數公方代表態度生硬，

缺乏協商精神，認為和私方人員商量不出什麼名堂，分了工也負不了責，對私方人員的合理建議也往往是置之不理。私方人員中，尤其是資產階級及其代理人中，有不少能幹的人，他們有較豐富的經營管理知識和本領。對他們棄置不用，對發展經濟和改善企業經營管理來說，都是一個損失。」

第三，由於在「高潮」中對小業主、小商小販的處理意見不明確，「因此全行業公私合營時，大批個體手工業者和小商小販按行業捲入了公私合營，拿了很少的定息。沒有想到，他們從此就戴上了資本家的帽子，不少人在後來的政治運動中受到歧視，有的還受到過不應有的打擊，吃了不少苦頭。」

（薄一波《若干重大決策與事件的回顧》，修訂本，上卷，第445-447頁。）

這些問題薄一波說得很概括。本書下面就要寫到的工商界座談會上，對於這些就談得更具體、更尖銳、給人的印象也更深。如果要認真總結歷史教訓，工商業改造這一事件的根本教訓當不止上述三條。當毛澤東提出正確處理人民內部矛盾的問題之時，這也就是人民內部亟需調整的重要矛盾之一。

對於這些情況，毛澤東也逐漸有所瞭解。一九五六年十二月間他三次同來京出席全國工商聯代表大會的人士談話，談到中國的民族資產階級，他說：「資產階級作為一個階級是要消滅的，但人都包下來了。工商業者不是國家的負擔，而是一筆財富，他們過去和現在都起了積極作用。中國資產階級在經濟上是現代化的，不是手工業的。在政治上是要求反對帝國主義的，有兩面性，有要求革命的一面。人民政權建立以來他們是同政府合作的，企業又公私合營了。做了這樣一些好事，不能說資產階級對國家是無用的，應該說是有用的，而且是很有用的」（《毛澤東文集》第七卷，第176-177頁）又說，譬如榮毅仁年紀輕輕的，這種人來日方長。在這幾次談話中，毛澤東流露了在中國實行「新經濟政策」的想法。他說，上海地下工廠同合營企業也是對立物。因為社會有需要，就發展起來。要使它成為地上，合法化，可以雇工。……這叫新經濟政策。我懷疑俄國新經濟政策結束得早了，只搞兩年，退卻就轉為進攻，到現在社會物資還不足。對於中國社會的經濟成分，毛澤

東甚至設想：可以搞國營，也可以搞私營。可以消滅了資本主義，又搞資本主義。（轉引自薄一波《若干重大決策與事件的回顧》，修訂本，上卷，第448頁。）從這幾次談話中看，毛是有意解決全行業公私合營中發生的一些問題的。

整風運動開始，中共中央統戰部在邀集民主黨派負責人舉行座談會幾天之後，又同國務院第八辦公室聯合邀全國工商聯和民主建國會的主要負責人以及正在北京參加全國工商聯秘書長會議的各省市代表開座談會。這個座談會從五月十五日至六月八日舉行。換句話說，就是從毛澤東下決心反右派之時開始，到《人民日報》發表〈這是為什麼？〉社論這一天為止，正是反右派鬥爭從開始佈置到公開揭幕這一段時間。關於這個座談會，李維漢回憶說：

> 工商界人士座談會開始於五月中旬。這時，中央要反右的方針在我腦子裡已經清楚了。當時胡子嬰從西北視察回來，在會上講了上海一批工廠搬遷西北，辦得不好。黃炎培從外地考察回來，也講了一篇類似的話，我看到如果讓他這樣講下去，將來要劃為右派不好辦，就宣佈休息，請孫起孟去做黃炎培的工作，保護了他。工商座談會期間，有人提出真正的資本家與會不多，代表性不夠，於是又不斷擴大規模，找了北京的吳金粹、天津的董少臣、上海的李康年等一些人到會鳴放，後來這些人都被劃為右派。這個做法實際上是「引蛇出洞」，把對敵鬥爭的一套用於人民內部，混淆了敵我。這個教訓是深刻的。（李維漢《回憶與研究》（下），第834-835頁。）

主持會議的李維漢是腦子裡已經清楚了，可是到會的工商業者並沒有想到座談結束之日即反右派鬥爭公開發動之時，還是對前段私營工商業的改造工作提出了不少尖銳的批評。

一些人提出了公私合營企業管理上的弊病。瀋陽市工商聯副秘書長馬春霖說，私方人員一向有精打細算的習慣和經驗，在試製新產品、提高生產率和技術措施計畫上，一般都能做到少花錢多辦事。現在企業擴大了，好排場作風在企業中逐漸滋長，一般工廠都設有八大科，每個車間又在科的系統下設有八大員，機構龐大，人浮於事的現象非常嚴重。私方人員提過意見，

但得到的不是尊重，而是諷刺，說小家子氣，作坊作風，不懂社會主義建設。（5月16日《人民日報》）

一些人談到合營之後私方人員生計困難。四川省工商聯秘書長李仲平說，成都市一個機電廠廠長（私方人員），有技術，每月收入四十元左右，家裡六口人，平均每人七元，去年有長支，今年沒長支了，生活很困難。專業公司要他自己想辦法，他說，我的資本都交了出來，我人在工廠，叫我到哪去想辦法呢？（5月16日《人民日報》）全國工商聯副秘書長經叔平說，據湖南代表反映，高潮後，有少數小商小販因生活所迫自殺了。經叔平提出，要解決小商小販生活困難的問題，就要給他們適當自由經營的出路，不要把自發工廠叫「地下工廠」，叫「地下工廠」就意味著不合法，而他們做的事是人民需要的，為什麼不讓他們做呢？（5月19日《人民日報》）

在公私合營企業中公方私方人員的關係上，全國工商聯副主任委員盛丕華說，公私共事關係中最突出的問題是私方人員的職權問題。許多私方人員反映他們的苦悶說：多做了工作，怕被說成是爭奪領導權；少做了又怕被批評為不負責任，覺得進退兩難。（5月29日《人民日報》）湖南省工商聯秘書長彭六安說，公方人員以改造者自居，相處時總強調階級關係，私方人員得不到企業和黨以及社會輿論的支持，例如有個私方人員有了一件發明創造，但報紙發表時卻說是工人的。有個民建會員提了一件合理化建議，已經試驗成功，並達到國際水平，但輕工業部對這件事評價很低。在私方人員的安排方面，有的有技術卻安排搞一般工作，有的有管理經驗卻安排下車間。在福利待遇方面，私方家屬生病就不能同公方人員、工人家屬一樣到醫院去治療。（5月16日《人民日報》）安徽省工商聯秘書長胡慶照說，安慶市國藥總店公私合營時，公方讓私方提意見，私方提了意見，公方代表說，我是政府派來的，我們對你客氣，你們卻把它當成福氣，神氣起來了。私方人員就不敢再提意見。後來這件事反映上去，市工商局召集國藥總店全體職工開大會對證，私方人員在這種場合下哪敢再說話。胡慶照還說，合肥市一個搪瓷廠的私方人員（民建會員），為了研究一件產品，不慎把儀器弄壞了，有個團員，不分青紅皂白，說他是破壞分子，並把這事登在黑板報上，他氣得跑到民建會去哭了一場。（5月17日《人民日報》）廣西省工商聯秘書長張國英說，南寧和行臘味店的公方，是個轉業軍人，用軍隊的方法來管理企業，七點鐘

上班，私方人員遲到一些馬上批評；私方人員第二天六點半到店，他叫職工不要開門。職工問為什麼不准私方人員提早進店，他說，他們是資產階級，沒有改造好，他們還會偷錢的。他整天站在櫃檯看著。私方人員為了避免嫌疑，就高聲報告每筆營業收入。在工廠裡，私方人員聽見公方代表的皮鞋聲，工作已做完的還得東摸西摸，表示還有工作做。梧州市興華電池廠私方人員是技術副廠長，廠裡改變電池配方時，他提出在沒有試驗成功時不要大量生產。公方代表對他說，你是保守思想，是不是想破壞生產？不准你發言。結果因質量不好，損失四十多萬元。（5月17日《人民日報》）

　　上海市工商聯副主任委員胡子嬰說她到西北視察，看到上海一批工廠搬遷西北以後的情形。她說，當初在遷廠遷店時就有盲目性，沒有很好研究當地的情況。在提出遷廠遷店要求時，好像皇帝選妃一般，點著那一家就是那一家。例如遷到洛陽去的都是上海南京路上第一流的名牌店，這樣並不是太合適的。遷到蘭州去的麗華墨水廠實際上除了水是當地的以外，什麼原料仍都從上海運過去，結果成本反比從上海運去的墨水價錢高。第二，動員時亂許願，說什麼住洋房，牛奶當開水喝等，而實際情況不是那樣。第三，吃飯住房樣樣都分等級，以致造成很深的鴻溝。第四，凡是給領導提意見就認為是落後，甚至提合理化建議，也看成是搗蛋。蘭州麗華墨水廠一位會計因為提合理化建議竟調到別的單位去。從上海遷到蘭州去的王榮康西服店的私方人員王嘉明的兄弟因為提意見，被調到百貨商店當辦事員。蘭州財貿部田廣仁部長對信大祥的職工報告時說，「你要民主，我要專政；你要自由，我要紀律」。甚至在大會上罵王榮康的牌子不值二角錢。這位田廣仁部長去買皮包竟打掉一個私方人員的牙齒，結果告到派出所給了六塊錢的藥費糊糊塗塗了事。第五，是非不明，例如洛陽有的機關人員買布不給布票，問題鬧到專業公司，專業公司經理反把責任推到私方人員身上。此外，胡子嬰還談到蘭州大中華菜館勤雜工打私方人員、信大祥職工打私方人員，向專業公司、民建、工商聯反映都得不到解決。談到有些轉業軍人以功臣自居，轉業幾年仍不學習業務，認為過去有功，現在應該享福了。等等等等。（6月5日《人民日報》）

　　這就是那篇李維漢聽了覺得有些不好辦的發言。李維漢是多年之後寫的回憶，有記得不很準確之處。照他說的，似乎是黃炎培在胡子嬰之後說了

些類似的話，其實胡子嬰是在六月四日才發言，這時座談會已經臨近結束。而黃炎培的發言是在五月二十五日。至於李維漢說的這兩篇發言有類似之處，那是一點也不錯的。

黃炎培也談到公方和私方的關係問題，他說，我在這次視察中，發現不少合營企業是對私方人員存在著歧視的。其中有些歧視的辦法甚至到了荒謬的程度。例如在南京就有一個廠，今年清明去祭掃烈士墓的時候，到了祭掃完畢，工會的負責人要報告烈士的生平事蹟的時候，就要求私方人員走開。無錫有一個協新毛織廠，今年春節，私方正廠長值班，到車間去巡查，廠內保衛科長竟然要求廠長拿出工作證才許進車間，而對公方副廠長就沒有提這種要求。談到這些事情，黃炎培情不自禁地拿他本人的經歷來做類比。他說，我在輕工業部工作五年，關係搞得很好。當部長總想做些部長的事，我管八九十個廠，我想把局長、廠長的名單抄一份在辦公室掛出來，秘書說，黨總支不同意，要保密。我說政務院還要公佈名單呢，這有什麼保密。不久，我在一位黨員司長辦公室看見一個名單清清楚楚掛出來了。經過說明工作需要，我的辦公室裡才掛上了局、廠長的名單。在這篇發言中，黃炎培還就私方人員病假工資問題提出了批評，他說，在這一問題上，我認為國務院第八辦公室實在是充分地表現出不關心工商界人士的疾苦，高高在上，十足官僚主義的作風。他認為，在目前私營工商業社會主義改造過程中，還充滿著問題。（5月26日《人民日報》）這就是當時李維漢聽了覺得如果讓他這樣講下去就可能要劃右派的發言。所以這座談會五月二十六日休會一天，由孫起孟去做他的工作。這以後，就再不見黃炎培的發言了。

座談會上，有好些人談到人事工作。上海制筆工業公司副經理甯思宏說，本來人事部門是職能科室之一，應為生產服務，但現在這些部門的人都整天忙忙碌碌不知所事何事。有人講人事科已成了公安部門的派出所，有人甚至把人事科的幹部看成「打手」。他希望中央勞動和人事部門，對勞動和人事部門的幹部下功夫進行教育；各級勞動人事科室，都應開放，讓非黨人士進去。（5月23日《人民日報》）全國工商聯辦公室副主任壽墨卿說，現在做人事工作的都是黨團員，而且多數是青年幹部，他們年紀輕輕的，面孔冷冷的，同群眾離得遠遠的，他們學會一套老成持重的樣子，卻不懂人情世故，我認為這些年輕人做人事工作是不適宜的。他說，人事部門應該聯繫

群眾、關心群眾，同群眾打成一片，而現在的人事部門卻成為機關企業的保密部門，一種特殊的部門，只管追查歷史，卻不關心群眾生活，成為群眾的怨府，成為黨和群眾之間的牆和溝。全國工商聯的人事部門也不能例外。因此，他提出：人事部門應從組織上、任務上以及工作方法上進行必要的改革。第一，一般肅反工作已經結束的機關企業人事制度完全公開，使「賢者在位，能者在職」，不管黨員、團員或群眾都要平等看待。第二，人事任免調動要有請示批核制度。第三，人事工作應該讓非黨幹部參加，而且應該讓群眾有可能進行監督，否則，必然要產生官僚主義、主觀主義、宗派主義。這次整風，人事部門應該是每個機關的重點。聽他說到這裡，主持會議的李維漢問全國工商聯黨員副秘書長黃玠然：「你們那裡人事部門是不是也都是黨團員哪？」黃答：「差不多吧，我不太瞭解。」李說：「回去瞭解瞭解。向大家作個交代。工商聯的人事工作不要都全由共產黨員擔任。」（5月21日《人民日報》）

這次整風運動提出反對官僚主義、主觀主義、宗派主義，參加座談會的工商界人士都表示擁護。但他們對此也不是沒有顧慮的。江蘇省工商聯副秘書長謝惟安說，目前私方人員在百花齊放聲中還不敢大膽放，他們有些話所以不敢公開講，是怕給戴落後分子的帽子，怕鳴了以後在工作中遭到歧視，怕與階級本質聯繫起來，怕以後另一個運動來時作為批判的典型，批判的根據。（5月16日《人民日報》）河北省工商聯秘書長高振聲說，有人怕提了意見解決不了什麼問題，又怕招來麻煩。過去有個私方人員提出有職無權的問題，公方人員就把文件都給他批，弄得這位私方人員吃不消，血壓也高起來了。他還說，共產黨到一個階段有一個階段的工作，如過去的三反五反，這回又來個百花齊放，百家爭鳴，是什麼名堂，是不是誘敵深入聚而殲之呢？（5月18日《人民日報》）

在這個座談會上談得最熱烈的是定息問題。早在一月間上海市人民代表大會會議上，鴻興織造廠董事長、中國鐘錶廠總經理李康年提出了一份建議書，建議政府發行中華人民共和國工商企業改造贖買存單，發行額定為人民幣二十二億元，於一九五八年一月開始發行，分十八年七十二期兌現。其性質為無記名式的定期存單。到期只兌本金，逾期不給利息。每一季度兌現一次，計人民幣兩千七百五十萬元，每年一億一千萬元，到一九七五年第四

季度滿十八周年，全部兌訖。對資本家贖買，是根據核資後的核實資本，確定其實占數字，減除一九五六年、一九五七年二年定息，而以贖買存單一次向資本家贖買清楚，收回其企業股票，停止定息制度。在此項存單發行基本上完成後，國內公私合營企業，一律改為國營，私方人員職務即蛻變而為公家職位。（見《上海工商》，1957年第10期。）

五月十二日《新聞日報》刊出了「黃炎培答本報記者問」，一個問題是：「李康年提出『二十年定息』的建議。對此，你有什麼看法？」民建中央主任委員黃炎培回答說：「關於李康年同志的建議，我在民建的座談會上說明過我還沒有來得及仔細研究他的書面材料的內容，因此我還不能表示對他建議內容的意見。但我對於他勇於『爭鳴』的態度，是大大地稱讚的。『百家爭鳴』就是要大家有意見儘管說。李康年同志肯說、敢說，我認為很好！很好！」

但是，李康年的這個被稱為主張定息二十年的建議，在工商界座談會上引起了爭論。

中國民主建國會中央委員鄧季惺談了她在定息問題上的意見。她說，定息既然是作為國家贖買私營企業和為了進行社會主義改造和社會主義建設而支出的一筆費用，而且這筆費用又不管企業是否有盈餘都要支付，為什麼不可以由國庫支出，一次贖買呢？這樣可以使工商業者單純以工作人員的身份參加工作，企業內部重重矛盾也就可以得到解決。她參考了捷克斯洛伐克一九四五年頒佈的工礦企業國有化條例，建議政府發行「公私合營企業國有化公債」，用來收回合營企業的股票，合營企業即改變為國營企業。公債發行總額可定為六億至八億元，每半年兌付一次，五年或七年還清。她認為這個方案有四個好處：一，「私方」一詞不存在了，工商業者在國營企業中完全以公家人的身份出現，積極性創造性可以充分發揮，有利於企業內部的團結；二，免除現在三個月付一次「定息」的手續，可以大大節省人力；三，私方不再從企業領取定息，可以簡化企業經濟核算方法；四，更利於工商業者的改造，如中小戶不願意要的可不要，從而摘掉「資本家」的帽子，大戶可以割掉尾巴，對定息不再存有延長的希望。她不同意李康年提的定息二十年的建議，她說，贖買給價是照顧性質的，國家財力有限，付給二十二億是不合理的。而且定息再拖二十年對各方面都沒有好處，中小戶也不願意。不

過她認為李康年的建議也有可以吸取的地方。這當是指簡化支付手續這些方面。她這發行公債的建議同李康年發行存單的建議在形式上也確有某些相似之處。當然，發行總額和兌訖期限是大為縮小和縮短了。（5月21日《人民日報》）上海永新雨衣染織廠副經理潘仰堯在書面發言中說，他認為李康年關於定息二十年的建議，是個極大膽、極虛心、極有價值的建議，他同意這個建議。但在具體實施方面有些不同意見，主張贖買時間應該從一九四九年算起。他說，私方接受了贖買存單，並不是就摘下帽子，而應該繼續加強學習，認真改造自己。（6月5日《人民日報》）全國工商聯副主任委員陳經畬說，定息二十年的問題，就我們湖北省和武漢方面的情況來說，絕大多數人都不同意。而且中小戶對陪著大戶領定息七年，不能把帽子早日摘掉意見很多。因此我個人在這裡提個建議，凡是自覺自願放棄定息的，不拘大、中、小戶或數目多寡，是否可以請政府考慮予以接受，但是不登報不搞高潮。至於李康年同志建議中，為免除領息人的種種困難，將領息方法簡化一些手續，我是同意的，請政府考慮。但是，簡化手續不是變更定息的性質。（6月7日《人民日報》）中國民主建國會中央委員、山東省副省長苗海南說，他不同意李康年定息二十年的說法。他肯定說定息還是剝削。果真定息二十年，勢必造成大中小工商戶的不團結，同時，放鬆了對自己的思想改造，家庭子女也不會和睦。（6月7日《人民日報》）

　　座談會上許多人都發言反對李康年的主張，倒並不是因為他反黨反社會主義，代表資產階級索要二十二億元這樣巨額的國帑，而是因為對於中小工商戶來說，定息已經成了有名無實有害無益的東西，再拖二十年怎麼受得了。雲南省工商聯副秘書長聶敘倫說，昆明飲食業有一戶照算半年只有七厘錢的定息，有的行業一戶每季只有四分錢的定息。因此有些人要求摘掉定息戶的帽子。（5月18日《人民日報》）天津市第四機械工業公司生產計畫科副科長王金標說，天津百分之九十的青年工商業者不同意李康年提出的延長定息二十年的意見，他們非常憤怒，不願意多扣十三年的帽子。（5月25日《人民日報》）北京市第二五金工業公司副經理于熙鍾說，中小青年工商業者看了李康年提出的延長定息二十年的意見都很生氣，有的甚至說再提就咬他的耳朵。（5月23日《人民日報》）全國工商聯副主任委員畢鳴岐在書面發言中說，提出定息延長二十年，工人階級反對是理所當然；民族資產階級中多數的人

也不會接受，而我們民族資產階級的子女也不會答應。（6月8日《人民日報》）

對於一些定息只有很少一點錢的中小工商業戶想放棄定息的願望，毛澤東是有所瞭解的，並且作過同情的表示。一九五六年十二月他在同工商界人士談話中說：

> 我主張把占百分之九十的中小資本家不劃入資產階級範圍，拿到的定息只夠買幾包香煙的，就叫他們小資產階級。資方代理人也是屬於小資產階級範圍，叫上層小資產階級。
>
> 中小資本家願意放棄定息就放棄，不願意放棄的就讓他拿下去。
>
> （《毛澤東文集》，第七卷，第179頁。）

座談會上許多人發言反對李康年的主張，是因為延長定息對中小工商戶有害無益，這反對是從切身利害出發的，並不是一種理論的批判。從理論上批判了李康年的，是中國民主建國會中央委員、經濟學家千家駒。他在五月二十四日的座談會上作了長篇發言。他雖是中央工商行政管理局副局長，但他首先聲明，他不是代表工商行政管理局，而是以私人資格來發言的。他從資產階級依然存在兩面性這一點談起。他說，所謂消極一面，即指資本主義一面，僅就李康年主張定息二十年這一點來說，不就是消極性的一種表現嗎？自然，同意李康年的主張的，在工商界中占很少數，這也證明消極性一面今天已不占主要的地位，但不能說這種思想僅是李康年一個人的主張。定息二十年，除了想吃剝削飯吃一輩子的思想以外，同時還包括一個對贖買政策認識錯誤的問題。李康年提議贖買應有二十年才夠本，這根本不瞭解贖買政策的意義。贖買政策體現黨和國家和平改造資本主義工商業的方針，這是馬列主義創造性的發展，不是修正馬列主義。要建設社會主義，必須消滅生產資料的資本主義所有制，這是馬列主義的基本原理；蘇聯採取沒收政策，我國歷史條件不同，採取贖買政策，方式不同，目標則一。在馬列主義者看來，資本家生產資料是剝削所得，為過去剩餘價值的積累（指整個資產階級說，非指個別人說，個別分子可能是勞動積累來的，但經過若干年後，亦早已收回原投資了）。我們要搞社會主義革命，就必須消滅資本主義所有制。本應沒收，照理亦可沒收，但由於我國民族資產階級歷史條件，我們不採取

沒收而採取贖買。應該認識，這些生產資料不是天生屬於資本家的，而是工人階級所創造被資產階級所掠奪去的，現在是物歸原主。憲法上保障資本家所有制，但又規定要經過國家資本主義改變為全民所有制，這證明在人民中國，生產資料資本主義所有制並非神聖不可侵犯。國家付給定息，其目的在使資本家可以安心改造，安心工作，就這一點說，定息有其積極的意義。但是現在有些工商界朋友卻曲解了贖買的意義，在他們看來，贖買是國家欠了資本家一筆債，由國家分期還清，既然贖買就要贖買到底，否則不如乾脆說是沒收。李康年提議二十年，還有的說「我們拿定息是共產黨要給我們的，是維持政府的面子，為了國際影響。」這些思想都是完全錯誤的。其錯誤在於把贖買視為國家欠了資本家一筆債，非還不可；拿定息是理所當然，是光榮的事。這種想法是不利於改造的。因為他們把剝削可恥的根本道理都忘記了。（5月25日《人民日報》）

千家駒作這篇發言的時候，他點名批評的李康年並沒有到會。李是到了「梁山泊英雄排座次」的前夜，發覺少了他不行，才臨時從上海找他來參加座談會的，找他來當右派分子的。李康年以前沒有去過北京，他高興地接受了邀請，完全沒有預感到什麼，五月三十一日《新聞日報》報導：李康年是在前日深夜接到北京民建中央和全國工商聯負責方面的電邀。電話來時，他正在戲院沉吟於馬連良的「諸葛亮上壇台……」裡。歸家馬上接通電話。他表示深深感謝黨對「鳴放」的支持。昨天臨行前他對記者說：「不鳴不放，不會進步。黨要我們幫助整風，我李康年決定誠懇反映問題。應該不應該採納，那是另外的問題。」這篇報導還說：昨天清早，他就到牙科診所去看了牙齒。他愉快地告訴記者：「總得先『裝修一下門面』，到座談會上講話，不能掉下牙齒。」他準備把「定息二十年」的建議，到北京去再詳盡談談。他說：「不怪千家駒等同志對我的建議做了論斷，因為他們沒有看到我的原文。」

六月五日他在座談會上出現。他說：我是上海工商業者公私合營鴻興織造廠董事長，中國鐘錶廠總經理，萃眾織造廠經理李康年，就是最近報上標題所謂「定息二十年」或者「贖買二十年」的建議者。他對他的建議的內容作了扼要的介紹之後，說，自從我的建議書提出後，所受到的，多半是無理的謾罵，而得不到真理的幫助與批評。這一次到京以後，讀了千家

駒同志的發言，他是中央經濟理論權威，也是我們工商界行政管理領導，他談到了李康年主張定息二十年就是消極性的表現，定息二十年除了想吃剝削飯一輩子的思想以外，同時還包括一個對贖買政策認識錯誤的問題。李康年說，我沒有想吃剝削飯一輩子的思想。我今年六十歲了，難道我一定能活到八十歲麼，孩子們多已大學畢業做醫生了，他們也不會要的，況且我的定息每月不過二三百元，目前都已買公債了，我的家境也不很困難何必要計較這些呢，千家駒同志認為我想一輩子吃剝削飯未免武斷。李康年說，他提出的這個贖買存單年期分二十年，贖買金額應為人民幣二十二億元的建議，是根據一九五五年十一月二十三日《人民日報》社論〈統一認識，全面規劃，認真地做好改造資本主義工商業的工作〉。他詳細引證社論的內容來解釋他的建議，逐條反駁千家駒的論點。例如千家駒說贖買應自一九四九年算起，他反駁說：這個主張無非欲減少贖買金額，兼可減少定息數字，但事實恰恰與此相反，因為當時通貨膨脹，物價高漲，財產數字是最高的一年。李康年還引證了毛澤東一九五六年一月在最高國務會議上說的「從去年夏季以來，社會主義改造，也就是社會主義革命就以極廣闊的規模和極深刻的程度展開起來。」（《毛澤東文集》第七卷，第1頁。）據以推論說，可見得社會主義改造是一九五五年夏季以來開始的，一九五五年夏季以前，至多說是準備時期，更說不到是贖買開始時期。（6月6日《人民日報》）李康年這篇四千字的發言看來是花了不少的心思準備的，這也就為他自己劃為右派提供了更多的材料。

同李康年一樣，天津造紙公司經理董少臣也是在座談會進行的中途臨時找來參加的，找他來當右派分子的。他被選中的原因，是五月十七日《人民日報》以〈天津工商聯常委董少臣建議撤出合營企業公方代表〉為題刊登了他的談話。他在這篇談話中指出，公方代表光有政治資本沒有技術經驗，是搞不好生產的。私方人員自己覺得並不是飯桶，過去他們也曾管理好自己的企業；況且合營已經一年多了，國營企業的管理方法也學到了不少。因此他主張：在一個企業裡，只要有黨支部的，在黨支部領導和支持下，把生產管理權交給私方執行一年，試試看行不行？他說，把職權交給私方，把私方這筆「財富」挖出來，把公方代表調到真正需要的崗位上，這也是增產節約。董少臣在「財富」一語上加了引號，表示這是有出典的，出典就是一九五六年十二月八日毛澤東同工商界人士的談話，本章前面已經引用過了。

五月三十日董少臣在座談會上發言，他說，自從《人民日報》登出我對公方代表的主張以後，有人說我想篡奪工人階級的領導權，說我要造反，說膽子太大了。後來有人幫我做了解釋，說明這個標題和我的原意有些出入，又有人責怪我說了話不承認。因此，思想上有些沉重，本想申明一下，也有人勸我不要申明，為了「鳴、放」起個帶頭作用。他說，本來《大公報》記者訪問的時候，我並沒有系統的準備，就隨便說了對這個問題的看法。我們資本家接受黨的教育已經七年了。合營後，雖然安排了工作，但作為國家公職人員，總覺得無事可做；衡量自己的能力，又不是幹不了。這反映了私方人員有職無權的苦悶心情。我想，要使私方人員成為自食其力的勞動者，不能只靠空洞的語言教訓一番，必須讓私方人員在企業管理的實踐中去鍛煉才有可能。因此，我建議在企業黨支部領導和支持下，把國家計畫、具體業務交給具有才能的私方人員負責，讓公方代表放到更重要的工作崗位（後來新華社播出來是撤出公方代表），這對私方人員是有積極意義的。我不主張不加區別地把公方代表完全撤出，那樣做是有害的，我只是說選擇幾個點以一年為期進行試驗，成熟後，再全面推行。我認為這樣做有幾個好處：第一，私方人員可以有條件學會社會主義管理技術，成為名符其實的勞動人民；第二，可以精簡機構，公方代表可專做黨的工作；第三，黨的領導可以掌握全面情況，可以密切私方與黨組織的關係，把生產搞得更好。

董少臣發言後，民建天津市委會秘書長、天津油漆顏料公司副經理車重遠表示回應，他說，我個人認為在個別合營階段，公方代表是非派不可的，但是全行業合營以後，情況不同了，一般都成立了專業公司，小的企業變成了車間，層層都派公方代表是否必要，值得考慮。（5月31日《人民日報》）可見董少臣這意見還有市場，這就更是不能放過了。

北京公私合營裕生祥電機廠副廠長吳金萃也是座談會進行的中途臨時找來開會的。所以會找上他，是因為他在五月七日《大公報》上發表了〈怎樣看工人階級？向工人階級學習什麼？〉一文，對當時提出的「向工人階級學習」的口號表示了異議。文章認為，「中國資產階級向工人階級學習是沒有問題的，但不是具體到每個工商業者都可不加分析的向每個工人去學，也可以說學的時候不能把每個工人的各個方面都籠統的，一概的去學。」為什麼呢？這篇文章說，因為，工人階級「存在於我們國家裡，當然也存在於我

們自己所存在的工廠、商店裡。階級是由人集成的，我們就找到了這個階級裡的人──工人和店員，要向他們學習，然而發現他們（也可以說原來就知道他們）並不那樣理想，他們的品質並不那樣高貴，他們的言行當中有很多我們看來不能去學。比如工廠裡的工人有的常常是不愛惜公共財物，浪費材料，損毀工具，有的不遵守勞動紀律，有的請病假去逛公園逛商場，有的打人罵人，甚至偷東西……不一而足，在商店裡有的店員服務態度很不好，有的工作不積極……具體表現出來不是理想的工人階級品質，相反恰恰是所謂的資產階級品質。這些品質在我們身上去之猶恐不及，萬萬不能去學。」這篇文章還表示不能把這些現象說成是「個別」的現象，因為「在他們當中犯有這樣毛病那樣毛病的實在已不在很少數」。

吳金萃的這篇文章還運用了一點馬克思主義階級分析的方法，具體地分析了中國的民族資產階級和中國的工人階級的情況。關於前者，文章說：

中國既沒有構成資本主義社會，只是從封建社會進入半封建半殖民地的社會，中國民族資產階級原就是具有革命和反革命的兩面性的資產階級，解放後又經黨和政府不斷的教育，以及職工群眾的帶動和感染，加以自覺自願的學習，在思想上已有很大的提高，特別是在社會主義改造高潮後，全行業公私合營，生產關係已根本改變，基於社會物質生活條件決定思想意識的道理，思想上又有根本的改變，雖仍具有兩面性已是先進和落後的兩面，並且從一年來工商界在生產經營上的成績來看，在參加社會主義競賽當中獲得先進光榮稱號和得獎人數來看，都能說明先進的因素已經居於主要的地位，而落後的因素只占次要的地位，並且先進的一面在不斷的增長，而落後的一面在不斷的減退。所以我認為：現在的中國民族資產階級已經根本背叛了資產階級，並且已經具有比重相當大的工人階級思想。黨把這個階級看作財富，不看作是包袱的道理也正在於此。

末了這一句，看作財富不看作包袱，是引證毛澤東一九五六年末同工商界人士的談話。關於後者。這篇文章說，

同樣由於中國沒有構成資本主義很發展的社會，所以就沒有很多規模宏大的工廠，因而從全面來看中國工人階級在生產過程中所培養成的集體性、組織性、紀律性……就較弱，同時因為我國工業落後、文化落後，所以就缺少傳統的工人，工人中絕大多數是從農民來的。而農民本身就具有濃厚的小資產階級自私自利的思想意識，和工人階級的思想自有很大區別。若從去年一年來我國工人階級隊伍空前壯大的情況來分析，職工增加的主要來源仍是農民，其次是解放前長時間沒有從事工作的或從來沒有做過工作的社會無業人員和家庭婦女。（參看1月19日《北京日報》）那麼由於歷史的和目前的這些原因，中國工人店員當中，不能不具有很大分量的資產階級思想或農民小資產階級思想。這些思想表現在行動上就是我們所看到的不遵守勞動紀律、不愛護公共財物等等。

因此，吳金萃認為，「我們不要把說工人階級思想好看成就是每個在我們面前的工人都很進步，我們也不要把說資產階級思想不好，看成就是說我們自己很落後。」

千家駒在座談會上針鋒相對地批評了吳金萃的這種意見。他說，有人提出，民族資產階級向工人階級學習什麼？好像說工人階級缺點多得很，如不愛惜公物，不遵守勞動紀律，自私自利……難道我們還要向它學習嗎？這裡面其實就意味著一個對工人階級領導不服氣的問題。資產階級向工人階級學習什麼，我認為應該學習工人階級大公無私、集體主義，紀律性，革命性的優良品質，應該學習他們自食其力的勞動習慣，應該學習社會主義的經營管理方法……總之一句話，學習社會主義。學習工人階級就是學習工人階級的立場、觀點、方法以及社會主義的經營管理方法。這些都不是抽象的而是具體的東西。有人舉出某些企業工人某些缺點，認為中國工人是不值得學習的。顯然這是以局部代替全部的片面性觀點。為什麼不舉出一些中國工人階級的優良高貴品質做例證來學習呢（這種例證也是很多的）？對於某些工人所表現的缺點，我們（引者按：用這兩個字就不是以私人資格而是以領導幹部的身份了）應該進行教育，站在工商業者（引者按：這當然就是你們了）立場，就應該本著「團結－批評－團結」的原則相互教育。千家駒還談到合營企業中的勞資關

係問題，他說，勞資雙方長期以來是死對頭，今天要變成好同志，這決不是一朝一夕所能做到的。我們工商業者必須有最大的耐性，不怕碰釘子，從工作和生活上去改變職工群眾對民族資本家的觀感。工人同志對私方確有些不大公平的地方，這一方面要加強對職工的教育，但工商業者如把解放前所作所為設身處地想一想，也就會心平氣和一些了。（5月25日《人民日報》）

吳金萃不接受千家駒的批評，五月三十一日他在座談會上發言，說：千家駒先生的發言嚇了我一跳，他雖聲明他是以私人資格發言的，但幾年來他是經常教育、領導我們的，誰都知道他是理論專家，他一發言很能影響或引導我們工商界的思想。他一扣帽子，很多人不敢鳴了。他說這裡面其實就意味著一個對工人階級領導不服氣的問題。我曾一再強調工人階級的高貴品質，不過分析了若干工人店員還不完全具備這種品質，並沒有想把若干工人店員的落後思想推廣到整個階級上，為什麼千家駒先生卻硬說我們把它扯到一起了呢？更何況「不服氣」的人根本不會想到向工人階級學習的問題，只有對工人階級領導服了氣的人們，才會深入研究如何向工人階級學習和學什麼的問題。請問難道不許舉出這些缺點麼？舉出來某些工人的缺點就是不服氣，那麼我們今天幫助共產黨整風，提出許多黨員的缺點豈不成了更大的「不服氣」？對於千家駒談到的合營企業中勞資關係問題，吳金萃也表示不能贊同他的意見。他說，這就是說我們遇到「工人階級對私方不大公平的時候」，不要提意見了，只要想以前，不要想公平，而要安心於不公平。吳金萃反問道：事實上這樣談解決得了問題麼？

吳金萃的發言，除了固執地為他發表在《大公報》上的這篇文章辯護之外，還談了他對定息問題的意見。他認為，定息是合營以前的剝削，而絕對不是現在的剝削行為。他主張按七年計算定息，一律用普通公債票一次付給，企業改為國營，資本家的帽子也隨著一律摘掉。當時規定的界線是資本超過二千元的就算資本家。吳金萃說，像我是個四千元股本的資本家，每年定息二百元，除去百分之四十買公債，百分之十交互助金，餘下百分之五十為一百元，每月合八元多。為了這八元多，資本家的帽子戴著不提（因為還有八角的……），病假工資、醫藥費、家屬醫藥費就沒有人管了。對這樣的資本家放棄定息不行，享受勞保不行，中國人的健康條件又是如此，究竟這定息是照顧呢？還是懲罰呢？是使我們安心呢？還是心慌呢？所以我想還是

都允許摘了帽子吧！

　　吳金萃的最後一段話，顯然是含沙射影攻擊千家駒。他說，自然科學家必須把實驗品拿到實驗室裡來作研究工作，不能光靠書本。社會科學家們若是不深入實際，必然脫離實際。小說家、畫家坐在屋裡寫作，不體驗生活，弄出來的東西就是不倫不類的，我們真怕研究工商界工作的人們把我們搞得不倫不類。主觀主義、官僚主義固然可怕，但更可怕的是理論家們的教條主義，因為教條主義是從主觀主義和官僚主義來的，並且在製造新的更厲害的主觀主義和官僚主義。（6月1日《人民日報》）他有這一篇文章和這次發言，就足夠劃為右派分子了。

　　這種右派言論，不但在中央統戰部召開的座談會上有了不少，外地也有。例如中共天津市委統戰部召開的工商界座談會上，天津市工商聯常委榮子正說，黨對待中國民族資產階級問題，都是根據馬列主義理論辦事，可是許多馬列主義的理論著作，都是很早的時期寫成的，把這些理論搬到中國來運用，很多地方對不上號。譬如，政治經濟學裡面說，獨立勞動者上升為剝削者之後，原來的資金，很快就花光，然後則不勞而獲。中國民族資產階級則不然，我們是勤勞肯幹，賺的多，花的少，而且在我們上升為剝削者之後，也不是坐享其成，不勞而獲，而是操勞更重。因此，我們學政治經濟學，很多地方是聽而不信，不能接受。他還談到，中央說要贖買到底，不會是半贖買半沒收。但事實上，贖買代價的實際等於沒收私方剝削的大半。在企業合營以前，稅務局為了多收稅，查帳稽徵時，把每件東西都估得很值錢。而工業、商業管理部門在企業合營時清估財產，又樣樣估得不值錢，結果減少了私方的股金。這些部門進行上述工作時，都說要實事求是，公平合理，這兩種工作也都是在工人監督下進行的。可是兩個「實事求是」，兩次監督，卻使全國私營企業財產由四十五億元變成為合營後的股金二十二億元。（5月31日《天津日報》）

　　當年被看作資產階級最大代言人的，還不是李康年、董少臣、吳金萃這幾位，而是章乃器。毛澤東說，右派的老祖宗就是章伯鈞、羅隆基、章乃器。（《毛澤東選集》，第五卷，第448頁。）章伯鈞羅隆基的情況前面說過了，這裡講一下章乃器其人的情況。

　　章乃器（1897-1977），浙江青田人。十六歲時考入浙江甲種商業學

校。五年畢業，入浙江實業銀行，當了一名每月只有生活津貼二元的練習生，從此進入銀行界。在這家銀行裡，他被逐次提升為營業員、營業部主任，直到副總經理兼檢查部主任。

他自幼能文，在商業學校念書的時候就在《學生雜誌》發表過文章。後來在業餘廣泛閱讀各類社會科學書籍，就憑著自修得到的學力，使他得以當上光華大學和滬江大學的教授。

他很早就有向社會發表意見的強烈慾望。一九二七年他寫信給胡適，說：

> 我是一個銀行裡的職員，我因為晚上有點空，我的精神又極好，我不願意把他消磨在無聊的地方，而我的進款，又稍微有一點羨餘，所以我想要利用這一點空閒的光陰和羨餘的進款，去辦理一種適合個性，而有益於人類、國家和社會的事業。我經長時間的考慮，我決計去辦一個小規模的言論機關，就是《新評論》半月刊。（《胡適來往書信選》上冊，第444頁。）

他希望胡適介紹一批作者為刊物寫稿。這件事不知道胡適辦了沒有。但胡適題寫了刊名，表明他對刊物的支持。鄒韜奮也談到，章乃器為了創辦這刊物的事去找他商談過。（韜奮《經歷》，三聯書店1978年版，第117頁。）一九二七年底，這個幾乎是一人唱獨角戲的刊物問世了。封面上，印著「要做潮流的指導者，不要做潮流的追逐者」這樣兩句口號，是反映著這位主編的志向的。因為言論激烈，刊物只存在一年多就被查禁了。後來他自己評論說：「儘管刊物水平不高，立論是那麼天真而幼稚，但勇氣和毅力是得到一般好評的。」（章乃器〈七十自述〉，見《章乃器文集》下卷，華夏出版社1997年版，第610頁。）後來他在鄒韜奮編的《生活》週刊、《大眾生活》、杜重遠編的《新生》週刊、金仲華編的《永生》週刊等等上發表的那些政論，是更重要，影響也更大些。從這些文章裡可以看出他當時的政治態度。

例如，《永生》週刊第一卷第八期（1936年4月25日）發表章乃器的〈民族解放鬥爭中的幾個最低要求〉一文，針對國民黨提出的「先安內後攘外」的口號，尖銳地說：「這是亡國滅種的政策，是中了敵人『以華滅華』的毒計！因此，對於這整個的國策，應該有徹底的糾正。我們應該以攘外安

內，以抗敵求統一，以舉國一致對外覓取民族的生機。」這個「舉國一致對外」正是中國共產黨「八一宣言」的精神。

這時，章乃器積極參加了救國會的創立和活動。他在《七十自述》中回憶往事，說：「救國會的文件幾十萬言，十分之九是我執筆的。所有的重大活動，如籌措經費直至群眾上街頭的部署，都需要我參加，工作通宵達旦是常有的。」毛澤東一九三六年九月十八日寫信給他以及陶行知、沈鈞儒、鄒韜奮幾位救國會領袖，說，「先生們抗日救國的言論和英勇的行動，已經引起全國廣大民眾的同情，同樣使我們全體紅軍和蘇區人民對先生們發生無限的敬意！」並表示願意跟他們「更親密的合作」（《毛澤東書信選集》，第63頁）為了救國會的開銷，章乃器用完了自己的積蓄，最後連房子也賣掉了。

章乃器在救國會的活動，使銀行受到了壓力。上海市長吳鐵城，威脅浙江實業銀行總經理李銘：銀行裡不應容留章某，否則對銀行不利。於是李銘找他談話，希望他到英國去留學三五年，費用由銀行供給。章乃器回答說：我願意辭職以免銀行受累。救國會是一件關係國家民族存亡的大事業，我不能離開它。

一九三六年十一月，救國會的七位領袖被捕，章乃器在內。另外的是沈鈞儒、李公樸、王造時、史良、沙千里和鄒韜奮，世稱「七君子」。到七七盧溝橋事變爆發，才放了出來，關了八個多月。在這期間，起訴，答辯，審判，辯護，抗議，慰問，牽動了千百萬愛國公眾的心，圍繞這一事件形成了一股新的救國熱潮。章乃器在這一事件中，同難的鄒韜奮為他留下了一幀簡單的剪影：

> ……上海文化界救國會成立以後，我們晤談的機會才漸漸地多起來。我們的友誼的加深，唯一的媒介可以說是救國運動。尤其使我肅然起敬的，是他為著參加救國運動，雖犧牲二十年辛苦所獲得的行長位置而毫不顧惜。自從他和我一同被捕以後，從捕房的監獄起，中間經過上海特區第二監獄，上海地方法院看守所，上海公安局，以及蘇州高等法院看守所，我們總是羈押在一起。他所念念不忘的只是民族解放的前途，救國運動的開展；至於對他自身的遭遇，我從未聽見過他有一言一語的自怨自慰。（鄒韜奮《經歷》，第117頁。）

抗日戰爭爆發，舉國一致對外的局面已經出現。這正是他和救國會同人幾年來追求的目標。一九三七年九月一日章乃器在《申報》上發表了〈少號召多建議〉一文，說明他在抗日民族統一戰線開始形成時的政治主張。他說：

> 在國策還未確定的時候，我們不能不多作政治的號召，使國策能夠早點確定下來。在國策已經確定的今日，我們卻應該少作政治的號召，多作積極的建議，使國策可以早點充實起來。國家到了生死存亡的時候，政府既然已經有確定的國策，有點心肝的人，誰還願標新立異以鳴高？大家應該是集中力量、培養力量之不遑，那能再存彼此派別之見，在明爭暗鬥中再消耗一絲一毫的國力。（《章乃器文集》下卷，第376頁。）

毛澤東認為，章乃器發表此種言論，是「小資產階級急進分子政治上的投降舉動」（《毛澤東選集》第二卷，第392頁）。因為毛澤東從始至終牢記統一戰線中共產黨的獨立性，章乃器在這裡卻不贊成獨立性。這是章乃器的言論第一次受到毛澤東的批評。

一九三八年一月章乃器應李宗仁的邀請出任安徽省政府財政廳長。那裡正是新四軍集結和活動的重要地區之一，他以換取統一稅收的名義，每月由省財政補助新四軍三萬元。一九三九年五月他被免職，即在重慶經營實業，同時繼續從事救國會的活動。

一九四一年，蘇聯與日本簽訂《蘇日中立條約》，條約的附件宣言：「蘇日雙方政府為保證兩國和平與友好邦交起見，茲特鄭重宣言，蘇聯誓當尊重滿洲國之領土完整與神聖不可侵犯性；日本誓當尊重蒙古人民共和國之領土完整與神聖不可侵犯性。」

這個嚴重損害中國領土主權的完整的條約，在重慶立刻引起了強烈的反應。中國政府鄭重宣佈，條約涉及中國的部分是無效的，並指示駐莫斯科大使要求蘇聯方面澄清。一些長期同共產黨合作的對蘇聯態度一貫友好的民主人士都覺得困惑，不但無法答覆他人的質問，甚至無法解開自己心中的疑問。黃炎培在他的日記中說：

一九四一年四月十三日下午二時，日松岡與蘇莫洛托夫在莫斯科簽訂中立協定。四月十七日十一時，招周恩來、董必武來，舜生、伯鈞亦到，請中共表示態度。周極言蘇聯此約乃其一貫之政策，與對華毫無關係；至中共態度，決不因此變更云云。董略同。（轉引自周天度主編《七君子傳》，中國社會科學出版社1989年版，第660頁。）

　　在重慶的救國會的一些領導人，對此也深表憤慨。而且，救國會作為一個有影響的政治團體，對於這一舉國上下嚴重關切的事件，不能不表明自己的態度。他們集會討論之後，於四月十九日發出致蘇聯領導人史達林的信，同時將此信在中國報紙上公開發表。這封信是公推王造時起草，張申府審查，集體通過後發出的。簽名的是沈鈞儒、劉清揚、王造時、李公樸、張申府、沙千里、章乃器、胡子嬰、史良九人。信中說：

　　今貴國於四月十三日與我們的侵略者日本帝國主義訂立中立協定，並發表宣言相互尊重所謂「滿洲國」及「蒙古人民共和國」領土之完整與不可侵犯性，顯然妨害我中國領土與行政的完整，我們不能不表示莫大的遺憾。故對於我政府宣佈其無效的鄭重聲明，絕對擁護，且深信這是我國四萬萬五千萬同胞的公意。

　　應該說，這封信措詞還是很溫和的，只表示了遺憾卻沒有抗議，而且對「友邦一時的苦衷」表示了理解，表示了依舊對蘇友好的態度，信中說：「我們亦為景仰貴國之人，並且自信今後亦為能同情貴國之人。對於中蘇兩大民族攜手向人類解放途上邁進，尤具無限的期望。」（轉引自周天度主編《七君子傳》，第658、659頁。）

　　這件事情，站在一個中國人的立場上看，是非常自然的，可以說是一種責任。可是如果從國際主義的立場看，發出這封信就是一種嚴重的錯誤甚至罪行。什麼是國際主義呢？史達林有一個簡明扼要的公式：

　　誰決心絕對地、毫不動搖地、無條件地捍衛蘇聯，誰就是國際主義者，因為蘇聯是世界革命運動的基地，不捍衛蘇聯，就不能捍衛並推

進世界革命運動。要知道，誰想撇開蘇聯、反對蘇聯而捍衛世界革命運動，誰就是反對革命，誰就必然要滾到革命敵人的陣營裡去。（《史達林全集》第十卷中文版，第47頁。）

按照這個公式，救國會的這封信使蘇聯處於尷尬的境地，當然也就是「滾到革命敵人的陣營裡去」了。

那時共產國際還沒有解散，作為共產國際一個支部的中國共產黨必須對救國會的這一行動表明自己的態度，並設法加以補救，要不然在史達林那裡不好交代。那時周恩來正在重慶，就來解決這個問題。關於這事，當時是章乃器妻子的胡子嬰回憶說：

一九四一年，蘇聯因戰略上的需要，和日本簽訂了互不侵犯的協定，其中有涉及中國主權的地方，國民黨報紙即借此攻擊蘇聯，救國會也發表宣言，對蘇聯提出抗議。周恩來同志知道後，認為這樣做不適宜。沈衡老表示救國會要作自我檢討。章乃器對這件事很不以為然。他認為救國會發表宣言是救國會的事，共產黨無權干涉，救國會也不應該檢討。他爭之不得，就退出了救國會。章乃器退出救國會時，要我隨同他一同進退，我沒有接受。（胡子嬰《我所知道的章乃器》，見《文史資料選輯》第82輯，第80頁。）

夫妻之間的政治分歧，導致了半年之後的離異。

七君子中的鄒韜奮當時不在重慶，沒有簽名於致史達林的信。五月二十九日他在香港，同茅盾、金仲華、惲逸群、范長江、于毅夫、沈茲九、沈志遠、韓幽桐一共九人聯名發表了〈我們對於國事的態度和主張〉，其中說：

最近一般別有用心之徒，抓住蘇日中立協定，而以各種方式煽動反蘇宣傳，其處心積慮，正要使我與援我最力的蘇聯關係疏遠，而遂敵人的狡謀。是故確定獨立自主外交原則，在今日已為迫切之舉。（轉引自韜奮《經歷》第317頁。）

　　這裡費解的是「獨立自主外交原則」一語。如果說「恪守國際主義原則」就文從字順了。救國會的這篇檢討我未找到，不知怎樣寫的，想來其要旨當與鄒韜奮等九人的聲明相去不遠吧。

　　附帶說一說，救國會這封信給史達林留下了不可磨滅的印象，影響了他對中國民主黨派的看法。伍修權的回憶錄中談到一九五〇年初他參加的第一次中蘇會談，說，「當時新中國成立才兩個多月，蘇聯對我國的情況特別是某些方針政策是持懷疑態度的，例如……我國的一些民主黨派和無黨派民主人士參加政府，蘇聯就懷疑我們會不會執行親英美的路線等等。」（《中共黨史資料》第4輯，第57-58頁。）

　　一九四五年十二月，章乃器和胡厥文、黃炎培、施復亮等一起發起建立了民主建國會。他在成立大會上說，國共兩黨，仇恨太深，必須第三者組織起來，團結起來，以公正之態度做和平統一的基礎才行。表示了成為國共兩黨之間的一種政治力量的想法。

　　一九四七年章乃器流亡香港，那時的情況，他在《七十自述》中回憶說：

> 我創設了港九地產公司。在政治活動方面，我又成為「宣言專家」。各民主黨派在香港聯合發表的文件，又幾乎全數是我執筆的。資本主義商業的經營這時也達到了最高峰，我獲得了相當多的利潤。

一些事情，當時同在香港的徐鑄成說得更詳細些：

> 一九四八年《文匯報》在港創刊時，他也在香港。在當時流亡香港的民主人士中，他最長袖善舞，經濟上最有辦法。他開辦了一個企業叫「上川公司」，設在大道中的大華大廈裡。主要業務是經營地產，買進地皮，包工建造大廈，分層出賣，業務很順利。他曾經和我談過，香港的市面必定日趨繁榮，地產的總趨勢，必定日益看漲。當時，由於國內局勢的急轉直下，香港很多人對前途是消極觀望的，而今天擁有大量地產的企業家，當時還遠未露出頭角。……我忽發奇想，假使章乃器一直不走，以經濟之長才，如炬之目光，孳孳為利，或者還可以取得政治上的方便，那末，他可能已是億萬富翁，車馬盈門，安享

清福了。而現在⋯⋯不必談了。這當然只是一個不現實的奇想。他是一個為民主英勇鬥爭過來的戰士，怎麼能在久已憧憬的局勢實現時，袖手旁觀呢！（徐鑄成《風雨故人》，浙江人民出版社，1958年版，第85-86頁。）

情況也正是這樣，他自己也說，「正因為圖利生涯同我的理想矛盾，所以，在一九四八年終，我接到中共中央的電召，便毅然捨去，秘密返回瀋陽，參加了新政協的籌備工作。」（《七十自述》）

中華人民共和國成立，章乃器被安排為政務院政務委員兼編制委員會主任。一九五二年八月七日中央人民政府委員會第十七次會議決定成立糧食部，又受任為糧食部部長，同時還是全國工商聯副主任委員和中國民主建國會中央副主任委員。

「百花齊放、百家爭鳴、長期共存、互相監督」的方針提出之後，章乃器發表了好幾篇文章和講話，提出了好些頗引起爭議的論點。一九五六年十月舉行的中國民主建國會中央常務委員會擴大會議和十一月舉行的一屆二中全會對他的一些論點進行了批評。當時受到批評的論點，例如，章乃器說，民族資產階級的兩面性，在全行業合營後，已經基本上消滅了。至於思想作風上的兩面性，那是長期的思想改造問題。不單是工商界要這樣，許多人都要這樣。在這個意義上，資產階級的兩面性已經不存在了。在工人階級領導之下成為一個革命階級的中國民族資產階級，說它是紅色資產階級是說不到什麼誇張的。工商界進入社會主義，能交出企業而無所留戀，比那些赤手空拳、喊口號、貼標語的人進入社會主義還好些，等等。一個會議文件的標題就是：〈中國民主建國會中央常務委員會關於在一九五六年十月十一日到十月二十九日十五次中央常務委員會擴大會議上討論章乃器同志所提出的幾個主要原則問題的情況和意見向第一屆中央委員會第二次全體會議的報告〉，可以知道：批評章乃器，就是這次常委會和中央全會的中心議題。

章乃器對這些批評卻是很反感、很抵觸的。他在十一月十七日向會議提交的一份書面發言中說：

本會過去工作中的偏向，主要地是某些自命為革命知識份子者（這中間就有少數教條主義者）的左傾機會主義同某些工商界分子的

怕右過左作風的結合。……直到今天。這些犯錯誤的人有的仍然以改造者自居，製造政治壓力和群眾壓力，對一般工商界會員實行組織的控制，企圖繼續通過壓力進行思想改造。我以為，他們不應該再錯誤下去了。他們真是左的面目，右的實質；是典型的資產階級和小資產階級的個人利己主義的立場，而絕不是為什麼工人階級的立場。

在一個大會上討論理論性的問題，而且造成了群眾鬥爭的形勢，的確是不相宜的。我們今天提出的問題，顯然都不是社會科學的ABC所能夠解決的。比如，領導和被領導的關係，階級地位和階級思想的劃分，人的階級性和人的共性等等，我們都不會是茫然無知的。我們的問題不會發生在文字表面的理解，而只會發生在深入到內容的鑽研。因此，爭論的雙方必須互相尊重，平心靜氣地各就對方的論點加以細緻的分析，提出實事求是、恰如其分的批評，這才有利於互相提高、正確解決問題。但一形成了大會上群眾鬥爭的形勢，情況就大大不同：斷章取義、無的放矢……都變成了難以避免，也不能設想沒有嘩眾取寵的人。老實說，發言中能夠對我有幫助的，還只有那些舉出具體情況的實際工作者。有些理論家的論點是沒有什麼說服力的，例如，千家駒同志的認為人的高級神經的第二信號系統——語言和文字只起工具的作用，這說明他還沒有掌握巴甫夫學說的常識。他提出人本主義也是生拉硬套的。如果我們說：階級鬥爭總是在人類社會裡進行的。難道這也是人本主義？

（《章乃器文集》下卷，第556-559頁。）

可以想見會場上那種類似鬥爭會的氣氛。

毛澤東對於民主建國會這次批評章乃器的會議表示了贊許，他在一九五六年十二月四日寫給民建主任委員黃炎培的信中說：「你們的會議開得很好，謹致祝賀之忱！批評和自我批評這個方法竟在你們黨內，在全國各地工商業者之間，在高級知識份子之間行通了，並且做得日益健全，真是好消息。」（《毛澤東文集》，第七卷，第164頁）

章乃器在事實上並沒有接受批評。這次會後，他依然一再發表文章和講話來宣傳這些被批評的論點。

在〈從「牆」和「溝」的思想基礎說起〉一文中，章乃器以為，史達林所說的「我們共產黨是具有特種性格的人。我們是由特殊材料製成的」這句話是不科學的，是帶著神秘主義的色彩。這個說法可以被理解為共產黨員一生出來就是做共產黨員的材料。由於這一句話的影響，可能有不少非黨人士便以特殊的眼光看待黨員，某些修養不夠的黨員，也就不免以特殊自居了。這樣，這一句話自然也就成為「牆」和「溝」的一種思想基礎了。

這種黨員以特殊自居的現象在理論方面的表現，這篇文章指出，關於馬克思列寧主義的掌握，也有「只此一家，別無分店」的意味。章乃器說，毫無疑問，黨是革命理論的權威，這是沒有人能夠否認的。但這絕不等於黨對革命理論的「壟斷」；絕不是如某些人所想的那樣，只有黨員可能是馬克思列寧主義者，而非黨人士就不可能在革命理論學習中取得成績。在這種錯誤思想的支配下，就使得黨所推動的理論學習在許多場合變成了教條主義的推廣。某些黨員以「理論大師」的地位出場，旁若無人，當然也容易變成教條主義者。

章乃器說，在「拆牆」、「填溝」的工作中，批判共產黨員是特殊材料製成的這一條教條是必要的。他還以為，如果黨在檢查大國主義和大漢族主義之外也檢查一下大黨主義，情況可能是很嚴重的。當然，在這同時，民主黨派也應該檢查自己的不接受領導的資產階級政黨思想。

這篇文章還談到黨的領導方法問題，認為「以黨代政」的情況的確是存在的；中央較少，愈到下層愈多，不少黨員對國家機構的作用還沒有足夠的認識，沒有充分認識到國家機構是黨進行革命和建設社會主義的武器。章乃器表示同意這樣一種提法：黨的領導有如神經系統，科學研究領導、文藝領導、行政領導有如呼吸系統、消化系統、循環系統等等；黨的領導貫徹到各個系統，但不能代替各個系統的作用。他自己還提出了另一個比喻：黨組織有如戲劇的編導，其他國家機構有如演員、藝術技術人員和管理人員。編導一般不必自己上前臺，更不應代替藝術技術人員和管理人員。他以為這樣領導更加主動。以人民鬧事為例，如果先讓行政負責處理，黨組織加以指導和支持，只有在十分必要的時候才出來作解釋和說明，事情就可以處理得更好一些。如果一開始就親自出馬，處理得好固然沒有什麼，處理不好就鬧僵了。

　　章乃器還對中共統戰部的工作提了一些批評。認為統戰部在處理民主黨派內部分歧的時候，是強調集中的一面，放鬆了民主的一面，扶植某一個派別，壓服其他意見不同的分子或派別，而沒有堅持講清道理、明辨是非。因而曾經助長了一些獨裁作風和家長作風。自然也就助長了宗派活動。更由於某些黨員的官僚主義和某些非黨人士以「上司」對待黨員，看起來有時似乎統戰部在參加宗派活動。實際上，今天在民主黨派中進行宗派活動，如果不是若隱若顯地拿起統戰部的幌子，是不大可能的。章乃器還指出，統戰部對人的鑒別往往採取簡單化的方式，唯唯諾諾，隨聲附和，容易對待的，以至善於幫同壓服不同意見的，便算積極，便算忠實；歡喜提意見，而又堅持自己的主張的，總不免感到麻煩，便作為「鬧獨立性」。這就為什麼黨一再提出反對個人崇拜，提出不要有無原則的捧場，而個人崇拜和無原則的捧場仍然存在；黨再三要求聽到不同的意見，而不同的意見總難充分發揮。（5月14日《人民日報》）

　　在〈關於中國民族資產階級的兩面性問題〉一文中，章乃器表示，像毛澤東在最高國務會議上的講話中說的，既然什麼階級、什麼人都有兩面性，都需要改造，民族資產階級當然有兩面性，當然更加需要改造；民族資產階級比起其他的階級，消極的一面而且還要多一些；除了思想、作風問題以外，而且還有不勞而獲的收入的尾巴──定息。毛澤東這樣說，是完全可以接受的。而像前些時某些教條主義者所說的卻很難使人從思想上接受。因為工商業家所熟知的兩面性是指政治上革命與不革命甚至反革命的兩面性，和經濟上有利於國計民生的積極的一面與不利於國計民生的消極「五毒」的一面的兩面性，也就是「五反」鬥爭中說的兩面性。他們不加分析地提出民族資產階級仍然有兩面性，這不能不使工商業家聽了之後驚心動魄！工商業家問：「是不是還要來一個『五反』？」這對充分發揮工商業家的積極性的方針，不能不起到嚴重的反作用。章乃器說，一九五六年初發生了資本主義工商業的公私合營高潮，工商業家敲鑼打鼓歡迎社會主義。很自然的，他們在「五反」鬥爭中所理解到的兩面性，是一去不復返了。

　　章乃器還講了一點邏輯學。他說，歷史上領導者與被領導者的區別，都只能是先進與落後的區別。不能設想：一個先進的階級可以領導一個反動的階級。對於一個反動的階級，唯一的辦法是作為敵人來對待，而絕不可能

是領導與被領導的關係。應該看到，只要這兩個階級的區別稍微再擴大一些，民族資產階級由落後變成了「半反動」，領導與被領導的關係就很危險了！

這篇文章中還提到：階級最後必須消滅，但人是可以改造的。從這點來看，階級本質與人的階級特性是有所不同的。教條主義者是不善於分析的，他們機械地把這兩者完全等同起來了。這樣把階級和組成階級的一個個的人分開來看，並不是章乃器的杜撰。毛澤東一九五六年十二月同工商界人士談話，就說了作為一個階級是要消滅的，但人都包下來的話，這裡章乃器不過是引據了這個觀點。他並就此加以發揮說，資產階級的本質——剝削，的確是從「娘胎」裡帶出來的。從資產階級的生命史來說，剝削的本質真是「與生俱來，至死方休」的。資產階級分子——資本家的階級特性卻並不是「與生俱來，至死方休」的。難道曾經有從娘胎裡出來就一定要當資本家的人？因此，他又一次表示不贊成「脫胎換骨」這種提法，以為這樣是把改造工作神秘化起來，使人望而生畏。這意思，他在五月八日統戰部召開的座談會上也說過。

文章的結尾部分說，應該肯定：在民族資產階級的兩面性當中，積極的一面是主導的、發展的，消極的一面是次要的、萎縮的，而主要的消極表現是自卑和畏縮。（《章乃器文集》下卷，第569-574頁。）

一九五七年五月三十一日章乃器在中國民主建國會全國工商改造輔導工作座談會上講了一篇話，《大公報》（6月1日）和《人民日報》（6月2日）都做了報導。他認為報導中有幾點同他當時所說的有相當大的出入，於是自己將這些意思寫成〈關於工商改造輔導工作的幾個問題〉一文。其中像民族資產階級兩面性的問題，把階級和人分開來看的問題，都是重複以前文章中說過的話，只是增加了一些對於座談會上聽到的批評的回答。但也有些意思是以前文章中沒有說過的。

章乃器說：何以有些公私合營企業的工作效率反而不如私營時期呢？何以有些社會主義企業甚至有些國家機關的工作效率反而不如現代化的資本主義企業呢？當然，這主要地是由於社會主義要注重整體性，上下左右的關係要複雜得多，行動起來不可避免地要遲緩一些。但，是非不明，存在「三害」，也是很重大的因素。由於「三害」的存在，儘管按整體算起來，我們

還是比資本主義國家前進快得多，但不應有的損失已經不少，社會主義制度
優越性的發揮，已經打了很大的折扣。何以現代化的資本主義企業會有較高
的工作效率呢？理由也很簡單。資本家除了要圖利之外，還有一種企業心，
為了圖利，為了搞好企業，他們自然要用人才。他們並不愚蠢，他們很會精
打細算。他們知道，只要一個人能做三個人的事，就可以大賺其錢，同時也
搞好了企業；反之，如果五個人只能做一個人的事，那就要破產。像我們這
次整風當中所揭露的某些企業、機關在人事方面「德重於才，以資代德」等
等是非不明的偏向，在現代化的資本主義企業中是很難公然存在的。章乃器
說，我曾經這樣想：官僚主義是比資本主義更危險的敵人。因為資本主義已
經肯定不可能在我國復辟，而官僚主義卻隨時可以在我們的思想中甚至工作
中復辟。在資本主義當中，我們還可以取其精華，去其糟粕，找出一些在生
產、經營上有益的經驗和知識，為社會主義服務；而官僚主義則是「一無是
處」的糟粕。這就是為什麼一個社會主義企業加上了官僚主義，效率反而不
如現代化的資本主義企業的理由。官僚主義如此，「三害」就更不必說了。

　　這篇文章還提出了一個定息的性質問題。章乃器說，過去有人說定息
是剩餘價值；後來有人出來糾正了，認為是剝削，而不是剩餘價值。他認為
這個提法不合邏輯。他說，如果今天的工人仍然被剝削，那就不能不對私方
有對抗。那樣，階級關係就不可能是非對抗性的矛盾了。既然已經肯定階級
關係是非對抗性的矛盾，就沒有理由說定息是剝削。我想，說定息是不勞而
獲的收入是比較合理的。從整個階級來說，定息是剝削的殘餘；而具體到個
別的階級分子來說，定息是不勞而獲的收入。他還談到，也不能籠統地說，
定息同銀行存款的利息有本質的不同。有些人在解放以後，為了響應政府發
展生產的號召，把銀行存款取出來，投入企業；過去幾年的股息收入還不如
存款，今天的定息也不如存款，還要負剝削的惡名；他們心中是不服的。

　　對於當時規定的股本超過兩千元的就算是資本家這條界限，章乃器也
以為值得重新討論。他說，兩千元的數字太小了。據我瞭解，不少職工的儲
蓄存款都超過兩千元。資本稍微超過兩千元就算一個資本家，似乎不夠合
理。（6月9日《大公報》）

　　在中共中央統戰部和國務院第八辦公室聯合召開的工商界座談會上，
好些人的發言都批評了章乃器的這些文章和講話。五月二十四日千家駒的長

篇發言，點名批評了畢鳴岐和李康年，同時在幾處地方不點名的批評了章乃器。例如，千家駒說，工商業者從資本主義社會出身，習慣於老的一套，說全行業合營後，即脫胎換骨，不留戀資本主義，似乎是不符實際的。有朋友說，「脫胎換骨」這句話要不得，易使人想到下句就是「抽筋剝皮」。一聽就知道這裡說的「朋友」是章乃器，千家駒引孫曉村的話反駁說：為什麼下句話不是「超凡入聖」呢？這不是很好一句話嗎？

千家駒的發言中，在提出他不同意畢鳴岐的一些說法的時候，順口說道，我們更不能同意認為民族資產階級放棄生產資料而毫無留戀，比那赤手空拳的工人更加光榮。這種看法是不正確的。畢鳴岐以為這話也是說他的，在下次發言時聲辯說：這句話我不僅是沒有說過，在我的思想深處也沒有，我也沒有聽說民族資本家說過。（5月30日《人民日報》）這是他多心了。千家駒說的是章乃器，這意見在半年前舉行的民建一屆二中全會上批評過，只是畢鳴岐不知道罷了。千家駒還說，有人說，資產階級有兩面性，工人階級中不也有進步、先進與落後保守的兩面性嗎？對於章乃器說過不只一次的這個意見，千家駒反駁說，這不是一回事。工人階級的落後保守一面和資產階級的消極性性質是有不同的，工人階級也需教育，也需改造，但決不是「破資本主義」的問題。（5月25日《人民日報》）

看來章乃器並沒有接受千家駒的批評。他在〈關於工商改造輔導工作的幾個問題〉（6月9日《大公報》）一文中作了一點反駁。他說：

> 說「脫胎換骨」之下可以加一個「超凡入聖」，那更是想入非非的粉紅色的夢。我想，我們所期求的未來，是大家都成為平凡的勞動人民。倘使要大家都超出凡人，變成聖人，將來出現了一個「聖人社會」，那倒有點像儒家所歌頌的「唐虞之世」，這肯定不是我們的方向。我看，現在可能已經有一些以「改造者」自居的人物，自命為已經「脫胎換骨，超凡入聖」。這種人很危險，他們會在有意無意中變成了特權人物。如果深入地進行檢查，很可能會在他們的身上發現痕跡不斷加深的「小資產階級」的烙印。我坦白地說，我很怕做聖人。做了一名高級幹部，人們平時對你提意見有顧慮，接近也有顧慮，已經很不好受。倘使再做了聖人，在一片歌頌聲中整天受人崇拜，隨

　　便說一句話人們就把它當作「聖旨」，弄得坐立不安，吃飯睡覺都不
　　自在，那可真有點活不下去。我知道，許多人都不願意做聖人，可見
　　「此路不通」。我和許多人一樣，只願做一個平凡而不庸俗的人。
　　（《章乃器文集》下卷，第584頁。）

　　千家駒以外，座談會上批評章乃器的還有一些人。民建中央委員、中國人民大學教授吳大琨在六個問題上批評了章乃器，他找出了史達林《追悼列寧》的全譯本，說章乃器是從《聯共黨史》轉引「共產黨員是由特殊材料製成」一語來立論，是曲解了史達林。吳大琨以為史達林的本意只不過是說黨員和普通工人是有區別的，而章乃器反對這一點，實質上就是反對黨是無產階級的先鋒隊的理論。章乃器說《人民日報》社論中「服從公方領導」的提法是片面的，實際上就是反對黨的領導。章反對提脫胎換骨的改造，就是要工商界放鬆自我改造。關於兩面性問題，吳大琨教授在反駁章乃器的時候，除了講了一些道理之外，還舉了一個例：胡子昂同志是工商業者，但他在訪問蘇聯時卻能與赫魯雪夫並坐，受到很大的光榮。這就說明中國資產階級因為有了兩面性，所以才有條件能與赫魯雪夫同志坐在一起。這個「兩面性」是光榮的。對於章乃器說的官僚主義比資本主義更可怕這一點，吳大琨反駁說，章乃器同志只看到資本主義好的一面，沒有看到資本主義壞的一面。資本主義是官僚主義的老巢，如英國、美國政府都有官僚主義，他們就不可能像我們這樣地徹底反對官僚主義。還有，他認為章乃器說的定息不是剝削也是不通的。（6月6日《人民日報》）那時《毛澤東選集》第五卷尚未出版，吳大琨無法知道毛關於赫魯雪夫的一些內部講話，還把胡子昂同赫魯雪夫坐在一起照相看作難得的殊榮，這是可以原諒的。

　　王光英也批評了章乃器。他說，定息明明是剝削收入，有人硬說是不勞而獲。這個提法代表不了我們工商界。說官僚主義是比資本主義更危險的敵人，我也不同意這種說法，資本主義就是官僚主義的大本營，沒法和社會主義比，如果說資本主義國家效率高毋寧說是剝削藝術高。（6月6日《人民日報》）

　　山東省工商聯主任委員、山東省副省長苗海南也批評章乃器。他說，有人聽到「脫胎換骨」，就聯想到「抽筋剝皮」，也有人比喻為「超凡入

聖」，我認為這幾種說法都對。請問：「脫」資本主義之「胎」，「換」社會主義之「骨」有什麼不好呢？「抽」資本主義之「筋」，「剝」資本主義之「皮」有什麼不好呢？「超」資本主義之「凡」，「入」社會主義之「聖」又有什麼不好呢？有人問我思想改造到什麼時候完結，我用了唐詩上兩句回答：春蠶到死絲方盡，蠟炬成灰淚始乾。我認為活到老，改造到老。（6月7日《人民日報》）

工商界座談會開到六月八日為止。七日的會，佈置了孫曉村、千家駒、孫起孟三人作長篇發言，駁斥座談會上和會外的種種抵抗改造的錯誤論調，這已經是帶總結性的發言了。

孫曉村首先談到當前合營企業中公私合作共事關係問題，這正是座談會初期來自各地的工商界人士訴了不少苦的題目。儘管他發言的主旨是批駁反改造的言論，也還是承認這方面存在的問題不少，承認這些問題嚴重影響私方人員積極性的發揮，對於企業的生產經營十分不利。他在分析產生這些問題的原因的時候，採取了雙方各打五十大板的公正態度，平分了責任。他認為，從公方人員講來，相當普遍的是由於經驗不足，以及有些人作風不良，但是最重要的還是對工商業者的巨大變化認識不足。他們自以為忠心耿耿，為黨為國，黨性很強，立場很穩，其實是違反了黨和政府的方針政策，使企業的生產經營受到影響，私方人員積極性受到挫折，並且懷疑黨的政策是一回事，執行起來又是一回事。另一方面，孫曉村也認為合營之後私方人員存在工作不夠主動，有自卑感，有作客思想，政治責任感不強，對於有職無權不敢據理力爭，對於黨和政府的政策將信將疑等等問題。

孫曉村表示不同意章乃器在〈從「牆」和「溝」的思想基礎說起〉一文中對統戰部的批評。他認為，在工商界和民建成員中有左、中、右之分，是客觀存在。統戰部與左派既然意見比較一致，當然要多一點接觸，這能說是統戰部在參加宗派活動嗎？

孫曉村在結束發言的時候說，我們幫助黨整風，有一個立場問題，這個立場就是「一切為了社會主義」。他特別提出：最近這一大鳴大放期間，我們工商界和民建同志對黨提出了不少批評和意見，有一部分批評和意見是錯誤的，其中有些意見甚至在不同程度上表現出對黨、對工人階級、對馬列主義、對社會主義這些根本問題上的極端錯誤的態度。孫曉村講的這段話，

不知道在場的工商界人士聽懂了沒有。他在這裡是對不到二十四小時就要打響的反右派鬥爭作一含蓄的預告。

千家駒的發言就今天民族資產階級的兩面性問題和定息是不是剝削的問題再一次反駁了章乃器。他還談到李康年，認為他的建議雖也包含少許合理的東西，例如簡化手續，但總的精神是牢牢的站在資產階級的立場，替資產階級的打算真可說是無微不至。

千家駒說，工商界今日的心情我們是可以理解的，他們有的人有一肚子委屈，要一吐為快，但不要以感情代替了理智，訴苦不能代替分析。有人說，我們是給黨整風，而不是給工商業者整風，但給黨整風的目的是為了改進黨的工作，是為了建設社會主義，而絕不是用資本主義思想來代替社會主義思想。千家駒談到百家爭鳴，以為這決不是說可以用資本主義來反對社會主義，更不是說，即使有人提出了反對社會主義的論調（自然今天公開提出反對社會主義的人是不會有的，他總是改頭換面以各種不同面目出現），也不許我們加以反駁。他這番話，也可以看作一場空前規模的反駁（反右派鬥爭）即將開始的信號。

孫起孟的發言首先肯定黨在私營工商業的社會主義改造方面的方針政策是正確的，工作成就是根本的一面，主要的一面，他認為民族資產階級的兩面性仍然存在，批評了章乃器那種把資產階級兩面性說成同工人階級一樣的意見。（6月8日《人民日報》）

六月八日《人民日報》發表〈這是為什麼？〉的社論，宣告了反右派鬥爭的開始。工商界座談會到了應該結束的時候了。這天開了最後一次會。

全國工商聯副主任委員、中國民主建國會中央副主任委員李燭塵發言。他大約早晨起床之後還沒有來得及閱讀當天的報紙，還不知道政治風向已經突然轉變。他還在說，現在，從中央到地方，熱火朝天地掀起了幫助黨整風、對黨提意見的浪潮，全國工商界座談會上，大家都談得很好。我們工商界存在問題很多，也是黨搞好整風運動的一股不容忽視的值得依靠的力量。從民建會收到的各地的材料看起來，有些工商業者對於「鳴、放」是有顧慮的，他們的顧慮不是沒有原因的，還有不少人正在看北京的風向行事。長沙有一份材料反映：一個會員揭露了公私矛盾以後，又表示後悔了；一個會員錯誤地認為：「北京鳴放情況現在進入分析和收的階段，上海的工人也

說話了，自己也有不敢大鳴之感。」這些看法和說法是不應該有的。應該充分地信任黨，因為黨對於接受任何方面提出的任何意見，都是敞開著大門的。李燭塵認為，所有的懷疑顧慮都是多餘的，全國工商業者要破除任何思想障礙，把幾百萬雙眼睛所看到的東西，幾百萬顆心裡所想到的東西，從嘴裡說了出來，讓黨聽到我們的聲音，做到實事求是地有的放矢，而不是感情用事，這正是表示我們對黨、對社會主義事業的無限忠誠。李燭塵還批評了合營企業的公方代表和不少黨內人士，說他們仍然只知道強調階級關係，沒有注意到形勢已經有新的發展，兩個階級的階級鬥爭，已經不是我們國家的主要矛盾。他們低估或者無視工商業者的積極性的一面。

既然李燭塵認為座談會上大家都談得很好，所以他沒有批評誰，像李康年、董少臣、吳金萃、畢鳴岐，乃至章乃器的意見，他都沒有批評。

民建中央另一位副主任委員胡厥文發言。他說只有大公無私的中國共產黨才能夠這樣虛懷若谷地傾聽人民的意見，樂於接受各種非常尖銳的批評。但是，他認為，決不能認為爭鳴中一切意見都是正確的，黨都應該照單全收。比如，對於章乃器同志最近在報上所發表的幾篇文字和談話中的許多論點，我是不能同意的。他說「脫胎換骨」是增加工商業者無窮憂慮，說官僚主義比資本主義還可怕，說定息不是剝削而是「不勞而獲」等等，不僅是我不能同意，大多數工商業者都是不能接受的。

全國工商聯主任委員陳叔通發言。他在兩面性、定息、脫胎換骨等幾個問題上批評了章乃器，說章是在爭鳴的掩飾下販運資產階級思想的突出典型。

這天座談會結束時，李維漢作了總結發言。他說，座談會上提出和接觸到的批評和意見，大多數是正確的，是善意的；有一部分是錯誤的，其中一部分錯誤的性質是嚴重的。李維漢沒有點章乃器的名，但是點出了他的一些論點，說，在我們的座談會上，這種論調受到不少朋友的批駁，不是偶然的。這種論調和攻擊，是在反教條主義的幌子下，進行以修正主義攻擊馬列主義、以資產階級思想反對工人階級思想的鬥爭，這實際上就是社會主義和資本主義之間的兩條道路的鬥爭。（6月9日《人民日報》）

座談會結束之後，收到章乃器提交的一篇書面發言，其中對吳大琨、孫曉村作了反批評。舉例說明他們是在改動了章乃器的原話再來批判的，章

說：這不是睜開眼睛撒謊，便是健忘。這樣的辯論作風究竟正派不正派，是值得他考慮的。

孫曉村對他的批評是登在六月八日《人民日報》上的，想必章乃器也看了同一天報紙的社論〈這是為什麼？〉。被徐鑄成稱讚為目光如炬的他，應該立刻明白這篇社論所傳達出來的資訊吧。可是有意思的是，他在書面發言的結尾處寫道：

> 我願意告訴工商界：整風運動是一定要進行到底的；共產黨絕不會做半途而廢的事情。共產黨代表了工人階級忠誠老實的品質，是不會表面一套、裡面一套的。我們要完全相信黨的方針、政策，用老老實實，實事求是的態度揭發矛盾，幫助黨做好整風工作。不要怕扣帽子，更不要怕受打擊。整風運動從某一些角落來看，肯定會有曲折，肯定會有過「左」，過右的偏向，但黨是會明是非的，是非最後也一定會明的。

他是不是把社論中提到的匿名信事件只看作是某一些角落裡的曲折呢？或者，他是不是雖然預感到了大的曲折卻還是故意要這樣說呢？

兩天之後，六月十二日，全國工商界的反右派鬥爭開始了。就從批判章乃器開始。這天，全國工商聯執委會常務委員會開會批判章乃器。在以後的幾天裡，全國工商聯和民主建國會兩個常務委員會多次舉行聯席會議，批判章乃器。眾口一詞，都說章乃器錯了。

第一個發言的是樂松生，他說，章乃器反社會主義的言論已經發生了很壞的影響。北京工商界短期講習班裡有些學員已受到了迷惑，錯誤地認為章的意見代表工商界人士的思想。我認為工商界人士應該學習最近《人民日報》的有關社論，辨明是非，給章乃器的反動思想以狠狠的批評。

當敲鑼打鼓慶祝進入社會主義的時刻，樂松生是在天安門城樓向毛澤東報喜的代表人物，這時他當然有資格第一個發言。他忘記了說的是，他本人也曾受到章乃器的迷惑。僅僅四個星期以前，五月十六日，他在工商界座談會上，也說了「有些公方存在宗派主義，只相信黨員、團員、工人，不相信私方人員。」「私方交出企業後，剩下的就是工作，如果大膽使用，對社

會主義有什麼不好呢？我親身體會到，資本家交出企業不是容易的事，這是脫胎換骨。」「有的公方很小的事情都使私方不愉快。」（5月17日《人民日報》）這樣的小事不必細說，且放過一邊。這時樂松生大約不會想到，十年之後他會慘死在文化大革命之中。

批判會上，胡子昂發言，說章乃器的錯誤不是偶然的。去年民建會二中全會上，大家對他的錯誤曾進行過幫助和勸告。最近我還同他進行了爭論，但他一直堅持錯誤的觀點。我們應該對這種錯誤思想給予嚴肅的鬥爭，不能讓它流傳開來。

這裡提到的二中全會的幫助和勸告，章乃器並不領情。他在座談會後提交的書面發言中說，在黨提出了「百花齊放、百家爭鳴」和「長期共存、互相監督」的方針之後，居然還有人對思想問題組織「圍剿」，就是他對這種幫助和勸告的評價。

苗海南說，章乃器的言論在工商界中已引起了壞的影響，工商聯領導上應該趕快起來加以駁斥。我們一方面要趕快寫文章、發指示，澄清工商界的思想；另一方面，大家再對章乃器進行一次同志式的幫助。

朱繼聖說，章乃器針對我們資產階級有動搖性的弱點，向我們灌輸資本主義思想。我們要批判章的言論，同時還要繼續幫助黨整風。

王光英說，章乃器的陰謀詭計，一是給同他辯駁的人亂扣帽子，說是教條主義；二是打拉的戰術，拉李康年畢鳴岐，打擊積極分子；三是掛羊頭賣狗肉，文章開頭引毛主席的話，下面販賣他自己的思想。

畢鳴岐一聽急了，希望能在他和章乃器之間劃一條界線，連忙聲辯說，王光英說章乃器拉我，我要說明，我的思想和章乃器不同。我是要加強資產階級思想改造，走社會主義道路，他則是要把我們拉回到資本主義道路上去。他說資產階級無兩面性，我說有。我說定息是剝削，他說不是。他同意李康年定息二十年的意見，我不同意。他說資產階級沒有了，我說還存在。他和我是有本質上的不同。章乃器拉不拉我是他的事，我有我的思想。（6月13日《人民日報》）

畢鳴岐此刻來做這樣的表示，已經來不及超拔他自己了，不多久之後的批鬥會上，他也就跟今天的章乃器同樣處在鬥爭對象的位置上。

第二天的會上，陳叔通說，章乃器的思想在工商界已經引起了混亂。

在我看來，章乃器的錯誤已經不僅是思想，而且是行動。煽動、威脅還不是行動嗎？要趕快把他的面貌揭開，要不然有些工商業者會被他拖下水去。

陳叔通之後發言的是黃炎培。《人民日報》說：「黃炎培在會上對章乃器的思想品質上的錯誤和缺點作了揭發和批判。」揭發和批判的內容未作報導。以黃炎培的身份，如果他的發言裡有可供摘錄的，大概不會不摘出刊登的吧。想來他的這次發言不甚得體，只好不予摘錄了。

盛丕華說，我五月二十八日在統戰部召開的工商界座談會的發言中說了「我認為中國民族資產階級是有兩面性的，但是，我不反對別人說沒有。」這兩句話是錯誤的，他表示收回這句話。

畢鳴岐覺得第一天說的還不夠，第二天又說。他首先從章乃器最近的文章和言論中列舉了十六條錯誤論點加以駁斥，他說，章乃器是民主建國會與全國工商聯的負責人之一，在政府中是部長，竟發出這樣似是而非的論點，我們必須同這些錯誤思想劃清界限，並給予批駁，來幫助他分清敵我思想。章乃器的錯誤經過大家的幫助後，希望他有所轉變，自己進行深刻檢查。如果他不這樣做，組織上應有個措施。（6月14日《人民日報》）畢鳴岐在這裡第一個提出要給章乃器組織處理的問題，也許是希望以這樣的表示來擺脫自己的困境吧。

李康年也希望能夠縮回去。六月十五日的會上，他說，我過去的建議中，最不妥當的一點是主張政府發行贖買存單二十二億元，兌現年期分為二十年，我在這裡聲明撤回這一點。但是這個建議的其餘部分仍備政府采擇。李康年還表示，不能夠同章乃器說的定息不是剝削、關於兩面性問題、關於工人階級分子同資產階級分子沒有本質區別的論點。當然，他的這些表示，也沒有能夠救拔他自己。

章乃器卻是不肯認錯。十五日下午他第一次出席這個會議，在一些人批評他之後接著發言，他說大家的熱情他很感激，但是從講道理來說，不能說服他，他說這是他的老實話，要不然也可以來個假檢討。他說，大家反映下面工作不好搞了，說這是我的言論挑撥起來的，我說不對。這是在黨的「鳴」「放」方針下，在黨的領導下自然發展起來的，許多話是整風運動引起的，不是我的文章挑撥起來的。這個時期的思想工作肯定會遇到許多新的問題，現在是從壓服走向說服的階段，要說服就要相當高的理論水平、政治

水平。把這些變化說是我的文章的影響，這是沒有看到形勢的發展。（6月16日《人民日報》）

章乃器不承認這是他挑撥起來的。這使人想起當年救國會七君子受審的一幕。章乃器受審時，法官問：「你是不是煽動過日本紗廠罷工工潮？」

章乃器答：「很慚愧！我沒有這樣大的本領！我要有這樣大的本領就好了！」（沙千里《漫話救國會》，文史資料出版社1983年版，第65頁。）

當年面對的是國民黨的法官，是敵我矛盾，故不必細說道理，只以調侃的態度出之；現在在他看來，是人民內部矛盾，故要說清道理，用語也要委婉得多。他也確實沒有這樣大的本領，能夠煽動全國工商界提出那麼多的意見來的。此刻他要真有這樣大的本領，就壞了。

在這天的會上，章乃器還談了他對「雙百」方針的理解。他說，在理論上唯物主義與唯心主義無時無刻不在鬥爭，但政治上還是要歡迎各種有唯心主義思想的人（如佛教、基督教），否則不利於民族大團結。他認為對某些具體問題的認識有些不同，這是在「百花齊放、百家爭鳴」的範圍內允許的，不是什麼離開社會主義的道路問題，他說別人給他戴這頂大帽子是違反實際，違反憲法精神的。

批判會繼續開下去。現在不但要批判章乃器文章和發言中的右派論點，還要批判他不肯認錯的態度了。六月十七日的會上，苗海南說，章乃器那天說，目前工商界的混亂是由於黨的整風運動引起的，這是對黨的惡毒攻擊。他過去強調工商業者的消極性是「五反」運動的副作用，這次又把由於他的謬論引起工商界思想混亂，說成是黨的整風運動引起的，這是十分可惡的。

盧燕南說，章乃器的從壓服到說服的論點，是把過去黨和政府的政策和工作都說成壓服，把資產階級接受改造說成是壓服而來的。這是否定了和平改造，否定了工商界進步的一面，否定了民主建國會和工商聯的工作成績。

聽了這許多的批評，章乃器故我依然，還是不肯認錯，甚至反而責問這個聯席會議是不是符合黨的整風運動的精神。他引用了中共中央關於整風運動的指示的第三段，批評這個會議沒有貫徹和風細雨的精神，違背了黨的這個指示。他說，他還懷疑目前各地工商界在開會批判章乃器到底是壓服出來的還是說服出來的。（6月18日《人民日報》）

六月十九日，經過修改的〈關於正確處理人民內部矛盾的問題〉公開發表，公佈了劃分右派分子的六條政治標準。大鳴大放的高潮即刻落下。結束了前十來天左右兩派意見都在報上刊登的局面，開始了一邊倒的反右派鬥爭。這天，這個聯席會議通過了〈全國工商業者團結起來，立即展開對章乃器的反社會主義的活動作堅決的鬥爭的聯合指示〉，同時還以全體到會者一致舉手的表決程序，決定給予章乃器以「停止會內全部職務，責令檢討」的處分。（6月20日《人民日報》）

第二天，章乃器對民主建國會中央派去看他的朱德禽許漢三說，民建和工商聯要他檢討，而他只有反批評，並且表示不想擔任民主建國會和工商聯的職務了，希望兩會開除他的會籍。他還想請求國務院檢查他的全部言論和行動，如果是反社會主義的，就請解除他糧食部部長的職務。至於全國人民代表大會代表的職務，在明年舉行選舉的時候，就不必提他的名了。他還對來訪者說，講工人階級是先進階級，資產階級是落後階級，有什麼不好呢？難道一定要說資產階級是反動階級嗎？

來訪者問他：看了毛主席最近發表的文章後有何感想？章乃器說，他的言論可能有不對的地方，但同毛主席提出的六項標準沒有出入。（6月26日《人民日報》）

六月二十六日周恩來要向全國人民代表大會一屆四次會議作政府工作報告，報告中反右派的內容占了很大分量。二十五日晚，國務院舉行全體會議討論這篇報告。章乃器以糧食部長身份出席會議。在討論中，他表示不能同意這篇報告對他的批評。他說，他的一切言論和行動都是為了調動資產階級的積極性，說服資產階級誠心誠意走社會主義道路。他的關於官僚主義比資本主義更危險的說法，意思是強調反對官僚主義的重要性。他說，他的言論行動沒有離開毛主席明辨是非的六條標準，沒有離開過馬列主義的基本原則。他要求國務院對他進行檢查，檢查越徹底越好。

章乃器還說，他提意見有個分寸，就是照顧中共中央的威信，他愛護黨就像愛護自己的眼珠一樣，他的言論沒有一點批評過中共中央，他批評的是中共的某些人和某些組織。他說他絕對沒有意圖在工商界找市場，找鼓掌。他還說，他不是一個政治家，也不配作一個政客，如果要他作言不由衷的檢討，他沒有力氣。他的意思大約是說，只有政客才能隨便做出言不由衷

的檢討吧。章乃器說他在解放前就反對資本主義，他不是口是心非的人，更不是兩面派。他始終是勤勤懇懇地把自己整個生命交給黨，全部精力獻給社會主義，他死了以後，就是把骨頭燒成灰，在骨灰裡也找不出反社會主義的東西來。（6月28日《人民日報》）

章乃器認為自己沒有錯，也不肯認錯。對別人作言不由衷的檢討也很反感。六月十五日（這時批判他的會已經開了幾天了）他去出席光明日報社務委員會，遇到了章伯鈞，招呼道：「宗兄，你檢討了，我看早了一點吧！」

章伯鈞說：「有錯，就得檢討。」

這時開會的人尚未到齊，大家在聊天。章伯鈞說起他的遠代祖先是章邯。章乃器接著說道：「你祖先原來是一個投降將軍。」（6月18日《光明日報》）

章邯原為秦將，戰敗後降項羽。章乃器這話有不有借題發揮的意思，不詳，反正當時報紙上的小標題是「章乃器認為檢討就是投降」。章伯鈞的女兒章詒和談她父親的一篇文章對於他的這態度作了說明：「父親是這樣對家人解釋的：『你不認錯，難道讓中共認錯？老毛什麼時候承認自己錯了？再說，我不低頭，繼續頂下去，這個運動怎麼收場？那些受我牽連的民盟、農工（指農工民主黨）的成員，又該怎麼弄？我不曉得自己現在是政治家，還是別人說的政客，但我知道既然搞了政治，就要有接受失敗的能力，儘量做好可能挽回的事情。』」看來，章乃器沒有看出他這位宗兄的深心吧。

七月十九日，全國工商聯和民建中央常委的聯席會議上，榮毅仁、盛丕華等六人檢查了自己在前段整風反右中的錯誤言論。一九九三年三月在第八屆全國人民代表大會第一次會議上被選舉為國家副主席的榮毅仁，這時在檢查中說到了他今年五月在中共上海市委宣傳工作會議上提出的四明堂藥局公方代表刀傷私方經理的事件。他說，這件事提出是可以的，但是由於他的立場觀點不對，把這樣的個別問題誇大了，用小題目做大文章，他在「要發揚民主必須要維護法紀」的大原則下指出這件事，並且「將」了中共上海市委第一書記柯慶施、副市長許建國的「軍」，要求他們立即處理這個問題。他說：「由於我的這個發言，產生了很壞的影響，擴大了工商界同黨與政府的矛盾，在效果上是為工商界幫了『倒忙』。」（7月20日《人民日報》）

從批判章乃器開始，全國工商界的反右派鬥爭次第鋪開。外地開的這些鬥爭會，這裡只講一場，就是上海鬥爭高方的會。據九月二十九日《人民日報》報導：

> 九月二十一日下午，市工商聯和民建會召開了執委擴大聯席會議，和統益紗廠總管理處副總經理高方進行了一次大規模的說理鬥爭，用擺事實、講道理的方法，徹底駁倒了這個有三十年反人民歷史、曾任偽中央銀行發行局局長的右派分子的謬論，這次大會是上海工商界進行反右派鬥爭以來最盛大的一次會議，到會的近千人。發言者極為踴躍。他們的反駁有充分的說服力，是反右派的說理鬥爭的一個生動的範例。

在這篇報導中，高方第一條被批判的謬論是這樣的：

> 解放前的中國經濟是一個半殖民地的畸形的經濟制度，不是真正的資本主義的經濟制度。社會主義的經濟制度必須在高度發展的資本主義經濟制度的祖先基業上才能夠迅速發展。中國今天沒有這個條件，所以還得要補課。

這篇報導批判說：「右派分子高方嘴裡的所謂『補課』，就是叫囂要我們回到資本主義的老路上去，不走社會主義的道路。」會上批判者的發言，都說在目前的社會主義陣營裡，除了東德和捷克斯洛伐克，革命前都沒有高度發展的資本主義經濟基礎。像蘇聯，更是「赤手空拳地建立了世界上第一個強大的社會主義國家」。

報導中提到被批判的高方的謬論還有這樣一些：

> 社會主義制度的生產動力是靠宣教和運動，不及資本主義的生產動力利用自私心理來得自然。
>
> 增產節約是鄉下老太婆的經濟。是節我的約，浪你的費；節今天的約，浪將來的費；節單位的約，浪大眾的費。

人民失去了儲蓄的對象和儲蓄的目的。

西方民主才是真正民主。我們的選舉像棉花抽樣一樣，不民主。

對於這種種謬論，會上都有發言者一一同他辯論。這篇報導最後說：「在二十一日的大會上，人們也讓右派分子高方起來辯論。可是在真理面前，他理屈詞窮，只好承認有罪，沒有別的話可說。」（9月29日《人民日報》）

這篇報導原來刊登在九月二十二日上海《新民報》晚刊上，標題是〈擺事實，講道理，比過去，看現在——工商界舌戰右派高方〉。毛澤東批示人民日報轉載。轉載時標題改為〈這次辯論進行得好——介紹上海工商界對右派分子高方的說理鬥爭〉。毛的批語是這樣的：

> 喬木、冷西同志：
>
> 　批評高方，寫得很好，請轉載在人民日報上。以後請鼓勵這樣有充分說服力的批評。現在的批評中，有很大一部分缺乏充分的說服力，提倡浮誇，很不切實。右派浮誇，左派不應當浮誇。
>
> 毛澤東
> 九月廿五日

看來，毛對批判高方「補課」一說也是贊同的。高方這意見，用後來的用語表達，不過是一個「生產力標準」問題。對於這一問題，中國共產黨後來有了不同的認識，趙紫陽在「十三大」報告中說：

> 正因為我們的社會主義是脫胎於半殖民地半封建社會，生產力水平遠遠落後於發達的資本主義國家，這就決定了我們必須經歷一個相當長的初級階段，去實現別的許多國家在資本主義條件下實現的工業化和生產的商品化、社會化、現代化。

這個論點並沒有因趙被廢黜而放棄。一九八九年五月三十一日，已經決心去趙的鄧小平對李鵬、姚依林說：「十三大政治報告是經過黨的代表大會通過的，一個字都不能動。」（《鄧小平文選》第三卷，第296頁）江澤民在

「十五大」報告中也說：

> 我國進入社會主義的時候，就生產力發展水平來說，還遠遠落後於發
> 達國家。這就決定了必須在社會主義條件下經歷一個相當長的初級階
> 段，去實現工業化和經濟的社會化、市場化、現代化。這是不可逾越
> 的歷史階段。

高方的錯誤，只不過是把這些意見說早了幾十年。

據八月五日的新華社新聞稿報導，各地工商界劃出的右派分子中較為
知名的有：

北京：市工商聯副主任委員劉一峰，市工商聯常委閻少青，裕生祥機
　　　電廠副廠長吳金萃，民建北京市委宣傳處副處長張煥堯；

上海：市紡織工業公司副經理汪君良，公私合營新現代勞英教材工藝
　　　社私方經理黃苗夫；

天津：市工商聯主任委員畢鳴岐，市工商聯常委榮子正；

武漢：市工商聯主任委員王一鳴，民建中央常委彭一湖；

昆明：民建市主任委員楊克成；

江蘇：省工商聯主任委員錢孫卿；

福州：市工商聯主任委員劉棟業；

山東：袁熙鑒，葛蘭生；

河北：省工商聯秘書長高振聲；

四川：省工商聯秘書長李仲平，康心如；

浙江：沈九如，許祖潮；

貴州：梅嶺先；

湖南：黃英士；

安徽：張善瑞，張東野；

江西：羅時煬；

西安：張士心；

瀋陽：王子仁，齊心；

青島：黃元吉。

八月五日之後鬥爭還在繼續深入，這名單更有所擴大。例如，李維漢說的座談會的特邀人士李康年和董少臣，還沒有出現在這名單中。此外還有如全國工商聯辦公室副主任壽墨卿；上海統益紗廠總管理處副總經理高方；錢孫卿的兒子，擔任民建中委、民建無錫市主委、無錫市副市長的錢鍾漢，他們父子兩代雙雙劃為右派；全國工商聯常委、湖南省工商聯主委向德，不久前他還在全國人大一屆四次會議上發言批判章乃器；民建中委、民建廣東省副主委陳祖沛；民建中央宣教處副處長許漢三，就是不久前受命代表組織去同章乃器談話的；……都劃為右派分子了。在另外一些報紙上還可以看到的有：山西省大同市民建支部主任委員郭德恒等人。

這些都是一些頭面人物，工商界最大量的右派分子，是在各地公私合營企業的私方人員中劃出來的。據報載：北京市工商界劃出了二百多右派分子（10月6日《大公報》），天津市工商界劃出了一百三十多人（11月20日《天津日報》），上海是分區舉辦工商界政治學校，把私方人員集中起來搞運動，就這樣在第一期六千學員當中劃出了二百四十八名右派分子（12月12日《解放日報》）。加上中小城市裡的工商業中劃出來的，就是一個可觀的數目了。

前面所引的這篇新華社新聞稿最後說：

據有關方面負責人對記者說，這場反右派鬥爭，對於工商業者來說，實際上是一九五六年工商業的社會主義的改造高潮（當時主要是生產資料的資本主義所有制基本上改變為社會主義所有制的社會主義改造）的繼續，不同的是：這次主要是社會主義改造，也就是社會主義革命，是在政治戰線和思想戰線上進行的。目前鬥爭將繼續深入開展，同時還要更加廣泛地在工商界中展開社會主義教育，使每一個工商業者都能從反右派鬥爭中得到進一步教育和改造。（見《新華半月刊》1957年第17號，第170頁。）

這位負責人的說明十分中肯。對於工商業者來說，反右派鬥爭正是對私營工商業的社會主義改造的繼續與完成。原來所有的那許許多多大大小小的遺留問題，雖然並沒有得到解決，可是立刻被反右派鬥爭統通取消了。還有誰膽敢提出這些問題來呢？

十四、教育界的反右派鬥爭

　　教育界是反右派鬥爭的重點之一。毛澤東的〈事情正在起變化〉一文說；「最近這個時期，在民主黨派中和高等學校中，右派表現得最堅決最猖狂。」（《毛澤東選集》第五卷，第424-425頁）

　　當年高等學校劃出的右派分子，許多卻並不是以教授的身份被劃的。像六月六日在全國政協文化俱樂部同章伯鈞座談的民盟六教授，曾昭掄，錢偉長，費孝通，陶大鏞，吳景超，黃藥眠，就是以章羅同盟骨幹分子的身份；像山東大學教授陸侃如，主要就是以九三學社青島市主任委員的身份，報紙上宣佈他罪狀的文章，標題就是「陸侃如想把『九三』分社變成反共司令部」（7月21日《人民日報》）。還有一些教授，是因為攻擊了肅反運動，例如孫大雨。

　　那麼，教育界的反右派鬥爭有些什麼獨特的內容呢？一件大事就是撤銷學校中的黨委制問題。前面第七章已經說過，四月三十日毛澤東在天安門城樓同民主人士的談話裡談到了這個意思，章伯鈞羅隆基等人聽了，很是興奮，就在五月五日民盟中央擴大座談會上作了傳達。隨即又在五月十日出版的《民盟中央工作簡報》第十五期上全文刊出了章所作的傳達。其中關於撤銷高等學校黨委制問題的一段是這樣的：

> 　　毛主席說，大學的管理工作如何辦？可以找些黨外人士研究一下，搞出一個辦法來。共產黨在軍隊、企業、機關、學校都有黨委制。我建議，首先撤銷學校的黨委制，不要由共產黨包辦。請鄧小平同志召集民盟、九三等方面的負責人談談如何治校的問題。

　　這個意見傳播開去，立刻在高等學校引起了熱烈的響應。北京師範大學教授陶大鏞五月二十日在該校民盟支部座談會上作了贊成「民主辦校」的

發言。他主張將來在學校中有關教學和科學研究工作，教授有決定權。他說，為了加強黨在高等學校中的領導作用，將來應把二種類型的工作分開，把行政工作交由行政會議處理；有關教學和科學研究方面的事項由學術委員會處理。他甚至提出學術委員會不一定要遵照黨委的意見執行。不過，他沒有忘記說：我們考慮改變一下黨委制，絕不是要黨委退出學校或削弱黨的領導，而是要通過一個更好的形式來加強黨的領導作用。（6月4日《光明日報》）

六月一日，中國民主同盟廣東省委員會邀請廣州各高等學校的教授和盟員舉行座談會，對高等學校黨委制問題作專題討論。會上不贊成黨委制的教授還不少。華南農學院的林孔湘說：「高等學校的黨委制要取消」，他認為在整個國家範圍來說，方針政策是應該由黨來制定的，但是貫徹執行就不一定由黨來掌握，而應該由最適當的人——包括黨與非黨人士來貫徹執行。他說，中共在高等學校裡是沒有力量來貫徹自己所制定的方針政策的，因為中共直到現在還沒有熟悉高等學校業務的黨員。他又說，不是『內行』的黨員就不要讓他當院長、所長。如果不管他懂不懂業務也派他去當領導，就會使一些人錯誤地以為共產黨打天下的目的是為了爭地位。現在高等學校的黨委制，是以黨代政，『外行』充『內行』，大家的意見很多。

華南師範學院的何紹甲說：任何制度都是在一定的社會基礎上產生的。在解放初期局面亂蕩，敵我鬥爭尖銳，知識份子對黨還有懷疑的時候，實行黨委制是適當的，而且也起了很大作用的。可是，現在的情況已經起了變化，反革命分子已經基本肅清，知識份子都向黨靠攏，黨委制就沒有必要繼續存在了。他認為早在兩年前就應當提出這個問題，現在才提出已經晚了一些。他說，取消黨委制並不是意味著反對中共的領導，因為方針政策是由中共制定的。何紹甲又說：辦高等學校，「內行」的非黨幹部會比「外行」的黨員好得多，因為他們有學問，有經驗。他同意林孔湘的意見，認為有本領的人就可以當領導。

中山大學政治經濟學教研室主任林楚君說，解放初期實行黨委制是起了積極作用的，是好的；但是，現在解放已經八年，它的積極作用已經消失，它的存在反而帶來了「三害」。因此，他主張黨委制應該取消。他分析說，黨委制的缺點不在幹部能否勝任，而在這個制度本身。制度有缺點，自然不能很好的調動一切積極因素，辦好學校，因為黨委領導人都不是教

書的，只採用開會、定制度等行政辦法去辦學校，結果就一定產生官僚主義和教條主義。其次，黨員對中國的知識份子不夠瞭解，又不願意深入去交朋友，只是坐在辦公室聽聽一些黨員和團員的彙報，這樣就不能不產生宗派主義。他說，黨委制取消後，可以由學校的校務委員會的集體領導和校長個人負責制來代替它。黨可以通過參加校務委員會的黨員來起作用。他認為這樣是加強了黨的領導，而不是削弱它。

中山大學中文系董每戡說：「現在高等學校的領導人不少是中共黨員，因此黨委制是可有可無的。如果一間學校的校長和教務長是黨員，就等於有了黨委的領導。」他認為高等學校應該由教授來領導，黨委也可參加，有事大家商量，商量好了就交由校務委員會去貫徹執行。

華南農學院的吳文暉說：高等學校黨委制在目前情況下與民主辦校存在矛盾，因為，第一，由「外行」人領導「內行」人，也難於做好工作。第二，黨委制不能發揮教授的作用和提高他們的積極性。解放八年來有些教授的思想水平提高很快，馬克思主義水平和黨員已經差不多，為什麼不能讓教授來參加學校的領導工作呢？高等學校的方針政策是由中央制定的，在學校方面來說主要是如何貫徹執行的問題。既然高等學校有行政領導，就沒有必要再增加黨委這一層領導關係。（6月3日《南方日報》）

座談會上，林楚君的發言直指黨委制是「三害」的溫床，當然是十分惡毒的右派言論。這時已經是在具體部署反右派鬥爭的時候了，為了讓他「大吐毒素，暢所欲言」，南方日報派記者專門就這個問題採訪了他，他不知是計，還真說了一大篇，強調指出問題出在制度上，他說，「各個學校，各個地方都出現像龍潛、徐懋庸這樣的人物，不能完全用個人品質來解釋，這是在一定的制度下面的產物。如果不是事事都由黨委決定，他們即使存在，也不會發生那樣大的偏差。」他還說，有人認為，共產黨是正確的，是想做好工作的，只要除了「三害」，工作就可以做好。他不同意這個看法。他得出結論：黨委制是「三害」的溫床（雖然「三害」的來源很多）。必須改變黨委制，才能做好工作，發揮群眾的積極性。（6月8日《南方日報》）他這裡說的龍潛是中山大學的黨委書記，徐懋庸是武漢大學的黨委書記，都是叫知識份子十分害怕的人物。《南方日報》的這篇專訪跟《人民日報》社論〈這是為什麼？〉同一天見報，完全是為劃他為右派分子準備材料了。這篇

專訪〈「黨委制是『三害』的溫床」〉的作者署名僅僅是「本報記者」四個字，大約他知道自己寫的是什麼，才不願意署上自己的大名吧。

在六月一日民盟廣東省委開了這個座談會之後，六月二日農工民主黨廣州市委也邀請高等學校成員座談，討論高等學校應該不應該撤銷黨委制的問題。《南方日報》的報導說：「很多教授認為黨委制有毛病。究竟黨委制有哪些毛病呢？到會的教授們認為集中表現在兩個方面：第一，黨委制變成黨包辦一切，未能調動一切積極因素；第二，中共黨委多數是『外行人』難於做出成績。」「有些人認為制度本身沒有毛病，只是黨委的個人作風不好和『外行』，這種看法是不對的。因為，全國的高等學校都出現了黨委包辦一切的不很好的現象，難道在這些黨委之中完全沒有內行人，沒有作風好的嗎？」（6月6日《南方日報》）

因為毛澤東在四月三十日的講話裡提到了民盟和九三，九三學社也就聞風而動。他們從民盟借抄了章伯鈞的傳達記錄，由九三學社主席許德珩簽發，同時還發了普遍佈置傳達討論的通知。關於這件事，千家駒的《從追求到幻滅》書中提供了一個細節：

> 許德珩是九三學社的主席（後為名譽主席，一九九〇年以一百歲高齡去世），九三是以科技人員為主要成員的民主黨派，其中不少社員是與民盟交叉的（即既是九三社員，又是民盟盟員）。當章伯鈞傳達毛主席最高國務會議的講話發下去後，九三學社的社員就對許德珩主席有所不滿，說許主席亦是出席最高國務會議的人，何以民盟章伯鈞對毛主席講話有傳達，而許卻沒有傳達呢？可見九三的工作沒有民盟做得好。許德珩聽得這個反映以後，遂通過民盟的一個同志把章伯鈞的傳達稿要去，塗去「章伯鈞」三字，而改為：「許德珩」。因為傳達的內容是一樣的，那知後來章伯鈞出了問題，說他「篡改」主席的指示，而許德珩的傳達與章伯鈞的是一模一樣的，這樣一來，許德珩亦變成「篡改」主席指示「反黨反社會主義」了。於是許德珩亦受到批判，好在許德珩因為周恩來的保護，沒有被劃成右派，但批判的火力也是很猛的，而許德珩有如啞子吃黃連，有苦說不出，他既不好坦白他的傳達是完全照抄章伯鈞的，又不能承認他也篡改毛主席的指示。（第229頁）

　　當時九三學社的一些地方組織，像青島分社，也從當地民盟組織得到這份傳達記錄，加以翻印傳播。陸侃如後來交代，他看到這個記錄稿，就覺得正中下懷。他在「九三」山東大學和青島醫學院支部聯合召開的民主辦校座談會上說，黨委制與「三害」不是兩回事，而是互為因果。黨委會不撤銷，「三害」就永遠除不掉。他在校刊《新山大》發表〈我對學校黨委制的看法〉一文，表示贊成撤銷學校裡的黨委制。在這篇文章裡，他還說批評他的人「做夢也沒想到這棵所謂『毒草』還是毛主席親手種下的」。（7月21日《人民日報》）

　　教育界的反右派鬥爭，一件重要的事就是否定這份傳達記錄。九三學社中央常務委員會在八月初連日舉行擴大會議。會議的內容，據報導是「批判九三學社主席許德珩關於批發『撤銷高等學校黨委制』的錯誤記錄、近二年來他所一貫堅持的大發展和長時期以來他的個人專斷作風等重大錯誤。」「會上很多同志指出；從民盟借抄的經章伯鈞等右派分子篡改了的關於『撤銷學校黨委制』錯誤的傳達記錄，是經過許德珩仔細批改後簽發的，並且接著還批發了普遍佈置傳達討論的通知。由於這一錯誤文件的下達，在鳴放期間給九三學社很多的地方組織、基層組織和社員引出了錯誤的政治方向，在不少高等學校起了點火作用」。（8月29日《新華社新聞稿》）

　　這也是陶大鏞在反右派鬥爭中受到批判的重大問題之一。陶又是民盟北京市委副主任委員，六月二十日他在民盟市委擴大會議上作檢討，第一個問題就是「民主辦校」問題。他說，「章伯鈞所作的傳達，我從頭到尾讀了一遍，……於是，在我的思想深處，就把章伯鈞的歪曲了的傳達埋下了根，我堅信不疑，總以為高校黨委制一定會撤銷了，根本就沒有考慮到其他問題。在這個錯誤思想的指導和支配之下，我以為已經摸到了『底』，就比較放肆地在座談會上附合與提出了關於『民主辦校』的一套錯誤的看法，對一些不正確的意見，也未能及時地予以分析和批判。」陶大鏞的檢討繼續說：「在這裡，我必須向盟市委的同志們表示深切的謝意，他們不但幫我發現了這次所犯錯誤的思想根源，後來又找來了一份毛主席四月三十日在最高國務會議上講話的最可靠的原始記錄。」下面他就原文照引了這一段「最可靠的原始記錄」；

黨章有一條規定，工廠、農村、學校要實行黨委制，現在看來，學校黨委制恐怕不適合，要改一下。應當集中在校務委員會或教授會，共產黨和各民主黨派有什麼辦法和意見，都到那裡去講，人家贊成的就作，不贊成的就不作。這個問題要研究，由鄧小平負責找黨外人士和民盟、九三召開座談會，對有職有權和學校黨委制的問題徵求意見。

陶大鏞在照引了這一段之後接著說：

大家看一看，這一段話與章伯鈞的傳達相去多遠啊！毛主席明明說是「恐怕不合適」，章伯鈞和羅隆基卻篡改為「首先撤銷」！這不是在偷天換日嗎？這是何等醜惡的歪曲！這是何等卑劣的偽造！這又是何等陰毒的手法！章伯鈞和羅隆基為什麼要搞這一手呢？很明顯，他們企圖混淆視聽，奪取黨在高等學校中的領導權。因為，在全國高等學校的教授中，民盟盟員占著相當大的比重，《民盟中央工作簡報》既在全國範圍的盟組織中發佈，這就很容易在廣大教授中散佈謬論，說什麼高校黨委要不得啦，快撤銷了，它勢必會影響黨的威信，削弱黨在全國高等學校中的領導作用，這樣，章伯鈞，羅隆基所熱中的所謂「教授治校」的那一套就吃香了，它的結果當然只會把高等學校引向資本主義的道路。這是多麼毒辣和陰險的勾當！（6月24日《北京日報》）

所謂「章伯鈞的傳達」即刊登在五月十日出版的民盟《中央工作簡報》第十五期上的〈中央常務委員會舉行擴大座談會傳達毛主席四月三十日在最高國務會議上的講話〉，本書前面第七章已經全文引錄，並且從記錄稿中的一處刪節推斷，中共方面其實已經是認可了這份記錄稿的。為什麼現在卻要宣佈章伯鈞的傳達是歪曲，篡改，偽造，是錯誤文件甚至是謬論呢？千家駒的《從追求到幻滅》有一個說法：

「引蛇出洞」最明顯的例子就是毛澤東在最高國務會議上說：「許多大學教授不滿意黨委制，可以考慮取消。」這話是毛澤東說過的，其

意也許是在試探。章伯鈞回來傳達時，誤以為真，但章伯鈞在傳達毛這句話時，在座的民盟副主席還有沈鈞儒、胡愈之、高崇民、楚圖南、楊明軒等人，除沈老外，其他幾位都是不公開的黨員，竟沒有一個人糾正章伯鈞的傳達，可見毛是的的確確這麼說的。這份傳達報告發下去以後，民盟中在各大學擔任高等院校的領導和教授，以為毛主席既有取消學校黨委制之意，於是紛紛加以支持。事後凡是贊成取消學校黨委制的無不劃為右派，民盟成員大叫冤枉，取消黨委制不是毛主席的主張嗎？怎麼會是右派言論呢！共產黨幹部說，毛主席怎麼會主張取消學校黨委制呢？這分明是章伯鈞篡改主席的指示，於是大家無不對章伯鈞恨之刺骨，認為他們如不加入民盟，或者民盟不是章伯鈞故意篡改主席指示，他們是不會成右派的。他們當時那裡會想到這是毛澤東設下的陷阱，叫「引蛇出洞」的「陽謀」呢？（第228-229頁）

　　千家駒說的，也可以作為一個旁證，證明章伯鈞的傳達並沒有歪曲篡改之處。現在一口咬定章伯鈞篡改了主席的指示，當然大大有助於教育界反右派鬥爭的開展。不過，如果將章伯鈞的傳達記錄和「最可靠的原始記錄」即中共方面的記錄稿對照來看，就會發現二者文字當然出入甚大，但在有意改變高等學校領導體制這一點看，卻說不上有什麼不同。語氣上有所不同的原因，是章羅按照自己的願望去理解，故意寫得更確定一些呢，還是正式的記錄稿為了不致貽人口實，而故意寫得不那麼確定呢，這就不知道了。

　　也是受到四月三十日毛的這篇講話的鼓舞，五月十三日，章伯鈞，羅隆基約集民盟中央有關負責人參加的座談會上，決定成立「黨委負責制」、「科學規劃」、「有職有權」和「監督、爭鳴」等四個臨時工作組。其中「黨委負責制」工作組由黃藥眠、費孝通、吳景超、褚聖麟（北京大學）、侯大乾（中國人民大學），李西山（清華大學）、陶大鏞〈北京師範大學〉、陸近仁（北京農業大學）等人組成。他們討論的結果，由黃藥眠執筆寫成了《我們對於高等學校領導制度的建議》（草案初稿）。這個文件說：

　　　　目前高等學校中存在有好些問題，問題之所以產生，我們認為主要是由於；

一、有許多黨員同志對於黨中央的團結、教育、改造知識份子的政策認識不足；

二、有許多黨員同志沒有掌握到學術機關的特點，錯誤地把它和一般的政權機關等同起來；

三、有許多黨員同志的民主作風不夠，高等學校中的重大措施很少和群眾商量，甚至有些人錯誤地以為一切由黨員包辦，才算是實現黨的領導；

四、有些黨員同志沒有充分認識到知識技術力量在近代國家建設中所起的重要作用；

五、有些黨員同志對於目前要辦好高等學校，究竟應該依靠誰，沒有明確的認識。

除了這些有關思想認識的原因以外，學校的領導機構也的確存在著一些問題。

在解放初期，各高等學校是用校務委員會來執行領導的。後來學習蘇聯，採取了一長負責制（實際上也並沒有執行過）。黨「八大」以後又改為黨委負責制。最近人們對於黨委負責制表示了不少意見。但究竟什麼是學校的黨委負責制，直到現在我們還沒有看到黨中央對這方面的具體的規定。比方黨委負責制和普通機關裡面的「黨組」有什麼分別，它和校長，校務委員會之間的關係如何？在系裡面，黨總支書記（黨總支書記常常是兼系秘書）和系主任之間的關係如何？我們也很難說出一個輪廓。既然對於這個制度，我們還沒有研究，因此我們也就很難對它表示意見。

不過就目前的領導機構的情況看，的確已經顯露出好些毛病。如嚴重的以黨代政和黨政不分的現象，如校務會議多流於形式，如非黨幹部有職無權，如教授的教權受到多方面的限制，難於發揮積極性，如群眾意見很難通過一定的組織系統反映上去，發揮監督作用，如系秘書實際上領導系主任，如在教師中占相當大的比重的民主黨派，直到現在還沒有一定的地位等。

在這樣概括地敘述了高等學校的情況之後，這個文件對於今後的做法

提了四點建議；

一、加強黨在高等學校內的思想政治領導。黨的中心任務是黨內黨外
　　的思想政治工作，貫徹黨的文教政策。黨組是作為全校領導的
　　核心。

二、設立校務委員會作為學校行政的最高領導機構，它的中心任務是
　　教學和學術領導。

三、設立行政委員會處理學校行政事務，以便更好為教學和學術研究
　　服務。

四、在校務委員會和行政委員會之外，另行設立各種委員會，廣泛的
　　吸收教職員工參加，協助各有關單位工作。

關於黨的領導方面，這個文件提了這樣一些意見：黨委或黨組對學校
內的工作只作一般原則性的規定，關於具體的工作應分別交由校務委員會和
行政會議去作詳細討論。黨通過黨組保證黨的方針政策能在校務委員會和行
政會議中貫徹下去，但貫徹時候必須注意靈活性和伸縮性，要耐心地用道理
來說服人，不應強制執行。黨委或黨組在討論學校工作時，可以約請群眾列
席參加。黨委負責人應抽出一定時間學習一門業務，慢慢做到由外行變成內
行。黨委必須規定出一種制度，指定負責人和各民主黨派負責人以及無黨派
人士定期（假定每一個季度一次）舉行聯席會議，聽取各方面的意見。如遇
有重大事件，重大變革或措施可以召集臨時會議。

關於校務委員會，這個文件提出：校務委員會是學校的最高領導機
關，教授、副教授應在校務委員會占多數。校務委員會應著重討論有關教學
和學術研究的制度和人事問題。如學術研究計畫、教學計畫，如教師的聘
任、升級，留學生的選拔等。一般的行政事務工作，交由學校的行政會議討
論。但其中比較重大的專案，如預算、決算、如基建，如重要的人事變動
等，都必須交校務委員會討論通過。校務委員會在制定規章制度的時候，黨
的負責同志應把黨的政策方針加以說明，並陳述黨委或黨組的意見。（陳述
意見可以精簡扼要，不必長篇大論）校務委員會根據這個方針和意見加以討
論。（必須避免一切規章制度都由黨委會決定，交由校務委員會形式地通過

的辦法。）學校內的一切措施和重要的人事變動，必須經過校務委員會的通過才能發生法律效力。校務委員會的決定交由校長負責執行。黨的校長或副校長，對於校務委員會的決議，持不同意見時，他可以有否決權。但如這個決議第二次再被通過時，則決議仍必須執行。

關於校行政會議，關於設置各種委員會，這個文件也都提出了一些諸如此類的意見。

《人民日報》六月八日發表〈這是為什麼？〉的社論，宣告了反右派鬥爭的開始。反右派的社論一篇接著一篇，空氣一天比一天緊張。有意思的是，九天之後，六月十七日，民盟中央辦公廳還把這個〈建議〉（草案初稿）印發給一些人，「請先審閱研究，容再另行訂期舉行第二次工作組擴大座談會進一步來討論修改。」難道他們對政治風向轉變的反應如此遲鈍麼。是不是他們認為這個文件同變化了的形勢並無不可調和之處呢？

在反右派鬥爭中，民盟的這個〈建議〉當然遭到了批判。出面批判的是中國人民大學副校長胡錫奎，他在北京市人代會上發言，批判說；

> 在這個以「建議」作為幌子的徹頭徹尾的反動綱領的第一部分裡，右派對黨，對黨員進行了惡毒的攻擊，把在高等學校裡工作的黨員刻畫為「獨斷獨行」的「獨夫」。把黨委制描寫為產生「以黨代政」、「黨政不分」的東西，右派分子捏造了這些莫須有的罪狀，正是為了給從各大學裡趕走共產黨員、消滅黨委制的這個陰謀提供論據。綱領的第二部分，窮兇極惡地干涉了黨的內政，甚至限制共產黨開會與說話的自由；這種限制有些類似國民黨反動派的《防制異黨活動辦法》。綱領的第三、第四、第五部分中，右派更是挖空心思地製造了種種委員會，其目的是通過他們的活動，使共產黨的領導權化整為零，全部消滅。其中最狠毒的是右派企圖設立以教授、副教授占絕對優勢的校務委員會，作為高等學校的最高領導機關，表面上是要擴大民主，而實際上他們的校務委員會是不要校長參加的，他們規定「黨的校長或副校長對於校務委員會的決定持不同意見時，他可以有否決權，但如果這個決議第二次被通過時，則決議仍必須執行」。這就是資產階級右派否定黨委制代之以校務委員會的資產階級的「民主制

度」，實行篡奪領導權的明目張膽的陰謀計畫。這個陰謀計畫是要保證右派可以在高等學校中橫行霸道，為所欲為，把高等學校變成資本主義復辟的根據地。（7月30日《人民日報》）

　　只是胡錫奎的批判中加了引號的「不學無術」、「獨斷獨行」、「獨夫」等等，在這〈建議〉原文中是找不到的。這也許是胡錫奎寫作批判文章的風格吧，就像他拋出葛佩琦的「發言」，許多話都是葛佩琦沒有說過的一樣，這一件事，下面再詳細說。

　　當年教授中劃出的右派分子，清華大學舉錢偉長為例。他有些什麼右派言行呢？一是關於高等工業學校的培養目標問題，他在接受光明日報記者採訪的時候說了這樣一些意見；高等工業學校的培養目標是工程師的這種想法是不現實的。如果培養目標是工程師，那就必須把有關的各項知識全部傳授給學生，可是事實上是辦不到的。他說，必須把培養學生具有獨立工作能力和把全部知識傳授給學生二者嚴格區別開來。高等學校不可能也沒有必要把全部知識傳授給學生，但是高等學校必須給學生打下一定的理論知識基礎，訓練學生在一定範圍內獲取新知識的能力，為將來成為一個工程師作好準備工作。錢偉長認為，當前高等教育的特點是繁瑣。課程門數花樣繁多，又是基礎課，又是專業課，又是專門化課。學生一學期要學十多門課，每週學習時數在三十小時以上，一天到晚在教室裡換班子，上了這堂課，又是那堂課，以致走馬看花，學得不深不透，更談不上獨立工作能力的培養了。他說，西德的高等學校每週只上課十七小時，美國有的工業大學每週連上課帶實驗在內只有二十小時，它們也同樣培養出了相當水平的人才。他還說，中國學校的專門化設置是採用蘇聯的，可是蘇聯的工業水平要比中國大二十倍，運用人才的靈活性也比中國大二十倍，按中國目前的工業水平來看，分工還不可能過細，對於人才的需求還不可能算得十分精確，因此，專業不宜分得過專過細，以免產生「學用不一致」的傾向。（1月7日《光明日報》）

　　在清華大學批判錢偉長的會上，張子高教授發言，說一月七日《光明日報》發表錢偉長關於教學計畫、培養目標問題的談話，實質上在總的方面是否定了學習蘇聯的方針和教學改革的成績，在教學環節方面否定了生產實

習、畢業設計，忽視了專業課和專業設置的意義。他離開社會主義教育制度，即有計劃有目標的培養高級技術幹部，而企圖轉回到資本主義教育制度，即通才教育。章名濤教授說，錢偉長說現在五年制的學生不如解放前四年制的學生。這就是說過去的英美式的教育制度比現在學習蘇聯的教育制度要好得多。難道說英美的教育制度是適應社會主義國家的麼？（7月14日《人民日報》）

在全國科聯的擴大會議上，張維教授批判說，錢偉長在教育工作上一貫主張走資本主義路線。他否定教學改革的成就，認為是黨帶來了教條。關於培養目標的問題，錢認為工科可以不以「工程師」為培養方向，反對學生學專業課。張維說，錢偉長的主張實質上是培養「通才」，認為「學了數理化，走遍天下都不怕」，企圖走解放前舊高等教育的老路。錢偉長反對在教學中政治結合業務，理論聯繫實際。他主張學校裡不需要黨、團組織。錢的這種謬論在學生中影響很壞，有的學生一度把作畢業設計看成是「浪費青春」。（7月19日《新華社新聞稿》）

錢偉長的另一件事是煽動理工合校。六月一日晚，清華大學工程物理系四年級二十多個學生去訪問錢偉長，錢對他說，我從一開始就是反對理工分家的。院系調整把理工分了家，是一個很大的錯誤。教學改革中，有人說我落後，不願學習蘇聯，甚至說我有反黨情緒，要我做檢討。我是很擁護學習蘇聯的，而且一個人如何能反黨呢？我是不做檢討的。最近有人提出理工合校，有人提議把北大的文法學院合併到人民大學去，而把北大的理學院合併到清華，這是相當理想的方案。不過北大的領導上有些是不同意的，我出面提出這個問題不方便，北大周培源就是我的老師，你們搞好一些。這時，有學生說科學館前已有人簽名主張理工合校了。錢問：有多少人？有人答：六百多人。錢說；這太少，至少要搞六千人簽名的名單還差不多，聲勢浩大，讓高教部看看群眾的意見。（7月6日《北京日報》）

就在這天晚上，清華園裡貼出了第一批質問錢偉長的大字報。錢立刻貼大字報反駁，並且激動的說，今天一晚大字報貼了滿牆，問題很清楚，就是要打我，反正抓不著我的小辮子。這件事我要去告訴周總理，不是我滾蛋，就是蔣南翔滾蛋。我向周總理辭職，允許我辭職，就算啦，不允許我辭職，就得說個明白。（7月14日《人民日報》）

批判錢偉長，還有一件事情要做，就是要肅清他在青年學生中的影響。有時候，他是以青年人的導師，代言人和知心朋友的形象出現的。例如，毛澤東說，右派「他們又知道許多大學生屬於地主、富農、資產階級的兒女，認為這些人是可以聽右派號召起來的群眾。有一部分有右傾思想的學生，有此可能。」（《毛澤東選集》第五卷，第425頁）錢偉長不同意這樣的階級分析。他在中共北京市委的一次座談會上說，說學生百分之八十資產階級出身，受資產階級思想影響也是不對的，這是下了結論去找證明。（7月6日《北京日報》）早在一九五六年，他就發表過一篇〈過嚴地管教青年是封建教育思想的反映〉，其中說：

> 幾千年來封建社會殘留下來的封建教育思想的影響還是很大的。封建社會對青年的「教育」有一整套，現在我們雖然已經不用那一套「老成持重」，「溫文典雅」的字眼，但是這些字眼的某些內容卻在「服從」，「虛心聽取群眾意見」等另外一套字眼內借屍回魂了，有許多對青年的不合理的要求，就是借助於「服從祖國需要」這樣的光輝的字眼裡混了進來，新名詞混進了舊內容，確實迷惑了不少青年。
>
> 約束和管教太多，終究是和發揮青年積極性和創造性的要求不相符合的。
>
> 我也曾看見過活潑的青年漸漸地變成沈默寡言，青年們自小在一起的好朋友因為怕被檢查搞「小圈子」而漸漸疏遠了，正常的生活愛好和業餘特長受到了限制，一切好像都有顧慮，甚至像吃根冰棍都可以算做生活浪費。這樣動輒得咎的生活，顯然只會傷害他們的銳氣，是無益於青年的教育的。
>
> 批評和自我批評在主要的原則性問題上友愛地進行是有好處的，如果是為了「批評」而「批評」，沒有「對象」找「對象」，則就會產生消極的作用。在目前，這樣代表著友好和關心字眼，像「幫助」和「批評」，都變成了「管教」的代名詞，實在指出了我們的封建殘餘是根深蒂固的。
>
> 在學生升學的問題上，……在不少地方……硬性地過多地限制了學生的志願。有一位愛好農業而具有一定基礎農業生物知識的青年，

在今年偏偏把他「動員」到師範學院去了，而且限制在只能進某某省的師範學院，才算是「服從了祖國的需要」。

大學畢業以後，學非所用的人也不在少數。如有意見就給你扣上大帽子。我們強調了服從需要，很少照顧到個人的志願和專業的培養，使青年在這些問題上受到了不應有的過多的限制。積極為這些問題提出意見的青年，總是被認為落後分子。

總之，對青年的清規戒律是太多了，管得太緊太厲害了，我們反掉了自由主義，而讓封建主義的殘餘從後門鑽了進來。清規戒律就是不相信革命群眾的積極性，就是封建社會教育思想的殘餘。

（《中國青年》1956年第15期）

錢偉長說的，正是青年學生普遍關心的問題，正是他們想要說的話。這可不成。阮銘寫的批判文章，題目就是〈錢偉長和黨爭奪青年的伎倆〉。這篇文章說：

由於思想戰線上資產階級和無產階級的鬥爭勝負未決，青年學生又大部分出身於非無產階級家庭。因此，滅資產階級思想、興無產階級思想，是黨在青年思想工作中的長期方針。……錢偉長對抗黨的這一方針，否認學生中存在資產階級思想。他說過：「說學生中百分之八十資產階級出身，受資產階級思想影響是不對的，這是下了結論去找證明。」並且大肆攻擊對學生思想情況進行階級分析的所謂「分類問題」。……他否認學校中存在思想戰線上的階級鬥爭，說什麼「教育和土改不同」，認為階級教育不能適用於青年學生。

興無產階級思想、滅資產階級思想；還是興資產階級思想、滅無產階級思想？這是青年思想工作問題上二條道路的尖銳鬥爭。是無產階級和資產階級互相爭奪青年一代的你死我活的鬥爭。錢偉長的所謂「超階級」「超政治」其實都是假的。他只是反對我們分左、中、右，反對我們進行無產階級立場教育。但自己卻有著鮮明的資產階級的階級路線，頑強地向青年進行資產階級立場教育。他的階級路線就是依靠右派，煽動中間群眾，孤立打擊左派，以奪取黨的領導。

譬如，錢偉長和社會上、和學校中的右派分子親如兄弟，共同策劃向黨進攻。煽動中間群眾離開黨的領導。（鼓動六千學生簽名搞理工合校）對進步分子和黨團員表現了露骨的仇恨。說什麼：「進步的人也不過是口頭說說，會說幾句漂亮的話。」「大家都要求入黨入團，原因是國家今天幾乎有這麼個制度，團和黨是個臺階，小知識份子又想向上爬，不當黨員，不走這條路，其他的路沒有。」對黨員進行了惡毒誣衊。

　　錢偉長宣揚自由主義，在這次整風中更加露骨了，他說什麼「我們的青年人太不豪放了，束縛太多，我年紀比你們大得多；我不怕束縛，人家給我戴帽子，我就不戴，把它扔了。」「現在對青年壓縮的太屬害了，要求循規蹈矩，所以要發作」，錢偉長在這裡把信任黨，服從組織，自覺的紀律性都當作「束縛」來加以反對。而且要求青年「發作」。這種論調已經不僅僅是一般地鼓吹資產階級的自由主義思想，而且已經發展到煽動青年追隨他一起進行反黨、反社會主義的活動了！

　　否定無產階級立場教育，宣揚資產階級個人主義、自由主義思想，宣揚脫離政治、脫離實際的資產階級觀點，篡奪黨對青年運動的領導，這就是資產階級右派「教育家」錢偉長在青年工作中的資產階級路線。如果他的目的得逞，那麼我們的年輕一代將不能成為社會主義的建設者，革命前輩的接班人，而成為替資產階級殉葬的金童玉女。

（《中國青年》1957年第15期）

　　阮銘當時的身份是共青團候補中央委員、清華大學團委書記，由他來批判錢偉長和黨爭奪青年，是很合適的。因為他在反右派鬥爭中的積極態度，使他成了右派分子的一個攻擊目標。清華大學馬列主義政治理論課教研組的右派分子貼出大字報，要求撤銷他團委書記的職務。（見7月22日《人民日報》）有意思的是，時間也太會捉弄人了。當年是阮銘站在共產黨的立場來批判錢偉長，過去三十多年之後，輪到錢偉長可以站在共產黨的立場來批判阮銘了。或者說，幾十年過去，阮銘轉變到了當年錢偉長的觀點上，而錢偉長卻轉變到了當年阮銘的觀點上。向對立面轉化，這辯證法真夠屬害。

　　清華大學教授還得說到物理系的徐璋本。前面第十章已經說過他在座談會上發言，建議取消用馬列主義作為我們的指導思想，他想要組織一個和共產黨「和平競賽」的政黨。七月五日，這時已經是反右派鬥爭的高潮之中，毛澤東已經發表那篇〈文匯報的資產階級方向應當批判〉社論，徐璋本竟好像完全不知道當時政治形勢，他寫了〈發起組織勞動黨並向政府登記啟事〉和〈勞動黨發起宣言〉。〈啟事〉說：「在中國今天經由共產黨的領導完成了建國的輝煌工作後，我們須要有一個對執政黨隨時隨事堅持理想和真理，合乎最高道德標準的諍友及和平競賽者，來刺激社會和人類的進步。這就是個人不揣愚陋不自量力，呼籲發起組織一個向人民公開全部活動的勞動黨，並向政府申請登記備案的啟事。」〈宣言〉的第（18）條表示：「本黨堅決主張與執政黨精誠合作和衷共濟，不採用任何秘密的暴烈的方法來解決爭論。」對於共產黨的農業合作化政策也表示了擁護，第（22）條說：「本黨擁護現行農業合作社組織，並主張逐步推行機械電氣化集體農莊制。」可是另外有些條文卻是同共產黨對著幹了，也許應該說是針對現實提出來的。例如第（17）條「本黨主張憲法和一切社會法律中不能加入『主義』『革命』『反主義』『反革命』等字眼條文。」第（19）條「本黨主張國家軍隊和警察屬於全體人民，服從人民代表大會和政府的指揮。軍隊警察成員在服役期間停止一切黨派關係和作用，服役期滿或退役後始得恢復黨派關係和活動。」（《新清華》第217期）

　　徐璋本的結局，據丁抒著《陽謀》一書說：「雖然他是毛澤東的老師徐特立的近親，中共還是將他抓起，判了十三年徒刑。一九七〇年刑滿本應釋放，但當局無端繼續關押他。其子見父親入獄二十年還無音訊，求父執錢學森出面詢問。徐才於一九八〇年走出監獄。蹲了二十三年大獄，獲釋時已是年近七十的衰病老翁。」（香港開放雜誌社2006年出版，第181頁）

　　中國人民大學在反右派鬥爭中，反出了計畫統計系教授吳景超、勞動專修科教授李景漢、侯大乾、工業經濟系講師葛佩琦、工業經濟系講師王德周、新聞系教授許孟雄、法律系學生程海果（筆名林希翎）、工業經濟系講師賀安、新聞系副教授汪同祖、法律系講師吳家麟、郭振淮、出版社曹達夫（筆名老山）等一大批人。其中程海果（筆名林希翎）一案前面已經說過了。在教師右派裡葛佩琦一案更是轟動一時。他在人民大學黨委五月二十四

日召開的非黨教授、副教授、講師座談會上發言，據報紙上刊出的摘要，葛佩琦說了這樣一些話：

> 我認為今天黨群關係與解放前相比，差了十萬八千里。學校是這樣，老百姓也是這樣，老百姓把豆餅做的豆腐叫做日本的混合面。統購統銷搞糟了，所以物資供應緊張，老百姓吃不上，有人說這是生活水平提高；生活水平提高的是哪些人呢？是過去穿破鞋，現在坐小臥車，穿呢子制服的黨員和幹部。說良心話，物資供應之所以緊張，這是由於執行黨的政策的人犯了錯誤（引者按：他並沒有說政策犯了錯誤），例如豬肉哪裡去了呢？不是被老百姓吃光了，而是因為執行糧食統購統銷政策發生了偏差，老百姓不肯養豬所造成的。
>
> 　一九四九年共產黨進城時，老百姓都是「簞食壺漿，以迎王師」來歡迎。今天老百姓對共產黨是「敬鬼神而遠之」。老百姓幾時也是這樣，中國歷史上好多這樣的例子，當統治者沒有得到統治地位的時候，老百姓總是歡迎他們的，但他們一旦得到了統治地位，而不顧人民的利益時，人民就要反對他們。例如，一九四五年抗戰勝利時，受了日本人壓迫了八年的老百姓也歡迎過國民黨，後來國民黨的大員搞「五子登科」，人民就反對他們。現在的情況不同了，老百姓對共產黨的意見很多了，共產黨若不自覺也是很危險的。
>
> 　過去在學校做地下工作時，是用聯繫進步，爭取中立等一套方式，而今天是用黨員來領導，所以看黨員的成績就是看彙報多少，彙報得多，就是好黨員，黨員起了監視群眾的便衣警察的作用。這事不能怪黨員，因為黨組織叫他們作情報，所以責任在黨組織，因這是組織給的任務。
>
> 　共產黨對我三心二意，我對你也三心二意。中國是六億人民的中國，包括反革命在內，不是共產黨的中國。黨員有主人翁的態度是好的，但是，你們認為「朕即國家」是不容許的。你們不應因自己是主人翁而排斥別人，不能只有黨員是可靠的，而別人都是可疑的，特別是對愛發牢騷的黨外人士，共產黨可以看看，不要自高自大，不要不相信我們知識份子。搞得好，可以；不好，群眾可以打倒你們，

殺共產黨人，推翻你們，這不能說不愛國，因為共產黨人不為人民服務，共產黨亡了，中國不會亡。因為不要共產黨領導，人家也不會賣國。

（5月31日《人民日報》）

據《人民日報》報導，在六月五日的座談會上，葛佩琦又說了這樣一些話：

群眾在鳴放中還有顧慮，這反映了兩個問題：一、反映了八年「民主」制度的結果，群眾對「禍從口出」有深刻體會，串個門，說句話，就要被寫進「材料」中，群眾對憲法規定的言論自由已經頗感生疏了；二、群眾對共產黨的話不敢信任，怕打擊報復。如果群眾繼續對黨不信任，總有一天黨會滅亡的。

共產黨對這一點應特別重視。因為「民無信不立」。我還要重述一遍，群眾是要推翻共產黨，殺共產黨人。若你們再不改，不爭口氣，腐化下去，那必走這條道路，總有那麼一天。這也是合乎社會主義發展規律的，只空喊萬歲也是沒有用的。

（6月8日《人民日報》）

這只是當時報紙上的一面之詞，實際情況據《葛佩琦回憶錄》的記載是這樣：

一九五七年春，黨內整風開始後，中國人民大學黨委會連續三次書面通知我，要我參加「黨外人士座談會」，幫助黨整風。我想我是一個冒險犯難，為黨做過十多年地下工作的共產黨員，由於地下組織被破壞，單線領導人被捕，斷了組織關係。黨委並沒有對我請求恢復組織關係的申訴信，作出任何答覆，為什麼要把我列為「黨外人士」？我有些想不通，所以接到頭兩次通知，我沒有出席座談會。第三次通知送來之後，有總支的一位同志來動員我，他說：黨委三次書面請你參加黨外人士座談會，你都不去，不太合適。我就勉強地去參

加了座談會。

　　到了會場，黨委書記（注：即胡錫奎）宣佈開會之後，他接著說：「黨的政策是知無不言，言無不盡；言者無罪，聞者足戒；有則改之，無則加勉」。他並說：這是毛主席說的，請大家打消顧慮，踴躍發言。在一些人發言之後，我站起來發言。我根據幫助黨整風的意願，就外行辦不好大學，不要脫離群眾、不要看不起知識份子、黨員幹部不要生活特殊化，要克服主觀主義、宗派主義和官僚主義等方面，給黨委提了一些意見。這是一九五七年五月二十四日，在中國人民大學黨委召集的「黨外人士座談會」上，我根據「知無不言」的政策，提的意見。五月二十七日，在中國人民大學內部刊物──《人大週報》上，登出了我的「發言」（篡改了的發言）。其中說：「不要不相信我們知識份子。搞的好，可以；不好，群眾可以打倒你們，殺共產黨人；推翻你們，這不能說不愛國，因為共產黨人不為人民服務」。這段話不是我說的，歪曲了我發言的原意。我當天下午，到中國人民大學黨委會要求更正。黨委副書記、副校長聶真同志接見的我。當時我的性情有些急躁，我指著《人大週報》上登的那段話說：這不是有意誣陷我嗎？聶副校長說：葛佩琦同志，你不要著急，共產黨是實事求是的，登錯了，可以更正。

　　六月八日《人民日報》以葛佩琦發表「反共言論」為標題，報導說：「群眾總要推翻共產黨，殺共產黨人；若你們再不改，不爭口氣，腐化下去，那必然走這條道路。總有這麼一天，這也是合乎社會主義發展規律的；只空喊萬歲，也是沒有用的」。我從來沒有說過這段話。《人大週報》刊登的我那個發言的全文中，也沒有這段話。這段報導純屬捏造。我看到之後，當即給《人民日報》寫了更正信，六月九日上午，我親自送到人民日報社。（這封更正信，現在已查出，但費了很大力氣）。

　　《人民日報》對我的更正信，隻字未登。卻連篇累牘地發表批判我的文章。例如：六月八日《人民日報》除刊登了上述那篇誣陷不實的報導外，還發表了〈要跟葛佩琦劃清思想界限〉等三篇批判我的文章。六月十四日《人民日報》以本報南京電、保定電、瀋陽電，同時

發表了三篇外地批判我的報導；這一天還發表了〈葛佩琦的學生痛斥葛佩琦〉的文章。六月十五日登出某著名人士寫的〈我對葛佩琦的言論發表一些意見〉，……《人民日報》是黨中央的機關報，這樣不惜篇幅地發表批判我的文章，在社會上起了動員作用。所以全國大、小報刊紛紛發表批判我的文章，形成了一個批判葛佩琦的高潮。使我這個無名的老百姓，一時成了新聞人物，我真有點承受不了。

我葛佩琦和「殺共產黨人」毫無關係，不但事實上沒有關係，就是從上述那段誣陷不實之詞的文法上分析，也不是我葛佩琦要「殺共產黨人」。有人移花接木，硬把「葛佩琦」三個字和「殺共產黨人」捏合在一起造成一個新的句子——「葛佩琦要殺共產黨人」。這句誣陷不實之詞，成了劃我為「極右派」的主要依據，也是判我無期徒刑的主要罪名之一，這真是「欲加之罪，何患無辭」。

（中國人民大學出版社，1994年版，第137-140頁）

中國人民大學黨委常委李新的回憶錄《流逝的歲月》中說：「反右派鬥爭的高潮中，人民大學的教師葛佩琦被打成右派也是轟動一時的事件。葛被劃右派沒有經過黨委常委的討論，所以當時我對這一事件的經過並不很清楚。」（山西人民出版社2008年版，第343頁）可見這是黨委書記胡錫奎一人決定的。一個人對他人的禍福乃至生死有這樣大的決定權力，這種體制真是太可怕了。

《人民日報》把葛佩琦的發言歪曲地概括成他主張「殺共產黨人」。他寫給人民日報編輯部的更正信又不給登出。而《人民日報》說他主張「殺共產黨人」這話，給鄧小平留下了深刻的印象。多年之後還一再說他「殺氣騰騰」，在《鄧小平文選》第二卷裡就有：「一九五七年的反右是必要的，沒有錯。有些人是殺氣騰騰的啊！當時不反擊這種思潮是不行的。」（第243頁）「一九五七年的反右派鬥爭還是要肯定。我多次說過，那時候有的人確實殺氣騰騰。」（第294頁）「一九五七年的反右派鬥爭，我多次講過，那個時候確實有人殺氣騰騰，但是我們處理得過重了，擴大化了。」（第380頁）他緊緊抓住這個失實的報導來作證據，證明反右派鬥爭是正確的、必要的。

　　葛佩琦被劃了右派分子之後，就還要查他的歷史。查的結果，就在人民大學學報的一篇批判長文中間公佈出來。

> 　　一九三七年七月，葛佩琦由北京大學畢業，隨平津學生流亡到河南洛陽一帶。一九三八年八月加入了中國共產黨。一九四〇年，葛佩琦找到了胡宗南，被委擔任天水行營西安辦公廳上校戰地視察和通訊所主任。不久，任第一戰區長官部的少將參議。瀋陽解放前夕，由東北跑到北京，以後混入了中國人民大學。（《教學與研究》1957年第7期）

　　哦，原來是胡宗南部的少將軍官，主張殺共產黨人就毫不奇怪了。他就以這樣一種身份，於一九五七年十二月被捕，判了個無期徒刑。他真是胡宗南部的「少將軍官」麼？從《葛佩琦回憶錄》裡可以知道，全不是這麼回事。他是一九三八年七月由劉子久（中共河南省委委員、豫西特委書記、八路軍洛陽辦事處主任）發展為中共黨員（第77頁），奉命打入敵人營壘，《葛佩琦回憶錄》裡說，「我打入敵人營壘做地下工作，都是黨組織派遣的」（第181頁）。他先後在天水行營（主任是程潛）擔任特派員（第88頁），在第一戰區長官部（司令長官是蔣鼎文）擔任少將參議。他一生都沒有和胡宗南這人以及胡宗南部發生過關係。不知道這篇材料裡為什麼要扯到胡宗南。內戰爆發之後他為黨做的工作就更加多了：

> 　　國共兩黨在東北的一場血戰，即將開始。黨組織派我到東北的主要任務是搜集敵人的軍事情報。於是我辭去了余紀忠要我留在北平擔任政治部駐北平辦事處處長的職務，到瀋陽（東北保安長官部所在地）去了。（第116頁）
>
> 　　到了瀋陽，余紀忠分配我代理政治部第一組組長。這個組是管軍隊政治工作的。國民黨部隊從關內調到東北時，部隊的政治部，都要把該部隊的番號、王官姓名、駐地、人數、編制等，書面報給長官部政治部。長官部政治部第一組根據這些材料，編成國民黨在東北全部駐軍一覽表。我將這份「一覽表」報給了我黨地下組織。（第117頁）

這一類的事情他還做了不少，這裡就不多引用了。有興趣的讀者可以去看他這本回憶錄。

葛佩琦本人蒙冤入獄，還連累到親屬，他在天津大學任教的哥哥葛佩倫，就因為對反動的弟弟批判不夠，界線不清，也送去勞改了。（見《唐寶心回憶錄》，非賣品，第197頁）這些事情在李新的回憶錄《流逝的歲月》中說得要詳細一點：「從此葛佩琦受盡折磨，不僅他的妻子兒女因他而遭難，連他二哥的家也在一九六六年被紅衛兵抄了，他二嫂被打死，二哥被遣返回山東老家，病中無醫療條件，很快也就死去。」（第344頁）

到一九七五年十二月寬大釋放在押國民黨縣團級以上人員的時候，他又以這個少將軍官的身份獲得寬大釋放，關了十八年。

又過了十八年，他死了。這十八年裡中國發生了許多事情，發生了許多變化，對葛佩琦，也有了另外一種說法。他死後，新華社報導說：

新華社北京二月十七日電　中國人民大學教授葛佩琦同志因患心臟病搶救無效，於一九九三年一月十三日在北京逝世，終年八十二歲。

葛佩琦同志一九一一年生於山東省平度縣，一九三五年參加革命，一九三八年加入中國共產黨。他在「十二‧九」運動時期任北京大學學生會副主席，是當時北大學生抗日救亡運動領導人之一。他曾兩次遭國民黨政府逮捕入獄，在獄中他堅貞不屈，表現出革命者的氣節。他多次受黨指派，在國民黨軍政機構長期從事地下工作，不顧個人安危，為革命事業做出了很大貢獻。

葛佩琦自一九五一年起在中國人民大學任教。一九五七年被錯劃為右派並被捕入獄。雖長時間蒙受冤屈，但他襟懷坦白，心胸開闊，正確對待個人不幸遭遇，保持革命者氣節。一九七五年獲寬大釋放。一九八○年在黨中央直接關懷下獲平反，一九八三年恢復了中斷多年的黨的組織關係。

葛佩琦同志的一生是革命的一生。他剛正不阿，心胸豁達，堅韌頑強，忍辱負重，在極端困難的情況下，思國憂民，堅信真理，對革命的信念始終沒有動搖過。在冤案平反之後，他以新的姿態投入四化

建設，抱病著述，積極參加社會活動，為人民奉獻餘生。他嚴於律己，
寬以待人，從不以老革命的身份自居，始終保持一個革命者的本色。

這條電訊中，「被錯劃為右派並被捕入獄」一語，是寫得簡略了一
點。根據當年規定的辦法，對右派分子最重的處罰是開除公職勞動教養，如
果他僅僅具有右派分子的身份就不會被捕入獄。他被捕入獄了，就表明他還
有另外的罪名，即反革命的罪名。當然，如果葛佩琦不說這些不中聽的話，
不被劃為右派分子，也就不會算做反革命分子而判無期徒刑了。這個案例也
說明了反右派鬥爭是肅反運動的進一步擴大。

張強華是北京大學生物系的學生右派，跟也是北大出身的右派分子葛
佩琦在監獄裡相遇，後來成了忘年交。在他的自述《煉獄人生》中記下了一
九八八年他訪問葛佩琦的一些交談。當時葛說了這樣一些話：「或許，胡適
的選擇還是對的。」「早知道現在這樣腐敗，當初在東北時，跟著他們一走
也就算了。」再過四年，他就死了。這大約可以看作他最後的想法吧。

計畫統計系教授吳景超、《辭海》中有他的詞條：

吳景超（1901-1968），中國社會學家。安徽歙縣人。一九二三至
一九二八年留學美國，獲博士學位。回國後，先後任金陵大學、清華
大學教授、教務長。主編《新經濟》、《社會研究》、《新略》等雜
誌。建國後，歷任清華大學等校教授，並當選為第二、三、四屆全國
政協委員和民盟中央委員。一直重視社會經濟現象的研究。著有《第
四種國家的出路》、《都市社會學》等。

一九五二年院系調整，社會學系撤銷。吳景超從清華大學調到中央財
經學院任教。一年以後學院停辦，又調到中國人民大學。他對於撤銷社會學
系是很不贊成的，一九五七年一月號的《新建設》雜誌上，他發表了〈社
會學在新中國還有地位嗎？〉一文，提出：「在百家爭鳴的時代，我認為
在我國的哲學系中，還有設立社會學一門課程的必要。」這篇文章後來被
加上「主張恢復舊社會學」的罪名受到猛烈批判的事，在下面第十八章裡再
細說。

六月六日章伯鈞和北京六教授談話，其中就有他一個。六月七日他又在本校黨外人士座談會上作了長篇發言：〈要求提高中國人民大學的工作質量〉，談了五個問題。

第一個問題是黨委制問題，他一開頭就說：「黨委領導學校這一原則，我認為是不可動搖的。不承認黨委領導，就是不承認共產黨的領導，而沒有黨的領導，我們的行動就將迷失方向。」這樣的表態當然是可以的，不過他提出的具體做法卻是「任何重大的有關方針政策的問題，都應由黨委會在各個委員會的調查研究及建議的基礎上，做出決定，提交校務會議討論通過，然後由學校的行政當局付諸實施。黨委會不對學校行政各級，發號施令。」這就大錯特錯了。

第二個問題是教條主義問題，他指出：「中國人民大學的教條主義是根深蒂固的。」並且舉例說明：「談民族問題的，並不去認真研究中國有哪些少數民族，分佈在什麼地方，有些什麼特點，但都會背誦史達林所講的四個基本特徵。研究帝國主義的人，並沒有去搜集有關美國英國的大量事實來進行分析，只知道背誦列寧在一九一六年所提出來的五個基本經濟特徵。以致我們對於帝國主義的認識，還停留在第一次歐洲大戰那個階段。」吳景超「提一個初步的建議，就是在各系的教學計畫中，取消四分之一或五分之一的必修課程，改為選修，另外加添一些新的選修課程。在這些選修課程中，可以談談馬列主義系統以外的理論，以及蘇聯以外的經驗。」

第三個問題是教員水平問題。他指出：「在成立中國人民大學的時候，學校中需要大批師資，而社會上現有的師資，在當時的高教部領導看來，在政治上和業務上都是可以懷疑的。於是小學沒有畢業的，中學沒有畢業的，大學沒有畢業的，只要他是黨員，有過革命的經驗，經過蘇聯專家短期訓練之後，也就在大學中當起教師來了。在大學中當教師，但是本人從來沒有進過大學，這是古今中外所罕見的。」他提出了解決這個問題的辦法：「把他們分批培養成為一個至少有大學畢業的文化程度的人。這就要補文化課，基礎課，專業課，以及中文外文等文字工具。」

接著在談到科學研究問題和工作效率問題的時候，都對學校當局有所批評。（《人民大學週報》第152期）憑著這些材料吳景超當然要劃為右派分子了。

　　七月二十三日《光明日報》報導：「中國人民大學師生員工四千餘人，於七月二十日在西郊舉行集會，揭露和批判章羅聯盟的謀士吳景超的反黨、反社會主義的言行。會上，吳景超雖然和會前一樣，百般狡賴，不肯認真交代，但在大家有力的揭露和批駁，吳景超的反動醜惡面目還是暴露於光天化日之下。」會上有多人發言，中國人民大學副校長鄒魯風以《為吳景超等右派分子反黨、反社會主義方案作注》為題作了發言。他說：右派集團提出的《我們對於高等學校領導制度的建議（草案初稿）》與企圖恢復資產階級社會學的陰謀，對於參加大會的教師、學生們來講似乎是新東西，但是對於他自己卻是早就熟知的了。在整風運動以前，吳景超就一次再次地向黨委和他本人談過這些污衊黨、篡奪黨在高等學校領導權的陰謀。吳景超在民盟高等學校黨委負責制工作組第一次彙報座談會發言說，「這樣才能做到民主辦校，見不得人的事，就不會發生了。」鄒魯風憤憤地說「共產黨向來光明磊落，是沒有任何見不得人的東西的；你們右派分子那些見不得人的東西，才應該徹底交代。」鄒魯風說：「參加這些陰謀活動的，都是些高級知識份子，他們的陰謀也是『高級』的。說它『高級』，是因為他們不僅要篡奪高等學校的領導權，而且要篡奪我們國家的領導權企圖發動匈牙利事件，使千百萬人人頭落地。」他號召大家起來，揭露右派分子的陰謀，堅決粉碎他們的猖狂進攻。

　　勞動專修科教授李景漢，《辭海》中有他的詞條：

> 李景漢（1895-1986），中國社會學家。北京通縣（今通州區）人。一九一七至一九二四年赴美國主修社會學，獲碩士學位。曾任清華大學等校教授、中國社會學會顧問。並歷任中華文化及教育基金委員會社會調查部主任、中華平民教育促進會定縣實驗區社會調查部主任、清華大學國情普查研究所調查組主任、聯合國東南亞數國農業普查顧問、中國人民大學調查研究室主任等職。中國民主同盟盟員。著有《實地調查方法》、《中國農村問題》等。

　　在五月十四日《學習》雜誌編輯部邀集的高級知識份子座談馬列主義理論學習的會上，李景漢說：「在大學的理論學習方式不能養成獨立思考，

僅僅限於在規定的框框裡思考，鼓勵人云亦云和接受權威任何看法的習慣。我已經快養成了接受別人看法的習慣，也能接受教條和背誦原文，否則就有考試不及格的危險。」（《學習》1957年第11期）

五月三十日李景漢又在本校黨外人士座談會上作了發言，他說：「希望黨對知識份子，特別是經過屢次運動的挑剔，而找不到什麼大毛病的人，應該相信他，認為他是可靠的。如果你懷疑他，對他不放心，儘管可以在內心保持最高的警惕，也不要去傷害他們自尊心。中國有句民諺：水能載舟，亦能覆舟。這句話很可玩味。僅靠左手拿著馬列主義書本，右手拿著蘇聯武器，是不能解決所有問題的。」（《人民大學週報》第150期）《人民日報》刊登的一篇〈請看李景漢的反動面目〉中說：「在黨提出了『百花齊放，百家爭鳴』的方針之後，李景漢認為有機可乘，就積極地參加了章羅集團恢復資產階級社會科學的右派小集團。與右派分子費孝通、吳景超、吳文藻、潘光旦等勾結在一起，在批判舊社會學的合法外衣之下，積極地，有計劃有步驟地陰謀復辟資產階級社會學。」（8月16日《人民日報》）

中國人民大學在反右派鬥爭的高潮已過之後，還反出了勞動專修科教授趙承信。趙承信（1907-1959），廣東省新會縣人。美國芝加哥大學，密執安大學留學生，獲博士學位。回國以後擔任過燕京大學法學院院長兼任社會學系主任。一九四八年一月，學校派他去美國考察戰後美國教育情況。十一月二日人民解放軍解放瀋陽，他立即提前回國，於十一月二十三日趕回北平，積極投入燕京大學的護校鬥爭，滿懷熱情迎接解放。一九五二年院系調整，燕京大學撤銷，他先調到中央財經學院，後來又轉到中國人民大學。他在勞動專修科任教，致力於鑽研我國過渡時期的勞動工資和人口問題。一九五四年他被安排為北京市人民代表大會代表。反右派鬥爭中，因為他主張恢復社會學，被劃為右派分子，下放到豐台農村勞動。一九五九年十月九日以肺癌去世。

中國人民大學的反右派鬥爭，還必須說到一位奇人，他就是經濟學說史講師孟氧。他還是參與了人民大學創建的教員。他的著作《〈資本論〉歷史典故注釋》，是閱讀《資本論》的一本有用的參考書，人民大學出版社多次印刷，在校內校外都有影響。到了反右派鬥爭中，他被劃為右派分子了。據中共中國人民大學委員會編印的《高等學校右派言論選編》一書，孟氧有

這樣一些右派言論：「黨的知識份子政策是用文明棍來解決思想問題。解放後知識份子的精神生活並沒有得到滿足。」「教研室學校無論在人事安排、教學工作、科學研究等方面都存在宗派主義。黨的宗派主義絞殺了科學，自己不是黨員，勞動死了也不行。」「老黨員不學無術級別高，工資高，是廢料。缺德少才，是靠德吃飯。新黨員雖有熱情，但無真才實學，是些唯唯諾諾沒有棱角的人。積極分子是些看領導眼色行事的人。」

到了文化大革命那一場大動亂中，他又受到了新的迫害。一九六八年三月的一天，一家三口正在吃晚飯的時候，孟氧忽然被造反派揪走，關了起來。拖到一九七五年十二月二十四日，孟氧被北京市中級人民法院以現行反革命罪「判處死刑，緩期二年，強迫勞動，以觀後效」。他不服，上訴到北京市高級人民法院。市高院於一九七六年四月十三日作出終審判決：「駁回上訴，維持原判。」判決時，孟氧已從北京半步橋看守所轉押至山西臨汾監獄六年了。他在獄中，用了十五年的時間，寫下了一部五十萬字的書稿《經濟學社會場論》。

多虧了他的好女兒孟小燈。她從十二歲起就千里探監，稍稍長大以後就四出為平反父親的冤案奔走呼號。她去找了中國人民大學負責複查改正右派工作由副校長張騰霄，去找了北京市高級人民法院的院長薛光華。在當時平反冤假錯案的大背景之下，她的努力終於有了結果。一九七九年七月八日，中國人民大學黨委做出了〈關於孟氧一九五七年反右運動中問題的複查結論〉，宣佈他「屬於錯劃，予以改正」，撤銷一九五七年劃孟氧為右派分子的決定，撤銷開除團籍、降職降薪的處分，而且還「恢復講師職稱，恢復政治名譽。從一九七八年十月起恢復高教七級工資待遇。工作由中國人民大學安排」。一九八〇年八月十九日，北京市高級人民法院終於對孟氧作出了再審判決：無罪釋放。

孟氧回到中國人民大學以後，加入了中國共產黨，並被評為「優秀黨員」；職稱也由講師逐級晉升為副教授、教授，直至博士生導師，並列名為中國人民大學三十七名「最佳講課教師」榜首；一九八七年年他榮獲全國「五一」勞動獎章，同年年底被評選為北京市「十大新聞人物」。

一九九七年一月十八日，孟氧以癌症去世。兩年之後中國人民大學出版社出版了他的獄中著作《經濟學社會場論》一書。他的老友謝韜在〈我和

孟氧的交往〉一文中說，這一本《經濟學社會場論》「是非常有分量的學術著作，體現了他獨具匠心的創建和成就。」這篇文章裡還記下了孟氧對他說的一句話：「一個大學如果只要求學生死記硬背課本，不鼓勵學生打破陳舊觀念，不去開拓創新，這種大學的教育就是失敗的。」（《炎黃春秋》2007年第5期）

從李新的回憶錄《流逝的歲月》中可以知道，胡錫奎對於自己在中國人民大學製造出了林希翎、葛佩琦這樣全國著名的右派分子並不感到滿足，他還有意把人民大學黨委常委李新也劃為右派分子。李新在這本回憶錄中說：

> 當時人民大學的反右派鬥爭，正搞得熱火朝天。因為我事先知道黨的策略，我想什麼話都不說，等一陣熱潮退去也就完了。誰知就在把吳景超、李景漢等人打成右派後不久，人民大學的領導人（黨組書記）（注：即胡錫奎）竟然想趁機通過北京市委把一頂右派帽子安在我的頭上。現在想起來，也覺得實在可怕極了。
>
> 就在我從編書組回到西郊的一個晚上，黨委辦公室的一個好同志，匆匆忙忙地把剛出版的《黨內參考資料》（北京市委的內部刊物）送給我，要我立刻打開來看。我打開一看，呀，不好！那上面的顯著地方，登著一則人民大學反右派的報導：人大黨委常委李新居然擅自召集校務委員會，讓大右派分子吳景超、李景漢參加，引起廣大群眾不滿，連黨外教授趙錫禹等人都提出了批評意見。這個報導讓讀者看了，一定認為李新是吳景超、李景漢的後臺，是隱藏在黨內很深的右派分子。我看了這個報導，怒不可遏，來不及和何干之打招呼，就立刻趕回城市裡。回到家中，我連忙寫了一封要求更正的信，準備送交《黨內參考資料》編輯部，希望他們於下期登出來，以正視聽。
>
> 在要發信的時候，一想這麼大的事情，還是該先請教吳老才好。我於是拿著信和刊物，忙到吳老家去。（第339頁）

這一步他真走對了。吳玉章看過材料之後，只說了一句話：「他們就是要你跳嘛！」李新領會了吳玉章的深意：「這封信是發不得的。《黨內參

考資料》是市委的黨刊，你若有不同意見，就可能說你反對市委。」於是就有劃你右派的根據了。就這樣，吳玉章幫助李新躲過了這一厄。

毛澤東說：「大學裡，一個中文系，一個歷史系，唯心論最多。」換句話說，也就是要劃的右派分子也最多。中文系教授劃為右派分子的有楊伯峻、朱君允（女）（均北京大學）、程千帆（武漢大學）、董每戡、詹安泰（均中山大學）、許傑、徐中玉、施蟄存（均華東師範大學）、胡山源（上海師範專科學校）、吳奔星（南京師範學院）、徐霞村（廈門大學）、張默生（四川大學）、劉盛亞（西南師範學院）、林煥平（廣西師範大學）、蔣錫金（東北師範大學）、陳子展（復旦大學）、魏克猛（湖南師範學院）、王捷三（西安師範學院）、李白鳳（開封師範學院）等等；北京師範大學中文系一共有十八位教授，就有八位劃為右派分子，他們是：黃藥眠、鍾敬文、李長之、穆木天、彭慧、啟功、陳秋帆和俞敏。

歷史系教授被劃為右派分子的有北京大學的向達（1900-1966），敦煌學專家；王鐵崖（1913-2003），國際關係史專家、國際法專家。南開大學的雷海宗（1902-1962）。東北人民大學歷史系主任丁則良（1916-1957），當他聽到要開他的鬥爭會就投水自殺了。還有傅築夫（1902-1985），中國經濟史專家，這時是南開大學經濟研究所教授兼所長。中央民族學院的王鍾翰（1913-2007），清史滿族史專家。華東師範大學的戴家祥，金文甲骨文專家。北京師範大學的朱啟賢。山東大學的趙儷生（1917-2007）。湖南師範學院的皮名舉、雷敢。中南財經學院的汪士楷（1894-1959），原名汪澤楷，他又因為是著名的託派分子，新老賬一起算，以反革命罪判刑五年，不久死於勞改單位。復旦大學的王造時、陳仁炳等。此外還有人文地理學專家、南京師範學院地理系教授兼主任李旭旦。還有廣州中山大學的羅應榮。廣西師範學院歷史系教授、中國農工民主黨成員黃現璠，在各種座談會上說了這樣一些意見：現在一般說非黨人士作負責人的都是傀儡，全國都是如此。醫學院要高中畢業生作院長。初中水平的縣委書記，怎麼能領導大學畢業生呢？（7月5日《廣西日報》）个久他就被劃為右派分子。

這裡先說一個武漢大學中文系教授程千帆的情況。早在一九五二年的思想改造運動中，武漢大學黨委書記、副校長徐懋庸在執行已經夠左的知識份子政策中還要別出心裁，給一些老教授以打擊和羞辱。只是弄得太過分

了，徐因此也就被撤了職。程千帆也是受到徐懋庸打擊和羞辱的一人。對於反對官僚主義、宗派主義和主觀主義的整風運動，他是歡迎的，他有話要說。整風鳴放期間，他在各種座談會上說了這樣一些話：（有關程千帆材料，全部引自中共湖北省委宣傳部編《右派言論選集》，湖北人民出版社1957年版）

總說三反、思想改造的成績是主要的、偉大的、偉大個屁！我在北京碰到很多人一說起思想改造就搖頭，什麼成績是主要的，趕快收起吧！三反思想改造的時候，要我作檢討，撤我的職，都是當眾搞的，以後徐懋庸撤職，若干黨員在這件事上作檢討，卻是悄悄的搞，待遇太不公平。有人說人事處簡直是警察特務機構，我們幾十歲的人的一切就操在他們十幾歲的小孩子手裡，今後我要看人事材料，我不同意要由我寫不同意。三反、思想改造的檢討是苦打成招，我不承認，要重新寫過。群眾為什麼不可幹人事工作，為什麼非黨團員不可。

我們歷次運動中常常捕風捉影，就去搜家，結果只道個歉。但有教條主義和特權思想的人，是不知道思想上有創傷是不能一下子磨滅的。憲法規定人民權利不受侵犯，但民法、刑法都沒有公佈，人民無權，憲法沒有保證，這是肯定的違法，是不能保障憲法的實現的。

人事工作全是黨員，人事處、科變成了獨立王國，加上腐朽，變成了黑暗的王國。系主任要查學生的檔案袋不行，一定要黨員去查。他們犯了錯誤別人無法監督，而他們可以隨便處治人，使人身加上了陰影，食慾減退，工作不起勁。人事工作幹部應該是德才兼備，不一定非是黨團員不可。

知識份子迫切要求信任，老是像對民族資產階級一樣改造、改造，什麼時候才信任我們。

劉真（注：武漢大學黨委書記）問向誰爭自由民主，他自以為問得很巧妙，其實這問題很好回答。向誰爭人權？向侵犯人權的人爭人權。向誰爭民主？向不民主的人爭民主。向誰要自由？向不給人自由的人要自由。現在事實如何呢？選先進工作者，選人民代表，什麼代表都

是指定的，這民主麼？「三反」時×××教授被叫做×犯××，隨便把人家關起來，這自由麼？

　　肅反時有些青年人當時的態度粗暴，這些錯誤可以原諒，不能容忍的是在這次運動中，還有借機報復陷害無辜的嫌疑，當時公安局帶手槍逮捕了圖書館專修科兩個教員（其中一個上校特務），但×××說，武大敵情嚴重，還有更隱蔽更高級的反革命，現在才開始露頭，希望大家提高警惕，以後煙消雲散，沒有了。這只可能有兩種解釋，一種是×××容忍還有超乎上校的特務存在，沒有查出，一種就是×××胡說。原來×××、××、×××等是準備把法律系主任×××當作最大的特務來狠狠地整一下的，為什麼要整他呢？×××是一個很有威望的教授，前後擔任過副秘書長、副教務長，法律系主任，在工作中常常不同意宗派主義的作法，選人民代表時，他雖非上級指定的候選人，卻得了很多票，這就犯了宗派主義的忌，為了陷害他，就組織人偽造材料。例如×的太太罵李校長這個老先生好拐等等（×的妻子是江蘇人，不會講湖北話）。這也算×的反革命理由之一，幸而上級瞭解他，沒有批准，否則，×就要當成反革命來整了。×××不是反革命，你一定要動員人家寫材料，人家不好寫，但他們也有他們的辦法，以兩面派的辦法對付之，即白天寫了材料，晚上又去告訴×先生。所以誰寫了材料，寫些什麼，他全部瞭解。

　　關於高等學校的黨委負責制、共產黨員和群眾的關係等等問題，程千帆說了些這樣的意見：

　　　　上海有人提出取消黨委制，這是好的──他們想把工作搞好，不是想把工作搞壞，等到群眾不提意見就完蛋了，領導上應該明確一個東西，在學校裡應該依靠專家教授來搞好學校。共產黨應該認識這點，中國乃中國人之中國也，非共產黨之中國也，如果中國共產黨把全中國人都趕到維吾爾自治區，你共產黨也活不了。

　　　　在武大入黨的人，人們並不向他學習。我對×××的入黨是很有意見的，為了培養他入黨，指定他為先進工作者，並替他偽造材料，

他當時新文學史稿還沒有出版，就說出版了。黨要捧什麼人，就要為他搞什麼名堂，選先進工作者是活見鬼，要就和清朝一樣，欽賜文正公，現在分明是賜的，還要說是群眾選的，善良的人選上積極分子自己也感到慚愧。

程千帆在一次座談會上的發言中尖銳的批評了系主任和副校長。《學習簡報》刊出的他的發言被修改得溫和一些了。他不同意，寫信給《學習簡報》編者說：

《簡報》第一期第四版所登載我的談話有××在「業務上並不突出」一語和我的原意不符。我是說：××的政治水平不高業務也很壞，根本不配當中文系主任。他當主任，乃是武大中文系的恥辱。試舉一個例子。有一次開會，××忽然引了幾句《呂氏春秋》，將音樂的樂，念成「洛」，將「闋」字念成「癸」。連最普通的學識都沒有，還不如一個學生，除了憑黨員的特殊以外，還憑什麼作主任呢？此外，這篇報導還暴露了這位「作者」對官僚主義的回護。誰不知道是總務處某些阿諛逢迎的人出些壞主意逼迫劉老將房子讓給了×××副校長，座談會上談得很清楚，為什麼在報導中連×××的名字都不敢提；×××的名字又不是封建皇帝的御諱。

這態度頗有一點凌厲。大約是因為受到當時整風鳴放氣氛的鼓舞吧。他對形勢的估計比較樂觀，在座談會上說，「看來領導上有決心把這次學習搞好」，「自從同學大鳴大放後，運動顯然起了大的變化，增加了新的血液，同學們很英勇，今後運動不能忽視這個力量，有人看見過漫畫中諷刺，覺得似乎有問題，我認為目前運動進展的很健康，與歷次運動比，這次運動很正常，群眾有理智，也很有節制，雖然個別地方看來有點膿瘡，但是主流是正確的，同學們絲毫沒有錯，不要氣餒。」

可是程千帆錯了，他沒有預料到整風運動會變為反右派鬥爭。六月八日《人民日報》發表了〈這是為什麼？〉社論，這天他在中文系學習會上發言，說：

幫助黨整風我現在才明白，我們是客人，主人請我們吃饅頭，你卻要吃麵，主人要你提三大主義，你卻要提爭民主，主人自然不高興。群眾在整風中究竟處於什麼地位？現在我才明白，我們是做客的，這像主人出門，請客人看門，也好像請人炒菜。黨請我們幫她洗臉，我們卻全身洗到了，一直洗到腳，這當然不合規格。主人要你提三個主義，三個主義以外，你就不要多嘴。我們這些人在迷魂陣中積極地鑽了一個多月，現在比較看清了自己的地位，痛心的是我的講義沒有寫。現在有三條出路，一條是自動退出，我現在還沒有決定，將來是要自動退出的。

程千帆又錯了，他以為還要實行非黨員自願參加整風運動允許隨時自由退出的章程，不知道國務院就要發出一項決定，要求所有工作人員都要積極參加整風和反右派鬥爭，已經不能自動退出了，眼前在他面前並沒有可以聽憑他自由選擇的三條出路，而只有當右派分子這樣一個前景了。他終於明白了這一點，對同事說：我是關門家中坐，禍從天上來。

程千帆被劃為右派分子，徐懋庸很覺得開心。在他的感覺中，當年他在武漢大學的作為，就是今天反右派鬥爭的彩排，他就是被向黨猖狂進攻的右派分子弄下臺的黨員幹部。這時他已經調到中國科學院哲學研究所了，還是未能忘懷舊事，寫了雜文〈大學裡的右派〉（筆名弗先），說武漢大學的右派分子如程千帆等人，早在一九五三年就搞「右派的大學」運動，在整風中大鳴大放，以「民主戰士」的姿態出現，結果是那個黨員幹部下臺了。這在黨是嚴肅處理，在黨員是重新鍛煉，而在右派則是「革命的成功」。（7月24日《大公報》）徐懋庸寫這篇文章，只起了聊以洩憤的作用，為自己翻案的目的卻沒有達到。程千帆攻擊黨員，攻擊歷次運動，攻擊人事工作，當然要劃右派，而徐懋庸鬧翻案，就是對上級黨委的處分不服，同樣是反對黨的領導，同樣要劃右派。

華東師範大學中文系主任許傑，又是中國作家協會上海分會副主席兼書記處書記，又是中國民主同盟的中央委員。在五月九日《文匯報》上發表〈牆是怎樣形成的〉一文中指出在三反五反、思想改造、資產階級思想批判和肅反運動這歷次政治運動中有些黨員「希望在運動中立功，在政策的執行

上，可能還有甯『左』毋右的思想，這就容易形成不夠和諧的地方了」。他沒有說對人的傷害，只說是「不夠和諧」，這也就夠溫和、夠委婉了。當然，文章裡也有一些有刺激性的話：「有些黨員領導同志，時常露出解放者的面孔，如說『要是他們再嚕蘇，我就叫他們沒有飯吃』，如說『我們是靠革命吃飯不靠業務吃飯的』等等，那完全是功臣自居、居功自傲的態度，說是不要在黨群之間，築成一垜高牆，這又那裡可能呢？」不久他就被劃為右派分子。六月二十七日《光明日報》的一篇〈上海高等學校反右派鬥爭波瀾壯闊〉的報導中說：「許傑主張整風要狂風暴雨，開小會談心會不夠熱火朝天，口口聲聲說黨整風無誠意，有顧慮。在學生出了大字報後，他大加讚賞說，學生也應該大放大鳴。人們責問他為什麼要打亂師大的整風步驟。」

華東師範大學要把許傑劃為右派分子還很用了一些心計。中文系同事徐中玉在〈歷史真相的一角——追念許傑先生〉一文中回憶說：

> 本來（華東師範大學）黨領導對他一直尊敬，可運動一來，馬上翻臉，竟咬定他必然也幹了糾眾策劃、點火的勾當。師大民盟絕無此種舉動，他自然不肯承認。大概為了要找一個缺口，上面於是想到了我，認為我們原是熟人，在師大又同為盟員，同負責中文系，關係很好。我們必是同謀至少是知情人。於是先由已兼了市委教育衛生部長的校黨委兼常務副校長常溪萍找我談話。

> 在常那裡，也許還有點「挽救」我的意思吧。談話不在校內而選在市委他的辦公室裡，當為特表鄭重。他先表示了對我的善意，接著痛斥許老對一位黨員教學副校長的批評，認為這不只是對一個黨員的指責，而是對黨的誣衊，進而還上升到是對民盟中央「章羅聯盟」和六教授密室之會策劃點火的回應。他說他們知道各地民盟的動向，情況十分嚴重。我只得說我不知道有什麼，民盟組織鬆散，除平時偶開小組會閒談外，從無其他活動，我和許老只談業務和學術問題，民盟事務無甚可談。要我們助黨整風，從來都是各說各，各寫各，從不商量，彼此說些寫些什麼，也不知道。我說的這都全是實情。他聽了冷笑，顯然不信。他說：「不要這樣關門，許傑的事情你一定清楚，隱瞞下去，絕無好處，對你自己太危險。你應像舒蕪一樣對許傑反戈一

擊，還來得及。」聽他如此說，心裡極生氣，但只好忍著搖頭不答。最後他站起來這樣總結道：「我是好心對你，今晚請你和這裡兩位同志去文化俱樂部便飯，好好再談談，你得鄭重考慮。」

當晚，我只得如約去和兩位女幹部會面了。她們還是老問題，我也還是老回答。因為事實如此。我們曾被國民黨疑為「奸匪」，哪會策劃反黨，點什麼火？都是在肯定黨的巨大成就前提下遵囑提了點問題的，可能有不當之處，可以批評幫助，但這全是個人所說所寫，絕非有什麼策劃、共謀。兩人最後一定要我兩天內把所知道的許老的情況書面寫給她們，還明白地說，「只要能對許傑反戈一擊，就可不扣你右派帽子，這是最後的機會了。」

（《隨筆》2000年第二期）

徐中玉不肯賣友，拒絕合作，於是也就被劃成右派分子了。

中山大學中文系教授董每戡，又是中國民主同盟廣東省委員會的委員。五月十九日，中共廣東省委第一書記陶鑄到中山大學同教授們作了六個小時的座談，董每戡在會上說，學校的一部分黨員有兩副面孔，平時是封建時代的寡婦面孔，不苟言笑；（陶鑄插話：是冷若冰霜。）不去接近群眾；運動中是屠夫面孔，很兇惡，知識份子很怕他們。其次是黨員的兩種作風，運動一來拼命動員人家提意見，遇到另一種場合就報復人家，黨委在幾次會議上都沒有表示態度，因此教師們雖放，卻不多，現在還需要大放。第三是建議不能有兩種法律，黨員犯錯誤檢討了事，非黨人士犯錯誤可不得了，結果某些黨員就不怕犯錯誤。一般人的看法，是群眾和黨員並不是一樣看待的。座談會結束的時候，陶鑄表示：黨組織是不會報復誰的，要大家不要怕。（5月21日《廣州日報》）反右派鬥爭公開發動以後，民盟中央的章伯鈞、羅隆基受到集中火力的批判。六月十五日在民盟廣東省委常委擴大會議上，董每戡說，章伯鈞、羅隆基的言論不是憑一時靈感而發的，而是有歷史根源的。他們又是民盟的領導人，在盟內外都有影響，因此要他們進行檢查。但是，他認為，直到現在，報上對他們的錯誤都沒有具體分析，不能說服人。對章伯鈞等的錯誤，不是要處分他們或是把他們拉下來，而是要幫助他們站起來。（6月15日《南方日報》）不久，董每戡被劃成右派分子，被撤銷一切職

務，每個月只發給生活費二十元。妻子胡蒂子受他的牽連也被劃為右派分子，月工資由九十元降低到三十元。廣州生活費用昂貴，他們只好全家遷居胡蒂子的家鄉湖南長沙了。我有幸在長沙結識了董每戡教授。

中文系教授被劃為右派分子的還有西安師範學院語言文學系的王捷三（1899-1966），他又是中國國民黨革命委員會陝西省委員會常務委員。他是陝西韓城人，北京大學哲學系畢業。後留學英國倫敦大學、美國哥倫比亞大學。回國以後在督辦河南軍務署擔任機要秘書。一九二四年魯迅應西北大學和陝西省教育廳合辦的暑期學校的邀請前往講學，同時應邀的還有陳定謨、李濟之、蔣廷黻、孫伏園等多人。王捷三負責接待，陪同魯迅等一行從北京直到西安。回京後，魯迅和孫伏園在中興樓宴請他，顯然有答謝之意。據魯迅日記，他們之間曾經有過一次書信往來（1925年2月18日、20日），這信沒有保存下來。

北伐時，他擔任國民軍聯軍南路軍少將秘書長。後來又擔任南京《中央日報》副刊編輯、首都女子法政講習所教職。一九三〇年任考選委員會特約編纂。一九三九年擔任陝西省政府委員兼教育廳廳長。一九四六年當選制憲國民大會代表。

在五月十一日陝西日報編輯部邀集的教授座談會上，他批評了「各學科部門領導上讓資歷造詣淺的領導資歷造詣深的」這種現象，以為這是「影響學校教育質量的一個重要原因」；他還批評積極分子，說這些人「善於歌功頌德，希風承旨，便成了校院長的心腹，常常假借領導威信，自便私圖，因而為學校製造出不應該有個矛盾。」他甚至於還批評領導，說領導者「把他自己的威信等同於黨的威信，盛氣凌人，每每造成黨與非黨人士的隔閡。」此外他還對當時「學習蘇聯先進經驗」的一些做法表示了不滿。（5月15日《陝西日報》）一個月之後，王捷三就被劃為右派分子了。七月二十八日的《陝西日報》刊出的〈西安師院反右派鬥爭獲得勝利〉中說「右派分子王捷三對黨進攻中說『解放後學校中吸收的新黨員中，壞學生多於好學生』，在學校人事部門擺出的調查統計材料的鐵證面前，王捷三被質問得啞口無聲，只好承認他是胡說。」還算了他的歷史老賬，說他「在國民黨反動統治時期身居要職，一貫反共，並堅決與人民為敵」（8月5日《陝西日報》）

北京師範大學中文系教授穆木天貼出的大字報〈我的呼籲〉，其中說：「我呼籲：請黨中央像搭救王蒙一樣，救救師大罷！讓黑暗王國有一線光明罷！」在批評學校領導者的宗派主義的時候，舉了學校副校長、黨委書記何錫麟與中文系一個外國文學女進修生關係的醜聞為例：「某黨員首長老婆孩子一大堆，還違法亂紀亂搞男女關係，我認為黨委、行政不處理，這是宗派主義的行為，可是，黨員首長，把我的話完全給打回來了。他說那位黨員已經處理過了。處理的內容就是自己作了檢討。並且本人（何）也不知道女方是有愛人的。更不知道她的愛人為此而動刀自殺的事，這也不算宗派主義。」五月二十二日《光明日報》刊出的時候，稍有改動，像「某黨員首長」就改成「某黨員」了。儘管這樣，據黨委副書記張斧說：「運動一開始，黨委就擔心這件事，所以穆木天〈我的呼籲〉在《光明日報》一發佈，我們就感到被動了。」（見《不肯沉睡的記憶》，中國文史出版社，2006年版，第16頁，《光明日報》刊出的見第317頁）穆木天就憑這一張大字報，也就必定要劃為右派分子了。當然，還要另外收集一些材料寫入定案材料，那是很容易辦到的事情。八月五日《人民日報》刊出了一篇記者孫祖年寫的報導〈為資產階級叫囂的貓頭鷹——穆木天〉，其中說：「在整風期間，穆木天同他的妻子彭慧共謀興風作浪，到處煽動群眾搞『大民主』，對黨進行惡毒的誣衊，企圖搞垮黨委，達到個人野心的目的。」這篇報導就穆木天的外國文學講義參考了蘇聯大百科全書等書，就說他「剽竊他人文稿」，還因為他在「左聯」時期被捕過就說他成了革命的叛徒。在「唯恐天下不亂」這個小標題之下，揭露了他的右派言論，如說「師大領導是不學有術」，所謂「有術」就是有整人之術。「黨員入了黨就脫離了人民。」這篇報導還株連到他的妻子：「彭慧作為一個共產黨員，平時作風惡劣，不少人反映她早已不像個共產黨員了。在反右派鬥爭中，她不但沒有站穩黨的立場，卻墮落入右派的泥坑中和她的丈夫穆木天在一起，夫唱婦隨地向黨發動猖狂進攻，她洩露黨的機密，發表反黨言論，惡毒的攻擊師大黨委，成為右派分子在黨內的內應。」

談到北京師範大學的反右派鬥爭，不能不說到生物系主任、一級教授武兆發（1904-1957），他是美國留學生，解放初期回國。細胞學專家，組織胚胎和細胞生物學權威，全國性學術刊物《生物學報》的主編，中國海洋

湖沼學會第一屆理事會常務理事。因為有海外關係，在肅反運動中把他鬥苦了。整風鳴放開始，他就要求給他一個說法。反右派鬥爭起來，就抓他為典型。開大會鬥爭他，極力醜化和侮辱他。他就用自己用的手術刀自殺來抗議了。他死了之後，校園裡還給他貼大字報，說他「畏罪自殺」，「自絕於人民」。他是反右派鬥爭中北京師範大學自殺的第一人。（見同上書，第21、288頁）

上海復旦大學外文系教授兼圖書館館長潘世茲，他從英國劍橋大學留學回來，歷任聖約翰大學歷史政治系主任、教導長、代理校長。他的父親潘宗周是一位很富有的藏書家，解放以後，他把他父親的珍貴收藏都捐獻給國家。一九五二年聖約翰大學撤銷，他調到復旦大學。他參加了民盟。一九五七年被打成右派分子。文化大革命中又坐了八年牢。（據賈植芳《我的後來者潘世茲先生》）

南京大學外文系教授陳銓（1905-1969），四川富順人。曾經留學美國和德國。回國後曾在武漢大學、清華大學任教。抗日戰爭爆發後，的昆明西南聯大任德文教授。一九四零年和雷海宗、林同濟合辦《戰國策》半月刊。一九四二年又發表四幕話劇《野玫瑰》。這個刊物和這個劇本當時都受到左翼人士的批評。抗戰勝利後曾在上海同濟大學、復旦大學任教。一九五二年到南京大學，就在這裡被打成右派分子。

巫寧坤，揚州人。在昆明西南聯大外文系念書的時候，珍珠港事件發生，他即中斷學業，成了美國人士援華的「飛虎隊」的譯員。一九四三年他去了美國，為在美國受訓的中國空軍人員擔任翻譯。戰後他進了印第安那州曼徹斯特大學讀書，後來又進了芝加哥大學研究院英文系。一九五一年新年，他收到北京燕京大學校長陸志韋的電報邀請，請他回國任教。八月，他就到了北京燕京大學西語系任教了。一九五二年院系調整，巫寧坤調到了天津南開大學，擔任英國文學史、美國文學選讀和中譯英這些課程。一九五五年，他成了肅反運動的對象。折騰一年之後，沒有事了。一九五六年六月，他被調到北京國際關係學院。不久還調出參加翻譯中共第八次全國代表大會文件的工作。

一九五七年整風鳴放期間，學校領導一直動員巫寧坤發言。於是他就在教職員大會上發言了：

　　他首先簡要地回述了他六年前中斷了博士論文的寫作，應邀回來為新中國工作。沒想到回國後卻碰上種種困難，然後重點談到肅反中他在南開的遭遇，「那是毫無道理、十分荒謬的，肆無忌憚地違反民權，明目張膽地官方私刑。即便來我家搜查的人手裡捏著所謂的『搜查證』，他們有什麼權力對我懷孕的妻子和生病的老母親進行搜身？南開大學至少應該向我們道個歉吧？」繼而他讚揚黨的「雙百」方針，讚揚目前廣泛徵求知識份子的意見和鼓勵言論自由的氛圍。他引用了「防民之口勝於防川」的古訓，並發揮為「防知識份子之口勝於防洪」的高度。從而他說在我們幾億人口中，知識份子少得可憐，應當鼓勵他們作為民族的良心，而不應當讓他們繼續當封建王朝那樣卑躬屈膝的士大夫。

　　在外交方面，他認為「一邊倒」的親蘇政策，未必最符合國家利益。談到英語教育，他對中國大學聘請蘇聯專家來指導英語教學的做法提出疑問。他說難道有一天我們還要請蘇聯專家來中國大學指導中文教學嗎？

　　關於文藝理論與批評，他認為毛主席〈在延安文藝座談會上的講話〉強調政治標準第一是不全面的，因為那是由於戰爭年代宣傳工作的需要，現在是否可以按照「百花齊放」的精神加以補充。

　　他這一席發言使他成為極右分子，被送到凱興湖勞改農場去勞動教養。後來又被移到河北省清河農場。經受著饑餓的折磨。萬幸的是，他居然活了下來，在美國和英國幾所著名大學做過客座教授，一九九三年在紐約出版了他用英文寫的自傳《一滴淚》，現在已經有了日文、韓文、瑞典文的譯本。在境外也有一個中文本。

　　　　　　　　（據戴煌〈巫寧坤教授回國落難記〉，見《炎黃春秋》2007年第4期）

　　在教授之外，當年還有一些很有發展前途的青年教師也被打成右派分子了。傅璇琮在〈北大的學風與良師〉一文裡，講到了他們北京大學的一個案例：

　　一九五八年初，我們幾個剛處於學術上升時期的年輕助教、研究生，如樂黛雲、金開誠、譚令仰、楮斌傑、裴斐、劉群和我，說是

一九五七年四、五月間辦同人刊物（實際未辦成），屬「反黨」性質，劃為右派集團，有的去勞動，有的貶至外單位。我與褚斌傑先後到了商務印書館和中華書局。我記得我於一九五八年三月離開北大前，楊晦先生特地要我到他家裡坐一坐，吳組緗先生邀我到他家去吃一頓飯。算是餞別，由此也可見北大前輩學者那種不同尋常的寬宏的氣度。那時我確實不期而然地湧出如《論語•衛靈公》篇所說的：「君子不可小知，而可大受也」的親切之情。我於一九五八年初到中華書局，到現在已將近四十年。先是做一般的古籍編輯工作，「四人幫」粉碎後，政治問題得到改正，環境逐步有所改善，七十年代後期曾任編輯室主任，八十年代初為副總編，一九九一年任中華書局總編。（見《我們的學校》，北京大學出版社，2010年版）

　　一九五七年的教育界還有一件不大不小的風波，就是交通大學遷校問題。交通大學在上海，是一所有六十多年歷史的、有聲望的大學。一九五五年，高等教育部決定將它遷到西安去，上海的校舍移交給造船學院。到一九五六年，只遷去了一二年級學生和擔任一二年級課程的基礎理論和基礎技術課的教師。這一來，學校立刻受到影響，華東區尤其上海區以第一志願報考交通大學的考生大大減少，降低了新生的質量。遷到西安的人也覺得，這裡科研、教學直到生活條件都不如上海，許多人都希望搬回上海去。整風鳴放期間，他們活躍了起來。五月九日晚飯後，他們開始聚眾鬧事，敲鑼打鼓，鳴放鞭炮，一直鬧到深夜。鬧到學校停課一星期，最後只好推派代表赴京請示，直接向周恩來訴說。高等教育部部長楊秀峰僕僕風塵，奔波於西安上海間，化了一個多月的時間來解決這個問題。六月十九日的《新華社新聞稿》上，刊登了楊秀峰的答新華社記者問，傳達了周恩來對交通大學遷校的意見，報上的小標題說：「交大全搬西安雖有困難，但好處多。」「交大搬回上海有好處，也有不少困難，但支援西北的方針不變。」傾向顯然是想要遷就既成事實，搬了算了。但是最後還是表示「遷西安，回上海，由交大師生研究考慮。」最後問題圓滿解決，交通大學決定分設西安上海，統一領導。可是積極主張遷回上海的那些人，卻被劃為右派分子了，其中包括在北京當面向周恩來反映情況的沈三多，動力機械系工會部門委員

會主任委員袁軫群，共產黨員楊為民、潘震滄，以及學生李其家、陸友全、宗慕渝等人。

毛澤東在〈組織力量反擊右派分子的猖狂進攻〉這個秘密指示中作了這樣的佈置：「最好讓反動的教授、講師、助教及學生大吐毒素，暢所欲言。」（《毛澤東選集》第五卷，第432頁）接著，他又在〈文匯報的資產階級方向應當批判〉這篇社論中談到右派分子，說：「這是一小撮人，民主黨派、知識份子、資本家、青年學生裡都有，共產黨、青年團裡也有，在這次大風浪中表現出來了。」（同上書，第五卷，第438頁）這就是說，高等學校的反右派鬥爭，不但要在教師中劃右派，還要在學生中劃右派。

在大學生中，要劃多少右派分子呢？毛澤東以最先發起「五・一九運動」的北京大學為例，他說：

> 拿學生來說，北京大學有七千多人，右派只有百分之一、二、三。什麼叫百分之一、二、三呢？就是堅決的骨幹分子，經常鬧的，鬧得天翻地覆的，始終只有五十幾個人，不到百分之一。另外百分之一、二的人，是為他們拍掌的，擁護他們的。……講到教授、副教授，那就不同一些，大概有百分之十左右的右派。（同上書，第五卷，第440-441頁）

這百分之一、二、三，他心目中的當是譚天榮這些人吧，當然，還有人民大學的程海果即林希翎。反右派鬥爭的高潮起來，他們即受到了集中火力的批判。鬥爭的情況，報紙刊出的北京大學六千七百名在校學生簽名致全國高等學校同學的一封信中作了這樣的描寫：

> 現在我們正對右派分子展開全面的、系統的批判和反擊，我們要從骨子裡揭露右派的反動本質。目前，揭露批判右派分子的大字報和小冊子更大量出現了，廣播台天天播著批判右派分子的稿件，全校召開了群眾大會，全面批判了譚天榮、龍英華等右派分子。戰鬥的洪流正以排山倒海之勢，沖洗著前進道路上的一切污穢，奔向那浩瀚的社會主義海洋。（6月28日《人民日報》）

不要以為大學生裡劃出的右派分子都是像譚天榮、林希翎那樣的飛揚跋扈桀驁不馴的人。亡友包子衍是在山東大學歷史系畢業的前夕被劃為右派分子的，當時他還不滿二十三歲。在學校領導看來，他從來是個好學生，讓他當了學生會宣傳部副部長兼山大廣播站站長。他這個右派分子是怎麼當上的呢？同班同學章振華在紀念他的文章裡說：

> 一九五七年春天，黨的整風運動開始，山大因「青島日報事件」出現鳴放高潮。校園內大字報鋪天蓋地，「民主講壇」的辯論日夜進行。當時已顯露了一些偏差，像大字報裡出現了人身攻擊；「民主講壇」秩序很差。對此，子衍與我等都有看法。山大黨委組織部長和團委書記分別找喬幼梅（現任山東大學副校長。當時為全校學生會主席，共產黨員，班團支部書記）、包子衍談話，要他（她）們扭轉混亂局面。要包子衍控制廣播站，使大辯論秩序正常。同時暗示在必要時可以成立一個組織，由團委直線領導，所需物資也由團委供給。一天夜晚，小喬、子衍等來我的寢室議論怎樣貫徹黨委、團委的指示。最後由喬幼梅、包子衍及我等七人發起成立「鳴放社」。當時我們只知道以往在各項運動和活動中我班一直跑在前面，這一次卻落後了，既然黨委、團委要我們積極投入，就應該迎頭趕上。在「鳴放社」成立大會上，包子衍被推舉為社長，我被選為秘書。也就在這次會議上，同學們討論了使鳴放正常健康發展的意見，最後匯總成了三項十三條。此意見公佈後，全校大部分師生表示贊同。校園內亂糟糟的狀況有了改觀。廣播站在子衍的努力下也趨於正常。應該說「鳴放社」是在黨、團的關心、指導下誕生的。社員中絕大多數是黨、團員，也為幫助黨整風做了一些對黨和人民有利的事。可在以後六月份的反右鬥爭中，我班一部分人卻硬說「鳴放社」是右派組織，喬幼梅、包子衍以及重要骨幹近十人都是右派分子。（《包子衍紀念集》，非賣品，第53頁。）

就這樣，這個三十七名學生的班，劃出了七名右派分子。包子衍、喬幼梅都在內。

他接受不了。同班同學李道銘寫的悼文說：

包子衍也不是那麼好講話的。他挺胸而出，在全班反右鬥爭會上，他舌戰了十幾個回合，辯論了兩天半。終於，子衍從報上看到了丁玲、艾青、馮雪峰都成了右派，就被迫承認「糊裡糊塗地成了右派」，但仍然堅持動機是好的。（同上書，第56頁）

　　我同他是在共同參加新版《魯迅全集》的編注工作中成為朋友的，一九八〇年我們都被借調到人民文學出版社，朝夕相見，共事一年。他於一九九〇年七月四日以癌症去世，終年五十六歲。我在這裡寫到他，還不全是為了對亡友的懷念，也是為了讓讀者知道：當年大學生中所劃的右派分子還有這樣一種類型。那時，大學生中的右派分子中，有不少都是跟他一樣「糊裡糊塗地成了右派」的。

　　對大學生中的右派分子如何處理，在一九五七年暑期畢業這一屆的分配工作中就有所反映了。國務院發佈了一個〈關於高等學校一九五七年暑期畢業生分配工作的幾項原則規定〉，其中第六項是：

在這次整風運動中發現高等學校（包括中等技術學校、中等專業學校）本屆畢業生中有極少數思想行為嚴重反對社會主義的分子和其他壞分子。對於這種分子，一般地國家仍應該給以生活的出路和繼續改造的機會。他們之中，凡是考試及格的，同樣發給畢業文憑；凡是考試不及格的，不要留級，只發給結業證書。對本屆畢業生，各校都應該根據他們的日常表現，特別要根據這次整風運動最後的表現給他們作出政治審查結論。今後每屆畢業生，都應該作出政治審查結論。其中思想行為嚴重反對社會主義的分子和其他壞分子，除了有反革命罪行和違法亂紀行為的應該依法判處勞動改造或者勞動教養以外，其他都應該給以工作考查。考查的期限可以分別定為一年，兩年或者三年，考查期間，分配他們做輔助工作，不給名義，不正式評級評薪，只給以生活補助費。他們之中錯誤嚴重的，應該留校考查；其他則由國家統一分配，由用人部門負責考查。如果他們不願意或者不服從國家分配，可以由他自找職業，由他們所在地區的政府機關負責考查。（7月12日《人民日報》）

當初佈置整風運動，是只在縣團級以上機關，大的廠礦和大專學校進行。中小學校屬於基層單位，並不在這個規劃之內。那時主張在基層單位也要進行整風的，就被認為是右派的存心煽動。整風運動轉變為反右派鬥爭了，開始也只在上述範圍內劃出右派分子。拿教育界來說，是在大專學校和中等專業學校。可是中小學教師也是一支人數甚多的隊伍，這也是不應該忘記的。十月十五日，中共中央發出〈關於在中等學校和小學的教職員中開展整風和反右派鬥爭的通知〉，〈通知〉說，全國中等學校和小學校現有教職員二百多萬人，其中大多數人都是好人，但是隊伍很大，社會出身和政治思想情況可能比大專學校還要複雜。城市學校教職員可以採用機關整風的辦法。農村學校教職員可以參加當地農村中的社會主義大辯論。思想政治問題，利用寒暑假集中起來解決。要做到整風和教學兩不誤。

據我所知，湖南一些縣的小學教師，是在一九五七年寒假期間，也就是一九五八年一月或二月間，集中到縣城裡進行整風學習。這時不但章伯鈞羅隆基早已劃了右派，城市裡那些機關單位的反右派鬥爭也大都早已結束。可是這些鄉村小學教師，一年到頭忙忙碌碌教一點書，平日連報紙也少看，他們竟是如此閉塞，不知忌諱。套用金聖歎的名言，他們的這頂右派帽子，可說是於無意得之，大奇！我的妻子鄭柏齡當時在湖南湘陰縣黃柏墩小學（現屬汨羅縣）教書，就是這樣在一九五八年初的寒假裡成了一名右派分子。我問過她，究竟是因為說了一些什麼話才劃為右派的，她已經說不出一個頭緒來了。她只記得，她所在的那個學習小組裡，開頭一個人說了些什麼，於是大家接著話頭說下去，結果全組只有擔任記錄的一人沒有劃為右派分子，因為他專門記錄別人的發言，記錄本上沒有他的發言。

當過小學教員的毛澤東是這樣談論這件事的，他在一九五八年五月中國共產黨第八屆全國代表大會第二次會議上說：實際上去年十二月以後還在小學教員中搞出十幾萬右派，占全國三十萬右派的三分之一。他們還猖狂進攻，你說章羅劃右派，就不進攻了嗎？他照樣進攻。

教育界的反右派鬥爭，毛澤東最先考慮的只是大學教授。後來才擴大到中小學教員和大學的在校學生。至於未成年的中學生並沒有進入他的視線。是李井泉，用濃墨重彩為教育界的反右派鬥爭寫下了最後的一筆。當時李井泉是中共四川省委第一書記，他在四川省搞了一場「高中畢業生寒假社

會主義教育運動」。這裡只說一下成都市的做法。一九五八年一月下旬，全市十九所中學的近三千名高中畢業班學生被集中到四中、九中、十三中三個點。要求大家寫大字報向黨交心。還給他們發下了一份「參考提綱」，羅列了一些去年被批判了的典型的右派言論。這些十六七歲、十七八歲的小孩子哪裡知道輕重呢，這樣折騰了十多天之後，在二千六百五十七個學生裡面，劃出第三類（落後）四百九十三人，第四類（反社會主義）九十二人。成都市在中學生中進行社會主義教育運動的經驗在全省推廣，全省劃出了上萬名第三、第四類學生。（李臨雅：〈高中生遭遇「模擬反右」〉，見《炎黃春秋》2008年第8期）

　　據當時主持其事的中共成都市委宣傳部副部長蕭菊人後來對訪談者說，「我現在記得當時杜心源（注：中共四川省委書記處書記、省委宣傳部部長）講的，據他說大學生的右派現在清查出來了，現在的問題是要防止新進入大學的右派分子，要查清這一批學生，不能讓這一批人進入大學。」果然，這些劃為第三、第四類的學生，不論你高考成績多麼好，總不會錄取的，只能在社會到底層從事最卑賤的勞動。像成都市第十二中學學生孔繁緒，家庭出身城市貧民。學習成績很好，特別是數理科成績優異。不幸在社會主義教育運動中被劃為第四類，上不了大學。他先到集體企業成都金屬二廠當學徒，後來又到消防隊作消防員，後來他到四川夾江一個工廠子弟學校去教書，可是不多久不讓他上課了，叫他到收發室去做門衛。他厭倦了，一九八七年在悲憤中自殺身亡，才四十八歲。死前他多次對家人說：「我是完全能考上大學的呀！」當然也有命運不像他遭遇悲慘的人，成都市第七中學學生呂濤，當時被劃為第三類，也是上不了大學。他先在重慶鋼鐵公司耐火廠燒窯三年，後來又到巫山桃花鐵礦井下放炮。中國科學院數學研究所關肇直副所長發現了他的數學才能，調他到中國科學院成都數理科學研究室從事研究工作。一九八八年被聘為研究員。後來是四川大學數學學院教授，博士生導師。一個沒有本科學歷的博導。（以上據王建軍主編《五八劫——一九五八年四川省中學生社會主義教育運動記實》，自印本）

右派人名索引（上冊）

目擊中國12　史地傳記類　PC0345

反右派鬥爭全史（上冊）

作　　者／朱　正
主　　編／蔡登山
責任編輯／鄭伊庭
圖文排版／楊家齊
封面設計／陳佩蓉

發 行 人／宋政坤
法律顧問／毛國樑　律師
出版發行／秀威資訊科技股份有限公司
　　　　　114台北市內湖區瑞光路76巷65號1樓
　　　　　電話：+886-2-2796-3638　傳真：+886-2-2796-1377
　　　　　http://www.showwe.com.tw
劃撥帳號／19563868　戶名：秀威資訊科技股份有限公司
　　　　　讀者服務信箱：service@showwe.com.tw
展售門市／國家書店（松江門市）
　　　　　104台北市中山區松江路209號1樓
　　　　　電話：+886-2-2518-0207　傳真：+886-2-2518-0778
網路訂購／秀威網路書店：http://www.bodbooks.com.tw
　　　　　國家網路書店：http://www.govbooks.com.tw

2013年12月　BOD一版
定價：590元
版權所有　翻印必究
本書如有缺頁、破損或裝訂錯誤，請寄回更換

國家圖書館出版品預行編目

反右派鬥爭全史 / 朱正著. -- 一版. -- 臺北市：秀威資訊
科技, 2013.12
    冊；　公分. -- (史地傳記類 ; PC0345-PC0346)
BOD版
    ISBN 978-986-326-195-7 (上冊：平裝). --
ISBN 978-986-326-196-4 (下冊：平裝)

    1. 政治鬥爭 2. 中國史

628.7   102020207

讀者回函卡

感謝您購買本書，為提升服務品質，請填妥以下資料，將讀者回函卡直接寄
回或傳真本公司，收到您的寶貴意見後，我們會收藏記錄及檢討，謝謝！
如您需要了解本公司最新出版書目、購書優惠或企劃活動，歡迎您上網查詢
或下載相關資料：http:// www.showwe.com.tw

您購買的書名：＿＿＿＿＿＿＿＿＿＿＿＿＿＿＿＿＿＿＿＿＿＿＿＿

出生日期：＿＿＿＿＿年＿＿＿＿＿月＿＿＿＿＿日

學歷：□高中 (含) 以下　　□大專　　□研究所 (含) 以上

職業：□製造業　□金融業　□資訊業　□軍警　□傳播業　□自由業
　　　□服務業　□公務員　□教職　　□學生　□家管　　□其它＿＿＿

購書地點：□網路書店　□實體書店　□書展　□郵購　□贈閱　□其他

您從何得知本書的消息？

　□網路書店　□實體書店　□網路搜尋　□電子報　□書訊　□雜誌
　□傳播媒體　□親友推薦　□網站推薦　□部落格　□其他＿＿＿＿＿

您對本書的評價：（請填代號　1.非常滿意　2.滿意　3.尚可　4.再改進）

　封面設計＿＿＿　版面編排＿＿＿　內容＿＿＿　文／譯筆＿＿＿　價格＿＿＿

讀完書後您覺得：

　□很有收穫　□有收穫　□收穫不多　□沒收穫

對我們的建議：＿＿＿＿＿＿＿＿＿＿＿＿＿＿＿＿＿＿＿＿＿＿＿＿

＿＿＿＿＿＿＿＿＿＿＿＿＿＿＿＿＿＿＿＿＿＿＿＿＿＿＿＿＿＿＿＿

＿＿＿＿＿＿＿＿＿＿＿＿＿＿＿＿＿＿＿＿＿＿＿＿＿＿＿＿＿＿＿＿

＿＿＿＿＿＿＿＿＿＿＿＿＿＿＿＿＿＿＿＿＿＿＿＿＿＿＿＿＿＿＿＿

11466
台北市內湖區瑞光路 76 巷 65 號 1 樓

秀威資訊科技股份有限公司　　　收

BOD 數位出版事業部

....

（請沿線對折寄回，謝謝！）

姓　　名：＿＿＿＿＿＿＿＿＿　年齡：＿＿＿＿＿　性別：□女　□男

郵遞區號：□□□□□

地　　址：＿＿＿＿＿＿＿＿＿＿＿＿＿＿＿＿＿＿＿＿＿

聯絡電話：(日) ＿＿＿＿＿＿＿＿＿＿　(夜) ＿＿＿＿＿＿＿＿＿＿

E-mail：＿＿＿＿＿＿＿＿＿＿＿＿＿＿＿＿＿＿＿＿＿